新编21世纪公共管理系列教材

公共部门人力资源管理概论

第二版

主　编　方振邦
副主编　金洙成　罗海元

Introduction to Public Human Resource Management

中国人民大学出版社
·北京·

内容简介

“治国之要，首在用人。”中国人民大学方振邦教授主编的《公共部门人力资源管理概论》以人才强国战略的实施和推进为背景，以公共部门战略性人力资源管理系统模型为基础，对公共部门人力资源管理的基本理论和实务进行了全面、系统的阐述。本书是一本具有较强实用性的公共部门人力资源管理入门教材，全书以公共部门人力资源管理的主要职能模块为逻辑框架，系统阐释了人力资源战略与规划，组织结构与编制管理，职位管理，胜任素质，招募与甄选，选拔任用与晋升，教育培训与开发，绩效管理，薪酬管理，交流、回避与退出，奖惩与权益保障等内容。此外，本书还具有两个方面的鲜明特色：一是聚焦中国公共部门人力资源管理实践，构建了一个更加符合中国实际情况的公共部门人力资源管理知识体系；二是强调党管干部、党管人才，致力于将党的创新理论，特别是党的二十大精神有机融入教材。

本书适合作为高校公共部门人力资源管理及相关课程教材，同时也是机关事业单位各级各类管理者及人事部门工作人员系统学习人力资源管理知识、提升人力资源管理能力的理想参考书。

作者简介

方振邦 中国人民大学公共管理学院组织与人力资源研究所所长，教授、博士生导师，公共组织绩效管理研究中心主任；兼任中共中央组织部、人力资源社会保障部专家。主要研究领域为人力资源开发与管理、战略性绩效管理、领导干部选拔与考核、平衡计分卡理论与应用、管理思想的演变等。主持国家社科基金项目及中共中央组织部、人力资源社会保障部委托课题等40余项；著（编）有《管理学基础》《管理百年》《管理思想百年脉络》《战略性人力资源管理》《公共部门人力资源管理概论》《战略性绩效管理》《政府绩效管理》等专著和教材30余部。

金洙成 延边大学人文社会科学学院副教授、MPA教育中心主任，中国人民大学公共组织绩效管理研究中心兼职研究员。主要研究领域为公共组织人力资源开发与管理、公共组织绩效管理、社会管理创新等。

罗海元 中央财经大学政府管理学院副教授、公共事业管理系副主任，中国人民大学公共组织绩效管理研究中心研究员。主要研究领域为人力资源开发与管理、公共部门绩效管理、人才选拔与干部考核等。

出版说明

现代意义上的公共行政与公共管理研究和教育始于 20 世纪初。时至今日，随着公共管理职业化的发展，公共行政与公共管理的研究和教育事业在许多国家方兴未艾。自 20 世纪 80 年代起，为了适应政府改革与公共管理人才培养的需要，我国的公共行政与公共管理研究和教育在经历了发展的挫折之后，开始了恢复和重建的工作。经过多年的发展，特别是公共管理一级学科的设置和我国公共管理硕士（MPA）教育的启动以及高校公共管理类本科专业的大量开设，公共管理已成为当代中国社会科学和管理科学领域的一个充满生机活力、具有远大发展前景的学科。

为了满足广大高校公共管理类专业的教学需要，在历届教育部高等学校公共管理类学科专业教学指导委员会的指导和支持下，中国人民大学出版社自 1999 年起，陆续出版了“21 世纪公共行政系列教材”“21 世纪公共管理系列教材”“21 世纪公共事业管理系列教材”“公共管理系列教材”“公共管理核心课程系列教材”等多个系列教材。这些教材被国内高校公共管理类专业广泛选用，并得到了公共管理学界的支持和认可，数十种教材被评为“十五”“十一五”“十二五”国家级规划教材、普通高等教育精品教材，以及各省市精品教材、规划教材，为我国公共管理学科发展和人才培养做出了积极的贡献。

我国高等教育改革的进一步深化，以及新技术和新媒体的不断发展，对高校教材提出了更高的要求。为了回应这种要求，我们在广泛调研的基础上，对上述系列教材进行整合和提升，推出“新编 21 世纪公共管理系列教材”，以满足国内高校公共管理一级学科下设的行政管理、公共事业管理、劳动与社会保障、土地资源管理、城市管理、海关管理、交通管理、海事管理、公共关系学、健康服务与管理等专业的教学需要。

“新编 21 世纪公共管理系列教材”将秉承中国人民大学出版社“出教材学术精品，育人文社科英才”的宗旨，从公共管理教育的特点出发，为广大高校公共管理类专业师生提供一套高质量的教材。在教材编写和内容安排上，“新编 21 世纪公共管理系列教材”强调基础知识、基本理论和基本技能，同时，也尽可能地体现创新性和前沿性，反映相关领域理论与实践的最新发展情况。

“新编 21 世纪公共管理系列教材”由中国人民大学、中山大学、北京大学、清华大学、复旦大学、厦门大学、武汉大学、浙江大学、吉林大学、东北大学、北京师范大学、山东大学、四川大学、暨南大学、西北大学等著名高校的知名学者领衔著述。我们期望通过这种强强联合、优势互补、资源共享的方式，为公共管理学界奉上一套体现系统性、权威性、通用性，并兼具创新性、前沿性、启发性的精品教材。

公共管理的实践是不断发展和变化的。随着公共管理实践的不断发展，公共管理学科研究的范围、主题和内容也在不断地发展和变化。我们将紧跟公共管理学科的发展，与所有作者一起，不断对本套教材进行修订和完善。望广大读者给我们反馈信息，对本套教材提出批评和建议，以使我们能够在所有读者和作者的帮助下，与中国公共管理学科共同成长。

中国人民大学出版社

前言

治国之要，首在用人。人才是经济社会发展的第一资源，是实现民族复兴、赢得国际竞争主动的战略资源。要坚持党管人才原则，聚天下英才而用之，加快建设人才强国。进入21世纪，我国大力实施人才强国战略，先后出台了《2010—2020年深化干部人事制度改革规划纲要》《国家中长期人才发展规划纲要（2010—2020年）》等，为各地各部门制定人力资源战略与规划提供了指导原则与方向。2021年9月，党中央召开了具有里程碑意义的中央人才工作会议，习近平总书记出席会议并发表重要讲话，强调要“坚持党管人才，坚持面向世界科技前沿、面向经济主战场、面向国家重大需求、面向人民生命健康，深入实施新时代人才强国战略，全方位培养、引进、用好人才，加快建设世界重要人才中心和创新高地，为2035年基本实现社会主义现代化提供人才支撑，为2050年全面建成社会主义现代化强国打好人才基础”。中央人才工作会议体现了党中央将人才工作摆在治国理政全局中重要位置的深刻考虑。党的二十大也强调了“完善人才战略布局，坚持各方面人才一起抓，建设规模宏大、结构合理、素质优良的人才队伍”。为了促进新时代人才强国战略的顺利落实，我国公共部门应该重视培养和塑造人力资源管理专业队伍，扎实推进人力资源管理变革实践，不断提升人力资源管理的科学化、制度化与规范化水平。

2016年7月7日至8日，为了促进我国公共部门人力资源管理的学科建设与人才培养，第五届全国公共部门人力资源管理研讨会在天津大学隆重召开，会议发表了《天津宣言》，提出要集合学界同人的力量，在未来一段时间内打造一批优秀的公共组织与人力资源管理教材，并初步拟定了《公共部门人力资源管理概论》《公共部门人员测评与甄选》《公共部门人力资源培训与开发》《公共部门绩效管理》《公共部门薪酬管理》《公共部门人力资源管理案例》等第一批12本书目。来自中国人民大学、北京师范大学、南开大学、天津大学、中国政法大学、中南财经政法大学、广西大学、西北师范大学等国内十余所高校的教师参与编写。

本书作为公共部门人力资源管理的入门性教材，以公共部门战略性人力资源管理系统模型为基础，对公共部门人力资源管理的基本理论及实务进行了全面系统的阐述。全书以公共部门人力资源管理主要职能模块为逻辑框架，共 12 章。除第 1 章导论外，其余各章分别阐释了公共部门人力资源管理的具体职能模块，包括人力资源战略与规划，组织结构与编制管理，职位管理，胜任素质，招募与甄选，选拔任用与晋升，教育培训与开发，绩效管理，薪酬管理，交流、回避与退出，奖惩与权益保障等。

本书吸纳了编著者在公共部门人力资源管理领域中多年从事教学、科研和咨询服务的经验成果。全书条分缕析、重点突出，与同类教材相比，具有以下特点：

第一，定位明确，特色鲜明。本书力图呈现公共部门人力资源管理的发展全貌，凸显公共性的写作价值取向，不仅在对人力资源战略与规划、招募与甄选、教育培训与开发、绩效管理、薪酬管理等常规人力资源管理职能的介绍中阐述了公共部门的实践做法，还增添了干部选拔任用以及公职人员的交流、回避、退出等公共部门的特色实践。

第二，结构清晰，内容完整。本书依据公共部门战略性人力资源管理系统模型，对公共部门人力资源管理体系进行了系统介绍。全书逻辑结构清晰、框架体系完整，既包括了公共部门人力资源管理的基本原理、基础理论，也涵括了具体的方法技术、操作实务；既阐释了我国公共部门人力资源管理的思想与实践，也吸纳了国外公共部门人力资源管理的经验与做法。

第三，叙述简明，通俗易懂。本书行文力求简明扼要、深入浅出。既重视阐述基本原理与基本方法，帮助读者了解公共部门人力资源管理的基础知识与理论，强调可读性；又关注案例援引、图表演示，帮助读者提高解决实际问题的应用能力，增强实用性。

第四，关注前沿，紧贴实际。本书紧跟人力资源管理理论发展前沿与最新实践动态，同时也对我国公共部门人力资源管理发展现实给予深度关注，涉及公务员胜任素质模型构建、领导干部竞争性选拔等内容。

本书不仅可以作为高校公共管理类专业本科生教材、研究生入学考试学习用书，还可作为机关事业单位各级各类管理者系统学习人力资源管理知识、提升人力资源管理能力的参考书。

结集成书的过程汇集了团队的智慧和付出，本书付梓之际，感谢徐东华、唐健、孙一平、鲍春雷、葛蕾蕾、邬定国、冉景亮、陈曦、刘琪、黄玉玲、韩宁、姜颖雁等人为本书编写所做的各项工作，感谢中央财经大学政府管理学院冯博、陈漪、刘怡廷、浦航、苗畅、于朝阳、尚俊好等人为本书修订所做的努力。同时，也要特别感谢中国人民大学出版社的朱海燕编辑为本书的校订和出版所付出的劳动。此外，本书在编写过程中参考了大量国内外相关专家学者的研究成果，在此谨向他们表示诚挚的谢意。

由于时间紧迫和水平有限，书中纰漏和不足在所难免，敬请各位专家、学者批评指正。

方振邦

目录

第1章　导　论

第2章　公共部门人力资源战略与规划

第3章　公共部门组织结构与编制管理

第1章
导　论

人力资源是组织的“第一资源”，现代管理的核心是人力资源管理，公共管理的核心、关键环节是公共部门人力资源管理。要掌握公共部门人力资源管理各个职能的本质和实际操作，必须先认识公共部门人力资源管理的基本概念、原理、制度和发展概况。本章主要阐述公共部门的含义、特点和价值取向，公共部门人力资源管理的含义、特点、发展历程和系统模型，公务员制度的发展和我国公务员制度的主要内容，事业单位人力资源管理，以及公共部门人力资源管理的法治化。

重点问题

- 公共部门的含义与特点
- 公共部门人力资源管理的含义与特点
- 公共部门人力资源管理的发展历程
- 公共部门战略性人力资源管理系统模型
- 公共部门人力资源管理的法治化

1.1　公共部门

1.1.1　公共部门的含义

根据组织目标与组织行为，一般将社会中的各类组织划分为三个既相互联系又彼此独立的部门，即公共部门（public sector）、私人部门[①]（private sector）和第三部门（the third sector）。公共部门是相对于私人部门而言的，是指通过提供公共产品和公共服务，以服务社会大众、谋求公共利益为目的的组织体系，通常也称为公共组织。公共部门有广义和狭义之分。从广义上来看，公共部门包括政府组织和第三部门；从狭义上来看，公共部门乃是行使行政权力的政府组织。政府组织是公共部门的核心和主要组成部分，是“纯粹的”公共部门。第三部门是介于政府组织与私人部门之间的，提供公共产品和公共服务，不以营利为目的的组织体系，又称为“准”公共部门。

公共部门的构成十分复杂，涉及的范围和数量随着社会发展呈现出日益扩大和增加的趋势。为了更好地适应公共部门的发展趋势，结合我国公共部门人力资源管理的实际，本书中的公共部门既指“纯粹的”公共部门，也指“准”公共部门，主要包括政府组织、公共事业组织、公共企业组织、非政府组织等几种组织形态。

1. 政府组织

政府组织是指拥有公共权力、制定和执行国家法律、管理国家和社会公共事务的所有国家机构，包括各级立法机关、行政机关和司法机关。政府既是一种管理组织又是一种政治组织。在我国，一般将立法机关、行政机关、司法机关、监察机关和党的组织系统作为政府组织的研究对象，这与西方国家的三权分立和政党与政府关系具有很大的区别。

2. 公共事业组织

公共事业组织，是指以社会公益为目的，由国家机关举办或其他组织利用国有资产举办的从事教育、科技、文化、卫生等活动的社会服务组织。如公立幼儿园、小学、中学、高等院校、政府投资兴办的科研机构与社会福利机构等。这类组织在我国被称作事业单位，是我国公共部门的重要组成部分。

公共事业组织的基本特点是：主要由政府投资，所需资金主要由财政提供，部分资金由其为社会服务所得收入予以补充；基本功能是为社会提供公共服务或准公共产品，其服务或产品由政府定价；一般不实行企业化管理，政府对这些组织实行必要的行政管制，要求这些组织的活动优先体现政府的意图，甚至直接用来为实现政府的目标服务。

3. 公共企业组织

在我国当前的法律规则体系中，“公共企业”的概念尚未被真正引入。目前对涉及公共利益的企业类型表述主要有“公共企事业单位”“公用企事业单位”“公用企业”“公益类国有企业”等。而当前的规则也并未对每种表述进行准确的界定，其所指代的内涵似乎相同，均具有一定的公共利益属性，但外延范畴却又不同。

目前，尽管立法并未明确界定“公共企业”的概念，但学界已对“公共企业”进行了诸多思考，并就其概念界定形成了两种代表性观点：一是基于所有权或控制权标准；

---

① 私人部门也称私营部门、第二部门、工商企业或私营企业，是指通过提供产品或服务，以谋取自身利益最大化的个人和组织。

二是基于产品属性标准。[①] 所有权或控制权标准认为，公共企业就是国有企业，“是指所有权或控股权归属于政府，并受其直接控制，具有企业法人地位的经济实体”[②]。而产品属性标准则认为，应依据企业提供的产品性质，将企业分为公共企业和私人企业。公共企业是为社会提供具有公共性质的产品与服务的企业。因而，“公共企业是指持续存在的、以为社会提供具有公共性质的产品和服务为主要经营活动的、具有一定盈利目标、受到政府特殊管制措施制约的组织化经济实体，而不论这些经济实体是否与国家或政府之间存在资本联系”[③]。其表现形式可以分为国有形式、私有形式或公私混合形式。

公共企业组织的基本特点是：由包括政府在内的多个投资主体参与，以提供公共产品和服务为主要经营活动，其生产、运营、安全、定价等受到政府特殊管制措施的制约，实行企业化管理，自负盈亏，必要时由政府补贴。

4. 非政府组织

非政府组织（non-governmental organization，NGO）是指合法的、非政府的、非政党的、非营利的、民间志愿性的、致力于社会公益事业，并实行自主管理的社会组织。与“非政府组织”密切相关的概念有很多，包括“非营利组织”（non-profit organization，NPO）、“第三部门”、“志愿组织”（voluntary organization）、“公益组织”（public service organization）、“慈善组织”（charitable organization）等。这些概念虽然称呼不同，但总体上都显示了在政府体系和企业之外的社会组织的力量。因此，这些含义相同或相近的概念，往往被不同国家各有侧重地使用，或者被同一个国家交叉使用。例如，在美国许多人喜欢用“非营利组织”（NPO）一词；而包括联合国文件在内的各种文件以及许多国家的官方文件里使用最多的仍然是“非政府组织”（NGO）一词。

在我国，非政府组织没有一个明确的分类标准，一般包括以下三类组织：一是社会团体[④]和民办非企业单位[⑤]。其中，社会团体包括中华全国总工会、中国共产主义青年团等具有较强政治色彩的社团组织，也包括各类行业协会；民办非企业单位非常广泛地分布在教育、卫生、文化、科技等各个领域，我们常见的各类培训机构、养老机构等都属于民办非企业单位。二是中介组织。中介组织揭示了社会组织位于政府与企业之间的中间性特征。实际上，中介组织包括非营利性中介组织和营利性中介组织。非营利性中介组织包括协会、基金会、慈善机构、援助组织、社团等；而营利性中介组织包括律师事务所，会计师事务所，评估、咨询、投资公司等机构。三是民间组织。民间组织是指有着共同利益追求的公民自愿组成的非营利性社团。非政府组织作为市场与政府之外的一种中间调节机制（即“第三只手”或“第三域”），正在国内、国际事务中发挥着越来越重要的作用。

---

① 胡改蓉．论公共企业的法律属性．中国法学，2017（3）：142-163.

② 朱柏铭．公共经济学理论与应用．2版．北京：高等教育出版社，2013：259.

③ 叶常林．公共企业：涵义、特征和功能．中国行政管理，2005（10）：47-49.

④ 2016年修订的《社会团体登记管理条例》对社会团体的界定是“中国公民自愿组成，为实现会员共同意愿，按照其章程开展活动的非营利性社会组织”。

⑤ 1998年颁布的《民办非企业单位登记管理暂行条例》对民办非企业单位的界定是“企业事业单位、社会团体和其他社会力量以及公民个人利用非国有资产举办的，从事非营利性社会服务活动的社会组织”。

上述各类组织的比较如表 1-1 所示。

表 1-1　各类组织比较一览表

比较项目	政府组织	公共事业组织	公共企业组织	非政府组织
资金来源	国家全额拨款	国家全额或部分拨款	全部或部分接受国家投资	自筹资金、接受资助
官方控制度	全部	部分	较小	依法自主管理
用人自主权	依法选录、监管	较高	很高	完全自主
民营化可能性	不可能	可部分民营化	与行业特点有关	完全民营化
服务对象	所有公民	特定对象	付费者	视情况而定
组织目标	依法管理公共事务，增加社会公共利益	推进教科文卫体等事业发展	增进公众福利的同时，谋求自身的持续发展	完成组织成员依法设定的合法目标
典型机构	政府机关、法院、监狱等	公立学校、科研院所、医院、文联等	公共交通企业、自来水公司等	基金会、商会、协会等

资料来源：葛玉辉．公共部门人力资源管理．北京：清华大学出版社，2016：2-3.

1.1.2　公共部门的特点

公共部门的主要职责是提供公共产品和服务，以弥补市场的缺陷。与追求利益最大化的私人部门相比较，公共部门具有以下几个显著特点。

1. 以追求公共利益为核心价值

公共部门谋求整个社会的公共利益，一切政策、措施是在公平、公正、公开的原则下为全体或部分特定民众服务，并以最好的服务来争取民众的支持和拥护。因此，公共部门的目的在于追求公共利益，其动机在于加强服务，便民惠民，使民众获得更多更好的福祉。

2. 拥有合法的强制力和权威性

政府不仅是一个服务的提供者，也是公共权力的执行者，所以政府组织的许多活动具有强制的特性，而且政府是社会上唯一可以合法使用暴力的机关。再者，公共部门所制定与执行的法律是具有权威性的，其效力范围及于全国，若不服从将受制裁。而私人部门所制定的规则，其效力范围具有很大的局限性，员工的服从是自愿性的。

3. 受到高度的公共监督

因为公共部门是政治性的组织，所以其一举一动都必须接受来自舆论和人民群众的监督，其所作所为必须是公开的、透明的。目前许多国家设立“阳光法案”、公职人员财产申报制度和个人事项报告制度，以及重大公共工程的公开招标等，其目的就是引起公众的高度关注和对公共部门活动的严密监督，使公共部门的活动真正以民意为依归。

4. 目标多元且不易测量

公共部门所追求的公共利益大多是目标多元且不易准确衡量的。相对而言，私人部门追求的主要目标是创造利润，员工个体和企业整体的绩效水平是容易被测量出来的。公共部门的利益相关者不仅差异性较大，而且对公共部门及其工作人员的期望也各不相同，这就导致了公共部门的目标多元、存在分歧，甚至出现冲突和矛盾。

5. 独占性

公共部门通过运用政治权威或公共权力生产公共产品和服务，这些产品和服务在市场上一般具有独占性，不允许私人部门参与竞争。同时，很多公共产品和服务所具有的无排他性和无竞争性，都会导致私人部门不愿意参与生产和提供服务。此外，有些公共工程规模相当庞大，非私人部门所能承担，只能由政府来承担从而成为唯一的生产者，自然没有市场竞争的问题。

1.1.3 公共部门的价值取向

关于公共部门的价值取向论题在公共管理学界已有几十年的争议，其焦点在于追求效率，还是追求公平正义。这一争论先后经历了“效率至上”“效率优先，兼顾公平”“效率与公平并重”的发展逻辑。而且，争论仍在继续。公共部门的价值取向是衍生一系列公共管理体制改革理念、改革规则和改革手段的前提。

在百余年公共管理理论的发展历程中，其价值取向在不断演变。当把公共管理理论追溯至古典管理理论之时，就会发现创立管理理论的目的就是提高劳动者的工作效率。泰勒（Taylor）提出的科学管理理论的基本出发点就是提高劳动生产效率。行政学鼻祖威尔逊（Wilson）在《行政学之研究》中，同样提出了如何提升政府效率的观点。后来，提出官僚制理论的马克斯·韦伯（Max Weber）从工具理性的角度出发，提倡一种不涉及价值判断的、有规范程序的、形式合理的思维方式和研究立场，强调公共行政的专门化、技术化、法制化、非人格化、官僚等级制等特征。因此，从公共管理理论缘起的初始阶段看，其坚信的主要价值取向是“效率至上”。

到20世纪80年代，西方国家兴起了一场以民营化为取向、旨在推行绩效管理和“顾客导向”的政府改革思潮，即新公共管理理论。新公共管理理论以“管理主义”为金科玉律，把它视为政府改革的价值基础。其主要观点是用私人部门所强调的效率取向，来解决公共部门效率低下的问题。同时，主张借鉴私人部门的管理方法和手段来管理公共部门，如灵活的合同雇佣制和绩效工资制，对政府绩效目标进行界定、测量和评估，重视成本和收益分析等。由此可见，新公共管理理论明显强调提高效率、消除浪费以及整合资源达成目标等价值，同时也在考量公共部门其他多元目标的实现问题。相应地，新公共管理在价值层面上导致公平、正义等民主价值的弱化，从而与西方国家“宪政”的基本理念相悖，其理论指导下的改革实践不可避免地出现了公共行政的合法性危机。总之，在新公共管理理论时期，其价值取向体现了“效率优先，兼顾公平”的理念。

尽管新公共管理理论指导下的政府改革取得了骄人的成绩，但同时也招致了以罗伯特・登哈特（Robert Denhardt）为代表的一批公共行政学者的批评与质疑。由此，出现了基于对新公共管理理论的批判和反思而建立起的一种新的公共管理理论，即新公共服务理论。新公共服务理论试图在承认新公共管理理论所取得的重要价值的基础上，提出一种更加关注民主价值和公共利益、更加适合于现代社会发展和公共管理实践需要的新的理论，比如强调行政人员服务于公民、追求公共利益、重视公民权和人的价值，将民主、公民权和公共利益的价值观重新肯定为公共行政的“卓越价值观”，从而将公共管理的平等、民主的价值观置于与效率同等重要的地位。

从以上三个重要阶段来看，公平与效率经过了“效率至上”“效率优先，兼顾公平”“效率与公平并重”的发展逻辑。公平与效率是公共管理价值体系中不可或缺的两个价值目标，注定了公共管理理论的价值取向不是实现其中任何一个目标，而是实现多元价值目标的问题。

改革开放以后，我国确定了“效率优先，兼顾公平”的发展理念。在这样的理念指引下，公共部门价值取向的天平偏向了效率。由此，各种管理理念、管理制度、管理手段及政策措施都优先地考虑了效率。在这样的背景下，我国经济取得了辉煌成就。在取得成绩的背后，我们必须看到环境污染、贫富差距拉大、贪污腐败、诚信缺失等问题也日益凸显出来。我国政府在经济发展“新常态”下，正努力解决这些问题，更加关注民主、法治、公平、正义等与经济的协调发展。

2015 年 10 月，党的十八届五中全会通过了《中共中央关于制定国民经济和社会发展第十三个五年规划的建议》，提出“实现‘十三五’时期发展目标，破解发展难题，厚植发展优势，必须牢固树立并切实贯彻创新、协调、绿色、开放、共享的发展理念”。同时，把坚持人民主体地位作为必须遵循的指导原则，强调必须“坚持以人民为中心的发展思想，把增进人民福祉、促进人的全面发展作为发展的出发点和落脚点”。以人民为中心体现的是“效率与公平并重”的发展思想。

1.2 公共部门人力资源管理

1.2.1 公共部门人力资源管理的含义与特点

1. 公共部门人力资源的内涵与结构

公共部门人力资源是指一切受雇于公共部门，为社会公众提供公共服务、管理公共事业、配置公共资源的人力资源。公共部门人力资源作为社会公共资源的代理人、社会变革的领导者、公共产品和服务的提供者，在政府管理、社会治理与经济运行中发挥着重要的作用。公共部门人力资源不仅包括政府公务员，还包括不具备公务员身份的非政府公共机构工作人员。由于政府组织是公共部门的核心与主体，因此政府公务员是公共部门人力资源的主要组成部分之一。公务员依法代表国家进行社会公共事务管理，行使国家行政权力，执行国家公务。

由于世界各国政治制度和国家组织形式存在差别，因此对公务员的界定、结构和范围也有所不同。现代公务员制度起源于英国，对公务员的界定是与武官相对应的，因此英国公务员也被称为“文官”。西方各国根据产生方式的不同将公务员分为政务官（political civil servant）与事务官（career civil servant）两大类。其中，政务官一般是指由选举产生或政治任命，具有严格的任期，与内阁共进退的公职人员；事务官就是政府行政系统中非选举产生和非政治任命的公职人员，是公务员的主体，也是各国公务员法的适用对象。

世界各国的公务员范围大致有大、中、小三种情况。第一种是大范围的，把所有财政供养人员，即从中央到地方政府机关的公职人员、国会除议员以外的工作人员、审判官、检察官、国有企业和事业单位的工作人员，统称为公务员。日本、法国、德国等国家公务员范围基本属于此类。第二种是中等范围的，把政府系统的所有工作人员，上自总统，下至机关辅助人员，包括政务官与事务官，都称为公务员，但适用于国家公务员法规的只是事务官。美国、加拿大、韩国等国家公务员范围基本属于此类。第三种是小范围的，公务员仅指政府机关中非选举产生和非政治任命的事务官，不包括由选举或政治任命产生的内阁成员及各部政务次官、政治秘书等政务官。这种范围同国家公务员法规的适用范围相一致，英国、印度、澳大利亚、新西兰等许多英联邦国家公务员范围基本属于此类。

我国公共部门人力资源结构复杂、种类繁多，包括政府组织人力资源、事业单位和国有企业人力资源，既包括公务员、参照公务员管理的工作人员，也包括事业编制人员、工勤人员和临时工作人员；既包括事业单位、国有企业的管理人员，也包括各类专业技术人员和工人，我们一般将之统称为“公职人员”。我国《公务员法》规定，公务员是指依法履行公职、纳入国家行政编制、由国家财政负担工资福利的工作人员。根据这一规定，我国的公务员范围包括：各级国家行政机关工作人员、各级人大机关工作人员、各级政协机关工作人员、中国共产党和各民主党派机关工作人员、各级国家审判机关工作人员、各级国家检察机关工作人员、各级国家监察机关工作人员等。此外，我国公务员队伍中还有少部分聘任制公务员。聘任制公务员是政府为适应市场经济发展需要而对公务员制度进行改革探索的产物，是指政府机关根据工作需要，经省级以上公务员主管部门批准，对不涉及国家秘密的专业性较强的职位和辅助性职位，按照平等自愿、协商一致的原则，以合同的方式聘用而产生的公务员。

事业编制人员任职于各类事业单位，他们中的一小部分人参照《公务员法》来进行管理，其余的大部分都实行聘任制来进行管理。工勤人员是在公共部门中具有正式工人身份的人员，他们是过去政企不分时遗留下来的工作人员，现在已为数不多，且很少招录。临时工作人员主要分为两类：一是没有国家正式编制，但与其签订临时雇佣合同的工作人员；二是借用人员，即政府为完成某项重要工作而从社会上或向别的部门借用，相关任务完成后仍回原单位工作的工作人员。

2. 公共部门人力资源管理的含义

公共部门人力资源管理（human resource management in public sector）的含义可分为宏观和微观两个层次。宏观的公共部门人力资源管理是指政府组织根据社会、政治、经济、文化发展的要求，对整个国家各类人力资源供求状况进行宏观和中长期的统计、预测、规划，并制定人力资源管理的基本制度和政策，以支撑并推动整个社会及经济的发展。微观的公共部门人力资源管理是指公共部门在组织的使命、核心价值观的指引下，为达成其愿景和战略目标而进行的人力资源战略与规划、组织结构设计、职位管理、招募与甄选、选拔与任用、培训与开发、绩效管理、薪酬管理、人员流动管理、奖惩与权益保障等各项管理活动。宏观的公共部门人力资源管理与微观的公共部门人力资源管理不是截然分离的两个体系，而是有机地融合在一起的，两者互为条件、相互渗透、相互保障，共同形成了公共部门人力资源管理系统。

3. 公共部门人力资源管理的特点

公共部门人力资源管理与私人部门人力资源管理在管理理念、职能、过程、工具与方法等方面具有诸多的共同之处。但是，由于两者的组织目标、组织职能与社会功能不同，因此公共部门人力资源管理又具有一些区别于私人部门人力资源管理的特点。

（1）公共性。

公共性是公共部门人力资源管理的根本属性。公共部门，特别是政府组织的一切行为，必须符合和有利于公民的利益和需求，否则公共部门将丧失其存在的基本依据。公共管理着眼于社会全局的“公共性”特征，以及关系到社会大多数成员的切身利益和生活质量，这都与企业追求自身利润最大化的要求完全不同。因此，公共部门人力资源管理必须紧紧围绕为社会提供公共产品和服务的组织目标来进行。

（2）政治性。

在政府组织系统中，许多政策的制定与实施是出于政治的考虑，而不是出于成本、技术和管理的考虑。尽管西方发达国家公务员制度将公务员“价值中立”的“去政治化”设定为一个核心制度，但是当今各国政府组织人力资源管理依然具有明显的政治性。例如，在重要官员的选拔任用方面，政府组织要考虑公职人员选用的多元政治价值的平衡，要融合多方面的政治利益；相当数量的官员是通过政治选任和委任的方式进入公职领域的；人事任用的公开性原则和功绩制原则在很大程度上也是为了反对和防止政治特权的出现。

（3）政策性。

公共部门人力资源管理活动是在国家法律法规限定的范围内进行的，比企业人力资源管理具有更多的约束条件，因此其政策性很强。公共部门人力资源，特别是公务员，作为特定的职业群体，其权利、义务、责任是由法律和法规加以规范的。公共部门人力资源管理机构的行为也是由法律、法规确定的。与此同时，公共部门人力资源管理活动受到社会公众的高度监督，以保证其行为符合公众要求。

（4）复杂性。

政府组织是一个纵横交错、层层节制的官僚制组织结构体系，而这样一个组织体系又是按照完整统一的原则建立起来的，要求目标统一、权责统一和功能配置统一。因此，合理划分各级行政组织特别是中央与地方的人力资源管理权限，建立完整统一的人力资源管理制度，明确职责范围，是高效管理政府组织人力资源的基础。而政府组织人力资源管理权限的划分是一项复杂的系统工程，这种复杂性是任何其他组织无法比拟的。此外，公共部门人力资源的绩效难以衡量，导致其绩效管理具有较高的复杂性和难度。

（5）稳定性。

公共部门人力资源管理会受到更多法律法规的约束，而且公共部门的组织结构和管理模式相对稳定，这会使公共部门人力资源管理具有较强的稳定性，主要表现为管理理念、管理职能、管理工具和管理方法等相对于企业而言更加稳定和僵化，因此相对缺乏灵活性。

1.2.2 公共部门人力资源管理的发展历程

公共部门人力资源管理作为一个独立的研究领域始于20世纪中期，但作为一种思想和实践则经历了长期的历史探索和发展过程，并且积淀了丰富的管理经验和思想理念，从而奠定了现代公共部门人力资源管理的坚实基础。公共部门人力资源管理的发展历程就是从传统的人事管理到现代人力资源管理演变的过程。

1. 西方国家公共部门人力资源管理的发展历程

现代意义上的公务员制度形成于19世纪中叶，是公共部门人力资源管理的主要制度。公务员制度的确立与资本主义制度的建立具有密切联系。1689年，英国通过了具有宪法性质的法案——《权利法案》，确立了君主立宪的资产阶级专政，从而拉开了人类近代文明的大幕。此后，美国、法国、日本、德国等国家也都先后建立了资本主义制度。伴随资本主义制度在西方国家的发展，政府管理这一重要课题摆在了政治家们的面前。政府组织人力资源管理逐渐发展成为政府管理的核心，直接影响到政府对国家管理和社会管理的效果。

西方国家政府组织人力资源管理的发展大体经历了三个阶段：一是萌芽无序阶段；二是探索规范阶段；三是改革调适阶段。由最初的萌芽无序阶段逐步发展到现在的改革调适阶段，政府组织人力资源管理不断迈向科学化、规范化和制度化。

（1）萌芽无序阶段（17世纪末至19世纪前期）。

欧洲各国在前资本主义时期还没有公务员或文官的概念。后来，西欧各国封建君主在市民阶层的支持下，先后建立了统一的中央集权政府。1688年英国爆发的“光荣革命”使君主立宪制的资产阶级政权得以在英国率先确立，这是一种新兴资产阶级和封建贵族相互妥协的政治制度。因此，早期的英国政府组织人力资源管埋具有双重特色，即代表王权的国王，代表议会的首相、内阁大臣和重要议员都可以恩赐官职。政府官员恩赐的标准不是知识和能力，而是对恩赐者的忠诚度、恩赐者得到好处的多少和与恩赐者的私人关系如何。这种任人唯亲的体制直接导致了英国政府贪污腐败盛行、行政效率低下、国家管理无序等问题，引起了英国民众的强烈不满，进而促使英国政府于18世纪末开始着手对官员任用方式进行整顿和改革，比如规定政府官员的任用必须要经过具有一定级别的高级官员的推荐。但是，这次整顿并未从根本上解决任人唯亲的问题。随着时间的推移，王权逐步缩小，议会权力相应增强，英国政治又出现了新的现象，即辉格党和托利党的两党轮流执政，体现在官员任用上是实行政党分肥制。政党分肥制下的官员任命和官职赠予是以合法、公开的方式进行的，这种人事任用制度除了使政府更加腐败和效率低下，还带来了新的问题，即周期性的政治震荡。由此可见，在这个阶段，英国政府的人力资源管理处于混乱无序的状态。

美国于 1787 年通过了第一部资产阶级宪法。由于当时官员的选拔任用非常看重出身，所以美国早期的总统都出身名门望族，因此当时被戏称为“绅士治理政府”。这种情况一直到第七任总统杰克逊时才有所转变。基于政党分肥制的官员选拔任用模式随之走向美国历史的前台。政党分肥制打破了贵族和绅士对美国政府公职的垄断，为平民提供了直接参与政府管理的机会，满足了政治现代化进程中平民扩大政治参与的诉求。与此同时，杰克逊总统开启了大量任用私人亲信的先河，重忠诚而轻能力，使公务员素质下降，人浮于事，腐败之风盛行。

法国于 1789 年爆发了大革命，封建君主专制政权被推翻。大革命前，法国的官员任用主要取决于君主的意志，实行恩赐制度和世袭制度。大革命彻底摧毁了恩赐官制和世袭官制。1791 年宪法和 1793 年宪法都规定：任何官职自此以后都不得买卖或世袭；每位公民均有资格按其能力担任一切公共职务。法国大革命时期还实行了公职人员民选制，市镇官员由市民直选产生；人民代表、行政官员和司法官员由选举人会议选举产生。但到拿破仑统治时期，官吏任命制代替了民选制。到第三共和国时期，随着以多党制为特征的政党政治的发展，不仅出现了基于政党分肥的官员任免制度，也恢复了巴黎公社时期的政府人员任命制。

德国在 1871 年真正统一之前，一直处于四分五裂的状态，各诸侯国在政府用人方面仍然遵从封建时代的传统，由国王通过恩赐的方式任命官员。在这一时期，唯一的亮点是 1713 年普鲁士国王威廉一世规定任用法官必须通过考试，这算是开了德国官员任用考试之先河，但离德国真正建立公务员制度还很远。

日本在 19 世纪 60—90 年代的明治维新以后，逐步建立官员制度。1870 年开始的群众性自发的自由民权运动推动了日本政府组织的建设。日本于 1886 年颁布了《各省官制》，随后又颁布了一系列的官员任命法令，虽然提出了考试用人的原则，但又强调官员必须效忠于君主，即官员是天皇的官员，保留了很大的封建残余。1898 年日本出现了政党内阁，政党分肥制及其弊端也随之产生。

总之，这个时期西方主要资本主义国家刚刚完成资产阶级革命，政府初建不久，政府组织人力资源管理没有经验，显得混乱无序。此外，只是在公职人员选拔上采取官职恩赐制和政党分肥制，而在公职人员的考核、培训与开发、激励、流动管理等方面则缺乏相应的举措，因此当时政府组织人力资源管理还处于萌芽状态。

（2）探索规范阶段（19 世纪中叶至二战期间）。

官职恩赐制和政党分肥制弊端重重，导致政府职位被无能之辈占据，整个公职人员队伍的素质低到了极点，政府行政管理已无效率可言。同时，伴随着西方国家经济的发展，这些国家的人民在积累了一定的财富后，参政议政意识有所增强，政治改革呼声愈来愈高，公职人员管理制度已到了非改不可的地步。在这种形势下，现代公务员制度应运而生。

现代公务员制度肇始于英国。1854 年，英国财政部的斯坦福·诺斯科特和查尔斯·屈维廉提出了一项改革文官制度的方案，即著名的《诺斯科特-屈维廉报告》。该报告认为，要想从根本上澄清吏治，必须废除官职恩赐制和政党分肥制；同时，参照中国的科举制，提出了一套关于政府公职人员招聘、培训、考核、晋升、流动、奖惩和分级分类管理的建议，主张实行以公开考试录用为基础的功绩制管理制度。1855 年，英国帕麦斯顿内阁颁布了第一个公务员制度改革令——《关于录用王国政府文官的枢密院令》，并决定成立负责文官改革事务的三人事务委员会，由其负责独立考试并研究实施改革方案。这一命令奠定了英国实行功绩制用人的组织基础。到了 1870 年，帕麦斯顿内阁颁布了第二个公务员制度改革令，确立了“凡进必考”的基本原则，即凡未经考试、未持有文官事务委员会合格证书者，一律不得从事任何事务类官职。第二个公务员制度改革令确定了两官分途与公开竞争考试这两个公务员制度的根本原则，这标志着现代公务员制度的诞生。英国现代公务员制度至今仍被世界上大约 2/3 的国家借鉴和应用，表现出了旺盛的生命力。

在 19 世纪前半期的美国，竞选成了买卖，政治沦为交易，由政党分肥制带来的一系列恶果，催生了美国公务员制度。1865 年，美国众议员詹克斯提出了一个借鉴英国公务员制度的美国文官改革法案。他的主张包括三点：一是建立以功绩制为基础的文官录用和考核制度；二是成立一个专门负责管理文官事务的委员会；三是文官常任、政治中立。詹克斯的主张对美国后来公务员制度的建立和完善产生了巨大的影响。格兰特总统执政期间，成立了一个公务员事务委员会，专门负责公务员改革的制度建设。该委员会制定的分类规则中将政府公职人员分为四类：第一类是凡进必参加公开考试的一般职员；第二类是由人推荐参加考试并择优录取的领事一级官员；第三类是必须从低级岗位中选拔的专管港口征税的公务员；第四类是政府直接任命的高级政务官员。这个分类确定了非技术类公务员、技术类公务员和政务类公务员的范围和录用标准，后来该分类也成了美国制定公务员法的基础。1881 年，加菲尔德总统被一名求职未遂的人行刺致死，该事件加速了美国公务员制度的建立进程。1883 年，国会通过了参议员彭德尔顿提出的《调整和改革美国文官制度的法案》，又称为《彭德尔顿法》或《公务员制度法》。其要点有三条：一是成立三人（其中两人不能来自同一个政党）委员会来统领美国公务员改革事宜，这个组织后来逐渐演变为联邦文官委员会，统管全美公务员管理工作；二是确立了“公开竞争、择优录取”的功绩制原则，并规定刚录取的公务员必须从基层干起，晋升需要考试；三是确立了公务员的政治中立原则及职业保障，通过职业保障确保文官的常任制，文官不因任何政治因素被解雇。可见，这是一部以詹克斯法案为蓝本的改革方案，它的颁布标志着以功绩制为核心的美国公务员制度的形成。1888 年，美国颁布了新的全美公务员职位细则和基于职位分类的薪酬制度；1896 年，美国规定对公务员进行绩效考核，并将绩效考核结果作为未来奖惩和升迁的依据；1897 年的法令规定了禁止公务员参加政治竞选活动以保持政治中立。

法国政府的公职人员以人数众多而著称于世，其现代公务员制度建立之路却很漫长。1870 年，第一次提出建立针对改革政党分肥制的现代公务员法律草案；1875 年第三共和国的宪法规定了要将政务官和事务官相区分；1920 年，密特朗议员提出了较为全面的公务员管理法案。此后法国公务员制度改革进程因爆发第二次世界大战而停滞，二战结束后才重新提上法国政府的议事日程。1946 年，第四共和国国民议会审议通过了《公务员总章程》，标志着法国现代公务员制度的建立。此后，法国各部门根据国家的《公务员总章程》，分别制定了本部门的公务员章程。法国的公务员章程对公务员的录用、培训、考核、薪酬和退休等制度都做了相应的规定。

德国于1873年颁布了第一部政府公职人员管理法——《官员法》，但统一后的德国仍然处在德皇的专制统治之下，真正意义上的公务员制度无法建立。第一次世界大战后，德国战败投降，德皇下台，德国随即建立了共和体制的魏玛共和国，魏玛宪法规定了官员必须保持政治中立和两官分途原则，德国公务员制度随之逐步确立。第二次世界大战后，联邦德国对原有的官员制度进行了一系列改革，并于1953年正式颁布了《联邦官员法》，这标志着德国现代公务员制度的产生。此后，德国不断完善公务员管理法律体系，先后颁布了《法官法》《工资法》《休假法》等法律。1990年德国统一后，有关公务员的法律得以继续执行，逐渐形成了德国比较完备的政府公职人员管理体系。

日本于1899年重新修改了《文官任用令》，又制定了《文官资格保障令》和《文官惩戒令》，从而确立了文官制度，但当时官员仍属于"天皇的官员"。第二次世界大战后，日本政体由天皇制变成了内阁制，政府公职人员也变成了"国民的官员"。1946年，日本在颁布宪法之后又制定了公务员法律。1947年日本正式颁布了《国家公务员法》，将公务员分为特别职和一般职两大类，确定了政务官和事务官相分离的原则，并对公务员的录用、晋升、考核、培训、工资等方面均做了相应的规定，这标志着日本现代公务员制度的产生。

总的来说，在探索规范阶段，各国政府对公职人员的管理呈现出三个典型特点：一是秉承政府官员政治中立原则，在政务官和事务官相分离的原则下先后建立了现代公务员制度；二是确立了功绩制的公务员管理原则，包括公开竞争、凡进必考、择优录用，岗位的升迁与否主要取决于业绩和资历，而不是出身和关系；三是实行公务员职务常任制，即公务员一旦被录用，就不能随意解聘。

（3）改革调适阶段（二战后至今）。

第二次世界大战以后，西方主要资本主义国家在国家经济治理上普遍推行凯恩斯主义，加强政府对市场的调节和监控，同时普遍实行福利国家政策。凯恩斯主义实行初期，确实推动了西方国家经济的增长。但是20世纪六七十年代以后，各国经济普遍出现了滞胀的情况，进而在政府管理上表现出了行政效率低下、民众税收加重等问题，由此产生了诸多社会矛盾和不稳定现象。在这种形势下，新公共管理运动应运而生。新公共管理运动强调市场的自由，反对过多的政治干预。与以政治-行政二分论和官僚制理论为理论基础的传统的公共行政理论不同，新公共管理运动是以市场经济理论和企业管理理论为理论基础的。

在新公共管理运动中，英国仍然是先行者，带动了西方其他主要国家的相继变革。1968年，英国政府发布了《富尔顿报告》，由此拉开了进一步改革公务员制度的大幕。该报告认为，英国政府存在严重的官僚主义问题，改革势在必行，并提出了相应的公务员制度改革建议。后来，在撒切尔夫人执政时期，公务员制度改革得到了大力推进与有效落实。其改革内容主要集中在以下几个方面：一是撤销公务员部，大规模裁减公务员；二是改组公务员结构，让政务官介入公务员内部，同时放权给部分事务官，让其参与政策的制定；三是成立国家审计办公室，把绩效管理制度引入政府组织人力资源管理中；

四是把有关人力资源的薪酬、人员配置等职能下放到各级主管部门；五是引入市场竞争机制和企业家精神，着力于顾客（公民）服务。撒切尔夫人的改革政策后来得到了梅杰政府的肯定和继承，梅杰政府实施的改革措施在重申传统公务员管理原则的前提之下，进一步打破了公务员职务常任制，实行多样化的政府雇佣模式。

美国在卡特总统执政后，对公务员制度进行了持续的改革。1978 年，美国国会通过了《文官制度改革法》。该法在强调传统公务员基本原则和权利义务之外，进一步推行了新的绩效考核制度和绩效工资制度；取消了文官委员会，以人事管理局、功绩制保护委员会和联邦劳工关系局三个独立的机构来行使文官委员会的原有职能；建立了专门的培训机构——联邦文官学院。这次改革提高了政府的行政效率，强化了政府的行政管理职能。1982 年，继任的里根总统在 1978 年改革的基础上，开始实施行政改革的一系列计划：通过制定预算来缩小政府规模，大幅度裁员以降低行政成本和提高工作效率。此后，克林顿政府又将竞争机制和企业家精神引入政府改革中，力图重塑政府，主要的改革措施有：精减人员，放宽政治管制，删除繁文缛节，提高人力资源管理的灵活性，促使公务员积极进取，提高工作效率；下放权力，允许一线部门管理者自行招聘人员并确定工资标准；允许政府工作人员就工资待遇和福利等问题同政府谈判。

在英、美公务员制度改革的影响下，法国在保持原有体制不变的情况下，对公务员制度也做出了调适性改革，要求公务员制度必须从适应市场经济的发展变化出发，建立以结果为导向的机制，激发公务员的潜能，实现增进行政绩效、提升服务品质的目标。法国公务员制度改革始于 1959 年对《公务员总章程》的修改，此后法国政府又颁布了新的章程和 7 个补充条例，一些重要的部门也制定了针对本部门的专门章程。在 20 世纪 60 年代，其改革的主要举措是加强公务员培训和改革工资制度；20 世纪 70 年代则重点推进公务员工资制度改革，提倡工资分类要考虑年龄，优待中年公务员；20 世纪 80 年代对公务员退休制度进行改革，扩大了公务员范围，广泛下放权力；20 世纪 90 年代以来的改革在进一步下放权力的同时更注重提高工作效率，其内容主要包括下放录用权、改革规章制度、推进办公自动化、改革公务员工资指数表、加强公务员相互交流和沟通、进行企业管理方法和成本效益观念的培训等。

德国从 20 世纪 50 年代起就对公务员制度陆续进行改革。改革主要围绕缩减人员数量和提高人员效率展开，不仅减少了不必要的工作人员，打破了公务员的铁饭碗，引入了灵活的政府合同雇员方式，还积极开展以能力为核心的公务员培训和开发。

日本的公务员改革是从 1996 年开始的，其主要目的是提高政府效率，以振兴日本经济。1997 年成立了公务员制度调查会，2001 年设立了公务员制度改进推进室，2008 年又制定了《国家公务员制度改革基本法》。改革的主要措施包括以下四个方面：一是把公务员的管理权限由中央下放到内阁各省厅；二是在薪酬制度上打破了年功序列制，引入了以能力为中心的绩效工资制；三是与工资改革相适应，建立了以能力为中心的绩效考核制度；四是加强对退休公务员的管理，防止退休人员被高薪聘请到企业而滋生腐败。

放眼看来，在新公共管理运动中，西方国家公务员制度改革主要分为三种类型：平衡型、激进型和保守型。平衡型是以美国为代表，在部分坚持原有制度的基础上广泛引进新公共管理理论。激进型是以英国为代表，此外还包括澳大利亚和新西兰，这些国家对原有制度的改革力度非常大。保守型是以法国、德国和日本三国为代表，基本坚持原有制度，对枝节进行部分修改。总之，新公共管理运动背景下的西方各国政府组织人力资源管理的改革主要侧重在以下八个方面：1）由中央向地方下放公务员管理权限；2）转变行政观念，以顾客（公民）为导向，注重提高服务质量；3）树立成本效益观念，对公务员进行市场化定位管理；4）精兵简政，提高效率；5）打破职务常任制，引入合同制，重塑雇佣关系；6）注重政府绩效管理，在此基础上改革工资制度；7）强化公务员培训与开发，加强公务员交流；8）提升道德标准，减少腐败行为，赢得公众信任。

2. 我国公共部门人力资源管理的发展历程

我国是世界四大文明古国之一，有五千多年从未间断的文明发展史。随着我国历史上第一个朝代——夏朝的建立，与国家机构相伴而生的政府公职人员管理不断发展，给世人留下了十分宝贵的遗产。下面主要考察古代、近代以及中华人民共和国成立后三个时期我国政府组织人力资源管理发展演变的情况。

（1）我国古代官吏制度的发展演变。

在我国历史上，自国家形成以来，古代官吏管理主要经历了五个发展阶段，即世卿世禄制、军功爵制、察举征辟制、九品中正制和科举制。

1）世卿世禄制。世卿世禄制是夏、商、周三代普遍实行的，并与亲贵合一的政权组织原则和宗法制度相统一的官吏管理模式。自夏朝建立君主专制政体以来，君王便享有了至高无上的权力。按照血缘宗法关系和任人唯亲的原则，王朝的官吏和诸侯由君王任命，诸侯国的官吏由诸侯任命。君王、诸侯和官吏都是世代相袭，父死子继，官吏的俸禄取决于领地的税收，这便是世卿世禄制。该制度在春秋时期达到鼎盛，战国时期趋于消亡。

2）军功爵制。到战国时期，列国征战不断，对高级管理人才的需求日趋强烈，世卿世禄制的官吏管理方式远不能满足当时对人才的需求，于是主张选贤任能的军功爵制应运而生，彻底取代了世卿世禄制。军功爵制不以亲属关系为做官的依据，官职和俸禄取决于个人所立战功的大小，而不论其出身，无功不受爵禄。军功爵制首先在魏国产生，使魏国一跃成为战国初期最强盛的国家。军功爵制在秦国实行得最彻底，成为秦国能够统一中国的关键因素之一。战国时期，对官吏的政绩考核已普遍实行，各诸侯国都有“上计”制度。所谓“上计”制度，是指地方官吏将所管辖地在一定时期的人口、财物和土地的变动数量以及税收、支出的数量上报给朝廷以接受考核的制度。据《云梦秦简》中记载，秦国对各部门都要考核，称为“课”，考核后要分出等级，奖优惩劣。

3）察举征辟制。察举征辟制是汉代主要的官员选拔制度。所谓察举就是由地方官对自身辖区的人才进行考察，把其中优秀者推荐给朝廷，然后朝廷经过考察后授予官职；所谓征辟，就是由皇帝或地方长官直接征聘为官。汉代官员的俸禄主要取决于官员的品级，品级越高，俸禄越高。官员俸禄的计量单位为“石”，俸禄两千石以上的为朝廷高级官吏。汉代非常重视对官员的考核。汉代的考核主要从两个系统入手：一是从中央到地方系统，朝廷考核郡官，郡官考核县官；另一个是中央机关系统，由各部长官对其下属官吏进行考核。对于官吏的考核主要有“考课”和“上计”两种方式。官吏考核结果的好坏直接与其职位和俸禄相挂钩。

4）九品中正制。九品中正制是魏晋南北朝时期普遍推行的选拔官吏的制度，九品中正制又称九品官人法。中正是由朝廷直接任命的在各地方负责选拔人才的官员，由德才兼备者担任。九品是对所选拔人才的德才进行分等，按照家庭出身和本人品行能力把他们的德才分为上上、上中、上下、中上、中中、中下、下上、下中、下下等九个等级。官员按照品级的高低获取俸禄，俸禄的结构大概可分为实物、货币和劳役三个部分。当时由于战乱纷起，皇帝会不定期地考核百官，考核内容主要是户口、钱粮和治安，考核的结果与官吏的任用和奖惩相结合。

5）科举制。科举制是我国古代历史上主要的官吏选拔制度，发端于隋炀帝大业二年（606 年），止于清光绪三十一年（1905 年），前后历经了隋、唐、宋、元、明、清多个朝代，历时近 1 300 年。直到今天，在世界各国的公务员录取考试中，都可以看到科举用人的许多特点，科举制影响之大无法估量。所谓科举制，实际上就是打破个人出身和社会关系，通过分科（类）和分层的考试来选拔人才的一种制度。考试的科目一般分为进士、明经、明法和明算科，考试的层级由低到高可分为院试、乡试、会试和殿试。科举制是一种典型的功绩制：不论出身、引入竞争、考试取士、择优录取、唯才是用。科举制时期，官吏的考核和任免由吏部负责，官吏的俸禄仍然以品级为基础来发放。

（2）近代政府人事制度的发展演变。

1912 年 1 月 1 日，中华民国成立。民国时期主要分为两个时期，即北京政府执政时期（1912—1927 年）和南京政府执政时期（1927—1949 年）。民国政府一改清末科举制度废除后官吏选拔的无序状态，在汲取西方文官制度的营养和遵循孙中山“五权宪法”理论的基础之上，创立了我国早期的政府组织人力资源管理制度，对公务员的分类、招聘、薪酬和考核等方面均做出了明确的规定。

孙中山“五权宪法”理论在借鉴西方三权分立思想的基础上，结合我国历史传统，使行政权、立法权、司法权、监察权和考试权相互独立。在北京政府执政时期，文官考试事务处是政府组织人力资源考试的主管机构，其并未完全独立，隶属于政事堂铨叙部。在南京政府执政时期，考试院成立，与行政院、立法院、司法院和监察院平级，实现了真正的考试权独立。考试院是国民政府最高考试机关，掌理国家机关人员的考试制度和铨叙制度。所有公务员均须依据法律，经考试院的考选、铨叙方得任用。考试院下辖考选委员会和铨叙部。考选委员会主要负责公务员的录取。铨叙部类似于我国现在的组织部，主要负责公务员的任免、考核、选拔和抚恤等事务。在具体组织公务员考试时，临时设立典试委员会和试务处。典试委员会主要负责命题、阅卷、成绩登统和核对。试务处主要负责打印试卷、保管试卷和会议记录等考试办公室工作。

在北京政府时期，政府组织人力资源考试的种类分为文官高等考试和文官普通考试，前者举行了两次，后者举行了一次。在南京政府时期，考试的种类又增加了专门职业及技术人员考试、公职候选人考试、特种考试和检定考试，考试次数和人数比北京政府时期均明显增加。除参加公务员考试外，民国政府另一个补充人力资源的方法是通过上级推荐来甄用。

民国政府对政府人力资源进行了分类管理，南京政府时期将公务员分为四等三十七级，四等按等级高低分为特任职、简任职、荐任职、委任职，每等又分为几个级别。在分等分级的同时，又明确把公务员分为政务官和事务官。在对政府组织人力资源的考核方面，民国政府基本做到了法制化和规范化，1929 年民国政府颁布了《考绩法》，1935 年又颁布了《公务员考绩法》、《公务员考绩法施行细则》和《公务员考绩奖惩条例》。在这几部法律法规里，民国政府对政府组织人力资源的考核主体、考核客体、考核方式、考核标准、考核时间、评分方式以及考核结果的应用都做出了明确的规定，且考核结果与薪酬直接挂钩。总之，民国政府组织的人力资源管理对此后我国政府组织人力资源管理具有一定的借鉴意义。

(3) 中华人民共和国成立后政府组织人力资源管理的实践与探索。

在中国共产党的领导下，我国政府组织人力资源管理主要经历了两个阶段：一是传统干部人事管理阶段；二是公务员制度建立与完善阶段。

1) 传统干部人事管理阶段。传统的干部人事制度是与我国计划经济相适应的高度集权的人事管理制度，这种制度是在借鉴苏联干部管理制度基础上建立的，并在长期的革命战争中逐渐完善。在这一阶段，所有的干部都是党领导下的干部，党政不分，政府组织和非政府组织人员也不区分。

我国干部人事制度的建立与党的用人制度是始终相伴的。1935 年召开的瓦窑堡会议强调了干部的枢纽作用，制定了一系列正确的干部人事政策。在 1938 年中共六届六中全会上，毛泽东提出了“才德兼备”和“任人唯贤”的干部用人路线，推动了中国化的干部用人制度的发展，我国从此逐步摆脱了苏联模式的干部用人主张。同年，中共中央决定在敌后各级党委设立组织部，集中对干部进行考核、征调和分配等工作，同时产生了地方干部和军队干部在管理上的分工，由此初步形成了一套比较完善的干部管理体制。延安时期，在中共七大和整风运动期间，中央提出了团结、爱护、识别、使用和教育干部的一系列用人方针，同时，逐步建立干部学习培训、选拔、考核、审查和交流制度。1941 年，中央明确规定，除军队干部属于军委政治部管理外，其他干部同属中央组织部统一管理。至此，干部用人制度更加完善。

中华人民共和国成立后，党进一步探索和完善干部人事制度，初步形成了一套与我国高度集中的计划经济体制相适应的干部人事管理制度。1953 年，为实现经济建设的第一个五年计划，中共中央下发了《关于加强干部管理工作的决定》，建立了在中央及各级党委统一领导下，在中央及各级党委组织部统一管理下的分部分级管理干部的制度。分部管理就是把全国干部分为九类，由中央和各级党委的各部分别进行管理；分级管理就是在中央和各级党委之间建立分工管理各级干部的制度，下管两级。接着，又在各级党委设立了与政府机构相对应的工作部门，以加强对财经干部的管理。20 世纪 60 年代，党中央提出建立能上能下的干部流动制度和后备干部培养制度。“文化大革命”期间，干部人事制度受到了巨大的冲击，基本处于瘫痪状态，各地由新成立的革命委员会掌权。1976 年以后，干部人事制度得以恢复，但此时的人事制度已不适应我国经济体制改革和对外开放的要求，干部人事制度的建立基调以改革为主，逐步为我国的公务员制度所取代。

2) 公务员制度建立与完善阶段。1978 年召开的党的十一届三中全会明确提出要把全党工作的着重点转移到社会主义现代化建设上来，并实行改革开放的战略决策。改革开放的新时代，要求建立一套与之相配套的政府组织人力资源管理制度。为了适应形势和任务的需要，以邓小平同志为核心的党的第二代中央领导集体，针对我国现行干部制度的弊端和干部队伍严重老化的实际情况，开启了干部人事制度改革的序幕。以废除领导职务终身制和实现干部队伍“四化”（革命化、年轻化、知识化和专业化）为核心内容，陆续建立了一系列与此相关的规章制度，例如干部选拔、录用、任免、考核、交流和退休等制度。改革开放初期，我国逐步打破了终身任职制，建立了正常的离退休制度，打破了干部任用的单一委任制模式，实行委任、选任、考任和聘任等多种模式，同时，也初步探索了现代化的干部考核制度。改革开放初期的干部人事制度改革实践为我国政府组织人力资源管理改革积累了一些宝贵的经验，干部人事制度由封闭的管理状态开始向科学化、法制化、民主化的方向发展，公开、平等、竞争、择优等人力资源管理新的价值观念也开始逐步深入人心。

我国公务员制度的产生与发展是一个艰难和漫长的过程。1984 年，党中央提出制定《国家机关工作人员法》，后改名为《国家行政机关工作人员条例》。1988 年 3 月，中央决定成立人事部，主旨就是为了加强政府人事工作，更好地推行公务员制度。人事部于 1989 年起正式开始组织公务员制度的试点工作，审计署、海关总署、国家统计局、国家环保局、国家税务局、国家建材局六个部门首先被国务院选中进行部门性试点工作。此后，哈尔滨市和深圳市在 1990 年又被选为地区性试点。在此期间，考试录用、亲属回避、人事考核、人员培训等单项制度，也在全国范围内试行并取得了明显的效果。以此为基础，国家于 1993 年 8 月 14 日正式颁发了《国家公务员暂行条例》。在《国家公务员暂行条例》实施十几年后，《公务员法》于 2005 年正式颁布（2018 年 12 月 29 日第十三届全国人民代表大会常务委员会第七次会议修订），以法律的形式对公务员的分类、录用、考核、培训、流动和奖惩等做出了明确的规定。至此，一个符合中国国情、具有中国特色的社会主义国家的公务员制度得以完全确立。

为了巩固公务员制度的建设成果，进一步推进公务员管理法制化工作的完善，我国出台了一系列公务员管理相关法规政策，其中重要的有《公务员录用规定》《国家公务员制度实施方案》《公务员奖励规定》《公务员职务任免与职务升降规定（试行）》《公务员辞去公职规定》《公务员辞退规定》《公务员回避规定》《公务员申诉规定》《公务员培训规定》《公务员考核规定》《公务员转任规定》等，涉及公务员的权利和义务、录用、培训、考核、工资福利、保险、晋升、奖励、交流、辞职、辞退、回避、申诉、退休等相关制度。

1.2.3 公共部门战略性人力资源管理系统

战略性人力资源管理是 21 世纪人力资源研究中的一个重要领域，是组织中关于“人”的管理的一种新视野。战略性人力资源管理理念，于 20 世纪 80 年代中后期产生于美国的工商企业组织。后来，随着技术、经济和社会的剧烈变革，公共部门的战略环境发生了重大变化，这对公共部门人力资源管理提出了全面的挑战，公共部门战略性人力资源管理逐渐兴起。

1. 公共部门战略性人力资源管理系统模型

公共部门战略性人力资源管理是一个系统，强调与公共组织的使命、核心价值观、愿景和战略等协调一致，而且在组织战略目标的指导和牵引下与组织结构等人力资源管理职能相匹配，并力求获得各项职能之间的协同效应，以有效支撑组织核心竞争力的形成。

组织构建并实施有效的战略性人力资源管理系统，可以确保组织战略的灵活性与可执行性，进而引导人力资源管理活动及人力资源能力聚焦于组织战略，从而真正形成具有高增值性、难以模仿性与不可替代性的人力资源队伍，不断提升组织的竞争优势，持续创造组织价值并实现组织目标。图 1－1 描述了公共部门战略性人力资源管理的主要职能及其关系，即公共部门战略性人力资源管理系统模型。该模型将公共部门战略性人力资源管理活动与相关运作情境结合起来，从战略性的角度诠释了人力资源管理的实质。

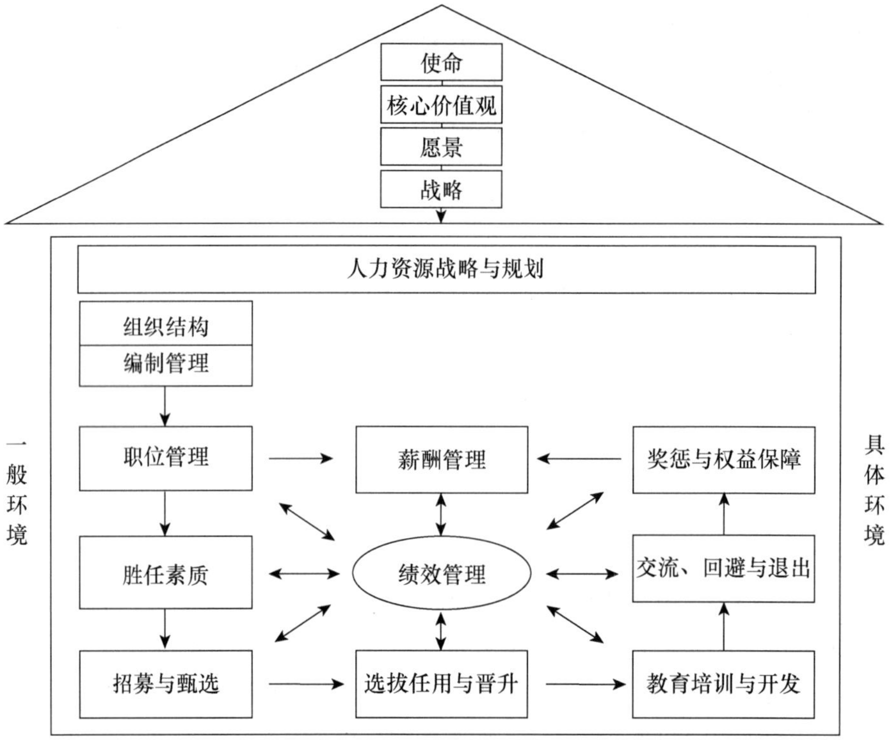

图 1－1　公共部门战略性人力资源管理系统模型

从图 1－1 中可以看出，该模型包含了影响公共部门战略性人力资源管理的主要变量，主要有组织所处的环境，组织的使命、核心价值观、愿景、战略，以及公共部门人力资源管理的主要职能。组织的环境分为一般环境和具体环境。一般环境通常被称为宏观环境，指的是那些对组织产生影响的外部环境因素，如政治、经济、技术等因素。具体环境是指与组织关系紧密的、对组织影响较大的局部环境，如组织战略、组织文化等。使命和核心价值观明确了组织的存在理由及行为准则，愿景和战略为组织制定了总体目标和行动方略。这些因素是构建有效的战略性人力资源管理系统的前提。

在明确了组织的使命、核心价值观、愿景和战略后，人力资源管理系统通过人力资源战略与规划，组织结构与编制管理，职位管理，胜任素质，招募与甄选，选拔任用与晋升，教育培训与开发，绩效管理，薪酬管理，交流、回避与退出以及奖惩与权益保障等基本职能进行运作，各个职能之间相互影响、相互联系、相辅相成，构成了一个完整的体系。各职能之间较为重要与显著的关系表现为：职位管理应根据组织结构和编制管理而展开，是其他各项职能的“基石”；根据公共组织的职位设置和每个职位的胜任素质，可以预测出组织所需的人力资源数量、质量及结构；人力资源的净需求量确定以后，据此制订招聘计划，然后根据考试录用程序进行招募，人员招募结束，经过甄选后确定合适的人选；在用人过程中，必须根据组织战略目标对他们的绩效进行管理，这是整个战略性人力资源管理的核心职能，是公职人员加薪、培训、晋升、交流、退出与激励等人力资源管理决策的基本依据；完善的奖惩与权益保障机制是提高公职人员工作积极性和主动性的重要保障。

2. 公共部门战略性人力资源管理系统的影响因素

如前所述，影响公共部门战略性人力资源管理系统的变量有组织的一般环境和具体环境，还有组织的使命、核心价值观、愿景与战略等。这些因素是战略性人力资源管理系统设计的前提和依据。

（1）组织的环境。

影响战略性人力资源管理系统的环境因素是非常广泛和复杂的，主要分为外部环境与内部环境两大类。

1）外部环境。外部环境是组织边界以外影响人力资源管理的各种因素，包括政治因素、经济因素、技术因素、法律因素、文化因素等。

第一，政治因素。国家的政治制度不同，其人力资源理念、政策和原则也会不同。在君主制条件下，人才标准比较主观和模糊，“合君意”者是人才，“不合君意”者则是庸才。在民主政治条件下，政府选拔人才必须经由公开竞争的考选，公职人员任用不得有不公或歧视的现象存在，公职人员为国家和民众服务，其行为须由法律来规范。

第二，经济因素。经济因素对人力资源管理的影响表现为两个方面。一是经济体制。经济体制是一个国家的经济运行方式，它集中体现为资源的配置方式。在当前市场经济体制下，市场成为资源配置的主体，政府组织可以根据自身的实际情况对人力资源进行灵活配置和有效管理。二是经济发展状况。组织的人力资源管理是与整个经济发展状况紧密联系在一起的，组织制定人力资源战略，必须了解一定时期内劳动力需求的种类和数量，掌握社会劳动力的供给、构成以及对特定人力资源的市场需求。如此才能有的放矢，掌握主动权。

第三，技术因素。随着技术与产品更新周期越来越短，现有职位不断发生变化，不断出现的新职位要求更多掌握着新知识、新技术、新技能的员工来担任。因此组织要密切关注科技的发展动向，预测本组织业务及职位对工作技能需求的变化，制订和实施有效的人力资源开发计划，同时更新人力资源管理手段，推进人力资源管理电子化。

第四，法律因素。法律规范对人力资源管理的影响主要体现在它的约束和规范作用上。组织制定和实施人力资源战略及政策，必须符合国家和地方政府主管部门发布的各种相关法律和法规。我国的《宪法》《公务员法》《劳动合同法》《工会法》等法律，对政府组织人力资源管理实践具有重要的影响。其中，《公务员法》的内容几乎涉及政府组织人力资源管理的各个方面，包括考试录用、考核、职务与职级的任免和升降、监督与奖惩、培训、交流和回避、工资福利保险、辞职辞退、退休等，其直接规范着政府组织人力资源管理的相关活动。

第五，文化因素。一个国家或民族的文化，特别是行政文化，对公共部门人力资源管理产生的无形影响如同“磁场”，虽了无痕迹却力量强大。中国传统的行政文化是一种以皇权和家长制为主的权威行政文化，在中国各个历史阶段中不断延续、渗透。在传统行政文化的“场”覆盖下，等级观念、派系观念和人治意识成为组织成员的普遍政治思维和处事态度。这种与人治紧密相关的体系，成为组织中人身依附和裙带关系蔓延的基础。在全球人才竞争的环境下，培养和造就结构合理、素质优良的人才队伍，是我国政府组织面临的长期任务。我们要继续加强人事制度规范化建设，有选择地继承传统行政文化的精华，降低负面行政文化对人力资源管理的影响，为组织人事工作科学决策提供支持，将文化融入组织制度中。

2）内部环境。内部环境是指组织系统内部影响人力资源管理的各种因素，包括组织战略、组织文化、高层领导者的领导风格等。

第一，组织战略。在组织的外部环境变得日益不确定以及组织竞争日益加剧的情况下，组织管理者必须运用各种系统性的方法，来分析环境、评价组织的优势和劣势，并识别有可能建立竞争优势的机会。因此，组织战略已成为决定组织生存与发展不可或缺的因素。

第二，组织文化。组织文化一旦形成便不容易发生变化，因此它在一定程度上代表着组织的灵魂，是组织彰显自身形象的载体。组织文化与人力资源管理有着紧密的联系，组织文化所提供的组织价值标准、道德规范和行为准则，不仅可以成为人力资源管理运作中的精神和行为依据，同时也可为组织培育高素质的人才队伍创造一个良好的环境和氛围。人力资源管理的吸纳、激励、开发、维持以及整合等各项基本功能的实现都受到组织文化直接或潜在的影响。

第三，高层领导者的领导风格。与组织文化一样，组织领导者，特别是高层领导者的态度、行为与偏好等，对于增进员工交互行为、保持团队士气以及实现组织目标等起着重要的作用。不同风格的领导对人力资源的管理是不一样的。例如，以人为中心的领导，把下属看得十分重要，不仅顾及他们的生活，还重视员工参与；以工作为中心的领导，视工作为第一要素，把工作效率看得非常重，认为凡是高效率者就是理想的工作人员。显然，在以工作为中心的领导活动中，人力资源管理只是单纯扮演回应者和执行者的角色，其重点放在员工选拔、报酬与惩罚等问题上；而以人为中心的领导活动则反映了人性化的管理方法，更加关注人际关系管理与情感管理等。

（2）组织的使命、核心价值观、愿景与战略。

这里以政府组织为例，阐述组织的使命、核心价值观、愿景与战略。

1）政府组织的使命。使命（mission）是组织存在的根本价值和追求的终极目标，概括了组织为人类所做出的贡献和创造的价值。它是一个简明的、重点清晰的内部陈述，说明了组织存在的原因，指引了组织行动的基本目标，并明确了员工行动的价值。

使命可以延续上百年，因此不能将其和具体的目标、战略混为一谈。目标和战略可以随着组织环境和发展的需要而改变，但是使命就像是地平线上的启明星，是组织永远不可及的追求。使命永远不可能完全实现这一事实，恰恰激励着组织持之以恒地追求它。因此，在这个环境日益多变、竞争日益激烈的时代，组织比以往任何时候都更需要明晰自身的使命，这样才能使组织的工作变得更有意义，更能吸引、激励和留住杰出的人才。

政府组织的使命相对清晰，归根结底是使公众利益最大化。确定政府组织使命的难点就在于，政府组织通常需要同时负责多项相对独立的基本职责，难以通过概括性的语言来进行整合。因此，这就需要政府组织的高层管理团队和组织成员一起讨论，共同参与制定，明晰对于本级政府组织而言最为根本的存在理由和应做出的最终贡献。正如戴维·奥斯本（David Osborne）等人在《摒弃官僚制：政府再造的五项战略》中所指出的："充分讨论组织根本方向的过程——争辩各种不同的假设和组织成员所持的各种不同观点，达成一个共同的使命，这是一个有效的过程。如果这件事情做得好，使命陈述可以贯穿组织的始终。"习近平总书记在党的十九大报告中指出："中国共产党人的初心和使命，就是为中国人民谋幸福，为中华民族谋复兴。这个初心和使命是激励中国共产党人不断前进的根本动力。"表 1-2 列举了一些政府组织使命陈述的示例。

表 1-2 政府组织使命陈述的示例

美国夏洛特市	了解城市的需要并为其市民提供高水平的服务
黑龙江省海林市	贯彻落实党的路线方针政策，全心全意造福海林人民

2）政府组织的核心价值观。核心价值观（core values）是指组织中指导决策和行动的永恒原则，体现在组织成员日复一日的行动中，反映了组织深层的信仰。高瞻远瞩的组织通常只有几条核心价值观，一般为 3～5 条，这是因为只有少数的价值观才是深植于组织内部的根本指导原则。核心价值观是促使组织长盛不衰的根本信条，不能将其与特定的文化或方法混为一谈，也不能为了经济利益或短期权益而自毁立场。核心价值观可以源于领导者的个人信仰，但真正的价值观必须要经受时间的考验，成为组织文化长期积累和沉淀的结果，为全体成员所共同认可和遵从。

政府组织核心价值观的提炼必须从高层领导者开始，但不能止步于此。虽然我们认为核心价值观大多源于创始人或高层领导者的个人信仰，但是除非它能引起员工的共鸣，否则难以推行。因此，高层领导者应该积极主动地将员工纳入组织核心价值观的形成过程，让每一位员工都有机会发表自己的意见，大家共同思考、发现、讨论、检验和提炼组织的核心价值观。当组织的核心价值观与员工个人的信仰融为一体时，其价值是显而易见的，包括培养员工强烈的个人效能感，提升身为组织成员的自豪感，提高对组织的忠诚感，促进对工作期望的理解以及培养协作和团队精神等。党的十八大提出，要"倡导富强、民主、文明、和谐，倡导自由、平等、公正、法治，倡导爱国、敬业、诚信、友善，积极培育和践行社会主义核心价值观"。2013 年 12 月，中共中央办公厅印发了《关于培育和践行社会主义核心价值观的意见》，进一步明确了社会主义核心价值观的基本内容。表 1-3 列举了一些政府组织核心价值观表述的示例。

表 1-3　政府组织核心价值观表述的示例

美国凤凰城	我们致力于服务我们的顾客；我们学习、变革和提高；我们注重团队工作；我们以结果为导向；我们尊重多样性；我们尽我们所能工作；我们用正直之心工作；我们要使凤凰城变得更美好
黑龙江省海林市	学习创新、艰苦创业、团结务实、民主廉政、科学发展

3）政府组织的愿景。愿景（vision）是组织勾画的宏伟蓝图和期望实现的中长期目标（3～10 年），是组织成员发自内心的意愿。愿景是组织的使命和核心价值观的具体体现，并明确指引组织战略的制定和执行，确保组织沿着既定的方向发展。组织的愿景一般由两个部分组成：一是组织中长期内要实现的“胆大包天”的目标（big hairy audacious goals）；二是对组织完成“胆大包天”目标后的情景进行的生动描述。“胆大包天”的目标应该是简洁、可行且鼓舞人心的，它是组织成员共同努力的目标，是团队精神的催化剂，能够激发所有人的力量。而生动描述则是用憧憬的语言传达想要展现给世界的形象。

与使命和核心价值观的形成过程一样，政府组织的愿景描述需要高层领导者和全体成员一起讨论并反复沟通才能完成。这一过程要求参加讨论的成员明确表达未来一段时间所期望达到的目标。彼得·圣吉（Peter Senge）指出：“如果人们没有愿景，他们所做的一切就是签字画押。其结果就是顺从，从没有承诺。”当组织成员将自己内心的愿景表达出来时，通常会发现有许多人会有共同的个人愿望，当这些共同愿景与组织的使命和未来发展趋势结合起来之后，就形成了组织未来一段时间的理想蓝图。1978 年党的十一届三中全会在北京召开，之后把全党的工作重点转移到社会主义现代化建设上来，确立了改革开放的战略方针，并且在每次党的代表大会上都提出了未来五年甚至三十年的愿景目标，这些壮阔蓝图不仅鼓舞人心，而且激励全党全国各族人民同心协力、持续奋斗。表 1-4 是政府组织愿景描述的案例。

表 1-4　政府组织愿景描述的案例

1961 年 5 月 25 日，约翰·肯尼迪（John Kennedy）总统在美国国会针对将人送到月球的指控做了一场激动人心的演讲。下面是肯尼迪总统论点的一小部分：

“现在是我们加快步伐前进的时候了，是建立新型美国企业的时候，是美国在空间发展领域占据独特领先地位的时候。在许多方面，这是我们地球未来的关键。”

“我认为美国应该在十年内实现将人送到月球然后再安全返回地球这个目标。”

肯尼迪总统的这些话激励了一代人，赢得了他们对这样一件看起来难以实现的任务的认同感。

4）政府组织的战略。政府组织的战略是指政府组织为达成使命和愿景所选择的一种显著优先权，是在可以预见的较长时期内需集中精力完成的关键任务。卡普兰（Kaplan）曾指出，“对于公共部门而言，战略可能是一个不相关的观念，这些机构缺乏长远考虑。它们试图为每个人做任何事情，结果什么事情也没有做”。这直接指出了明晰战略对于政府组织而言的重要性，只有通过战略，才能够明确政府组织期望达成的结果和确定整体的实施途径。通常，战略由多个并存且互补的战略主题组成。党的二十大提出的“深入实施科教兴国战略、人才强国战略、创新驱动发展战略，开辟发展新领域新赛道，不断塑造发展新功能新优势”是由国家层面重点推进的重大战略。

使命、核心价值观、愿景和战略共同形成了组织一整套时间跨度由长到短的目标体系，以及支撑这些目标的具体策略。它们又共同形成了战略性人力资源管理系统设计的前提和基础。

1.3 公共部门人力资源管理制度与法治化

1.3.1 公务员制度

1. 公务员制度的内涵与发展

公共部门人力资源管理具有很强的政策性和制度性。公务员是公共部门人力资源的主体和核心；公务员管理必须依据相应的政策和制度来进行，以公务员制度（civil service system）为主。公务员制度又称为现代文官制度，是指通过制定法律、法规和规章，明确公务员的权利和义务，对公务员依法实行科学管理的法规体系和管理体制。现代公务员制度是政府行政管理的一种基本制度，也是现代国家政治制度的重要组成部分。

如前所述，现代公务员制度最早建立于英国。英国自1688年资产阶级革命开始，建立了君主立宪的资产阶级政权，政治权力高度集中于议会，重要职位的任用由议会中的多数党控制，从而出现任人唯亲、营私舞弊等现象，严重阻碍了资本主义经济的发展。为改革人事制度，1852年，英国财政部任命斯坦福·诺斯科特和查尔斯·屈维廉两位爵士调查公务执行的所有问题，两人于1854年提出了《关于建立常任公务员制度的报告》，即著名的《诺斯科特-屈维廉报告》，勾勒了现代公务员制度的基本框架。1855年，英国以枢密院的名义颁布了公务员制度改革的第一个正式法令——《关于录用王国政府文官的枢密院令》，标志着现代公务员制度的正式确立。到了20世纪，威尔逊、撒切尔等首相执政时期，英国公务员制度又进行了一系列改革。

以英国公务员制度为蓝本，1883年美国国会通过由议员彭德尔顿提出的公务员制度法案——《彭德尔顿法》，标志着美国公务员制度的形成。此后，根据实际需要，美国国会通过了一系列关于公务员制度的法律，如1920年的《公务员退休法》、1949年的《职位分类法》以及1978年的《公务员制度改革法》等，促使美国公务员制度不断发展和完善。

西方公务员制度脱胎于资产阶级经济和政治制度，具有以下显著特点：一是“政治中立”原则。公务员不得参加某些政治活动，对政党政治采取公正、超然的态度。二是“两官分途”制度。执掌国家权力、管理国家公务的公职人员，分为政务官和事务官。政务官大多经选举或政治任命产生，有一定的任期；事务官一般从事政府中的行政管理和法律、法令的实施工作，通过公开竞争、考试，从具有行政管理才能的人员中择优录用。三是功绩制原则。注重工作实绩和能力，而淡化资历和亲疏。将工作实绩、效果与贡献大小作为公务员享受改善待遇的主要条件，考核的结果直接与其工资、待遇及级别升迁挂钩。

20世纪80年代以来，随着改革开放的不断深入，我国干部人事制度的弊端日益显现。为了建立同改革开放与经济社会发展相适应的干部人事制度，在前期研究和实践探索的基础上，1993 年 8 月 14 日，国务院颁布了《国家公务员暂行条例》，并于同年 10 月 1 日正式实施，确立了我国公务员制度的基本框架。2002 年，党的十六大明确指出，“改革和完善干部人事制度”，健全公务员制度，为公务员队伍建设和制度建设指明了方向。2005 年 4 月 27 日，第十届全国人大常委会第十五次会议审议通过了《公务员法》，并于 2006 年 1 月 1 日起生效实施。2018 年 12 月 29 日，第十三届全国人民代表大会常务委员会第七次会议对其进行了修订，自 2019 年 6 月 1 日起施行。我国公共部门人力资源管理的法制化、规范化和科学化进程稳步推进。

当前，我国仍处于社会主义初级阶段，公务员制度具有以下显著特征：一是坚持党管干部的原则。不同于西方的“政治中立”原则，我国公务员要自觉接受党的领导，贯彻社会主义初级阶段的基本路线，这是我国公务员制度最鲜明的特色。二是坚持为人民服务的宗旨。不同于西方公务员是一个单独的利益集团，同政府的关系是雇员与雇主的关系，我国公务员必须全心全意为人民服务，廉洁奉公，不谋私利，并接受群众监督。三是不存在政务官和事务官的划分。不同于西方公务员的“两官分途”制度，我国公务员没有政务官和事务官的划分标准，要求所有公务员在政治上都要与党中央保持高度一致。

2. 我国公务员制度的主要内容

我国《公务员法》的内容可归纳为两个方面：一是关于公务员制度和公务员管理的总括性规定，包括公务员制度的指导思想、基本原则，公务员的范围、条件、义务与权利，公务员的职务、职级与级别，公务员管理机构等；二是关于公务员管理各个环节的基本制度的规定，包括公务员的录用，考核，职务、职级任免，职务、职级升降，奖励，监督与惩戒，培训，交流与回避，工资、福利与保险，辞职与辞退，退休，申诉与控告，职位聘任，法律责任等。

《公务员法》共 18 章，113 条。其主要内容有：

（1）总则。规定了《公务员法》的立法宗旨、依据，公务员的范围，建立公务员制度的指导思想、原则，公务员主管部门及其关系等。

（2）公务员的条件、义务与权利。规定了公务员应具备的七项条件、公务员应当履行的八项义务和公务员享有的八项权利。

（3）职务、职级与级别。规定了实行职位分类制度，明确根据职位的性质、特点和管理需要划分职位类别，实行公务员职务与职级并行制度，根据公务员职位类别和职责设置公务员领导职务、职级序列。

（4）录用。规定对录用担任一级主任科员以下及其他相当职级层次的公务员，采取公开考试、严格考察、平等竞争、择优录取的办法。《公务员法》还对报考公务员的条件、录用程序、录用方式和录用的组织负责机构做了明确规定。此外，《公务员法》还规定，新录用的公务员有一年的试用期，试用期满不合格的取消录用。

（5）考核。规定公务员的考核分为平时考核、专项考核和定期考核等方式。考核内容包括德、能、勤、绩、廉五个方面，重点考核政治素质和工作实绩。定期考核的结果分为优秀、称职、基本称职和不称职四个等次，以此作为调整公务员职位、职务、职级、级别、工资以及对公务员奖励、培训、辞退的依据。此外，还规定了考核的方法和程序。

（6）职务、职级任免。规定公务员领导职务实行选任制、委任制和聘任制。公务员职级实行委任制和聘任制；领导成员职务实行任期制。此外，还规定了选任制公务员任职和职务终止时间、委任制公务员任职和免职的情形，以及对公务员兼职的限制性规定。

（7）职务、职级升降。公务员晋升领导职务，应当具备拟任职务所要求的政治素质、工作能力、文化程度和任职经历等方面的条件和资格。公务员职级应当逐级晋升，根据个人的德才表现、工作实绩和任职资历，参考民主推荐或者民主测评结果确定人选。公务员的职务、职级实行能上能下。对不适宜或者不胜任现任职务、职级的，应当进行调整。

（8）奖励。规定了对公务员或公务员集体奖励实行的原则、给予奖励的情形、奖励的种类和撤销奖励的情形等。

（9）监督与惩戒。规定了公务员的十八种禁止行为、对公务员处分的种类、给予公务员处分的程序及解除公务员处分的条件等。

（10）培训。规定了对公务员培训的主要形式，包括新录用人员的初任培训，晋升领导职务人员的任职培训，从事专项工作人员的专门业务培训，全体公务员提高政治素质和工作能力、更新知识的在职培训。此外，《公务员法》还对公务员参加培训的时间、培训的登记管理、培训情况和学习成绩的应用以及培训机构等做了规定。

（11）交流与回避。规定了公务员交流制度，公务员可以在公务员队伍内部交流，也可以与公务员队伍外的其他公职人员交流，交流的方式包括调任、转任；规定了公务员回避制度，包括任职回避、地域回避、公务回避，还规定了公务员回避的程序等。

（12）工资、福利与保险。规定了公务员工资制度的原则、形式、正常增长机制、工资调查制度等内容，还规定了公务员的福利和保险制度。

（13）辞职与辞退。规定了公务员辞去公职的程序、不得辞职的情形和担任领导职务的公务员辞去现在职务的程序，并规定了辞退和不得辞退公务员的情形及辞退公务员的程序等。

（14）退休。规定了公务员退休的两种形式：强制性退休和自愿提前退休，并规定了自愿提前退休的条件。此外，还规定了公务员退休后应享受国家规定的待遇。

（15）申诉与控告。规定了公务员申诉的人事处理决定的情形和申诉的程序，并对公务员控告的权利和公务员申诉、控告的要求等做了规定。

（16）职位聘任。规定机关可以经批准对专业性较强的职位和辅助性职位实行聘任制。还对聘任方式、聘任合同期限、工资、争议仲裁等做了规定。

（17）法律责任。规定了违反《公务员法》的法律责任，包括违反本法规情形和对违反本法规定的处理等。

（18）附则。对领导成员的含义，对行使公共管理职能的事业单位中除工勤人员以外的工作人员的参照管理以及《公务员法》的施行日期等做了规定。

1.3.2 事业单位人力资源管理

1. 我国事业单位的基本情况

根据国务院2004年6月发布的《事业单位登记管理暂行条例》，事业单位是指国家为了社会公益目的，由国家机关举办或者其他组织利用国有资产举办的，从事教育、科技、文化、卫生等活动的社会服务组织。事业单位是中国特有的概念，目前学校、研究院所、医院、博物馆等大多是事业单位。我国还有大量为行政机关提供技术性、辅助性、服务性支持的事业单位，如中央部委所属的研究机构、决策咨询机构、事务性机构等。我国事业单位量大面广，专业技术人员非常集中。

1955 年第一届全国人民代表大会第二次会议通过的《关于一九五四年国家决算和一九五五年国家预算的报告》，在机关和企业组织类别之外，第一次提出“事业单位”类别。改革开放以来，伴随着经济体制改革和行政体制改革，我国对事业单位管理实施了扩大自主权、政事分开、全员聘用制、分类改革等一系列改革。2011 年 3 月发布的《中共中央、国务院关于分类推进事业单位改革的指导意见》是事业单位改革的纲领性文件，为正在开展的改革做出了顶层设计。2011 年以来，按照社会功能可将事业单位划分为承担行政职能、从事生产经营活动和从事公益服务三个类别。对承担行政职能的单位，逐步将其划归行政机构或将其转为行政机构；对从事生产经营活动的单位，逐步将其转为企业；对从事公益服务的单位，继续将其保留在事业单位序列中，强化其公益属性。根据职责任务、服务对象和资源配置方式等情况，将从事公益服务的事业单位细分为两类：承担义务教育、基础性科研、公共文化、公共卫生及基层的基本医疗服务等基本公益服务，不能或不宜由市场配置资源的，划入公益一类；承担高等教育、非营利医疗等公益服务，可部分由市场配置资源的，划入公益二类。

2. 事业单位人力资源管理制度的主要内容

目前，我国事业单位人力资源管理主要根据《国务院办公厅转发人事部关于在事业单位试行人员聘用制度意见的通知》（2002 年 7 月发布）、《事业单位岗位设置管理试行办法》（2006 年 7 月印发）、《中华人民共和国劳动合同法》（自 2008 年 1 月 1 日起施行，2012 年 12 月修订）、《事业单位人事管理条例》（2014 年 4 月国务院发布）、《国务院关于机关事业单位工作人员养老保险制度改革的决定》（2015 年 1 月发布）、《事业单位领导人员管理规定》（2022 年 1 月施行）等制度开展工作。事业单位人力资源管理，坚持党管干部、党管人才原则，全面准确地贯彻民主、公开、竞争、择优方针。我国对事业单位工作人员实行分级分类管理。事业单位人力资源管理主要涉及岗位管理，聘用制度，考核、培训、奖励和处分，工资、福利和社会保险，人事争议处理，法律责任等内容。

（1）岗位管理。

1）岗位设置、管理机构和权限。事业单位岗位是指事业单位根据其社会功能、职责任务和工作需要设置的工作岗位，应具有明确的岗位名称、职责任务、工作标准和任职条件。国家对事业单位岗位设置实行宏观调控，分类指导，分级管理。国家确定事业单位通用的岗位类别和等级，根据事业单位的功能、规格、规模以及隶属关系等情况，对岗位实行总量、结构比例和最高等级控制。政府人事行政部门是事业单位岗位设置管理的综合管理部门，负责事业单位岗位设置的政策指导、宏观调控和监督管理。事业单位根据岗位设置的政策规定，按照核准的岗位总量、结构比例和最高等级，自主设置本单位的具体工作岗位。

2）岗位类别。事业单位岗位分为管理岗位、专业技术岗位和工勤技能岗位三种类别。管理岗位是指担负领导职责或管理任务的工作岗位。专业技术岗位是指从事专业技术工作，具有相应专业技术水平和能力要求的工作岗位。工勤技能岗位是指承担技能操作和维护、后勤保障、服务等职责的工作岗位。鼓励事业单位后勤服务社会化，已经实现社会化服务的一般性劳务工作，不再设置相应的工勤技能岗位。根据事业发展和工作需要，经批准，事业单位可设置特设岗位，主要用于聘用急需的高层次人才等特殊需要。

3）岗位等级。根据岗位性质、职责任务和任职条件，对事业单位管理岗位、专业技术岗位、工勤技能岗位分别划分通用的岗位等级。管理岗位分为 10 个等级，即一至十级职员岗位。专业技术岗位分为 13 个等级，包括高级岗位、中级岗位和初级岗位。工勤技能岗位包括技术工岗位和普通工岗位，其中技术工岗位分为 5 个等级，普通工岗位不分等级。除此之外，特设岗位的等级根据实际需要，按照规定的程序和管理权限确定。

4）岗位结构比例及等级确定。根据不同类型事业单位的职责任务、工作性质和人员结构特点，实行不同的岗位类别结构比例控制。管理岗位的最高等级和结构比例根据单位的规格、规模、隶属关系，按照干部人事管理有关规定和权限确定。专业技术岗位的最高等级和结构比例（包括高级、中级、初级之间的结构比例以及高级、中级、初级内部各等级之间的比例）按照单位的功能、规格、隶属关系和专业技术水平等因素综合确定。工勤技能岗位的最高等级和结构比例按照岗位等级规范、技能水平和工作需要确定。特设岗位的设置须经主管部门审核后，按程序报地区或设区的市以上政府人事行政部门核准。

（2）聘用制度。

事业单位在岗位有空缺时，按照管理岗位、专业技术岗位、工勤技能岗位的职责任务和任职条件及公开招聘、竞聘上岗的有关规定择优聘用人员，并与聘用人员签订聘用合同，确定相应的工资待遇。专业技术高级、中级和初级岗位的聘用条件应不低于国家规定的基本条件。实行职业资格准入控制的，应符合准入控制的要求。

（3）考核、培训、奖励和处分。

事业单位应当根据聘用合同规定的岗位职责任务，全面考核工作人员的表现，重点考核工作绩效。考核应当听取服务对象的意见和评价。考核分为平时考核、年度考核和聘期考核。年度考核的结果可以分为优秀、合格、基本合格和不合格等档次，聘期考核的结果可以分为合格和不合格等档次。

事业单位应当根据不同岗位的要求，编制工作人员培训计划，对工作人员进行分级分类培训。工作人员应当按照所在单位的要求，参加岗前培训、在岗培训、转岗培训和为完成特定任务的专项培训。培训经费按照国家有关规定列支。

对工作人员或者集体有“长期服务基层，爱岗敬业，表现突出”等五种情形之一的，给予奖励。奖励坚持精神奖励与物质奖励相结合、以精神奖励为主的原则。奖励分为嘉奖、记功、记大功、授予荣誉称号。工作人员有“损害国家声誉和利益”等六种行为之一的，给予处分。处分分为警告、记过、降低岗位等级或者撤职、开除。

（4）工资、福利和社会保险。

事业单位工作人员工资包括基本工资、绩效工资和津贴补贴。事业单位工资分配应当结合不同行业事业单位特点，体现岗位职责、工作业绩、实际贡献等因素。事业单位工作人员享受国家规定的福利待遇。事业单位执行国家规定的工时制度和休假制度。事业单位及其工作人员依法参加社会保险，工作人员依法享受社会保险待遇。事业单位工作人员符合国家规定退休条件的，应当退休。

（5）人事争议处理。

事业单位工作人员与所在单位发生人事争议的，依照《中华人民共和国劳动争议调解仲裁法》等有关规定进行处理。事业单位工作人员对涉及本人的考核结果、处分决定等不服的，可以按照国家有关规定申请复核、提出申诉。事业单位在聘用、考核、奖励、处分、人事争议处理等方面适用回避制度。对事业单位人事管理工作中的违法违纪行为，任何单位或者个人可以向事业单位人事综合管理部门、主管部门或者监察机关投诉、举报，有关部门和机关应当及时调查处理。

（6）法律责任。

事业单位违反相关条例规定的，由县级以上事业单位人事综合管理部门或者主管部门责令限期改正；逾期不改正的，对直接负责的主管人员和其他直接责任人员依法给予处分。对事业单位工作人员的人事处理违反相关条例规定给当事人造成名誉损害的，应当赔礼道歉、恢复名誉、消除影响；造成经济损失的，依法给予赔偿。事业单位人事综合管理部门和主管部门的工作人员在事业单位人事管理工作中滥用职权、玩忽职守、徇私舞弊的，依法给予处分；构成犯罪的，依法追究刑事责任。

1.3.3 公共部门人力资源管理的法治化

现代公共部门人力资源管理要努力摆脱“人治”的藩篱，不断迈向法治化，即法律成为公共部门人力资源管理的重要组成部分，法律关系各方自愿接受法律的约束。把握公共部门人力资源管理法治化，应该认识公职人员法律关系及公共部门人力资源管理法律渊源。

1. 公职人员法律关系

法律关系是指法律规范在调整人们行为过程中形成的权利义务关系。它由法律关系主体、法律关系内容（权利义务）和法律关系客体三要素组成。

公职人员法律关系主体也是法律关系的当事人，是指承担一定法定权利、义务的双方，也就是国家及代表国家的行政机关或人事主管机关，以及公职人员。一方面，国家及代表国家的行政机关或人事主管机关，具有独特的法律地位，这源于国家的权威性和主动性，拥有调控者的法律身份，享有完全的、充分的权利能力和行为能力，另一方面，公职人员也被赋予了充分的政治、经济、文化等方面的权利。主体双方享有的权利和承担的义务是对等的。

公职人员法律关系客体是指在公职人员法律关系的主体中，法律关系参加者的权利、义务所指的对象，包括公职人员享有的消费性生活资料、精神财富、人身和行为等。其中，行政行为和公职人员的行为，是公职人员法律关系客体的重要方面。

2. 公共部门人力资源管理法律渊源

法律渊源是指具有法的效力作用和意义的法或法律的外在表现形式，即法是由何种国家机关、通过何种方式并表现为何种法律文件形式而获得成立的，根据创制机关、方式的不同而划分为不同的类别并具有不同等级的效力范围。公共部门人力资源管理法律渊源是由国家制定认可的公职人员管理法律规范的表现形式。主要包括以下类型：

（1）宪法中的相关规定。

宪法中关于公共部门人力资源管理相关问题的规定是我国公共部门人力资源管理的首要渊源。宪法中的有关规定是公共部门人力资源管理相关法律基本原则的依据，指导和规范公共部门人力资源管理相关法律的制定、修改和废止。例如，我国《宪法》全面规定了劳动者的基本权利，包括劳动权、报酬权、休息休假权、劳动安全卫生保护权、物质帮助权、培训权、结社权等，在其他法律法规中必须得以落实和体现。

（2）法律。

全国人民代表大会及其常务委员会依据宪法制定的调整公职人员关系的规范属于公共部门人力资源管理方面的法律，其法律效力仅低于宪法，包括《中华人民共和国公务员法》《中华人民共和国工会法》《中华人民共和国劳动法》等。

（3）行政法规。

国务院是国家最高行政机关，管理公职人员事务，有权根据宪法、公务员法和劳动法律制定调整公职人员法律关系的规范性文件。这些规范性文件统称为公共部门人力资源管理行政法规，其效力低于宪法和法律，在全国具有普遍的法律效力。国务院出台的公共部门人力资源管理方面的行政法规是我国调整公职人员关系的主要依据。规范性文件数量比较多，例如，《事业单位人事管理条例》《工伤保险条例》《劳动保障监察条例》《国务院关于建立统一的企业职工基本养老保险制度的决定》等。

（4）行政规章。

国务院组成部门依据相关法律和行政法规，有权在本部门范围内制定和发布规范性文件，其中关于调整公职人员关系的规章，也是公共部门人力资源管理的法律渊源，例如《事业单位岗位设置管理试行办法》等。

（5）地方性法规。

在我国，依据法律规定，省、自治区、直辖市人民代表大会及其常务委员会和政府，为管理本行政区域内的公职人员事务，在不同宪法、法律和行政法规相抵触的前提下，可以制定和发布地方性公共部门人力资源管理相关法规，报全国人民代表大会常务委员会、国务院备案或批准后生效；依据有关规定，地方县级以上各级人民代表大会及其常务委员会和政府，依照法律规定的权限，制定和发布规范性文件。所有这些只在本行政区域内具有效力的规范性文件也属于公共部门人力资源管理法律渊源的范畴。例如，《××省国家公务员培训暂行规定》《××市工伤保险条例实施办法》等。

（6）法律解释。

法律解释是指有权的国家机关对已经生效的相关法律、行政法规等规范性文件所做的阐释和说明。法律解释具有适用性，且具有法律效力，因此其是公共部门人力资源管理的法律依据。在我国，根据解释主体的不同，法律解释可分为正式解释和非正式解释两类。正式解释是指有解释权的国家机关对已经生效的相关法律、行政法规等规范性文件所做的阐释和说明，具有法律效力，具备规范性、有效性、稳定性等特点。正式解释包括立法解释和应用解释，立法解释是立法机关对其法律的解释，应用解释包括司法解释和行政解释。非正式解释则是不具有法律解释权的主体做出的不具有法律效力的解释，主要包括学理解释和任意解释。学理解释是由教学机构、学术团体、法学家、法律工作者在教学、科研工作中对法律进行的解释，任意解释则是指在司法活动中当事人及其代理律师对法律的解释和公民在日常生活中对法律的理解。

（7）国际公约以及其他法律中的相关规定。

有关国际组织按照法定程序制定或通过的国际公约、决议涉及公共部门人力资源管理，其中经过我国立法机关批准的公约在我国具有法律效力。例如，国际劳工组织制定的国际劳工公约，经过我国立法机关批准，即成为国内劳动法的渊源。此外，在其他法律中，只要涉及公共部门人力资源的相关规定，也是公共部门人力资源管理的法律渊源。

本章小结

本章主要介绍了公共部门的含义与特点；阐释了公共部门人力资源的内涵与结构，公共部门人力资源管理的含义、特点、发展历程等；分析了公共部门战略性人力资源管理的概念、系统模型和影响因素；阐述了公务员制度的内涵与发展、主要内容，介绍了我国事业单位人力资源管理制度的主要内容，阐释了公共部门人力资源管理的法治化。

公共部门战略性人力资源管理是一个系统，强调与公共组织的使命、核心价值观、愿景和战略等协调一致，而且在组织战略目标的指导和牵引下与组织结构等人力资源管理职能相匹配，并力求获得各项职能之间的协同效应，以有效支撑组织核心能力的形成。公共部门应该推行战略性人力资源管理，人力资源管理机构与人员需要提高工作层次，把更多的精力和时间投入战略性和变革性的活动中，减少行政事务性工作。同时，公共部门应不断完善人力资源管理法律法规体系，推进人力资源管理法治化进程。

关键术语

公共部门　政府组织　事业单位　公共企业　非政府组织　公共部门人力资源　公共部门人力资源管理　公共部门战略性人力资源管理系统　使命　核心价值观　愿景　公务员制度　公务员法　事业单位人力资源管理制度　公共部门人力资源管理的法治化

复习思考题

1. 公共部门的含义和特点是什么？
2. 公共部门人力资源管理的含义和特点是什么？
3. 简述公共部门战略性人力资源管理系统模型。
4. 简述国内外公共部门人力资源管理的发展历程。
5. 简述公务员制度的发展和主要内容。
6. 简述事业单位人力资源管理的主要内容。
7. 简述公共部门人力资源管理的法律渊源。

第2章

公共部门人力资源战略与规划

公共部门人力资源是一个国家的战略性资源，公共部门人力资源管理已经成为公共管理的重要组成部分。为了适应外部环境的变化和内部管理的需要，公共部门应根据组织的战略目标，制定人力资源战略与规划，从而推动组织目标的顺利达成。本章主要阐述了公共部门人力资源战略的内涵与类型、人力资源规划的制定以及人力资源需求与供给预测等内容，并介绍了我国公共部门的人力资源战略与规划实践。

重点问题

- 公共部门人力资源战略的内涵与特点
- 公共部门人力资源战略的类型
- 公共部门人力资源规划的内涵与类型
- 公共部门人力资源规划的程序
- 公共部门人力资源需求与供给预测
- 我国公共部门人力资源战略与规划实践

2.1 公共部门人力资源战略

2.1.1 公共部门战略

1. 公共部门战略管理基本理论

“战略”（strategy）一词来自希腊语中的军事术语“strategos”，指的是在一场战争或者战斗背后所隐含的筹划、谋略与构想。《韦氏大词典》将“战略”一词定义为“谋略的巧妙运用和协调”以及“艺术性的规划和管理”。随着时代的发展，“战略”这一军事用语被移植于社会、政治和经济活动等各个领域。

随着全球化、信息化和知识经济时代的到来，公共部门面临的管理问题日益复杂。20世纪80年代，西方国家掀起了大规模的政府改革运动，公共部门的职能、角色、组织结构和公共部门与社会的关系都发生了深刻的变化。这场新公共管理运动对西方政府管理理论与实践产生了重大而深远的影响。新公共管理等不断出现的管理思想对传统公共管理提出了挑战，促使公共部门超越原有的管理理念、方法和技术，综合采用战略管理等在私人部门广泛使用的管理技术和方法，以应对日益复杂的外部环境。在私人部门战略管理模式的示范效应下，战略管理问题越来越受到公共部门的关注和重视，政府战略管理随之兴起。

20世纪90年代，政府战略管理作为一门新学科诞生了，出现了首批论述政府战略管理的著作和教科书。其中，哈佛大学肯尼迪政府学院的马克·穆尔（Mark Moore）在此领域进行了开创性的研究工作。他在《创造公共价值：政府战略管理》一书中，提出了政府战略管理的三角模型（见图2－1）。

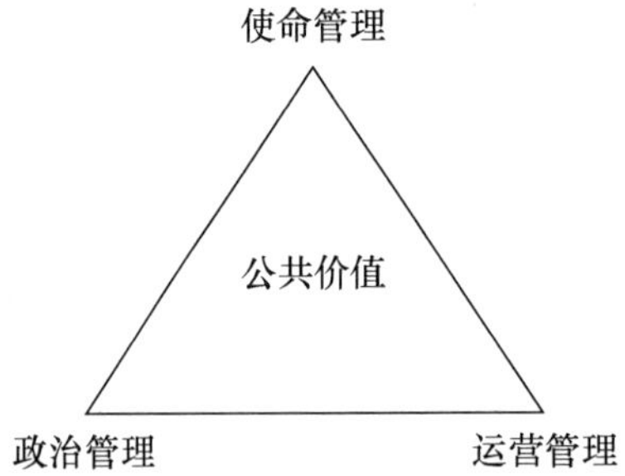

图2－1 政府战略管理的三角模型

穆尔认为，政府管理的核心目标是为社会创造公共价值，公共价值是政府管理的核心。为了更好地实现公共价值，政府管理者需要突破传统政府管理的模式，他们应该具备战略视野，不断审视组织的使命和价值，并侧重从组织的外部环境以及组织与环境的交易因素对政府管理进行考察。[①]

政府管理需要围绕公共价值核心做好三个方面的工作：

（1）使命管理。使命管理需要回答以下问题：我们是谁？我们为何而存在？我们的服务对象是谁？他们有何期望和要求？我们应如何更好地满足他们的要求？

（2）政治管理。政治管理运用各种手段争取政治、法律和社会各方面的支持，它需要回答：哪些因素会影响组织战略？政府战略管理者对战略持什么态度？他们的影响力如何？应运用什么策略和手段去争取支持力量、化解反对力量？

（3）运营管理。运营管理通过有效整合、利用组织内部资源来实现组织的战略目标，需要考虑为了达到组织目标，组织应该在组织结构、组织文化、人力资源、财务资源等

① MOORE M H. Creating public value：strategic management in government. Cambridge，Mass.：Harvard University Press，1997.

方面进行哪些变革和创新等。[①]

2. 公共部门战略管理过程

公共部门战略管理是一个由明晰组织的使命、核心价值观和愿景，战略分析（SWOT分析），战略制定，战略实施以及战略评估等环节组成的系统过程（见图2-2）。

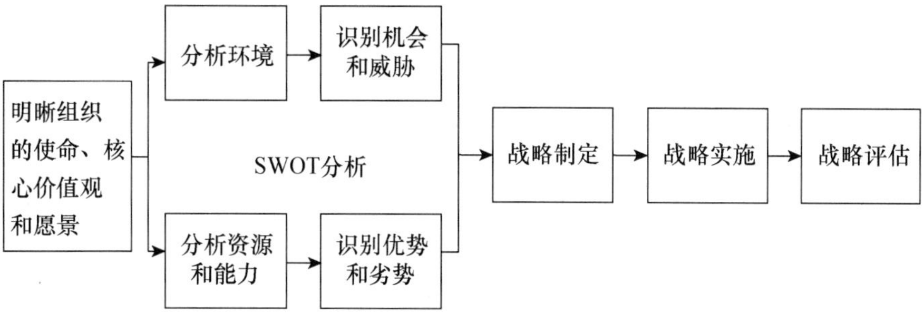

图2-2　公共部门战略管理过程

（1）明晰组织的使命、核心价值观和愿景。

公共部门应当首先明确自己所承担的使命，即组织存在的根本理由。我国政府组织在界定使命时必须贯彻中国共产党的治国理念和执政意图，将造福人民作为使命的核心，这是陈述使命时应把握的基调。然后，根据党的基本信仰和上级机关所倡导的行政准则，结合自身的历史文化和现实需求，提炼适合本组织的核心价值观，将其作为指导决策和行动的基本原则。此外，公共部门应当确定未来一段时期想要达成的理想状态。由于政府组织是受人民委托对国家进行治理和提供公共服务的主体，其根本目的是满足公共利益，为人民谋福祉，因此其愿景不能仅限于自身规模和实力的壮大，而应该着眼于行政辖区或服务对象的发展与进步。

（2）战略分析（SWOT分析）。

公共部门是处于特定环境之中的，因此在制定战略时必须分析自己所处的环境和现有资源的运营能力，分析在战略实施过程中各种资源可能发生的变化，以及由此对自身竞争力的影响，以保证自身的发展，实现自己的战略目标。公共部门的内外部环境分析这两个环节在形式上与企业进行SWOT分析的过程是相同的，但是在具体内容上要考虑公共部门与私人部门在环境因素和内部程序等方面存在的差异性。

公共部门在进行外部环境分析时，应重点对以下因素进行分析：

1）政策因素。公共部门在制定战略过程中要考虑现有政策中所蕴含的机会和威胁。政策因素包括财政政策和货币政策、区域发展政策、产业发展政策，以及环境、土地政策等。

2）经济因素。公共部门战略具有广泛的影响力，对经济社会发展具有引导作用，当前经济发展为战略实施提供物质基础，因此在制定战略时要注重对经济发展所处阶段的判断和分析，只有在准确把握当前经济发展状况以及发展趋势的基础上，才能制定出具有可持续性的战略。

---

① 赵景华，李代民．政府战略管理三角模型评析与创新．中国行政管理，2009（6）：47-49.

3）社会因素。公共部门战略不仅受到经济发展阶段的影响，还受到社会环境等因素的影响。例如，人口数量、人口的结构和比例以及社会各阶层的发展状况等都将对公共部门战略产生重要的影响。

4）竞争因素。公共部门战略制定还要考虑与同类组织的可比性问题，而不应仅考虑组织自身的情况。

只有在对政策因素、经济因素、社会因素和竞争因素进行充分分析的基础上，才能准确判断组织面临的机会与威胁，制定出有针对性的备选战略。

公共部门在进行内部环境分析时，应重点分析以下因素：

1）资源因素。公共部门在制定战略时，要考虑资源条件的制约。在分析资源条件时，要特别重视对战略性资源的分析。战略性资源是指那些具有价值性、稀缺性、不可复制性和不可替代性的资源，它们对于战略制定具有重要的影响。公共部门战略性资源既包括有形的资源，例如资金、土地、厂房、设备等，也包括无形的资源，例如人力资本、国家的支持、有吸引力的政策组合以及良好的投资环境等。

2）能力因素。能力因素是指政府开发整合各种资源以制定和执行战略的能力。资源因素是静态的，而能力因素则是动态的。静态的因素无法直接转化，只有经过开发和整合才能产生效果。能力因素包括动员能力、组织能力、控制能力等。①

（3）战略制定。

公共部门在制定战略时，首先要根据经济社会的发展阶段以及外部环境的变化确定战略主题。战略主题是指具有全局性和广泛影响力的战略性议题，这类主题需要政府优先加以关注。这类主题影响面广，需要从战略层面来理清方向，从而制定出有针对性的政策。我国在医药卫生、文化、科技、人才和教育等领域的改革和发展规划，就是针对当前我国改革和发展中的热点和难点问题所提出的专项战略规划。

（4）战略实施。

战略实施就是将制定好的战略转化为具体行动并达到战略目标的过程。公共部门一旦做出了自己的战略选择，那么接下去要做的就是去实施这些战略。在战略实施环节，要特别重视战略与政策的配套关系，以保证所制定的战略可以得到有效的实施。我国公共部门战略管理过程中存在“重战略制定，轻战略实施”的问题，许多战略规划最后都变成“纸上画画，墙上挂挂”，达不到应有的效果。之所以出现这种情况，除了制定的战略缺乏可操作性，还在于缺少与战略相配套的政策措施。公共部门战略的影响面很广，需要与之配套的政策也是多方面的，其中既包括财政政策和货币政策等宏观调控手段，也包括产业准入制度、环境和资源约束制度等微观干预手段。由于负责制定政策的部门很多，因此在战略实施环节势必会涉及相关部门之间的协调和配合，由此增加了战略实施的难度。战略实施除了需要政策配套之外，通常还需要具体项目的支持，例如，我国在制定中长期教育改革和发展规划纲要时，就同时提出了近期拟开展的重点项目，这对于保障战略的有效实施具有重要的推动作用。

① 赵景华，邢华．政府战略管理的SWOT模型：一个概念框架．中国行政管理，2010（5）：23-27.

(5) 战略评估。

执行和实施战略的任务从来不是一蹴而就的。如果说战略的制定过程属于主观认识范畴，那么其真正的价值只有经过实践才能得到验证。在战略实施过程中进行战略评估将进一步辨认对外界环境的分析是否正确、所制定的战略途径和手段是否有效等，从而发现问题和差距，分析产生偏差的原因，根据变化的环境对组织战略进行适当的调整，并在必要时采取矫正性措施，使战略行动更好地与环境及所要达到的目标相协调。

2.1.2 公共部门人力资源战略概述

1. 公共部门人力资源战略的内涵与特点

公共部门人力资源战略是指公共部门为了适应外部环境的变化和内部管理的需要，根据组织的战略目标制定人力资源管理目标，进而通过各种人力资源管理职能活动实现组织目标所采取的战略措施与部署。它强调人力资源对组织战略目标的支撑作用，从战略层面考虑人力资源的内容和作用。公共部门人力资源管理不仅要契合战略环境的变化，而且要服务于公共部门的整体战略，促使传统人事管理发生范式性的变革，由专注内部、专注过程的事务性工作转变为考虑环境变化、着眼长远目标、注重资源优化配置的战略性工作。

公共部门人力资源是一个国家的战略性资源，公共部门人力资源管理已经成为公共管理的重要组成部分。因此，公共部门人力资源战略应该与整个公共管理的目标相融合，紧紧围绕服务经济与社会发展的战略目标。其目标应该定位于：第一，促使公共部门人力资源管理与公共部门战略紧密联系起来，以此改进公共部门人力资源管理方式，改善公共组织文化，提高管理绩效，激发公职人员的积极性、主动性和创造性，致力于公共事业发展及新型公共产品和服务的开发，以适应经济社会发展对公共部门管理、服务不断提高的要求，保证各项工作卓有成效地开展；第二，开发政府行政管理和发展科技、教育、文化、卫生等各项事业所需的各类人才，建立政府组织与公职人员之间的和谐关系，以服务经济社会发展的需要，同时满足公职人员成长、发展以及自我实现的需要。

公共部门人力资源战略与私营企业人力资源战略有所区别，而且公共部门人力资源战略具有以下两个显著的特点：一是公共部门人力资源战略目标趋于多元化。公共部门最重要的目标是维护公共利益，而公共利益的目标是抽象的，对于公共部门的服务对象——社会公众来说，他们既要求公共部门公开、公正，又要求公共部门承担社会责任，这些目标在多数情况下是多元的。作为一种职能战略，公共部门人力资源战略必须为公共部门战略目标服务，公共部门目标多元化意味着公共部门人力资源战略目标的多元化，也意味着制定人力资源战略的时候必须考虑诸多方面的因素。二是公共部门人力资源战略的制约因素较多。公共部门人力资源战略不仅受《公务员法》等一系列相关法律、法规、规章及政策性文件的影响，而且受社会公众制约也较多。

2. 公共部门人力资源战略与组织战略的关系

人力资源战略是公共部门组织战略的核心内容之一，两者具有密切的联系。

（1）组织战略是人力资源战略的前提和基础。

人力资源战略作为一种公共部门职能层面的战略，是在组织战略基础上形成的。组织战略决定人力资源战略，组织战略通过对组织架构和工作程序的作用对人力资源战略产生影响。最高管理层制定全面的组织使命，明确战略性目标，说明管理方案及程序，以帮助组织实现战略目标。这些目标、方案以及政策是人力资源战略的一部分。

（2）人力资源战略为组织战略的制定提供信息。

任何一项组织战略的成功制定通常是在两种力量之间寻求一种平衡：一方面是组织的内部资源状况；另一方面是组织的外部环境的变化。在为公共部门决策提供内部信息方面，人力资源战略所能提供的信息包括人力资源的供需状况、人力资源的素质、人力资源的工作绩效与改进情况、人力资源培训与开发的效果等。在为公共部门决策提供外部信息方面，人力资源战略所能提供的信息包括人力资源供给状况，相关公共组织所采用的激励或薪酬计划情况，以及有关《公务员法》《劳动法》等法律法规方面的信息。

（3）人力资源战略支撑组织战略。

人力资源战略是连接人力资源管理活动与组织总体战略的纽带。它通过一种合理的、一致的、以战略为核心的过程进行人力资源管理，是公共部门战略目标实现的有效保障。人力资源战略与组织战略是否契合在很大程度上决定了公共部门各项重大工作的成败，因此其日益成为公共部门不得不关注的重要问题。

3. 公共部门人力资源战略的类型

公共部门人力资源战略根据不同的标准划分为不同的类型，主要有以下两种分类方法：

（1）根据适用对象的不同，公共部门人力资源战略可分为诱引战略、投资战略和参与战略。

1）诱引战略。诱引战略是指组织自己不培养员工，而是通过丰厚的报酬去吸引人才，从而形成高素质的员工队伍。在这种战略下，吸引员工的是高薪酬、高福利，从而使组织的人工成本较高。因此，组织往往严格控制员工的人数，并力求吸引的员工都是高质量的，减少了对员工的培训费用。在这种战略下，组织与员工的关系主要是经济利益关系，工作报酬主要取决于员工的努力程度，管理上则采取以单纯利益交换为基础的严密的科学管理模式，组织强调员工对目标的承诺，员工往往被要求做繁重的工作，流动率较高。处于激烈竞争环境与危机状态下的公共部门常常采用此战略。

2）投资战略。这种战略通常被那些正处于发展中的组织所采用，这类组织拥有一定的适应性和灵活性，强调通过自己培养来获取高素质的员工，如战国时期孟尝君之“食客三千”，储备了多种专业人才。管理人员注重对员工的支持、培训和开发，视员工为组织最好的投资对象，并力争营造和谐的组织文化氛围和形成良好的上下级关系，组织与员工除了是雇佣关系外，组织还注重培养员工的归属感，员工流动率较低。

3）参与战略。采取参与战略的组织大都有扁平、分权化的组织结构，能够在复杂环境中快速做出反应，有效地降低成本。为鼓励开拓创新，这些组织的人力资源管理政策强调人员配备、工作监督和报酬，员工大多数是高技术水准的专业人员，可以达到组织人力资源战略的目标。组织为员工提供挑战性的工作，鼓励参与，把报酬与成果密切联系在一起，从而实现战略目标。在这种战略下，管理人员的工作主要是为员工提供咨询和帮助，组织注重团队建设和授权，在培训方面强调对员工个人技能的培养。

（2）根据组织变革程度的不同，公共部门人力资源战略可分为家长式战略、发展式战略、任务式战略和转型式战略（见表2-1）。

表2-1 公共部门变革程度与人力资源战略

变革程度	人力资源战略	人力资源管理方式
基本稳定、微小调整	家长式战略	指令式管理为主
循序渐进、不断变革	发展式战略	咨询式管理为主，指令式管理为辅
局部变革	任务式战略	指令式管理为主，咨询式管理为辅
整体变革	转型式战略	指令式管理与高压式管理并用

1）家长式战略。这种战略主要运用于避免变革、寻求稳定的组织。其主要特点是：集中控制人事管理；强调秩序和一致性；硬性的内部任免制度；重视操作与监督；人力资源管理的基础是奖惩与协议；注重规范的组织结构与方法。

2）发展式战略。当组织处于不断发展和变化的经营环境时，为适应环境的变化和发展，组织采用渐进式变革和发展式人力资源战略。其主要特点是：注重发展个人和团队；尽量从内部招募；大规模的发展和培训计划；运用“内在激励”多于“外在激励”；优先考虑组织的总体发展；强调组织的整体文化；重视绩效管理。

3）任务式战略。这种战略面对的是局部变革，战略的制定是采取自上而下的指令方式。采取这种战略的组织依赖于有效的管理制度。其主要特点是：非常注重业绩和绩效管理；强调人力资源规划、工作再设计和工作常规检查；注重物质奖励；同时进行组织内部和外部招募；开展正规的技能培训；重视组织文化建设。

4）转型式战略。当组织已完全不能适应形势发展而陷入危机时，全面变革迫在眉睫。组织在这种紧急情况下没有时间让员工较大范围地参与决策，彻底的变革有可能因触及一部分员工的利益而得不到员工的普遍支持，组织只能采取指令式与高压式的管理方法，包括组织战略、组织机构和人事的重大改变，创立新的结构和文化。与这种彻底变革相配合的是转型式战略。其主要特点是：对组织架构进行重大变革，对职位进行全面调整；进行裁员，调整员工队伍的结构，缩减开支；从外部招聘骨干人员；对管理人员进行团队训练，建立新的理念和文化；打破传统习惯，摒弃旧的组织文化；建立适应经营环境的新的人力资源系统和机制。

从以上分析可以看出，公共部门人力资源战略有不同的分类方法，同时，不同的人力资源战略在人力资源获取渠道、采用的薪酬策略或管理方式等方面都有各自的特点，这就要求公共部门在管理实践中必须根据自身的具体情况来选择合适的人力资源战略或人力资源战略组合。需要指出的是，在宏观上，大多数组织所采取的人力资源政策与主导的人力资源战略相符合；在微观上，组织可能根据不同的员工而采取不同的措施。

2.2 公共部门人力资源规划

2.2.1 公共部门人力资源规划概述

1. 公共部门人力资源规划的内涵

公共部门人力资源规划是指公共部门根据组织的发展战略以及内外环境的变化，科学地预测、分析公共部门的人力资源需求和供给状况，制定未来一定时期内的人力资源目标并采取相应的管理措施，从而为组织发展提供可靠的人力资源保障。简单地讲，公共部门人力资源规划是对公共部门在某个时期内的人员供给和人员需求进行预测，并根据预测的结果采取相应的措施来实现人力资源的供需平衡。公共部门组织战略、人力资源战略与人力资源规划的关系如图 2－3 所示。

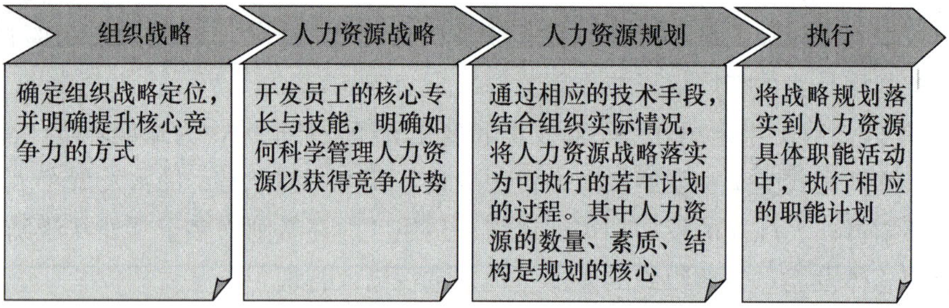

图 2－3　公共部门组织战略、人力资源战略与人力资源规划的关系

公共部门人力资源战略必须以组织战略为基础，当组织战略目标发生变化时，人力资源战略也随之发生变化。而且，人力资源战略决定了人力资源规划的方针、重点和基本政策，决定了人力资源的数量、结构和素质要求。人力资源规划是组织战略规划的一部分，必须为组织战略服务，是组织为达成战略目标而确定的人力资源配置目标、计划与方式，是组织人力资源管理工作的“龙头”；人力资源规划是人力资源战略的进一步延伸，为了实现人力资源战略目标，必须将人力资源战略转化为可操作的措施，并逐步落实，缺乏规划的人力资源战略只能被束之高阁，难以“落地”。总之，人力资源规划必须与组织战略保持一致，为组织战略及人力资源战略服务，同时还要与组织其他工作规划相互协调、保持平衡。

公共部门人力资源规划是公共部门战略性人力资源管理整体框架中的一部分，也是人力资源管理的一项重要职能。公共部门人力资源规划通过盘点公共部门人力资源现状与人力资源需求的数量、结构等，为公共部门人力资源的招聘、职业生涯管理、培训与开发、绩效管理、薪酬管理、流动管理等提供科学依据。在当今信息技术突飞猛进的时代，公共组织变革速度加快，人力资源变化日益复杂。所以，不确定性环境中的公共部门人力资源规划越来越显示出其重要的意义，它不仅有助于公共部门制定并实施长远的战略目标和发展规划，促使人力资源管理活动更加有序化，还有助于满足员工需求和调动员工的积极性。

2. 公共部门人力资源规划的类型

根据不同的分类标准，公共部门人力资源规划可以分为不同的类型。[①]

（1）根据覆盖对象范围的不同，可以分为宏观人力资源规划和微观人力资源规划。宏观人力资源规划是从整个公共部门的组织系统和人才队伍出发，在分析组织结构和预算状况的基础上，确定一个时期内对人力资源的总体需求状况，使得组织的职位与人员数量、结构达到均衡。微观人力资源规划是指各单位各部门根据本单位本部门的实际发展需求，制订人力资源获取与配置计划。

（2）根据规划的内容的不同，可以分为总体规划和业务规划。总体规划以组织的战略目标和未来发展趋势为依据，围绕规划期内人力资源管理的目标，对指导思想、重大任务和政策、实施步骤、组织保障等重点问题进行设计。业务规划是指对人力资源的补充、配置、使用、培训与开发、激励等专项业务进行设计和安排。

（3）根据制定和实施规划的行政层级的不同，可以分为中央规划和地方规划。例如《国家中长期人才发展规划纲要（2010—2020 年）》就属于中央规划。中央规划对地方规划的制定具有指导意义，以中央规划为依据，各地结合各自发展需求制定当地的人力资源规划，如《首都中长期人才发展规划纲要（2010—2020 年）》。

3. 公共部门人力资源规划的内容

公共部门人力资源规划的内容，主要包括总体规划和业务规划两个方面：

（1）公共部门人力资源总体规划。

人力资源总体规划是对计划期内人力资源规划结果的总体描述，包括预测的需求量和供给量分别是多少、做出这些预测的依据是什么、需求和供给的比较结果是什么、平衡需求与供给的指导原则和总体政策是什么等。人力资源的总体规划具体包括三方面的内容，分别是人力资源数量规划、人力资源素质规划和人力资源结构规划。

1）人力资源数量规划。人力资源数量规划是依据组织战略、业务流程、组织架构等因素确定未来各部门编制以及各类职位人员的配比关系，并在此基础上制订未来人力资源需求计划和供给计划。

2）人力资源素质规划。人力资源素质规划是依据组织战略、业务流程和组织对员工的行为要求，设计各类人员的任职资格，包括人员素质要求、行为能力要求以及标准等。人力资源素质规划既包括公职人员的基本素质要求、人员基本素质提升计划，也包括关键人才招聘、培养和激励计划等。

3）人力资源结构规划。人力资源结构规划是依据组织规模及未来发展战略重点，对组织人力资源进行分层分类，同时设计和定义职位种类和职位权责界限等，从而理顺各层次、各种类职位人员在组织发展中的地位、作用以及相互关系。

（2）公共部门人力资源业务规划。

人力资源业务规划是总体规划的分解和具体化，它包括人力资源补充计划、人力资源配置计划、人力资源接续计划、人力资源培训与开发计划、工资激励计划、员工关系

① 何宪．公共部门人力资源开发与管理．北京：中国劳动社会保障出版社，2013：32－34.

计划和退休解聘计划等内容（见表 2－2）。

表 2－2 人力资源业务规划内容

规划名称	目标	政策	预算
人力资源补充计划	类型、数量、层次、人员素质结构改善	人员资格标准、人员来源范围、人员起点待遇	招募甄选费用
人力资源配置计划	部门编制、人力资源结构优化、职位匹配、工作轮换	任职条件、工作轮换的范围和实践	按使用规模、类别和人员状况决定薪酬预算
人力资源接续计划	后备人员数量保持、人员结构改善	选拔标准、提升比例、未提升人员安置	职位变动引起的工资变动
人力资源培训与开发计划	培训的数量和类型、提供内部供给、提高工作效率	培训计划的安排、培训时间和效果的保证	培训开发总成本
工资激励计划	劳动力供给增加、士气提高、绩效改善	工资政策、激励政策、激励方式	增加工资奖金的数额
员工关系计划	劳动效率提高、员工关系改善、离职率降低	民主管理、加强沟通	法律诉讼费用
退休解聘计划	劳动力成本降低、生产率提高	退休政策及解聘程序	安置费用

2.2.2 公共部门人力资源规划的程序

公共部门人力资源规划的程序一般包括四个阶段：准备阶段、预测阶段、实施阶段和评估阶段。

1. 准备阶段

信息资料是制定人力资源规划的重要依据。因此，本阶段主要是收集和调查人力资源规划所需要的各种信息资料，为后续阶段做准备。这些信息资料主要包括以下几个方面：一是组织战略，包括组织的使命与战略目标、行业领域、竞争优势、战略重点等；二是组织外部的环境信息；三是现有人力资源的信息，对公共部门现有人力资源的数量、素质、结构和潜力等进行盘点的结果。

2. 预测阶段

预测的目的是要掌握公共部门对各类人力资源在数量和素质上的需求，以及能满足需求的组织内、组织外部人力资源供给情况。在进行供给预测时，内部供给预测是重点，外部供给预测应侧重于关键人员。人力资源需求和供给预测具有较强的技术性，是人力资源规划中最关键的部分，也是难度最大的部分，直接决定了规划的成败。只有准确地预测需求和供给，才能采取有效的措施进行平衡。对于如何预测人力资源需求和供给，我们会在下一部分内容中进行详细介绍。

3. 实施阶段

在供给和需求预测出来以后，就要根据两者之间的比较结果，通过人力资源的总体规划和业务规划，制定并实施平衡供需的措施，使公共部门对人力资源的需求得到满足。人力资源的供需达到平衡，是人力资源规划的最终目的，进行供给和需求的预测就是为了实现这一目的。

在制定相关的措施时需要注意，应当使人力资源的总体规划和业务规划与公共部门的其他规划相互协调，只有这样，制定的措施才能够得以有效实施。例如，如果财务预算没有增加相应的费用，人员的招聘计划就无法实施。

4. 评估阶段

人力资源规划实施结束后，应该对人力资源规划进行综合评估，这是整个规划程序的最后一步。由于预测不可能做到完全准确，因此人力资源规划也不是一成不变的，它是一个开放的动态系统。人力资源规划采用“一次规划、分期实施”的办法，并根据实际状况，经常性调整和进行动态评估与反馈。公共部门可以广泛地听取管理人员和员工对人力资源规划的意见，充分调动广大管理人员和员工参与人力资源规划的积极性。

2.2.3　公共部门人力资源需求与供给预测

1. 公共部门人力资源需求预测

公共部门人力资源需求预测是指对公共部门在未来某一特定时间内所需要的人力资源的数量、素质以及结构进行估算。其主要任务是预先确定组织在什么时候需要人、需要多少人、需要什么样的人。为此，规划人员首先要了解哪些因素可能影响组织的人力资源需求，然后根据这些因素的变化对组织人力资源需求状况进行分析和预测。

影响公共部门人力资源需求的因素有很多，包括组织战略、生产或服务技术与管理水平、人员流动比率等，因此需求分析应根据公共部门的具体情况，分析和筛选出那些最为关键的因素，然后根据这些因素的变化对人力资源需求状况进行预测。

各种复杂的内外部环境的影响使得人力资源需求预测变得非常困难，因此在进行需求预测时必须结合定性方法和定量方法共同进行。常用的定性方法有主观判断法、德尔菲法；定量方法有趋势预测法、回归预测法等。

（1）主观判断法。

主观判断法是由管理人员根据以往的经验，以及对人力资源影响因素的未来变化趋势来进行主观判断，自下而上地确定未来所需人员的方法。具体做法是：先由基层管理者根据自己的经验和对未来业务量的估计，提出本部门各类人员的需求量，再由上一层管理者估算和平衡，直至最高层管理者做出决策，最后由人力资源管理部门制定出具体的执行方案。这是一种最为简单的预测方法，主要适用于短期的预测。如果组织规模较小、运营稳定、发展较均衡，一般都采用这种方法。

（2）德尔菲法。

德尔菲（Delphi）这一名称起源于古希腊时期有关太阳神阿波罗的神话。传说阿波罗在德尔菲这个地方杀死了一条巨蟒，成了德尔菲的主人。在德尔菲建有阿波罗神殿，是一个预卜未来的神谕之地，因此这种预测方法被命名为德尔菲法。1946 年，兰德公司首次用这种方法来进行预测，后来该方法被广泛地采用。这种方法是指邀请某一领域的一些专家或有经验的管理人员对某一问题进行预测，并最终达成一致意见的结构化的方法，有时也称为专家预测法。

采用德尔菲法的具体操作过程是：第一，确定预测目标，以问卷形式列出一系列有关人力资源预测的具体问题；第二，广泛选择深入了解人力资源问题的专家，并向选定的专家提供有关情况和资料，与他们合作；第三，向专家们发出调查问卷，请他们独立思考，并进行书面回答；第四，将专家们的意见进行归纳，并将综合结果反馈给他们；第五，请专家们根据归纳的结果重新思考，允许他们修改自己的预测并说明原因；第六，重复进行第四步和第五步，直到专家们的意见趋于一致；第七，用文字、图表等形式将专家们的预测结果予以发布（见图 2－4 和表 2－3）。

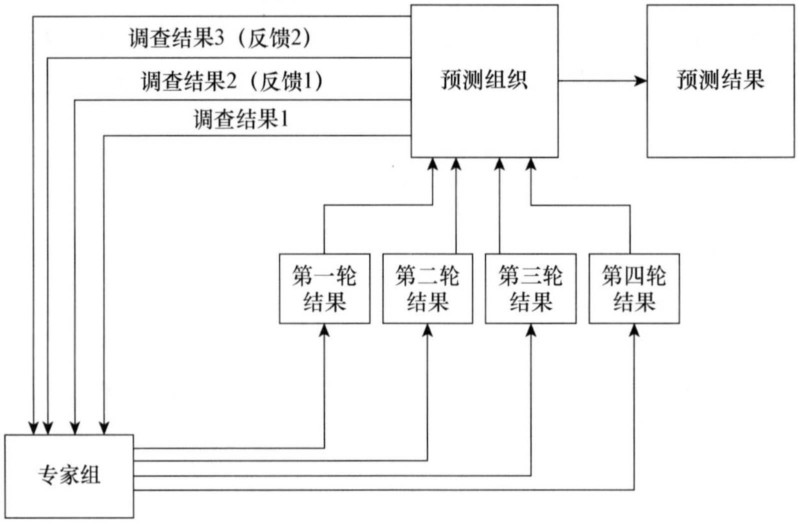

图 2－4　德尔菲法示意图

表 2－3　德尔菲法调查样表

预测项目：××组织专业技术职位 A 与职位 B 的合理人才数量比
上次（第×次）调查结果为： 1. A 职位不需要设置，因为…… 2. 1∶0.5，因为…… 3. 1∶1，因为…… 4. 1∶1.5，因为…… 5. 1∶3，因为…… 中间值 1∶1，四分位点：1∶0.5，1∶1.5，极端值 1∶3，回答 A 职位不需要设置的占 5%。 您的分析估计： 请说明理由：

德尔菲法具有以下特点：第一，专家参与。这里的专家是指对所研究问题有深入了解的人员，既可以是基层管理人员，也可以是高层管理人员，既可以是组织内的，也可

以是组织外的。对专家的人数有一定的要求，一般不少于10人。第二，匿名进行。专家们互不见面，独立地做出判断，且专家每次判断意见的返回率不能低于60%。第三，多次反馈。预测过程必须经过几轮反馈，使专家们的意见互相补充，并渐趋一致。第四，采用统计方法。将每一轮反馈的预测结果用统计方法加以处理，做出定量判断。第五，安排一位“中间人”在专家之间收集、传递、归纳和反馈信息。

德尔菲法主要用于人力资源需求的中长期预测，想要有效地使用该方法，还应该遵循以下原则：一是要为专家们提供充足的信息，使他们能做出准确的预测；二是所提的问题要尽量简单，以保证所有专家对问题有相同的理解，而且是他们能够回答的问题；三是对专家的预测结果不要求精确，但要求他们说明对预测结果的肯定程度；四是要向专家们说明预测对组织的重要性，以取得他们的支持。

（3）趋势预测法。

趋势预测法（trend forecast）根据公共部门过去多年的人员数量和变化趋势，来预测在未来某一时期内人力资源的需求量。具体做法是：把时间作为自变量，人力资源需求量作为因变量，根据历史数据，在坐标轴上绘出散点图；由图形可以直观地判断需要哪种趋势线拟合，从而建立相应的趋势方程；用最小二乘法求出方程系数，确定趋势方程；在此基础上，就可以对未来某一时间的人力资源需求进行预测。

例如，某组织9年的人力资源数据如表2-4所示，请预测未来第三年的人力资源需求量是多少。

根据表2-4，将年度作为横坐标，人数作为纵坐标，绘制出散点图（见图2-5）。

表2-4　某组织9年的人力资源数量

年度	1	2	3	4	5	6	7	8	9
人数	340	380	390	440	470	500	540	620	670

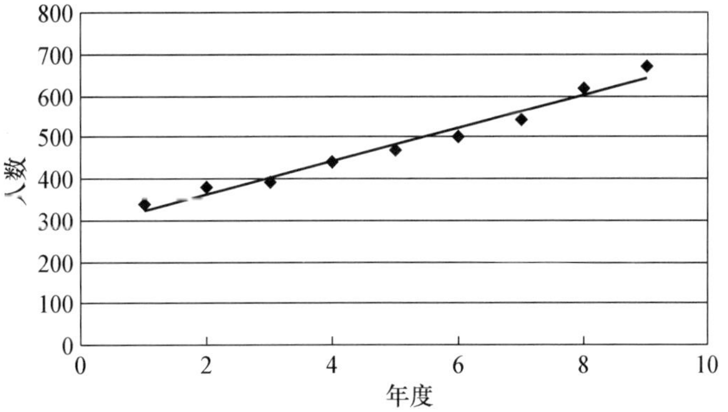

图2-5　散点图

由散点图可知，应建立直线趋势方程：

$$Y=a+bX$$

式中，Y代表人数；X代表年度。

可以通过计算机程序拟合得出：

$$a=283.3,\ b=40$$

$Y=283.3+40X$

所以，未来第三年的人力资源需求量为：

$Y=283.3+40\times12\approx764$（人）

（4）回归预测法。

回归预测法（regression forecast）是指根据数学中的回归原理对人力资源需求进行预测。基本思路是：确定与组织中的人力资源数量和构成高度相关的因素，建立回归方程；然后根据历史数据，计算出方程系数，确定回归方程；这时，只要得到了相关因素的数值，就可以对人力资源的需求量做出预测。回归模型包括一元线性回归模型、多元线性回归模型和非线性回归模型。一元线性回归是指与人力资源需求高度相关的因素只有一个；多元线性回归是指有两个或两个以上的因素与人力资源需求高度相关。如果人力资源需求与其相关因素不存在线性关系，就应该采用非线性回归模型。多元线性回归与非线性回归非常复杂，通常使用计算机来处理。

实际工作中往往是多个因素共同决定组织人力资源需求量，且这些因素与人力资源需求量呈线性关系，所以多元线性回归预测法在预测人力资源需求量方面应用比较广泛，而且比趋势预测法准确。多元线性回归的公式为：

$Y=a_0+a_1X_1+a_2X_2+\cdots+a_nX_n$

该方法一般按以下步骤来进行：

第一步，确定适当的与人力资源需求量有关的组织因素。组织因素应与组织的基本特征直接相关，而且它的变化必须与所需的人力资源需求量变化成比例。

第二步，找出历史上组织因素与员工数量之间的关系。例如，医院中病人与护士数量的比例关系，学校中学生与教师的比例关系等。

第三步，计算劳动生产率。例如，表 2－5 为某医院 2008—2020 年每三名护士平均日护理病人的数量。这样，每年的病人数乘以同一年份劳动生产率即可得到护士的总数。

表 2－5　某医院 2008—2020 年病人与护士数量

年份	组织因素	劳动生产率	人员需求
	病人数	护士数/病人数	护士人数
2008	3 000	3/15	600
2012	2 880	3/12	720
2016	2 800	3/10	840
2020	1 920	3/6	960

注：本例为简便起见，只将劳动生产率这个单一因素作为自变量。

第四步，确立劳动生产率的变化趋势以及对趋势的调整。例如，要确定过去一段时间内劳动生产率的变化趋势，必须收集该时期的护士人数和病人数，依此算出平均每年生产率的变化，这样就可预测下一年的变化。

第五步，预测未来某一年的人员需求量。表 2－6 列出了 2008—2032 年实际和预测的组织因素水平（每年的病人数）及劳动生产率。其中，2024—2032 年的病人数可以运用趋势预测法和社会需求分析法来进行预测，劳动生产率是经过对历史数据分析调整后得到的数值，这两个变量一旦确定，便可以计算人员需求。

表 2-6　某医院 2008—2032 年护士需求量（实际和预测）

年份	组织因素	劳动生产率	人员需求	
	病人数	护士数/病人数	护士人数	
2008	3 000	3/15	600	实际
2012	2 880	3/12	720	实际
2016	2 800	3/10	840	实际
2020	1 920	3/6	960	实际
2024	1 400	3/4	1 050	预测
2028	1 520	3/4	1 140	预测
2032	1 660	3/4	1 245	预测

2. 公共部门人力资源供给预测

公共部门人力资源供给预测是指对未来某一特定时间内能够为公共部门提供的人力资源数量、素质以及结构进行估算。公共部门人力资源供给预测主要包括：一是内部人员供给量预测，二是外部人员供给量预测。前者是重点，而且侧重于对关键员工或核心员工供给量的预测。

公共部门人力资源供给分析首先要从分析影响公共部门内部供给与外部供给的诸多因素入手。一是内部供给影响因素分析。影响人力资源内部供给的因素主要包括员工年龄结构、队伍稳定性以及素质状况等。二是外部供给影响因素分析。在进行人力资源外部供给预测时主要考虑宏观经济形势、政府的政策法规、人才市场状况、人口状况以及社会就业意识和择业心理偏好等方面的因素。

人力资源供给预测的方法有很多，这里主要介绍两种有代表性的方法：

（1）技能清单法。

技能清单法（skill inventory）有时又称为人员核查法，技能清单是一个反映员工工作能力特征的列表，这些特征包括员工的培训背景、工作经历、持有的资格证书、工作能力的评价等内容。表 2-7 就是技能清单的一个例子。

一般来说，技能清单应包括七大类信息：

第一，个人数据，包括年龄、性别、婚姻状况。

第二，技能，包括教育经历、工作经验、培训经历。

第三，特殊资格，包括专业团体成员、特殊成就。

第四，薪酬和工作历史，包括现在和过去的薪酬水平、加薪日期、承担的各种工作。

第五，组织数据，包括福利计划数据、退休信息、资历。

第六，个人能力，包括在心理或其他测试中的测试成绩、健康信息。

第七，个人志向，包括工作地理位置、工作类型。

技能清单的主要优点是它提供了一种迅速和准确地估计组织内可用技能的工具，尤其是随着计算机和网络技术的广泛使用，技能清单的制作和应用越来越便利。除了为晋

表 2-7　技能清单示例

姓名：		职位：	部门：	
出生年月：		婚姻状况：	到职日期：	
教育背景	类别	学校	毕业日期	主修科目
	大学			
	研究生			
技能	技能种类		所获证书	
训练背景	训练主题	训练机构	训练时间	
志向	是否愿意从事其他类型的工作？		是	否
	是否愿意到其他部门工作？		是	否
	是否愿意接受工作轮换以丰富工作经验？		是	否
	你最喜欢从事哪种工作？			
你认为自己需要接受何种训练？	改善目前技能和绩效的训练			
	晋升所需的经验和技能训练			
你认为自己可以接受何种工作？				

升和调动决策提供帮助，技能清单还可以用于规划未来培训甚至员工招聘工作。技能清单可以用于所有的员工，也可以仅用于部分员工，当然不同员工类型的技能清单，其具体项目可以根据需求进行修改和调整，以反映该员工类型的主要特征。

（2）人员替补图法。

人员替补图法也称接班人计划法（management succession plan），是记录员工的工作绩效、晋升的可能性和所需要的训练等内容，由此来决定哪些人员可以补充组织的重要职位空缺的一种方法。这种方法是对现有员工的状况做出评价，然后对他们晋升或调动的可能性做出判断，以预测组织潜在的内部供给，同时也可以通过及时发现可能出现空缺的职位，预测组织员工需求。人员替补图示例如图 2-6 所示。

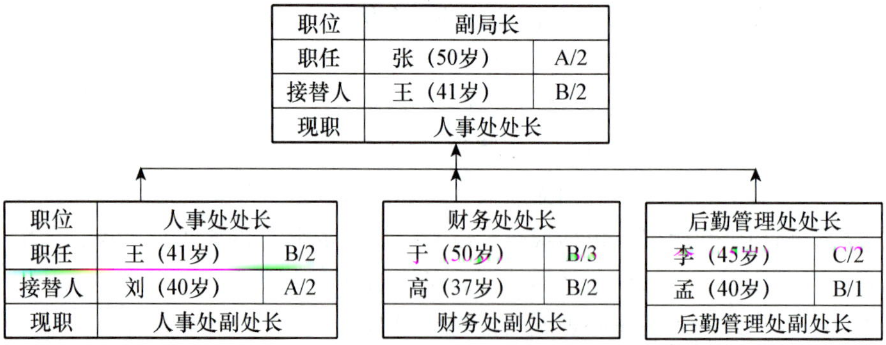

注：A 表示现在就可以提拔；B 表示还需要一定的培训；C 表示现任职位不合适。1 表示绩效突出；2 表示绩效优秀；3 表示绩效一般；4 表示绩效较差。

图 2-6　人员替补图示例

人员替补图法是预测公共部门内部管理人员供给的一种简单有效的方法。制订该计划的步骤如下：

第一步，确定计划范围，即确定管理人员晋升计划包括的管理职位。

第二步，确定各个管理职位上可能的接替人选。

第三步，评价各个接替人员的当前绩效和提升潜力。根据评价结果，当前绩效可划分为“突出”“优秀”“一般”“较差”四个级别；提升潜力可划分为“可以提拔”“需要培训”“现任职位不合适”三个级别。

第四步，确定接替人选。在确定接替人选时，要将个人目标与组织目标结合起来，以使之能尽快胜任将要从事的工作。

除了人力资源需求与供给预测的各种方法外，人力资源信息系统（human resource information system，HRIS）在人力资源规划中也起着重要的作用。利用计算机系统能够扩大人力资源信息收集范围，并使得信息的收集、储存、归档、分析和传递等工作变得更加便捷与有效，这样无疑能够大大地提高人力资源规划的准确性与有效性。

3. 公共部门人力资源供需平衡

在人力资源供需预测的基础上，接下来的一项关键工作就是要进行人力资源的供需平衡，这是人力资源规划工作的核心和目的所在。人力资源的供给和需求预测比较，一般会有以下几种结果：一是供给和需求在数量、素质以及结构等方面都平衡；二是供给与需求在数量上平衡，但在结构上不匹配；三是供给与需求在数量上不平衡，包括供大于求和供小于求两种情况。现实中，供求完全平衡的情况很少出现。当供给与需求数量平衡而结构不匹配时，需要对现有的人力资源在结构上进行调整。当供给和需求数量存在差异时，则需要制定相应的规划和政策，以确保组织发展在各时间点上的供给和需求平衡。

（1）人力资源结构不平衡的调整措施。

人力资源结构不平衡是指组织内某些职位的人员过剩，而另一些职位的人员短缺。对人力资源结构不平衡的调整，可以采取以下措施：

1）通过内部人员的晋升和调任等，满足空缺职位对人力资源的需求。

2）对于供过于求的普通人力资源，可以有针对性地对其进行培训，在提高他们的知识和技能的基础上，将其补充到空缺的职位上。

3）招聘与裁员并举，一方面要从外部招聘急需的人员，另一方面对公共部门内部的冗员进行必要的裁减。

（2）人力资源供大于求的调整措施。

当预测的供给大于需求时，组织可以采用下列措施来进行调整：

1）扩大组织规模或者开拓新的增长点，以增加对人力资源的需求。

2）裁员或者辞退员工，这种方法虽然比较直接，但是由于该方法会给社会带来不安定的因素，因此往往会受到限制。

3）鼓励员工提前退休，就是给那些接近退休年龄的员工以优惠的政策，让他们提前离开组织。

4）冻结招聘，就是停止从外部招聘人员，通过自然减员来减少供给。

5）缩短员工的工作时间，实行工作分享制或者降低员工的工资，通过这种方式也可以减少供给。

6）对富余员工实施培训，这相当于进行人员的储备，为将来的发展做好准备。

（3）人力资源供不应求的调整措施。

当预测的供给小于需求时，组织可以采用下列措施来进行调整：

1）从外部雇用人员，包括返聘退休人员，这是最为直接的一种方法，可以雇用全职的也可以雇用兼职的，这要根据组织自身的情况来确定。如果需求是长期的，就要雇用全职的；如果需求是短期的，就可以雇用兼职的或临时的。

2）提高现有员工的工作效率，这也是增加供给的一种有效方法。提高工作效率的方法有很多，如改进生产技术、增加工资、进行技能培训、调整工作方式等。

3）延长工作时间，让员工加班加点。

4）降低员工的离职率，减少员工的流失，同时进行内部调整，通过增加内部的流动来提高某些职位的供给。

5）将某些业务外包，这相当于减少了对人力资源的需求。

公共部门人力资源供给和需求的不平衡，不可能是单一的供给大于需求或者供给小于需求，可能会出现某些部门或某些职位的供给大于需求，而其他部门或其他职位的供给小于需求。例如，关键职位的供给小于需求，而普通职位的供给大于需求。因此，公共部门在制定平衡供需的措施时，应当从实际出发，综合运用这些方法，努力使人力资源的供给和需求在数量、素质以及结构上达到平衡匹配。

2.3 我国公共部门人力资源战略与规划实践

改革开放后，党和国家的工作重点转移到经济建设上来，对公共部门人力资源管理提出了新的要求，国家先后出台了多项公共部门人力资源管理规划。进入21世纪，我国提出了“人才资源是第一资源”的重要思想，开始实施人才强国战略，一系列国家层面的人才规划陆续颁布实施，尤其是2010年以后出台的《国家中长期人才发展规划纲要（2010—2020年）》《2010—2020年深化干部人事制度改革规划纲要》等，对于公共部门更好地服务发展、提升人力资源开发水平、增强我国人才国际竞争力，以及全面建成小康社会具有重要的意义。进入21世纪第三个十年，党和国家坚持党管人才、党管干部原则，深入实施新时代人才强国战略，召开了中央人才工作会议，先后出台了《深化新时代教育评价改革总体方案》和《人力资源和社会保障事业发展“十四五”规划》。

2.3.1 人才强国战略

21世纪，以经济和科技实力为基础的综合国力的竞争日趋激烈。而综合国力的竞争，经济和科技的竞争，归根结底是人才的竞争。人才资源已成为当今世界最重要、最关键的战略资源。谁拥有了世界一流的人才资源，谁就占领了世界科技与经济的制高点。

我国把握时代脉搏，顺应世界经济和社会发展的潮流，做出实施人才强国战略的重大决策。

1. 人才强国战略的概念

（1）人才的含义及其演变。

1982年我国有关部门提出的专门人才是一个统计概念，主要指的是具有中专及以上规定学历或具有技术员（或相当于技术员）及以上专业技术职称的人员。进入21世纪，国家对人才的认识有了明显的深化。2003年中共中央、国务院出台的《关于进一步加强人才工作的决定》指出："只要具有一定的知识或技能，能够进行创造性劳动，为推进社会主义物质文明、政治文明、精神文明建设，在建设中国特色社会主义伟大事业中作出积极贡献，都是党和国家需要的人才。"这种界定虽然很难说是理论上的定义，但却提出了一个较为系统、全面、辩证和鲜活的新的人才概念。这一人才概念中所指的人才不仅包括"体制内"的人才，也包括"体制外"的人才；不仅包括"在编"的人才，也包括"柔性流动"的人才；不仅涵盖"显现"的人才，也涵盖"潜在"的人才；不仅包括有学历、职称的人才，也包括没有学历、职称但有专门技能的人才。这种认识的深化与我国的市场化和开放性进程是一致的。

2010年6月颁布的《国家中长期人才发展规划纲要（2010—2020年）》对人才的界定是："人才是指具有一定的专业知识或专门技能，进行创造性劳动并对社会作出贡献的人，是人力资源中能力和素质较高的劳动者。"该定义最鲜明的特点是指出了"能力"和"素质"这两个最为关键的人才内涵，进一步发展了人才的概念，为未来一段时间内人才工作的重点指明了方向。

（2）人才强国战略的含义。

国家兴盛，人才为本。依靠人才兴邦，走人才强国之路，大力提升国家核心竞争力和综合国力，是人才强国战略的核心要义。"强国"是指增强国力、振兴国家，即大力提升国家核心竞争力和综合国力。关于人才强国有两个层面的理解：一方面理解为"人才的强国"，即我国的人才在总量、结构和素质上能够有效地支撑整个社会经济的发展；另一方面理解为"通过人才来强国"，即我国将人才资源作为一种战略性资源，通过加大对人力资本的投资力度，积极开展人才资源的能力建设以及深化人力资源开发与管理体制的变革和机制的创新，推动中国社会经济可持续发展，提升国家的核心竞争力。可见，国家核心竞争力的提升是目标，而人才强国则是实现这一目标的手段。

关于人才强国战略也有两个层面的理解：一是着眼于加大人才资源开发力度，全面提高人才的基本素质，使我国人才资源数量得到大量增加，人才资源质量得到大幅提高，通过提高人才的竞争能力，增强国家的综合国力和国际竞争力；二是着眼于创新人才体制机制，深化人才管理制度改革，优化人才资源配置，提高人才资源使用效益，营造尊重人才、鼓励创业的社会环境，形成人才脱颖而出、人尽其才的机制。人才素质理论构成了人才强国战略的专业理论基础，人才强国战略必须以人才素质理论为基础和依据。人才强国战略作为一个国家层面的宏观战略，应该包括一系列相互关联的子战略。人才强国战略的科学内涵可以概括为：加大人力资本投资、实现人才资本价值、调整人才资源结构、推进人事制度改革、优化人才成长环境。

2. 我国人才强国战略的提出与发展

我国人才强国战略的提出是与一系列国家战略的实施相关联的。实施人才强国战略，是我国面向21世纪、参与激烈的国际竞争的需要。1995年5月6日，中共中央、国务院正式发布了《关于加速科学技术进步的决定》，提出了科教兴国战略，并在随后召开的全国科学技术大会上进行了总动员和总部署。进入21世纪，根据国际国内形势的发展变化，党中央做出了"人才资源是第一资源"的科学判断，为人才强国战略奠定了理论基础。在此背景下，2002年5月，中共中央、国务院在《2002—2005年全国人才队伍建设规划纲要》中首次正式提出了"人才强国战略"。该纲要指出："抓住机遇，迎接挑战，走人才强国之路，是增强我国综合国力和国际竞争力，实现中华民族伟大复兴的战略选择。"2003年12月，中共中央、国务院在北京召开了中华人民共和国历史上第一次全国人才工作会议，对"人才强国战略"的实施进行全面部署，会后通过了《关于进一步加强人才工作的决定》，该决定指出，人才问题是关系党和国家事业发展的关键问题，新世纪新阶段人才工作的根本任务是实施人才强国战略。

2006年8月29日，胡锦涛在中共中央政治局第三十四次集体学习会上再次强调，必须坚定不移地实施科教兴国战略和人才强国战略，切实把教育摆在优先发展的战略地位，推动我国教育事业全面协调可持续发展，努力把我国建设成人力资源强国，为全面建设小康社会、实现中华民族的伟大复兴提供强有力的人才和人力资源保证。2007年10月，胡锦涛在党的十七大报告中提出"科学发展观，第一要义是发展……更好实施科教兴国战略、人才强国战略、可持续发展战略"。科学和教育的发展最终是通过人的发展来实现经济和社会的发展。建设人力资源强国也是十七大提出的一个重要发展目标。

干部人事制度改革是党的建设的重要内容，也是政治体制改革的重要组成部分。2009年12月中共中央办公厅颁布了《2010—2020年深化干部人事制度改革规划纲要》(以下简称《规划纲要》)。这是21世纪第二个干部人事制度改革的纲领性文件。《规划纲要》根据党的十七大和十七届四中全会关于党的建设的总体部署，对2010—2020年深化干部人事制度改革做出了全面规划，是新形势下推进干部人事制度改革的纲领性文件。《规划纲要》在总结以往改革经验的基础上，提出了21世纪第二个十年深化干部人事制度改革的指导思想、基本目标、重点突破项目和整体推进任务，并对统筹推进国有企业、事业单位人事制度改革，加强对干部人事制度改革中长期问题的研究探索，对干部人事制度改革的领导提出了明确要求。《规划纲要》指出，要"通过坚持不懈的努力，逐步形成广纳群贤、人尽其才、能上能下、公平公正、充满活力的中国特色社会主义干部人事制度，培养造就一支适应推进中国特色社会主义伟大事业和党的建设新的伟大工程要求的高素质干部队伍"。《规划纲要》还提出了21世纪第二个十年党政干部制度改革要取得突破性进展的11个重点项目。

为了进一步推动人才强国战略的实施，2010年6月，中共中央、国务院批准颁布了《国家中长期人才发展规划纲要（2010—2020年）》，该规划纲要是中华人民共和国成立以来第一个中长期人才发展规划，是在国民经济与社会发展总体规划框架下，与科技、教育等国家若干领域发展规划并列的专项规划，是实施人才强国战略的总体规划，是我国21世纪第二个十年人才发展的纲领性文件。该规划纲要提出，到2020年，我国人才发展的总体目标是：培养和造就规模宏大、结构优化、布局合理、素质优良的人才队伍，确立国家人才竞争比较优势，进入世界人才强国行列，为在21世纪中叶基本实现社会主义现代化奠定人才基础。该规划纲要也提出了十大政策，力求以政策突破来解决好这些问题，并推动体制机制创新，营造人才发展的良好环境。实施人才工程是做好人才工作的重要抓手，也是被实践证明的成功经验。为此，按照引领性、创新性、示范性的原则和少而精的要求，人才发展规划设计了12项重大人才工程。随后出台的《国家中长期教育改革和发展规划纲要（2010—2020年）》进一步提出，中国未来发展、中华民族伟大复兴，关键靠人才，基础在教育。要把人才与教育紧密联系在一起加以考虑。

2011年3月，中央组织部、人力资源社会保障部发布了《专业技术人才队伍建设中长期规划（2010—2020年）》（以下简称《专技人才规划》），这是我国第一个专业技术人才队伍建设发展规划，是21世纪第二个十年我国专业技术人才工作的纲领性文件。《专技人才规划》明确了新时期我国专业技术人才工作的指导思想、发展目标、总体要求、主要任务和重点举措，进一步细化和延伸了《国家中长期人才发展规划纲要（2010—2020年）》有关专业技术人才队伍建设的目标任务，与其他重点领域人才规划相互支撑、相互衔接，对更好实施人才强国战略、落实国家人才发展规划的目标任务发挥积极作用，对于推动专业技术人才工作科学发展发挥指导作用。《专技人才规划》提出了“建成一支能够支撑和引领我国现代化建设、规模宏大、结构合理、素质优良、具有强大国际竞争力的专业技术人才队伍”的总体目标。同时，从队伍的素质能力、结构比例、成长环境、科研成果、工作体制机制、管理政策法规、服务社会建设、推动科技进步等8个方面提出了具体的目标任务。同时，作为实现专业技术人才发展目标的重要载体和抓手，《专技人才规划》提出了10项重点举措。

为了贯彻落实《国家中长期人才发展规划纲要（2010—2020年）》，建设高素质的企业经营管理人才队伍，促进企业科学发展，2011年6月，中央组织部、中央统战部等部门联合印发了《企业经营管理人才队伍建设中长期规划（2010—2020年）》，该规划明确了21世纪第二个十年我国企业经营管理人才队伍建设的战略目标：到2015年，企业经营管理人才总量达到3 500万人。到2020年，企业经营管理人才总量达到4 200万人，培养100名左右能够引领中国企业跻身世界500强的战略企业家；培养1万名精通战略规划、资本运作、人力资源管理、财会、法律等专业知识的经营管理人才；国有及国有控股企业国际化人才总量达到4万人左右；国有企业领导人员通过竞争性方式选聘的比例达到50%。为了实现这一目标，从加大培养开发力度、创新选拔任用机制、完善考核评价机制、健全有效激励机制和优化人才发展环境五个重要方面提出了具体任务。

2016年7月，依据《中华人民共和国国民经济和社会发展第十三个五年规划纲要》，人力资源社会保障部组织制定了《人力资源和社会保障事业发展“十三五”规划纲要》（以下简称《纲要》）。《纲要》围绕全面建成小康社会目标，提出了就业创业、社会保障、人才队伍建设、人事制度改革、工资收入分配、劳动关系、公共服务等七个方面的发展目标和重点任务。其中人才队伍建设、人事制度改革、工资收入分配等与公共部门人力资源管理紧密相关。一是建设高素质人才队伍。“十三五”时期要深入实施人才优先发展战略，深化人才发展体制机制改革；加强专业技术人才队伍和高技能人才队伍建设，专业技术人才总量要达到 7 500 万人，高、中、初级专业技术人才比例达到 10∶40∶50，高技能人才总量达到 5 500 万人；实施更加开放的人才政策，形成具有国际竞争力的人才制度优势，加快推进我国由人才大国迈进人才强国的行列。二是提高人事管理科学化水平。“十三五”时期要完善公务员制度，深化分类改革，健全考试录用制度，完善奖励机制，健全培训制度，着力打造一支信念坚定、为民服务、勤政务实、敢于担当、清正廉洁的公务员队伍；深化事业单位人事制度改革，建立健全事业单位人事管理政策法规体系；推进中国特色退役军官安置制度建设。三是推动形成合理有序的工资收入分配格局。“十三五”时期要深化工资制度改革，完善企业、机关事业单位工资决定和正常调整机制，加强和改进政府对工资收入分配的宏观调控，正确处理公平和效率的关系，规范工资收入分配秩序，缩小工资收入分配差距。

2021 年 6 月，为贯彻落实党的十九届五中全会精神，依据《中共中央关于制定国民经济和社会发展第十四个五年规划和二〇三五年远景目标的建议》和《中华人民共和国国民经济和社会发展第十四个五年规划和 2035 年远景目标纲要》，人力资源社会保障部印发了《人力资源和社会保障事业发展“十四五”规划》。

2.3.2 加快推进乡村人才振兴

2017 年 10 月，党的十九大提出了决胜全面建成小康社会、开启全面建设社会主义现代化国家新征程的目标，指出农业农村农民问题是关系国计民生的根本性问题，必须始终把解决好“三农”问题作为全党工作的重中之重。党的十九大首次提出实施乡村振兴战略，与科教兴国战略、人才强国战略、创新驱动发展战略、区域协调发展战略、可持续发展战略、军民融合发展战略并举。

2018 年，《关于实施乡村振兴战略的意见》指出，没有农业农村的现代化，就没有国家的现代化。实施乡村振兴战略，是解决人民日益增长的美好生活需要和不平衡不充分的发展之间矛盾，是实现“两个一百年”奋斗目标的必然要求，是实现全体人民共同富裕的必然要求。乡村振兴战略对社会主义现代化国家建设至关重要。为实现乡村振兴战略目标，科学有序推动乡村产业、人才、文化、生态和组织振兴，2018 年 9 月，根据《关于实施乡村振兴战略的意见》，中共中央、国务院印发了《乡村振兴战略规划（2018－2022 年）》。无论是《关于实施乡村振兴战略的意见》还是《乡村振兴战略规划（2018—2022 年）》，都强调了必须破解人才瓶颈的制约，强化乡村振兴人才支撑。乡村振兴，关键在人。为深入贯彻落实习近平总书记关于推动乡村人才振兴的重要指示精神，落实党中央、国务院有关决策部署，促进各类人才投身乡村建设，2021 年 2 月，中共中央办公厅、国务院办公厅印发了《关于加快推进乡村人才振兴的意见》，该意见共分为 9 个部分，第一部分是对乡村人才振兴的总体要求，包括指导思想、目标任务和工作原则，其余 8 个部分是为实现乡村人才振兴做出的具体部署。

1. 指导思想和工作原则

《关于加快推进乡村人才振兴的意见》指出，为推进乡村人才振兴，要坚持和加强党对乡村人才工作的全面领导，坚持农业农村优先发展，坚持把乡村人力资本开发放在首要位置，大力培养本土人才，引导城市人才下乡，推动专业人才服务乡村，吸引各类人才在乡村振兴中建功立业，健全乡村人才工作体制机制，强化人才振兴保障措施，培养造就一支懂农业、爱农村、爱农民的“三农”工作队伍，为全面推进乡村振兴、加快农业农村现代化提供有力人才支撑。

《关于加快推进乡村人才振兴的意见》也明确了为实现乡村人才振兴需要严格遵循的原则：坚持加强党对乡村人才工作的全面领导；坚持全面培养、分类施策；坚持多元主体、分工配合；坚持广招英才、高效用才；坚持完善机制、强化保障。

2. 目标任务和具体部署

《关于加快推进乡村人才振兴的意见》提出乡村人才振兴的目标任务是：到 2025 年，乡村人才振兴制度框架和政策体系基本形成，乡村振兴各领域人才规模不断壮大、素质稳步提升、结构持续优化，各类人才支持服务乡村格局基本形成，乡村人才初步满足实施乡村振兴战略基本需要。

为实现目标任务，《关于加快推进乡村人才振兴的意见》从培养农业生产经营人才、培养农村二三产业发展人才、培养乡村公共服务人才、培养乡村治理人才、培养农业农村科技人才、发挥各类主体在乡村人才培养中的作用、建立健全乡村人才振兴体制机制，以及保障措施等方面作出具体部署。

（1）加快培养农业生产经营人才。培养高素质农民队伍，突出抓好家庭农场经营者、农民合作社带头人培育。

（2）加快培养农村二三产业发展人才。培育农村创业创新带头人、农村电商人才、乡村工匠，打造农民工劳务输出品牌。

（3）加快培养乡村公共服务人才。加强乡村教师队伍建设、乡村卫生健康人才队伍建设、乡村文化旅游体育人才队伍建设以及乡村规划建设人才队伍建设。

（4）加快培养乡村治理人才。加强乡镇党政人才队伍建设，推动村党组织带头人队伍整体优化提升，实施“一村一名大学生”培育计划，加强农村社会工作人才队伍、农村经营管理人才队伍、农村法律人才队伍建设。

（5）加快培养农业农村科技人才。培养农业农村高科技领军人才、农业农村科技创新人才、农业农村科技推广人才，发展壮大科技特派员队伍。

（6）充分发挥各类主体在乡村人才培养中的作用。完善高等教育人才培养体系，加快发展面向农村的职业教育，依托各级党校（行政学院）培养基层党组织干部队伍，充分发挥农业广播电视学校等培训机构作用，支持企业参与乡村人才培养。

（7）建立健全乡村人才振兴体制机制。健全农村工作干部培养锻炼制度，完善乡村人才培养制度，建立各类人才定期服务乡村制度，健全鼓励人才向艰苦地区和基层一线流动激励制度，建立县域专业人才统筹使用制度，完善乡村高技能人才职业技能等级制度，建立健全乡村人才分级分类评价体系，提高乡村人才服务保障能力。

（8）保障措施。加强组织领导，强化政策保障，搭建乡村引才聚才平台，制定乡村人才专项规划，营造良好环境。

2.3.3 中央人才工作会议

2021年9月27日至9月28日，在北京召开中央人才工作会议，这是时隔11年后，党中央召开的又一次人才工作会议，具有里程碑意义。21世纪以来，我国先后在2003年、2010年两次召开全国人才工作会议，对实施人才强国战略作出部署。时隔11年，从“全国人才工作会议”到“中央人才工作会议”，站在实现民族振兴、赢得国际竞争主动的战略高度，为新时代人才工作擘画蓝图。中共中央总书记、国家主席、中央军委主席习近平出席会议并发表重要讲话。习近平总书记的重要讲话，从党和国家事业发展全局的高度，全面回顾了党的十八大以来人才工作取得的历史性成就、发生的历史性变革，深入分析了人才工作面临的新形势、新任务和新挑战，科学回答了新时代人才工作的一系列重大理论和实践问题，明确了指导思想和新理念新战略新举措、战略目标、重点任务、政策举措，指明了前进方向，提供了根本遵循，具有很强的政治性、思想性、理论性，是指导新时代人才工作的纲领性文献。

1. 指导思想和新理念新战略新举措

要坚持党管人才，坚持面向世界科技前沿、面向经济主战场、面向国家重大需求、面向人民生命健康，深入实施新时代人才强国战略，全方位培养、引进、用好人才，加快建设世界重要人才中心和创新高地，为2035年基本实现社会主义现代化提供人才支撑，为2050年全面建成社会主义现代化强国打好人才基础。

党的十八大以来，党中央深刻回答了为什么建设人才强国、什么是人才强国、怎样建设人才强国的重大理论和实践问题，提出了一系列新理念新战略新举措。一是坚持党对人才工作的全面领导；二是坚持人才引领发展的战略地位；三是坚持面向世界科技前沿、面向经济主战场、面向国家重大需求、面向人民生命健康；四是坚持全方位培养用好人才；五是坚持深化人才发展体制机制改革；六是坚持聚天下英才而用之；七是坚持营造识才爱才敬才用才的环境；八是坚持弘扬科学家精神。以上八条，是对我国人才事业发展规律性认识的深化，要始终坚持并不断丰富和发展。

2. 战略目标

到2025年，全社会研发经费投入大幅增长，科技创新主力军队伍建设取得重要进展，顶尖科学家集聚水平明显提高，人才自主培养能力不断增强，在关键核心技术领域拥有一大批战略科技人才、一流科技领军人才和创新团队；到2030年，适应高质量发展的人才制度体系基本形成，创新人才自主培养能力显著提升，对世界优秀人才的吸引力明显增强，在主要科技领域有一批领跑者，在新兴前沿交叉领域有一批开拓者；到2035年，形成我国在诸多领域人才竞争比较优势，国家战略科技力量和高水平人才队伍位居世界前列。

3. 重点任务

（1）要深化人才发展体制机制改革。要根据需要和实际向用人主体充分授权，发挥用人主体在人才培养、引进、使用中的积极作用。用人主体要发挥主观能动性，增强服务意识和保障能力，建立有效的自我约束和外部监督机制，确保下放的权限接得住、用得好。用人单位要切实履行好主体责任，用不好授权、履责不到位的要问责。要积极为人才松绑，完善人才管理制度，做到人才为本、信任人才、尊重人才、善待人才、包容人才。要赋予科学家更大技术路线决定权、更大经费支配权、更大资源调度权，同时要建立健全责任制和军令状制度，确保科研项目取得成效。要深化科研经费管理改革，优化整合人才计划，让人才静心做学问、搞研究，多出成果、出好成果。要完善人才评价体系，加快建立以创新价值、能力、贡献为导向的人才评价体系，形成并实施有利于科技人才潜心研究和创新的评价体系。

（2）要大力培养使用战略科学家，坚持实践标准，在国家重大科技任务担纲领衔者中发现具有深厚科学素养、长期奋战在科研第一线，视野开阔，前瞻性判断力、跨学科理解能力、大兵团作战组织领导能力强的科学家。要坚持长远眼光，有意识地发现和培养更多具有战略科学家潜质的高层次复合型人才，形成战略科学家成长梯队。

（3）要打造大批一流科技领军人才和创新团队，发挥国家实验室、国家科研机构、高水平研究型大学、科技领军企业的国家队作用，围绕国家重点领域、重点产业，组织产学研协同攻关。要优化领军人才发现机制和项目团队遴选机制，对领军人才实行人才梯队配套、科研条件配套、管理机制配套的特殊政策。要造就规模宏大的青年科技人才队伍，把培育国家战略人才力量的政策重心放在青年科技人才上，支持青年人才挑大梁、当主角。要培养大批卓越工程师，努力建设一支爱党报国、敬业奉献、具有突出技术创新能力、善于解决复杂工程问题的工程师队伍。要调动好高校和企业两个积极性，实现产学研深度融合。

（4）要下大气力全方位培养、引进、用好人才。我国拥有世界上规模最大的高等教育体系，有各项事业发展的广阔舞台，完全能够源源不断培养造就大批优秀人才，完全能够培养出大师。要走好人才自主培养之路，高校特别是“双一流”大学要发挥培养基础研究人才主力军作用，全方位谋划基础学科人才培养，建设一批基础学科培养基地，培养高水平复合型人才。要制定实施基础研究人才专项，长期稳定支持一批在自然科学领域取得突出成绩且具有明显创新潜力的青年人才。要培养造就大批哲学家、社会科学家、文学艺术家等各方面人才。要加强人才国际交流。要用好用活各类人才，对待急需紧缺的特殊人才，要有特殊政策，不要求全责备，不要论资排辈，不要都用一把尺子衡量，让有真才实学的人才英雄有用武之地。要建立以信任为基础的人才使用机制，允许失败、宽容失败，鼓励科技领军人才挂帅出征。要为各类人才搭建干事创业的平台，构建充分体现知识、技术等创新要素价值的收益分配机制，让事业激励人才，让人才成就事业。

4. 政策举措

（1）做好人才工作必须坚持正确政治方向，不断加强和改进知识分子工作，鼓励人才深怀爱国之心、砥砺报国之志，主动担负起时代赋予的使命责任。广大人才要继承和发扬老一辈科学家胸怀祖国、服务人民的优秀品质，心怀“国之大者”，为国分忧、为国解难、为国尽责。要优化人才表彰奖励制度，加大先进典型宣传力度，在全社会推动形成尊重人才的风尚。

（2）各级党委（党组）要完善党委统一领导，组织部门牵头抓总，职能部门各司其职、密切配合，社会力量广泛参与的人才工作格局。各地区各部门要立足实际、突出重点，解决人才反映强烈的实际问题。要加大人才发展投入，提高人才投入效益。各级党委宣传部门，各级政府教育、科技、工信、安全、人社、文旅、国资、金融、外事等部门，要充分发挥职能作用，共同抓好人才工作各项任务落实。

2.3.4 深化新时代教育评价改革

2020 年 10 月，中共中央、国务院印发了《深化新时代教育评价改革总体方案》（以下简称《总体方案》）。这是新中国第一个关于教育评价系统改革的文件，也是指导深化新时代教育评价改革的纲领性文件。这是继 2016 年中共中央印发的《关于深化人才发展体制机制改革的意见》，2018 年中共中央办公厅、国务院办公厅印发的《关于分类推进人才评价机制改革的指导意见》之后，以教育评价改革为重点，延伸到人才成长、人才评价和选人用人观的重要文件。

《总体方案》在总结以往教育评价经验的基础上，提出了今后 5～10 年深化教育评价改革在总体要求、重点任务和组织实施等方面的明确要求。

1. 总体要求

《总体方案》指出，要全面贯彻党的教育方针，坚持社会主义办学方向，落实立德树人根本任务，遵循教育规律，系统推进教育评价改革，发展素质教育，引导全党全社会树立科学的教育发展观、人才成长观、选人用人观，推动构建服务全民终身学习的教育体系，努力培养担当民族复兴大任的时代新人，培养德智体美劳全面发展的社会主义建设者和接班人。

《总体方案》明确提出了 5 个主要原则，要坚持立德树人、坚持问题导向、坚持科学有效、坚持统筹兼顾、坚持中国特色。

《总体方案》明确了改革目标：经过 5～10 年努力，各级党委和政府科学履行职责水平明显提高，各级各类学校立德树人落实机制更加完善，引导教师潜心育人的评价制度更加健全，促进学生全面发展的评价办法更加多元，社会选人用人方式更加科学。到 2035 年，基本形成富有时代特征、彰显中国特色、体现世界水平的教育评价体系。

2. 重点任务

《总体方案》围绕改革党委和政府教育工作评价、改革学校评价、改革教师评价、改革学生评价和改革用人评价 5 个方面提出了 22 个具体任务。

（1）改革党委和政府教育工作评价，推进科学履行职责。

1）完善党对教育工作全面领导的体制机制。各级党委要认真落实领导责任，建立健全党委统一领导、党政齐抓共管、部门各负其责的教育领导体制。各级党委和政府要完善定期研究教育工作机制。

2）完善政府履行教育职责评价。对省级政府主要考核全面贯彻党的教育方针和党中央关于教育工作的决策部署、落实教育优先发展战略、解决人民群众普遍关心的教育突出问题等情况。各地根据国家层面确立的评价内容和指标，结合实际进行细化，作为对下一级政府履行教育职责评价的依据。

3）坚决纠正片面追求升学率倾向。各级党委和政府要坚持正确政绩观，不得下达升学指标或以中高考升学率考核下一级党委和政府、教育部门、学校和教师，不得将升学率与学校工程项目、经费分配、评优评先等挂钩，不得通过任何形式以中高考成绩为标准奖励教师和学生，严禁公布、宣传、炒作中高考“状元”和升学率。

（2）改革学校评价，推进落实立德树人根本任务。

1）坚持把立德树人成效作为根本标准。加快完善各级各类学校评价标准，将落实党的全面领导、坚持正确办学方向、加强和改进学校党的建设以及党建带团建队建、做好思想政治工作和意识形态工作、依法治校办学、维护安全稳定作为评价学校及其领导人员、管理人员的重要内容。

2）完善幼儿园评价。重点评价幼儿园科学保教、规范办园、安全卫生、队伍建设、克服小学化倾向等情况。

3）改进中小学校评价。义务教育学校重点评价促进学生全面发展、保障学生平等权益、引领教师专业发展、提升教育教学水平、营造和谐育人环境、建设现代学校制度以及学业负担、社会满意度等情况。

4）健全职业学校评价。重点评价职业学校（含技工院校，下同）德技并修、产教融合、校企合作、育训结合、学生获取职业资格或职业技能等级证书、毕业生就业质量、“双师型”教师（含技工院校“一体化”教师）队伍建设等情况，扩大行业企业参与评价，引导培养高素质劳动者和技术技能人才。

5）改进高等学校评价。推进高校分类评价，引导不同类型高校科学定位，办出特色和水平。改进本科教育教学评估、改进学科评估、探索建立应用型本科评价标准、制定“双一流”建设成效评价办法、改进师范院校评价、改进高校经费使用绩效评价、改进高校国际交流合作评价，探索开展高校服务全民终身学习情况评价，促进学习型社会建设。

（3）改革教师评价，推进践行教书育人使命。

1）坚持把师德师风作为第一标准。坚决克服重科研轻教学、重教书轻育人等现象，把师德表现作为教师资格定期注册、业绩考核、职称评聘、评优奖励首要要求，强化教师思想政治素质考察，推动师德师风建设常态化、长效化。

2）突出教育教学实绩。把认真履行教育教学职责作为评价教师的基本要求，引导教师上好每一节课、关爱每一个学生。幼儿园教师评价突出保教实践；探索建立中小学教师教学述评制度；完善中小学教师绩效考核办法；健全“双师型”教师认定、聘用、考核等评价标准；规范高校教师聘用和职称评聘条件设置；把参与教研活动，编写教材、案例，指导学生毕业设计、就业、创新创业、社会实践、社团活动、竞赛展演等计入工作量；落实教授上课制度；支持建设高质量教学研究类学术期刊；完善教材质量监控和评价机制；完善国家教学成果奖评选制度。

3）强化一线学生工作。各级各类学校要明确领导干部和教师参与学生工作的具体要求。落实中小学教师家访制度；高校领导班子成员年度述职要把上思政课、联系学生情况作为重要内容；完善学校党政管理干部选拔任用机制，原则上应有思政课教师、辅导员或班主任等学生工作经历；高校青年教师晋升高一级职称，至少须有一年担任辅导员、班主任等学生工作经历。

4）改进高校教师科研评价。突出质量导向，重点评价学术贡献、社会贡献以及支撑人才培养情况，不得将论文数、项目数、课题经费等科研量化指标与绩效工资分配、奖励挂钩；坚持分类评价，推行代表性成果评价，探索长周期评价，完善同行专家评议机制，注重个人评价与团队评价相结合；探索国防科技等特殊领域教师科研专门评价办法；对取得重大理论创新成果、前沿技术突破、解决重大工程技术难题、在经济社会事业发展中作出重大贡献的，申报高级职称时论文可不作限制性要求。

5）推进人才称号回归学术性、荣誉性。切实精简人才“帽子”，优化整合涉教育领域各类人才计划；不得把人才称号作为承担科研项目、职称评聘、评优评奖、学位点申报的限制性条件，有关申报书不得设置填写人才称号栏目；依据实际贡献合理确定人才薪酬，不得将人才称号与物质利益简单挂钩；鼓励中西部、东北地区高校“长江学者”等人才称号入选者与学校签订长期服务合同，为实施国家和区域发展战略贡献力量。

（4）改革学生评价，促进德智体美劳全面发展。

1）树立科学成才观念。坚持以德为先、能力为重、全面发展，坚持面向人人、因材施教、知行合一。

2）完善德育评价。科学设计各级各类教育德育目标要求，引导学生养成良好思想道德、心理素质和行为习惯。

3）强化体育评价。建立日常参与、体质监测和专项运动技能测试相结合的考查机制。

4）改进美育评价。把中小学生学习音乐、美术、书法等艺术类课程以及参与学校组织的艺术实践活动情况纳入学业要求；推动高校将公共艺术课程与艺术实践纳入人才培养方案。

5）加强劳动教育评价。实施大中小学劳动教育指导纲要，引导学生崇尚劳动、尊重劳动。

6）严格学业标准。完善各级各类学校学生学业要求，严把出口关。

7）深化考试招生制度改革。稳步推进中高考改革，构建引导学生德智体美劳全面发展的考试内容体系。

（5）改革用人评价，共同营造教育发展良好环境。

1）树立正确用人导向。党政机关、事业单位、国有企业要带头扭转“唯名校”“唯学历”的用人导向，建立以品德和能力为导向、以岗位需求为目标的人才使用机制。

2）促进人岗相适。各级公务员招录、事业单位和国有企业招聘要按照岗位需求合理制定招考条件、确定学历层次，在招聘公告和实际操作中不得将毕业院校、国（境）外学习经历、学习方式作为限制性条件；职业学校毕业生在落户、就业、参加机关企事业单位招聘、职称评聘、职务职级晋升等方面，与普通学校毕业生同等对待；用人单位要科学合理确定岗位职责，坚持以岗定薪、按劳取酬、优劳优酬，建立重实绩、重贡献的激励机制。

3. 组织实施

(1) 落实改革责任。各级党委和政府要加强组织领导，把深化教育评价改革列入重要议事日程；各级党委教育工作领导小组要加强统筹协调、宣传引导和督促落实；中央和国家机关有关部门要结合职责，及时制定配套制度；各级各类学校要狠抓落实，切实破除“五唯”顽瘴痼疾；国家和各省（自治区、直辖市）选择有条件的地方、学校和单位进行试点；教育督导要将推进教育评价改革情况作为重要内容。

(2) 加强专业化建设。构建政府、学校、社会等多元参与的评价体系，建立健全教育督导部门统一负责的教育评估监测机制；严格控制教育评价活动数量和频次；各地要创新基础教育教研工作指导方式；创新评价工具；完善评价结果运用；加强国家教育考试工作队伍建设；积极开展教育评价国际合作。

(3) 营造良好氛围。党政机关、事业单位、国有企业要履职尽责，带动全社会形成科学的选人用人理念；新闻媒体要加大对科学教育理念和改革政策的宣传解读力度；构建覆盖城乡的家庭教育指导服务体系；各地要及时总结、宣传、推广教育评价改革的成功经验和典型案例。

2.3.5 《人力资源和社会保障事业发展“十四五”规划》

2021年6月出台的《人力资源和社会保障事业发展“十四五”规划》共分为8章37节，主要阐明了“十四五”时期推进人力资源和社会保障事业高质量发展的总体思路，明确了主要发展目标、重大政策举措和重点工作任务，阐述了就业创业、社会保障、人才队伍建设、收入分配制度改革、劳动关系等五大业务板块和基本公共服务方面的重点任务和重大举措，对重大政策、重大项目、重大工程进行了部署和安排。

1. 发展基础和指导思想

《人力资源和社会保障事业发展“十四五”规划》提出了“十四五”时期人力资源和社会保障事业发展的指导思想，就是要以习近平新时代中国特色社会主义思想为指导，立足新发展阶段，坚定不移贯彻创新、协调、绿色、开放、共享的新发展理念，促进构建以国内大循环为主体、国内国际双循环相互促进的新发展格局，坚持稳中求进工作总基调，以推动人力资源和社会保障事业高质量发展为主题，以深化人力资源和社会保障政策改革创新为主线，以满足人民日益增长的美好生活需要为根本目的，勠力同心，担当作为，为全面建设社会主义现代化国家贡献积极力量。

为更好地体现指导思想，《人力资源和社会保障事业发展“十四五”规划》提出必须坚持党的领导、坚持以人民为中心、坚持新发展理念、坚持深化改革、坚持系统观念、坚持依法行政的基本原则。这六条基本原则是贯彻落实中央精神和新发展理念的具体体现，是人力资源和社会保障事业发展规律的集中反映，是未来五年统筹推进人力资源和社会保障各项工作的基本遵循。

2. 发展目标和重点任务

《人力资源和社会保障事业发展“十四五”规划》围绕全面建设社会主义现代化国家

的战略安排，提出了就业创业等六个方面的发展目标和重点任务，其中就业创业、人才队伍建设、工资收入分配等与公共部门人力资源管理紧密相关。

（1）推动实现更加充分更高质量就业。“十四五”时期，为了有效防范化解失业风险，确保就业局势总体稳定，就要健全有利于更加充分更高质量就业的促进机制，扩大就业容量，提升就业质量，缓解结构性就业矛盾，优化就业环境，加快提升劳动者技术技能素质，健全终身职业技能培训制度，持续大规模开展职业技能培训。坚持经济发展就业导向，将稳定和扩大就业作为宏观调控的下限，强化就业影响评估，建立更加充分更高质量就业的考核评价体系。实现城镇新增就业人口 5 000 万人以上，城镇调查失业率控制在 5.5%以内，城镇登记失业率在 5%以内。

（2）激发人才创新活力。“十四五”时期更要坚持党管人才，深入实施人才强国战略，尊重劳动、尊重知识、尊重人才、尊重创造方针，全方位培养、引进、用好人才，充分发挥人才第一资源作用。完善健全各层次人才培养培训选拔体系，人才发展体制机制深入推进，在专业技术人才队伍建设中，改革完善政府特殊津贴制度，强化荣誉激励，壮大高水平工程师队伍，健全薪酬福利、社会保障等制度。推进事业单位人事制度改革，建立权责清单，完善事业单位聘用合同管理、公开招聘、岗位管理和交流制度，健全事业单位人事管理监督制度，县级以下推行管理岗位等级晋升制度，完善考核、奖惩、培训机制，完善国家表彰奖励制度体系。为实现人才队伍规模不断扩大、结构更加合理、质量不断提升、迸发创新活力保驾护航。

（3）深化企事业工资收入分配制度改革。“十四五”时期，工资分配制度要更加完善，工资合理增长机制更加健全，健全最低工资标准正常调整机制，劳动报酬在初次分配中的比重逐步提升。深化企业工资决定机制改革，将工资分配与岗位价值、技能素质、实绩贡献、创新成果等因素挂钩，探索协议工资、项目工资、岗位分红权、项目收益分红、股权激励等多种分配形式。在国有企业工资分配制度改革中，完善国有企业负责人薪酬和工资总额管理政策，建立国有企业职业经理人薪酬制度，深化国有企业工资内部分配制度改革，完善市场化薪酬分配机制，普遍实行全员绩效管理。完善体现岗位绩效和分级分类管理的事业单位薪酬制度，以增加知识价值为导向的收入分配政策更加完善，符合事业单位特点的工资分配制度基本建立，深化绩效工资管理办法。通过各方改革，保障低收入劳动者合理分享经济社会发展成果，使得工资收入分配结构明显改善。

3. 重大政策和工程项目

《人力资源和社会保障事业发展“十四五”规划》还设置了 13 个专栏，对发展指标、重大政策、重大项目、重大工程等做出了具体安排。具体包括：2 个指标专栏，分别为“十三五”时期主要指标完成情况、“十四五”时期主要指标；2 个基础建设专栏，分别为人力资源社会保障政务服务信息化工程、国家乡村振兴重点帮扶地区职业技能提升工程；1 个制度建设专栏，为社会保险制度建设；8 个行动计划专栏，分别为就业创业促进计划、职业培训专项行动、人力资源服务业高质量发展行动、专业技术人才系列支持计划、技能中国行动、企业薪酬指引计划、劳动关系“和谐同行”能力提升行动、农民工市民化行动。

专栏中提出的重大政策和工程项目，是落实《人力资源和社会保障事业发展“十四五”规划》的重要抓手，是推动事业发展的支撑和保障。专栏中提出的社会保险制度建设是“十四五”时期需要重点落实的重大政策。专栏中提出的就业创业促进计划、职业培训专项行动、人力资源服务业高质量发展行动、专业技术人才系列支持计划、技能中国行动、企业薪酬指引计划、劳动关系“和谐同行”能力提升行动、农民工市民化行动等工程项目，是“十四五”时期加强公共服务能力建设的重要保障。

本章小结

本章介绍了公共部门战略管理的基本理论与过程；阐述了公共部门人力资源战略的内涵、特点和类型；阐述了公共部门人力资源规划的内涵、内容、类型和程序，介绍了公共部门人力资源需求与供给预测的方法；分析了我国公共部门人力资源战略与规划实践。公共部门人力资源战略应该与整个公共管理的目标相融合，紧紧围绕服务经济与社会发展的战略目标。公共部门人力资源规划是组织战略规划的一部分，必须为组织战略服务，是组织为达成战略目标而确定的人力资源配置目标、计划与方式。公共部门应该按照一定的程序和方法来开展人力资源规划。人才资源已成为当今世界最重要、最关键的战略资源之一。我国政府非常重视制定并实施人才强国战略和人才发展规划。

关键术语

战略　公共部门战略管理　SWOT分析　公共部门人力资源战略　公共部门人力资源规划　公共部门人力资源需求　公共部门人力资源供给　德尔菲法　趋势预测法　回归预测法　技能清单法　人员替补图法　新时代人才强国战略　世界重要人才中心　创新高地

复习思考题

1. 什么是战略？简述公共部门战略管理的过程。
2. 公共部门人力资源战略的内涵与特点是什么？
3. 公共部门人力资源战略有哪些类型？
4. 公共部门人力资源规划的内涵、类型与内容是什么？
5. 公共部门人力资源规划具有哪些程序？
6. 公共部门人力资源需求预测有哪些常用方法？
7. 公共部门人力资源供给预测有哪些常用方法？
8. 简述我国人才强国战略。

第3章

公共部门组织结构与编制管理

公共部门组织结构设计是公共部门开展人力资源管理工作的重要基础，对于明确公共部门的机构设置和职能划分具有重要意义。在公共管理实践中，有效的组织结构设计有利于提高公共部门的办事效率，改善公共部门的服务效能。本章将阐述公共部门组织结构的基本概念和设计思路，系统分析我国公共部门组织结构的现状和改革历程。此外，本章还探讨了公共部门编制管理的相关问题。

重点问题

- 公共部门组织结构的内涵与类型
- 公共部门组织结构设计的影响因素
- 公共部门组织结构设计的关键要素
- 我国公共部门的组织结构及机构改革
- 我国公共部门的编制管理

3.1 公共部门组织结构概述

3.1.1 公共部门组织结构的内涵

组织结构（organizational structure）通常又称为组织架构，是指组织系统各个部分的构成方式。公共部门组织结构是指公共部门的组织成员为了完成工作任务、实现组织目标，在职责、职权等方面的分工、协作体系。了解公共部门组织结构的含义，必须把握以下三个要点：第一，公共部门组织结构的本质是公共部门人力资源的分工协作关系；

第二，公共部门组织结构设计的目的是实现组织的目标，组织结构是实现组织目标的一种手段；第三，公共部门组织结构的内涵是公共部门人力资源在职、权、责三方面的结构体系。

就像人类由骨骼确定体形一样，组织也是由结构来决定其形状。公共部门组织结构可以通过组织结构图（organization chart）来反映。组织结构图是对一个组织的一整套基本活动和流程的可视化描述，它形象地反映了公共部门内部各个机构、职位上下左右相互之间的关系。对于理解一个组织的运作来说，组织结构图是十分有用的，它表示出了组织的各个不同部分，说明这些部分之间是何种关系，以及每个职位和部门之间如何来适应整体。公共部门组织结构具有以下显著特点：

1. 稳定性

公共部门组织结构一旦形成，那么其在一定时期内不会发生大的根本性的变化，处于相对均衡、不变的状态；如确需改变，必须得到上级领导机关的同意，经过法定程序才能变更。特别是政府组织，它代表人民和社会行使公共权力，其结构的稳定性是公共权力发挥作用的基础。稳定性是公共部门组织结构的核心特点，它强调职位、权责的非人格化和规范化，并通过建立稳定的组织关系模式，实现组织的有序性和稳定性。

2. 层次性

公共部门的各类组织为了便于管理，一般采取层级控制体制，从纵向上分为若干层级，且下级对上级负责，上级也对下级负责，各个层级的权力、责任各不相同。其优点在于上下衔接，统一指挥，统一行动，效率较高。

3. 复杂性

公共部门是一个最庞大的、最复杂的组织系统，其结构的复杂性要远远超过私营部门。公共部门是由各种各样的要素组成的，既有人的要素，也有物的要素；既有流动的要素，也有固定的要素。这些要素的不同排列组合就形成了不同结构的模式，既有纵向的，也有横向的，还有纵横交错的，它是一个非常复杂的体系。

4. 规范性

公共部门的组织结构不是自发形成的，而是由公共管理者根据国家的法律法规，在科学理论的指导下，有日的、有意识安排的。它涉及有关指导和限制组织成员行为与活动的方针政策、规章制度、工作程序、工作过程的标准化程度。公共部门各类组织对人的活动和行为进行了一定程度的规范，可以提高组织的效率，减少不确定的因素，提高各项工作的协调性。

3.1.2 公共部门组织结构的类型

在管理实践中，人们创造出了许多典型的组织结构类型。在组织理论研究上，无论是古典管理理论、行为科学理论，还是现代管理理论，都对组织结构类型倍加关注，提出了各种主张。公共部门组织结构既有一般类型，如直线制组织结构、职能制组织结构、直线职能制组织结构、事业部制组织结构、矩阵制组织结构等，近年来也出现了一些新类型，如委员会式组织结构与团队式组织结构等。

1. 直线制组织结构

直线制组织结构（line structure）是人类社会各种组织存在的最基本形式。直线制组织结构的特点是：层次分明，组织的各级管理者都按垂直系统对下级进行管理，指挥和管理职能由各级主管领导直接行使，不设专门的职能管理部门；命令的传送和信息的沟通只有一条直线渠道，完全符合统一指挥的原则。图 3－1 就是某小型图书馆的组织结构图。

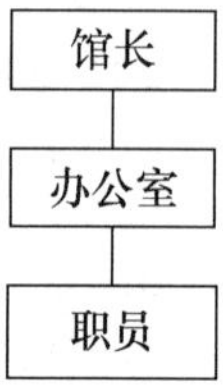

图 3－1　直线制组织结构

直线制组织结构的优点是：（1）单一领导，结构简单，关系清晰，上下级权责明确；（2）政令统一，决策快，效率高。

直线制组织结构的缺点是：（1）缺乏专业化的分工管理，下级一切问题都必须向上级领导请示、汇报，领导工作繁重，容易陷入日常事务之中，难以集中时间、精力思考研究规划重大问题；（2）权力集中，且受专业、个人素质等方面的影响，难以保证领导、决策、指挥不出现失误；（3）信息只沿上下直线传递，不利于左右协调、沟通。由于直线制组织结构存在诸多明显弊端，因此该组织结构受到越来越多人的批评。

2. 职能制组织结构

职能制组织结构（functional structure）同直线制组织结构恰好相反，它的各级主管人员都配有通晓各种业务的专门人员和职能机构作为辅助者，直接向下发号施令（见图 3－2）。

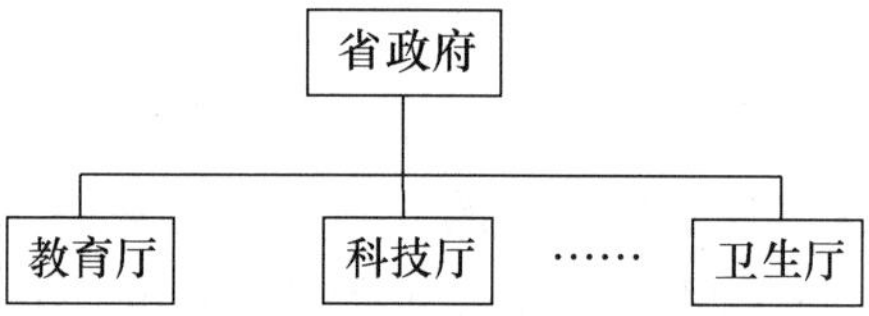

图 3－2　职能制组织结构

职能制组织结构的优点是：（1）按职能划分部门，其职责容易明确规定；（2）各部门和各类人员实行专业化分工，有利于管理人员熟练掌握本职工作的技能，有利于强化专业管理，提高工作效率；（3）管理权力高度集中，便于最高领导层对整个组织实施严格控制。

职能制组织结构的缺点是：（1）高度的专业化分工以及稳定性使各职能部门的眼界比较狭窄，各部门往往片面强调本部门工作的重要性，容易产生本位主义、分散主义的思想，造成许多摩擦和内耗的情况，使职能部门之间的横向协调比较困难。（2）信息沟通不畅，高层决策在执行中往往被狭窄的部门观点和利益所曲解，或者受阻于部门隔阂而难以贯彻。这样，整个组织系统就不能对外部环境的变化及时做出反应，适应性较差。(3) 各部门的主管人员属于专业职能人员，工作本身限制了他们扩展自己的知识、技能和经验，易养成只重视本部门工作与目标的思维方式和行为习惯，不利于培养素质全面的、能够管理整个组织的管理人才。

3. 直线职能制组织结构

直线职能制组织结构（line-functional structure）取前两种结构之长，舍两者之短。据考证，埃及的金字塔工程就是按照直线职能制来组织工作的。该结构作为一种有意识的、深思熟虑的结构是由亨利·法约尔（Henri Fayol）在20世纪初期设计出来的，并在许多国家中得到了应用。这种组织结构以直线制为基础，既设置了直线主管领导，又在各级主管人员之下设置了相应的职能部门，分别从事职责范围内的专业管理。在这种组织结构中，两类人员的职权必须是十分清楚的。一类是直线主管领导人员，他们拥有对下级的指挥和命令的权力，承担着实现所管理部门的业务目标的任务；另一类是职能部门的职能管理人员，他们只能起到参谋和助理的作用，对下级机构可以进行业务指导、提出建议，但无权向下属机构及其管理人员发布命令（见图3-3）。

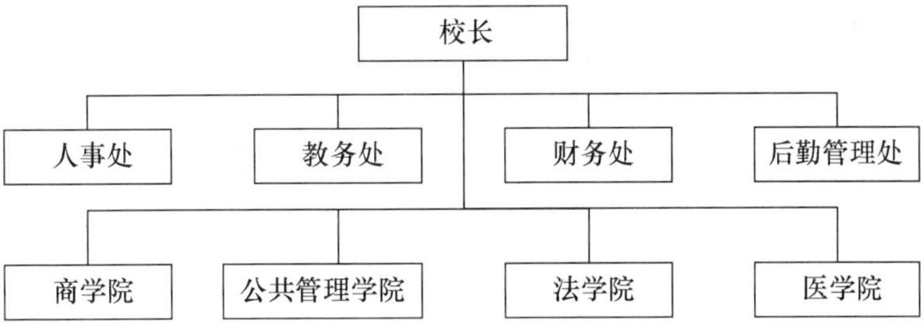

图3-3　直线职能制组织结构

直线职能制组织结构的优点是：(1) 工作职责明确，稳定性强，分工很具体，是一种以工作为中心的组织形式；(2) 整个组织既保证了命令的统一，又发挥了职能专家的作用，有利于优化行政管理者的决策。因此，这种结构形式被各类组织广泛采用。

直线职能制组织结构的缺点是：(1) 各职能部门容易从本位出发，导致意见和建议的不一致甚至冲突，加大了上级管理者对各职能部门之间的协调负担；(2) 职能部门的作用受到了较大的限制，一些下级业务部门经常忽视职能部门的指导性意见和建议。

4. 事业部制组织结构

事业部制组织结构（multidivisional structure）是现代企业组织规模不断扩大化和经营国际化的产物，最初是由美国通用汽车公司总裁斯隆于1924年提出的，目前已成为特大型组织、跨国公司普遍采用的组织架构。

采用事业部制组织结构是为了能够对大型组织按照“集中决策，分散经营”的总要求进行有效管理。事业部制是分级管理、分级核算、自负盈亏的一种形式，即一个组织按地区或按产品类别分成若干个事业部，从产品的设计、原料采购、成本核算、产品制造，一直到产品销售，均由事业部及其所属机构负责，实行单独核算、独立经营，组织总部只保留人事决策、预算控制和监督大权，并通过利润等指标对事业部进行控制（见

图 3－4）。

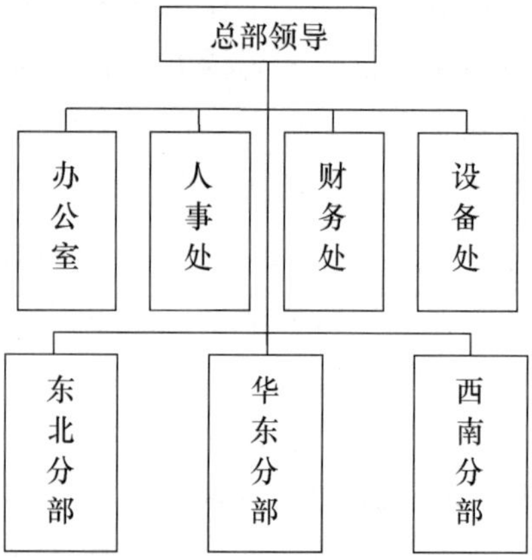

图 3－4　事业部制组织结构

事业部制组织结构的优点在于：（1）能够实现集权和分权的有效结合。各事业部在最高管理层的统一领导下分散经营，有利于最高管理层在面对规模庞大的组织时摆脱日常的繁杂事务，集中精力做好组织的战略决策和长远规划。（2）各事业部自成体系，独立经营、核算，可以发挥其灵活性和主动性，进而增强组织整体的灵活性和适应能力。（3）可促进各事业部之间的竞争，促进组织的发展。

事业部制组织结构的缺点是：（1）各事业部由于具有较大的独立性，很容易产生本位主义，只关心自己的利益，相互之间协作困难，而且局部利益和整体利益难以协调。（2）事业部制组织通常内部机构重叠，以致机构庞大、结构臃肿、人员编制过多，进而增加管理成本。这主要表现在组织总部与事业部之间、各事业部之间的职能和经营机构重复设置较为严重。

事业部制结构不适用于规模较小的组织，只有当组织规模较大，并且其下属单位足以成为一个“完整的单位”时才能够应用。

5. 矩阵制组织结构

矩阵制组织结构（matrix structure）是围绕某项特定任务成立跨职能部门的专门机构。比如组成一个专门的产品（项目）小组去从事新产品的开发工作，在研究、设计、试验、制造各个不同阶段，由有关部门派人参加，力图做到条块结合，以协调有关部门的活动，保证任务的完成。这种组织结构形式是固定的，人员是变动的，需要谁，谁就来，任务完成后就可以离开。项目小组和负责人也是临时组织和委任的，任务完成后就解散，有关人员回原单位工作。矩阵制组织结构的独特之处在于事业部制组织结构和职能制组织结构（纵向和横向）的同时实现。矩阵制组织结构中的产品（项目）负责人和职能负责人在组织中拥有同样的职权，项目组成员要向两者负责、报告（见图 3－5）。

矩阵制组织结构的优点是：（1）机动、灵活，可随项目的开发与结束进行组织或解散；（2）加强了不同部门之间的配合和信息交流，克服了直线职能制组织结构中各部门互相脱节的问题；（3）能够使组织满足环境的双重要求，资源可以在不同部门及产品（项目）之间灵活分配与整合，进而适应不断变化的外界要求。

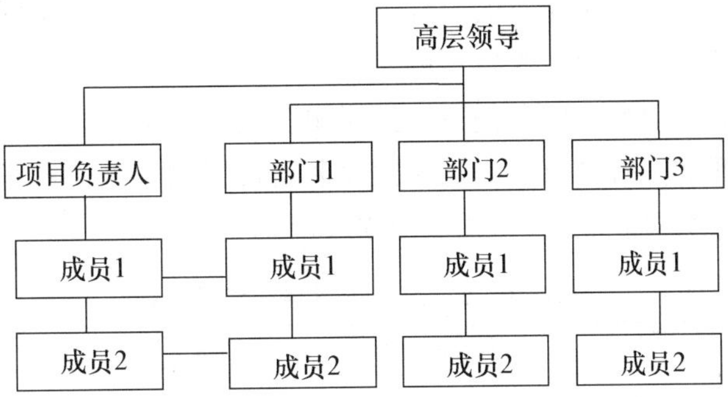

图3－5　矩阵制组织结构

矩阵制组织结构的缺点是：(1) 管理难度加大。因为参加项目的人员来自不同部门，隶属关系仍在原单位，所以项目负责人对他们管理困难，比如难以运用有效的激励与惩治手段。(2) 短期效应明显。由于项目组成人员来自各个职能部门，当任务完成以后，仍要回原单位，因而容易产生临时观念。

6. 委员会式组织结构

20世纪以后，由于社会发展与经济运作的需要，委员会式组织结构（committee structure）得到广泛应用与快速发展，出现了董事会、理事会、基金会等新型组织结构。一般来说，委员会是一种由两人以上组成的行使组织最高决策权的集体。委员会可能存在于公共部门的各个管理层次。高层委员会主要负责制定重大方针政策，中下层则负责贯彻落实上级的决策（见图3－6）。

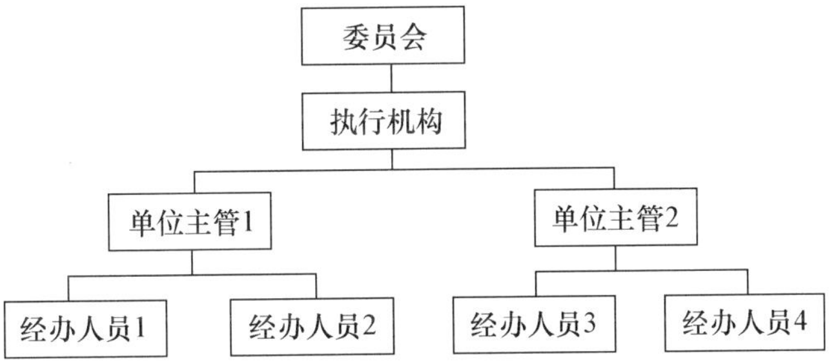

图3－6　委员会式组织结构

目前常见的像全委会、常委会等，都是委员会式的组织结构形式。如我国人民代表大会、政治协商会议、人民团体、群众团体，在组织形式上都采取委员会式组织结构；高等学校的学术委员会和职称评审委员会也是委员会式组织结构。

委员会式组织结构的优点是：(1) 集思广益，综合各种意见，提高决策的正确性；(2) 代表各方利益，协调各种职能，加强各部门间的合作；(3) 防止权力过分集中。

委员会式组织结构也存在一些缺陷：(1) 决策成本过高；(2) 权责分离，责任不明；(3) 容易出现妥协折中的现象；(4) 一个人或少数人占支配地位。

7. 团队式组织结构

团队式组织结构（team structure）是指为了完成某项任务，而这项任务的完成需要多种技能和经验，于是通过选调组织中具有这方面素质和能力的人来组成一个团体，通过团队成员的共同努力来完成任务的一种组织形式。传统的行政组织结构和单纯的项目管理结构已经无法满足知识型组织发展的需要，因为这些组织结构形式采取自上而下的管理方式，压抑了员工的主动性和创造性。而团队式组织结构则强调员工在团队中的价值，强调员工对管理工作的参与性，能极大地调动员工的主动性和积极性，充分发挥员工的创造性。团队组织与传统组织的主要区别如表 3-1 所示。

表 3-1　团队组织与传统组织的区别

	传统组织	团队组织
员工类型	非知识型员工	知识型员工
稳定性	比较稳定	灵活，可根据需要随时变更
负责人产生方式	由上级任命	由上级任命或者团队民主选举
领导与下属间的关系	上下级，负责人一般有特殊待遇	平等，负责人无特殊待遇
沟通方式	自上而下或自下而上	平行沟通

目前，团队式组织结构已经成为组织工作活动最有效的方式。由于团队的生命周期较短，当任务完成以后，团队就解散，其成员则会因新任务和新计划与其他人员重新组成新的团队，团队的成员随着任务或者需求的变化而变动。这种弹性化的人力资源运用方式，可以迅速回应外部环境的变化与服务对象的需求，可以随时针对问题建立弹性化的组合，避免专业化分工所造成的僵化和协调困难等问题。同时，决策的下放与完成任务的挑战性还可以激发团队成员的成就感和责任心，为组织带来生机与活力。但是团队式组织结构也存在一些缺点：一方面，规模上受到限制。团队的人数较少时，团队最容易取得成功，而人数较多时，彼此的沟通则较为困难。另一方面，对领导者和员工素质要求较高。团体的成功依赖于团队的领导者能够确立明确的任务、团队的成员具有高度的自律性以及团队成员之间能够进行有效的沟通。

3.2　公共部门组织结构设计

3.2.1　公共部门组织结构设计的影响因素

1. 组织环境

组织环境分为内部环境和外部环境：前者是指组织内部的人力、物力、财力、制度、文化等状况；后者是指组织所面临的行业环境、国家宏观政策、社会文化、技术等。所有的组织都在一定的环境中生存和发展，组织的行为必须顺应环境的要求。在现代环境快速变化的情况下，能够“长寿”的组织不一定是能力最强的组织，而是最能适应环境变化的组织。

环境的不确定性影响着组织对环境的信息需求和从环境中获取资源的需求，从而直接影响组织结构的设计，具体表现在职位和部门、控制过程以及计划和预测等方面。

(1) 职位和部门。

当外部环境的复杂性增加时，组织中的职位和部门也会相应地增加，从而增加了内部的复杂性。当外部环境迅速变化时，组织的各部门在处理外部环境中的不确定性方面会变得高度专业化，每一个部门都要求具备专门的知识技能和行为。

(2) 控制过程。

当外部环境较稳定时，在组织内部，为了提高组织运行的效率，往往需要制定明确的规章制度、工作程序和权力层级，组织的正规化、集权化程度比较高，其组织结构的设计可以采用机械式的层级结构形式。而在外部环境比较不确定时，组织内部比较松散，决策权力分散并下移，权力层级不明确，组织结构设计可以采用柔性灵活的有机结构形式。随着环境不确定性的增加，组织内部趋于有机性。

(3) 计划和预测。

当环境稳定时，组织能够集中精力解决当前的经营和日常效率问题。随着环境不确定性的增加，计划和预测变得十分必要，计划能够减少外部环境变化的负面影响。具有不稳定环境的组织通常建立一个计划部门，审视环境因素并分析其他组织的潜在行动和对策。

2. 组织战略

许多学者都对战略和组织结构关系做了大量研究，最著名的成果当属1962年美国学者艾尔弗雷德·钱德勒（Alfred Chandler）的著作《战略与结构》。在该书中，根据对美国70多家大企业的调查研究，他对环境、战略和组织结构之间的相互关系进行了论述，提出了“结构跟随战略”的观点。钱德勒认为，不同的组织战略要求不同的组织结构。单一战略只要求一种简单、松散的组织结构形式来执行这一战略。这时，决策可以集中在一个高层管理人员手中，组织的复杂性和正规化程度很低。当组织成长以后，它们的战略变得更有雄心，则会采取更为复杂的多种经营战略。这种复杂的战略要求一种精细、规范、分权、正规化的组织结构形式来支撑。

3. 组织规模

组织规模是组织设计必须考虑的一个重要变量。研究表明，一个组织的组织结构设计与其本身规模的关系大体为：(1) 组织规模越大，工作就越专业化；(2) 组织规模越大，标准操作化程序和制度就越健全；(3) 组织规模越大，分权的程度就越高。不同规模的组织在组织结构上具有明显的差别，如表3-2所示。表3-2说明，组织规模越大，其结构就越复杂，行为越规范，专业化与正规化程度越高，更具有机械式特征，宜采用分权式管理。

表3-2 组织规模与组织结构关系表

	大型组织	小型组织
正规化程度	专业化与正规化程度高	专业化与正规化程度低
集权与分权	宜采用分权式管理	宜采用集权式管理
复杂性	分化程度高、纵向层级多、横向部门和工种多	分化程度低、纵向层级少、横向部门和工种少
人员比率	管理人员比率低，专业人员比率高	管理人员比率高，专业人员比率低

4. 组织技术

技术以及技术设备的水平不仅会影响组织活动的效果，而且会影响组织活动内容的划分、职位设置和对工作人员的素质要求。例如，电子技术的广泛运用、办公自动化、信息网络化改变和正在改变着组织中的会计、文秘和档案等部门的工作性质和形式。技术的形式是多种多样的，不同类型的技术对组织结构具有不同的影响。对于常规性技术程度高的组织来说，一般采用严格控制的组织结构形式，其规范化程度和集权化程度就高。而对于非常规性的技术组织来说，则恰好相反。公共部门组织设计要考虑技术的因素，以求设计的组织结构具有较强的适应能力。

5. 人员素质

组织中人员的素质包括各类员工（特别是领导层）的价值观念、思想水平、工作作风、业务知识、管理技能、工作经验以及年龄结构等。组织的运行需要人的管理和维持，不同素质的人员对组织结构具有不同的影响效果，因此，在组织结构设计中，应对人员素质的影响予以重视。人员素质对组织结构的影响主要表现在以下几个方面①：

（1）集权与分权。如果组织中层管理人员专业水平高、管理知识全面、经验丰富、有良好的职业道德，那么管理权力就可较多地下放；反之，则权力应较多地集中。

（2）管理幅度大小。如果管理者的专业水平、领导经验、组织能力较强，那么就可以适当扩大管理幅度；反之，则应缩小管理幅度，以保证管理的有效性。

（3）部门设置的形式。如实行事业部制组织结构需要具有比较全面的领导能力的人选担任事业部负责人，而实行矩阵制组织结构则需要项目负责人具有较高的威信和良好的人际关系，以适应其责多权少的特点。

（4）定编人数。如果人员素质高，一人可兼多职，则可减少编制，提高效率；反之，则需要将复杂的工作分解，交付多人完成。

（5）协调机制。适当的组织结构形式和有效的联系方式，固然对有效协调有着重要的作用，但人员的思想水平、工作作风和业务素质对于组织内部的协调也有重要的影响。良好的协作风格可以在某种程度上弥补协调机制设计上的缺陷；反之，如果人员的本位主义思想严重，又缺乏现代化管理知识的培训，缺乏从组织全局观察本职工作的修养，那么部门之间就会相互扯皮、踢皮球，工作效率低下。

3.2.2 公共部门组织结构设计的关键要素

1. 工作专门化

工作专门化（work specialization）是指组织把工作任务划分成若干步骤来完成的细化程度，这是从纵向上来对组织结构进行划分。其实质是一个人不是承担一项工作的全部，而是只完成某一步骤或某一环节的工作，这是一种最有效的利用员工技能的方式。20 世纪 40 年代后期，工业化国家大多数生产领域的工作都是通过工作专门化来完成的。

---

① 吴培良，郑明身，王凤彬．组织理论与设计．北京：中国人民大学出版社，1998：373.

通过实行工作专门化可以使员工只需要较少的时间就能够掌握工作方法和具体步骤，从而提高组织的运行效率；通过重复性的工作，可以提高员工的技能；通过对从事不同工作任务的组织成员支付不同报酬，可以减少组织的资源浪费。但是，工作专门化可能会导致员工产生厌烦情绪、疲劳感和压力感，从而降低生产率，出现缺勤率上升、流动率上升等不良后果。而且，如果工作专门化的程度过细，有可能导致工作环节增多，增加沟通和协调成本，造成效率低下。因此，在进行组织设计时，必须充分考虑工作专业化的程度问题。

2. 部门化

部门化（departmentalization）是在劳动分工的基础上，把各项活动进行归类，使得性质相同或相似的工作合并到一起组成单位，这样便形成了一个个专业化的部门。各部门的组合构成了组织的横向结构。

公共部门的横向分工有以下几种类型：

（1）按业务性质分工。这是按照公共管理业务性质的异同进行的分工。例如，教育、财政、人事等均为不同的业务，以此为基础设置不同的部门。公共部门中绝大多数机构，都是按照业务性质的异同而设置的。

（2）按地区分工。从同一层级看，我国各地方行政组织之间的关系属于平行的地区横向分工。全国划分为若干个省、自治区和直辖市，省又划分为若干个市、县，县又划分为若干个乡、镇。在同一层级，按照地区设置行政组织的基础是行政区划。

（3）按管理或服务对象分工。这是指以公共部门管理或服务的人群、资源为对象进行的部门设置，最常见的是政府经济行业主管部门的设置，如农业农村部、工业和信息化部等，都是按照不同对象类别实行的分工管理。

（4）按管理程序分工。这是按照公共管理过程的程序差异来分别设置公共部门。公共管理过程中有咨询、决策、执行、监督、反馈等环节，根据这些程序划分公共咨询部门、领导决策部门、执行部门、监督部门和信息部门等，每个部门在管理程序中各自发挥其功能，使公共管理的功能齐全，管理过程井然有序。

3. 命令链

命令链（chain of command）是指从组织高层延伸到基层的一条持续的职权线，它界定了谁向谁报告工作，帮助员工回答“我遇到问题时向谁请示”或“我对谁负责”等一类的问题。传统的组织理论认为，命令统一有助于保持权威链条的连续性，也就是说，一个人应该对一个主管，且只对一个主管直接负责。如果命令链的统一性遭到破坏，一个下属可能就不得不应付多头领导、不同命令之间的冲突或优先次序的选择。在20世纪70年代以前，命令链的概念是组织设计的基石。但随着信息技术的发展和给下属充分授权的潮流的冲击，命令链的重要性已经大大降低了。

4. 管理幅度与管理层次

管理幅度（span of control）回答的是一个主管可以有效地指导多少个下属的问题。管理幅度与管理层次这两个因素密切相关，它们是成反比的关系。也就是说，在组织规模给定的情况下，管理幅度增大，组织层次减少；管理幅度减少，组织层次增多。这样管理层次就构成了组织的纵向结构。一般而言，古典管理学者们主张窄小的幅度，认为直接受管理人员管辖的应为 4～7 人，现代的观点则主张较大的幅度，越来越多的组织正努力扩大管理幅度。

管理幅度与管理层次决定了两种基本的组织结构形态：扁平结构（flat structure）与高耸结构（tall structure）。扁平结构是指管理层次少而管理幅度大的一种组织结构形态。与之对应，高耸结构是指管理层次多而管理幅度小的一种组织结构形态。如图 3－7 所示，图中左侧的组织结构属于高耸型，而右侧的组织结构属于扁平型，假设它们的作业人员都为 4 096 人。如果左侧的组织的管理幅度各层次均为 4 人，而右侧的组织的幅度为 8 人，那么左侧的组织就相对多出 2 个管理层次（左侧为 7 个，右侧为 5 个）。扁平结构与高耸结构各有利弊。

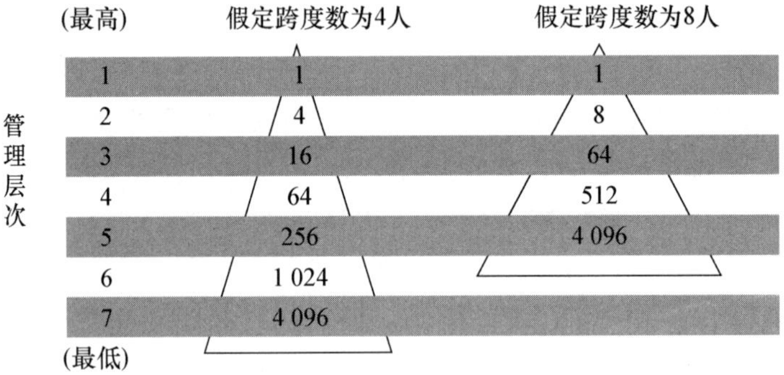

图 3－7　管理幅度对比

资料来源：斯蒂芬·罗宾斯，蒂莫西·贾奇．组织行为学：第 14 版．北京：中国人民大学出版社，2012：422.

扁平结构的优点是：由于上下联系渠道短，可以减少管理人员，节省管理费用；有利于信息沟通，可减少信息误传，有利于提高管理指挥效率；由于扩大下级管理权限，有利于调动下级人员的积极性、主动性和提高下级人员的管理能力。其缺点是：管理幅度加大会增加横向协调的难度，使组织领导者陷入复杂的日常事务之中，没有时间和精力搞好事关组织全局的长远发展战略管理；下级缺少提升机会。

高耸结构的优点是：由于管理的层次比较多，管理幅度比较小，每一层次上的主管都能对下属进行及时的指导和控制；层次之间的关系比较紧密，这有利于工作任务的衔接；为下属提供了更多的提升机会。其缺点是：由于拉长了上下级联系的渠道，管理费用会增加；管理层次的增加，会使上下意见沟通交流受阻，不利于贯彻最高主管规定的目标和政策等。

究竟是采取扁平结构还是高耸结构，主要取决于组织规模的大小和组织领导者的有效管理幅度等因素。例如，在管理幅度一定时，组织规模与管理层次成正比。组织规模大、层次多，则呈高耸结构；反之，组织规模小、层次少，则呈扁平结构。

5. 集权与分权

集权与分权所要确定的是决策权应该放在组织的哪一层级上。集权（centralization）是指决策权在组织系统中较高层级上一定程度的集中。与此对应，分权（decentralization）是指决策权在组织系统中较低层级上一定程度的分散。集权与分权是相对的，组织不可能是彻底的集权，也不可能是彻底的分权。很少有组织在所有决策都集中于某一特定的高层管理团体时仍能有效地运行；同理，将所有决策权都授予底层员工的组织也不会是有效的。因此，某种程度的职权分散是各类组织的共性。一般而言，在组织中，较低管理层次的决策数目越多、决策重要性越大、决策影响面越广，以及需要对决策进行审核的工作越少，职权的分散程度就会越大。近年来，分权式决策的趋势比较突出，这与使组织更加灵活和主动地做出反应的管理思想是一致的。在大型组织中，基层管理人员更贴近管理与服务实际，对有关问题的了解比高层管理人员更翔实。因此，他们对自己管辖或服务范围内出现问题的反应远远快于组织的高层管理者，处理方式也会更加得当。

6. 正规化

正规化（formalization）是指组织中的工作实行标准化的程度。如果一项工作的正规化程度较高，就意味着完成这项工作的人对工作内容、工作时间、工作手段没有多大自主权。高度正规化的组织有明确的职位说明书，有复杂的组织规章制度，对于工作过程有详细的规定。而对于正规化程度较低的工作而言，工作执行者和工作安排就不是那么固定，员工对自己工作的处理权限就比较宽。由于个人权限与组织对员工行为的规定成反比关系，因此工作标准化程度越高，员工决定自己工作方式的权力就越小。工作标准化不仅减少了员工选择工作行为的可能性，而且使员工无须考虑其他行为选择。在不同的组织之间或者组织内部不同工作之间正规化程度差别会很大。比如，大学教师的工作标准化程度就比较低，教师有较大的自主权，可以自行选择和确定讲课的内容、方式以及重点等。

3.3　我国公共部门的组织结构

3.3.1　我国公共部门组织结构现状

管理幅度大小与管理层次多少是衡量机构设置科学与否的两个标尺。目前我国行政组织呈现以下结构状态：

1. 横向结构

宏观上，至2022年底，我国整个国家行政组织系统设31个省级政府（不包括港、澳、台），293个地级政府，2 844个县级（含直辖市）政府，38 602个乡级政府。[①] 微观上，2023年3月以来，国务院下设办公厅、国务院组成部门26个，国务院直属特设机构1个，国务院直属机构14个，国务院办事机构1个，国务院直属事业单位7个，国务院部委管理的国家局17个。[②]

---

① 根据国家统计局网站整理。

② 根据中国政府网整理。

2. 纵向结构

我国《宪法》规定，我国行政区划划分如下：全国分为省、自治区、直辖市；省、自治区分为自治州、县、自治县、市；县、自治县分为乡、民族乡、镇。但是从 1982 年推行市管县体制之后，我国政府层级变成了中央—省、自治区、直辖市—地级市、自治州—县、自治县、县级市—乡、民族乡、镇 5 级。我国实行“省管县”体制，但是在实践中却实行“市管县”体制。一般来说，国外的政府层级是 2～3 级，而我国的政府层级是 5 级。目前，我国的行政区划层级是历史上最多的。① 此外，地方政府层级设置存在着两级制、三级制和四级制等三种形式，政府行政层级比较复杂。

3. 规模结构

政府规模是指以政府职能规模和政府机构规模为基础，由一定的管理层级和管理幅度构成的要素总和。它是政府部门履行自身职能的质和量的体现，它的本质是政府职能和权力范围，具体表现为政府行政支出耗费、政府组织机构数量和公共就业人员数量以及组织机构结构的合理性。政府规模分为内在规模与外在规模，内在规模可进一步细分为职能规模、权力规模，通常采用政府职能、范围、管理幅度、职能目录、权力大小、权力清单等指标来衡量，外在规模可细分为政府机构规模、政府支出规模、政府公务员规模，通常采用机构数量、组织机构结构、财政支出绝对数、财政支出占 GDP 比重、公务员人员占就业人口比重、公务人员占总人口比重、行政编制数量等指标来衡量。

3.3.2 我国机构改革历程

改革开放以来，为了适应经济社会发展的需要，我国先后于 1982 年、1988 年、1993 年、1998 年、2003 年、2008 年、2013 年、2018 年、2023 年进行了九次大规模的政府机构改革。这九次机构改革，经历了由浅到深，由单纯裁减到综合配套改革，由精简机构、理顺关系到体制改革、制度创新的过程。

1. 第一次机构改革（1982—1984 年）

党的十一届三中全会以后，我国进入了改革开放和社会主义现代化建设新时期。为了适应经济体制改革和现代化建设的需要，1981 年 12 月，国务院根据中共中央的建议，决心采取果断措施，进行机构改革。国务院率先进行机构改革，各省（自治区、直辖市）、地（市）、县的机构改革逐步展开，到 1984 年结束。这次机构改革以精简机构、减少层次、压缩编制、新老交替为主要内容。在国务院机构改革方面，根据重叠的机构撤销、业务相近的机构合并的原则，撤委并部，减少直属机构，把一些专业经济部门从政府部门划出并改为经济实体，大大减少了部委局办机构。在裁并改增部委局办机构的同时，国务院及其部门普遍调整和精减了领导班子，国务院副总理由 13 名减少为 2 名，增加国务委员 10 名。部委的正副职配备 3～5 人，司局的正副职配备 2～3 人。与此同时，

① 俞可平．2009 中国政府创新蓝皮书：科学发展观与政府创新．北京：社会科学文献出版社，2009：287.

党的中央领导机构新老交替问题也得到了有效解决。中央国家机构改革后，省级、地级和县级地方党政机构改革也相继进行。

经过这次机构改革与人事调整，国务院机构从100个减为61个，人员编制从原来的5.1万人减为3万人，部委平均年龄由64岁降到60岁，具有大专以上文化水平的由37%提高到52%，局级平均年龄由58岁降到54岁。省级政府机构平均从50～60个减为30～40个，人员编制从18万人减为12万余人；城市政府机构平均从50～60个减为45个左右；行署办事机构平均从40个左右减为30个左右；县政府机构平均从40多个减为25个左右；市县机关工作人员约减20%。

这次改革历时3年，是新中国成立以来规模较大、目的性较强的行政体制改革。通过精简各级领导班子和废除干部领导职务终身制，加快了干部队伍的年轻化，这是一个很大的突破。

2. 第二次机构改革（1988年启动）

党的十三大报告指出，为了避免重走过去“精简—膨胀—再精简—再膨胀”的老路，机构改革必须抓住转变职能这个关键。根据党的十三大关于政府机构改革的精神，1988年初国务院制定了机构改革方案。这次改革的重点放在同经济体制改革极为密切的经济管理部门，特别是其中的专业管理部门和综合部门内的专业机构。

与1982年精简机构相比，这次机构改革的基本特征是着眼于职能转变，通过定职能、定机构、定编制的“三定”办法，改变了过去单纯裁并机构、精减人员的做法，按政企分开的原则，把直接管理企业的职能转移出去，把直接管钱、管物的职能放下去，把决策、咨询、调节、监督和信息等职能加强起来，使政府对企业由直接管理为主逐步转到间接管理为主。经过调整后的国务院部委减为41个，直属机构减为19个，非常设机构减为44个。部委内设司局机构减少约20%。机构改革后的国务院人员编制比原来减少9 700多人。

按照中共中央、国务院部署，地方政府的机构改革从1989年逐步展开。地方机构改革主要是进行机构改革的试点，根据各地的实际情况对政府机构进行局部调整，控制机构编制的膨胀，做好机关人员的“消肿”工作。这次机构改革初步调整了政府机构的总体格局，在转变政府职能方面进行了有益的探索，为今后进一步深化机构改革、加强管理工作打下了较好的基础。

3. 第三次机构改革（1993—1995年）

1993年机构改革，是在建立社会主义市场经济体制的背景下展开的。党的十四大确定了建立社会主义市场经济体制的改革目标，提出要下决心进行行政管理体制和机构改革，切实做到转变职能，理顺关系，精兵简政，提高效率。为贯彻落实党的十四大关于机构改革的精神，1993年3月22日八届全国人大一次会议通过了《关于国务院机构改革方案的决定》。改革方案强调“转变职能的根本途径是政企分开”，并指出政府的行政管理职能，主要是统筹规划，掌握政策，信息引导，组织协调，提供服务和检查监督。

此次国务院机构改革的重点，是加强宏观调控和监督部门，强化社会管理职能部门，转变部分专业经济部门为行业管理机构或经济实体，大力精简基础行业部门的内设机构和人员，下放政府对企业的直接管理权，以便达到“宏观管住，微观放开”的要求。经调整后，国务院组成部委仍为41个，加上直属机构、办事机构18个，共59个，比原来的86个减少27个；非常设机构由原来的85个减少到26个；各部委内设司局机构由924个减至788个，减少了136个；机关行政编制由36 700个减为29 200个，精简20%。

同时，此次改革方案采取中央、省（自治区、直辖市）、地（市）、县、乡五级联动方式，并在3年内基本完成。省（自治区、直辖市）、地（市）两级的改革重点放在加强市场监督和社会保障的职能上；县级政府按照“小机构、大服务”的方向，把大部分专业经济部门改为经济实体或服务实体；乡一级机构在加强基层政权建设和完善农村社会化服务体系的前提下进行精简，减少脱产人员。在理顺关系的基础上，各级机构精减人员比例为25%。这次机构改革是自觉围绕建立社会主义市场经济体制的目标进行的，方向明确，在职能转变方面取得了一定的进展，积累了宝贵的经验。

4. 第四次机构改革（1998—2002年）

1997年9月，党的十五大根据发展社会主义市场经济的新要求，再次提出机构改革的任务。为此，国务院组织专门力量拟订了国务院机构改革方案。此次改革的目标是要建立办事高效、运转协调、行为规范的政府行政管理体系，完善国家公务员制度，建设高素质的专业化行政管理队伍，逐步建立适应社会主义市场经济体制的、有中国特色的政府行政管理体制。根据改革方案要求，从1998年开始，国务院率先进行机构改革。随后，党中央各部门和其他国家机关及群众团体的机构改革陆续展开。1999年以后，省级政府和党委的机构改革分别展开。2000年，地（市）、县、乡机构改革全面启动，2002年6月结束。

根据这次国务院机构改革方案，除国务院办公厅外，国务院组成部门从40个减少到29个，其中有15个部委不再保留，新组建4个部委，3个部委更名。这次机构改革目标明确，重点突出，成效显著，国务院组成部门大为减少，各部门的内设司局级机构比原来减少200多个，机关干部编制总数减少了一半。省级政府机构设置由平均55个减少到40个，人员编制平均精简47%，共减编7.4万。地（市）、县、乡机关行政编制精简了20%，共精减人员89万。

5. 第五次机构改革（2003年启动）

2002年11月，党的十六大提出了深化行政管理体制改革的任务。2003年3月10日，十届全国人大一次会议第三次全体会议通过了关于国务院机构改革方案的决定。按照这个方案，这次机构改革的重点在于深化国有资产管理体制改革，完善宏观调控体系，健全金融监管体制，继续推进流通管理体制改革，加强食品安全和安全生产监管体制建设。设立国务院国有资产监督管理委员会，将国家发展计划委员会改组为国家发展和改革委员会。除国务院办公厅外，国务院组成部门共有28个。与国务院机构改革相呼应，地方各级政府机构也相继进行了改革。

这次机构改革，通过调整和归并业务相近以及因分工过细导致职责交叉和关系不顺的机构，进一步减少了政府组成部门，加大了社会管理部门的改革力度。同时，将分散到各部门的行政决策权相对集中于本级政府及其组成部门（中央）或本级政府及其综合部门（地方），增强了政府整体运行效能，形成了精干的政府组成部门与专业化的执行机构并存、分工合作、协调有效的政府组织体系。

6. 第六次机构改革（2008年启动）

经过前五次改革，从总体上来看，我国的行政管理体制已基本适应经济社会发展的要求，但面对新形势新任务还存在一些不相适应的方面。针对这些问题，党的十七大报告明确提出了“加大机构整合力度，探索实行职能有机统一的大部门体制，健全部门间协调配合机制”。党的十七届二中全会通过的《关于深化行政管理体制改革的意见》指出，要“按照精简统一效能的原则和决策权、执行权、监督权既相互制约又相互协调的要求，紧紧围绕职能转变和理顺职责关系，进一步优化政府组织结构，规范机构设置，探索实行职能有机统一的大部门体制，完善行政运行机制”。党的十七届二中全会还通过了《国务院机构改革方案》，根据这一改革方案，国务院新组建了工业和信息化部、交通运输部、人力资源社会保障部、环境保护部、住房城乡建设部。这表明我国大部制改革已经起步。大部制也称为大部门体制，是指政府将性质相似、职能类同、业务相近的政府部门进行有机整合，从而达到统一、精简、效能、责任的目的。大部制的本质不是政府机构和部门的简单拼加，而是政府职能的优化与整合，政府运行方式的优化，政府资源的优化整合和共享。与传统的体制相比，大部制具有职能整合、统一领导、运转协调、资源共享以及结构优化等显著特征。

第六次机构改革的总体目标是，到2020年建立起比较完善的中国特色社会主义行政管理体制。改革的主要任务是，围绕转变政府职能和理顺部门职责关系，探索实行职能有机统一的大部门体制，合理配置宏观调控部门职能，加强能源环境管理机构，整合完善工业和信息化、交通运输行业管理体制，以改善民生为重点加强与整合社会管理和公共服务部门。本次机构改革涉及调整变动的机构共15个，改革后除国务院办公厅外，国务院组成部门设置27个。①

7. 第七次机构改革（2013年启动）

2013年3月14日，十二届全国人大一次会议通过并批准了关于国务院机构改革和职能转变方案的决定，启动了新一轮国务院机构改革。改革后除国务院办公厅外，国务院组成部门减少至25个。这次机构改革的重点是，紧紧围绕转变职能和理顺职责关系，稳步推进大部门制改革，实行铁路政企分开，整合加强卫生和计划生育、食品药品、新闻出版和广播电影电视、海洋、能源管理机构。具体内容为：第一，实行铁路政企分开。将铁道部拟订铁路发展规划和政策的行政职责划入交通运输部；组建国家铁路局，由交通运输部管理，承担铁道部的其他行政职责；组建中国铁路总公司，承担铁道部的企业职责；不再保留铁道部。第二，组建国家卫生和计划生育委员会。将国家人口和计划生育委员会的研究拟订人口发展战略、规划及人口政策职责划入国家发展改革委；国家中

① 陈坚．改革开放以来我国政府机构改革历程述略．党的文献，2008（3）．

医药管理局由国家卫生和计划生育委员会管理；不再保留卫生部、国家人口和计划生育委员会。第三，组建国家食品药品监督管理总局。保留国务院食品安全委员会，具体工作由国家食品药品监督管理总局承担；不再保留国家食品药品监督管理局和单设的国务院食品安全委员会办公室。这意味着，原受卫生部管理的药监局再度独立出来，与质检总局和工商总局分别参与食品监管整合，组成正部级单位，并拥有行政立法权。第四，组建国家新闻出版广电总局。不再保留国家广电总局、国家新闻出版总署。

8. 第八次机构改革（2018 年启动）

党的十九届三中全会审议通过的《关于深化党和国家机构改革的决定》和《深化党和国家机构改革方案》指出，深化党和国家机构改革，是以习近平同志为核心的党中央着眼于党和国家事业发展全局做出的重大改革部署，是提高党的执政能力和领导水平的重大措施，是实现“两个一百年”奋斗目标、全面建成社会主义现代化强国、实现中华民族伟大复兴的必然要求。2018 年 3 月 13 日，国务院机构改革方案提请十三届全国人大一次会议审议。根据该方案，改革后，国务院正部级机构减少 8 个，副部级机构减少 7 个，除国务院办公厅外，国务院设置组成部门 26 个。具体调整情况如下：

（1）国务院组成部门调整。

第一，组建自然资源部。不再保留国土资源部、国家海洋局、国家测绘地理信息局。第二，组建生态环境部。不再保留环境保护部。第三，组建农业农村部。不再保留农业部。第四，组建文化和旅游部。不再保留文化部、国家旅游局。第五，组建国家卫生健康委员会。不再保留国家卫生和计划生育委员会，不再设立国务院深化医药卫生体制改革领导小组办公室。第六，组建退役军人事务部。第七，组建应急管理部。不再保留国家安全生产监督管理总局。第八，重新组建科学技术部。第九，重新组建司法部。不再保留国务院法制办公室。第十，优化水利部职责。不再保留国务院三峡工程建设委员会及其办公室、国务院南水北调工程建设委员会及其办公室。第十一，优化审计署职责。不再设立国有重点大型企业监事会。第十二，监察部并入新组建的国家监察委员会。不再保留监察部、国家预防腐败局。

（2）国务院其他机构调整。

第一，组建国家市场监督管理总局。不再保留国家工商行政管理总局、国家质量监督检验检疫总局、国家食品药品监督管理总局。第二，组建国家广播电视总局。不再保留国家新闻出版广电总局。第三，组建中国银行保险监督管理委员会。不再保留中国银行业监督管理委员会、中国保险监督管理委员会。第四，组建国家国际发展合作署。第五，组建国家医疗保障局。第六，组建国家粮食和物资储备局。不再保留国家粮食局。第七，组建国家移民管理局。第八，组建国家林业和草原局。不再保留国家林业局。第九，重新组建国家知识产权局。第十，调整全国社会保障基金理事会隶属关系。第十一，改革国税地税征管体制。将省级和省级以下国税地税机构合并。国务院组成部门以外的国务院所属机构的调整和设置，将由新组成的国务院审查批准。

9. 第九次机构改革（2023 年启动）

2023 年 3 月，第九次机构改革拉开序幕。此次改革的目标是通过优化和调整重点领域机构职责，进一步深化党和国家机构改革，实现“构建系统完备、科学规范、运行高效的党和国家机构职能体系”。新一轮机构改革着眼于转变政府职能、加快建设法治政府，包括科技发展、金融监管、数据管理、乡村振兴、知识产权、老龄工作等多方面的改革内容。具体内容为：在党中央机构改革方面，组建了中央金融委员会、中央金融工作委员会、中央科技委员会、中央社会工作部和中央港澳工作办公室等5个新机构，是党中央职能部门的一次重要改革。组建了国家数据局，这既有利于优化数据管理体制，也有利于形成有效的目标约束机制。此外，组建了全国人大常委会代表工作委员会；优化全国政协界别设置，增设“环境资源界”，将“中国共产主义青年团”和“中华全国青年联合会”界别合并为“中国共产主义青年团和中华全国青年联合会”界别。

此次改革以习近平新时代中国特色社会主义思想为指导，以推进国家治理体系和治理能力现代化为导向，深化重点领域机构改革，推动党对社会主义现代化建设的领导在机构设置上更加科学、职能配置上更加优化、体制机制上更加完善、运行管理上更加高效，被视为有力提升国家治理效能的一次重大改革，其不仅在理念上对我国的发展产生了深远影响，而且在具体实践中为我国的现代化建设注入了新的动力。

回顾九次机构改革的历程，可以看出，政府机构改革总体方向是，适应改革开放和社会主义现代化建设的要求，促进政府职能的转变，构建起职责明确、依法行政的政府治理体系，提高政府执行力，建设人民满意的服务型政府。

3.4　我国公共部门的编制管理

3.4.1　编制管理的内涵

1. 编制

编制是指一切法定的社会组织、机构内部工作人员的成员、职位、结构等方面的规定。[①] 广义上看，编制包括组织机构设置、人员编制确定、结构层次设计、职务配置、装备标准配备、经费额度核定等方面，涉及社会的各种组织。狭义上看，编制是指经过被授权的机关或部门批准的机关或单位内部人员的定额、人员结构比例及对职位的分配。一般包括以下几方面的内容：编制员额的规定；各职位（岗位）的名称、设置以及领导职数的规定；各类人员的比例结构的规定；人员配备的素质要求等。

依据组织机构性质和功能的不同，编制可以分为行政编制、事业编制、企业编制、社团编制和军事编制等类型，公共部门的编制类型主要包括前两类。行政编制是我国党政机关使用的人员编制，包括国家机关、各党派和部分社会团体使用的人员编制，其经费由行政经费开支。事业编制是指各类事业单位所使用的人员编制，其经费由国家事业费开支。与行政编制相比，事业编制使用范围广泛，总量不断增长，经费开支形式多样，受社会政治经济发展因素的约束较强。

---

① 王飞．我国政府行政编制核定方法研究．理论与当代，2008（5）：32.

2. 编制管理

编制管理是行政体制改革的重要组成部分，是对各类国家编制实施管理的活动。编制管理是指编制主管机关根据社会政治、经济、文化发展的要求，依据法定的权限和程序，运用科学的原理、原则和方法，明确组织的机构设置、职能确定、职责权限划分、人员编制配备及其运行程序制度化等一系列管理活动的总称。从实际运作来看，具体指通过特定的管理组织制定编制方案、审批机构与人员编制、协调不同部门间的职能关系、监督编制执行、进行编制调查与统计、制定有关法令规章等行政工作。各级、各类的行政事业机构、职能、人员编制和人员职责权限都是编制管理的对象。

依据编制管理任务类型的不同，编制管理可以分为直接管理和间接管理。直接管理是指对本级政府设置的机构和人员编制，以及直属事业单位和人员编制，进行微观的具体管理。间接管理是指对全国的行政机构设置和人员编制，以及全国事业单位和事业编制进行的宏观控制、政策指导、监督检查。

3.4.2 编制管理的法律依据

目前，关于机构编制工作的法规、规章有《国务院行政机构设置和编制管理条例》（国务院令第227号）、《事业单位登记管理暂行条例》（国务院令第411号）、《地方各级人民政府机构设置和编制管理条例》（国务院令第486号）以及中共中央印发的《中国共产党机构编制工作条例》等。

《国务院行政机构设置和编制管理条例》是我国第一部机构编制管理的专项行政法规。1997年8月3日国务院令第227号发布，共5章25条。该条例明确规定：国务院行政机构设置和编制管理应当适应国家政治、经济、社会发展的需要，遵循精简、统一、高效的原则。国务院根据宪法和国务院组织法的规定，行使国务院行政机构设置和编制管理职权。国务院机构编制管理机关在国务院领导下负责国务院行政机构设置和编制管理的具体工作。该条例还对国务院办公厅、组成部门、直属机构、办事机构及国务院组成部门管理的国家行政机构、国务院议事协调机构等的设立、撤销或合并做出了明确的规定，并对违反机构编制管理的行为规定了相应的法律责任和惩罚措施。

《事业单位登记管理暂行条例》于1998年10月25日国务院令第252号发布，根据2004年6月27日《国务院关于修改〈事业单位登记管理暂行条例〉的决定》（国务院令第411号）修订并重新公布，共4章23条。该条例指出，事业单位是指国家为了社会公益目的，由国家机关举办或者其他组织利用国有资产举办的，从事教育、科技、文化、卫生等活动的社会服务组织。该条例还对事业单位的登记条件、要求、管理方式、管辖范围以及监督管理等内容做出了规定。

《地方各级人民政府机构设置和编制管理条例》是我国第一部规范地方机构编制管理的行政法规，经2007年2月14日国务院第169次常务会议通过，2007年2月24日国务院令第486号公布，自2007年5月1日起施行，共6章30条。该条例对地方机构编制管理的原则、适用的范围、行政机构设置和编制管理、监督检查、法律责任，以及事业单位的机构编制管理等方面做了比较明确的规定。该条例指出，地方各级人民政府机构设置和编制管理工作，应当按照经济社会全面协调可持续发展的需要，适应全面履行职能的需要，遵循精简、统一、效能的原则。该条例明确了地方各级人民政府的机构编制工作实行中央统一领导、地方分级管理的体制，对地方各级人民政府的机构编制管理权限和程序做出了规定，还对地方政府机构和编制的执行情况的评估以及违反条例的相应处罚做出了说明。

《中国共产党机构编制工作条例》于2019年8月5日起开始施行，共8章33条。该条例指出，机构编制工作由党中央统一领导，地方分级管理，坚持党管机构编制、优化协同高效、机构编制刚性约束、机构编制瘦身与健身相结合的原则，并对其适用范围、领导体制、动议与论证、审议决定、组织实施、监督问责等作出明确的规定。该条例指出机构设置和编制工作应适应党和国家事业、经济社会发展、机构履职需要，使得机构设置科学、完整、独立。该条例明确了编制机构审批的程序和标准，对机构编制报告制度、编制统筹调配和动态调整机制作出具体的规定，明确了机构编制管理和监督的主体、职责范围和违反规定的处理措施。

3.4.3 编制管理的内容

编制管理是党和国家组织管理的组成部分，在党和国家的组织管理中占有十分重要的地位。编制管理包括职能管理、机构编制管理和人员编制管理。

1. 职能管理

职能是指职责、权限和功能，是某一类型组织机构的基本职责权限和功能作用，主要涉及组织机构做什么、做的范围和程度，以及发挥什么作用的问题。职能管理是指国家根据在一定时期内的方针政策以及社会经济文化等发展的需要，对各类组织机构的工作任务、职责权限等进行合理划分和规范管理的行为。1988年，国务院机构改革正式明确了职能管理是编制管理的内容之一。1988年的改革开始把定职能作为定机构、定人员编制的基础，即根据总体职能配置的要求，首先确定各部门的职能，再根据职能确定机构和人员编制，即定职能、定机构、定编制的“三定”方针。

职能管理的主要任务包括以下内容：（1）在拟订机构改革方案时，提出职能调整意见，实现职能的合理配置。（2）在各部门实行“定职能、定机构、定编制”时，确定各部门的职能配置。（3）协调各部门之间的职责分工，并提出调整意见。（4）按照上级有关文件要求或根据经济社会发展的需要，提出增加、取消、下放、转移、加强、弱化部分管理职能的意见。（5）协调同级政府部门与下级政府的职责分工。

2. 机构编制管理

机构编制管理是编制管理的重要组成部分，是管理体制和机构改革的重要内容。机构编制管理是各级机关及有关部门根据社会政治、经济、文化发展的要求，依据法定的权限和程序，运用科学的原理、原则和方法，对其所属工作部门、下级机关和事业单位的职责权限划分、职能确定、机构设置、人员数额，以及机构运行程序制度化所进行的一系列管理活动的统称。《地方各级人民政府机构设置和编制管理条例》第八条规定：地方各级人民政府行政机构应当以职责的科学配置为基础，综合设置，做到职责明确、分工合理、机构精简、权责一致，决策和执行相协调。地方各级人民政府行政机构应当根据履行职责的需要，适时调整。但是，在一届政府任期内，地方各级人民政府的工作部门应当保持相对稳定。

机构编制管理的主要任务包括以下内容：（1）机构的性质，一般划分为党政群机关、事业单位和企业三种类型。（2）机构的名称，一般包括三个组成部分，即机构的所属关系或地理位置、机构的基本工作内容或工作性质，以及表示机构的地位、组织方式或者工作制度的词，如北京市环保局。（3）机构的位置，包括机构的地理位置和机构相互间的隶属关系两个方面的内容。（4）机构的规格，是指法律法规或规范性文件规定的机构的行政地位。其主要用于行政机关或其他有上下指挥和服从关系的机构系统，如部级、副部级、厅级、副厅级、处级、副处级等。（5）机构的规模，是指机构的规制、大小、格局或者范围。

3. 人员编制管理

人员编制管理体制体现为各级人员编制管理部门职责的划分和管理权限的分配以及机构设置的一套制度体系。我国人员编制管理体制的基本特征是“统一领导、分级管理、条块结合”，即我国国家机关、事业单位的编制工作实行统一领导、分级管理的原则。人员编制管理的目的就是通过对机构、人员、职能进行科学、合理的优化组合配置，实现组织高效运转。

人员编制管理的主要内容包括以下方面：（1）核定编制总额。编制总额是指全国、某层级、某地区、某系统以及某部门的所有或某类人员编制的总数额。核定编制总额是人员编制管理的基本方法，是国家对人员编制从宏观上进行控制和调节的基本手段。（2）制定编制方案。编制方案是对包括编制总额在内的全国或某地区、某系统及某部门、某单位的有关编制所做的总体规划，包括人员数额、人员结构、职位配置和领导职数等基本内容。一般情况下，在每次机构改革时，各级党政工作部门都必须制定编制方案，确定人员编制和领导职数。人员编制一经审核确定，就具有法律效力。（3）制定编制标准。编制标准就是根据不同性质、不同行业、不同层次、不同类型的单位制定的具体配备工作人员的比例依据，是有关人员编制的稳定性制度规定。主要用于行政编制、事业编制和部分单列编制。编制标准的内容大体分两类。一类是单项的编制标准，另一类是综合的编制标准。制定编制标准，一般是根据不同行业、不同类型的单位特点，选择不同的参照依据。（4）人员编制的增减调整，是人员编制管理中最常见的工作。部门或单位调整人员编制，一般是由于新设机构要求核定人员编制或对原有机构的编制进行增减。

本章小结

本章介绍了公共部门组织结构的内涵以及类型，分析了公共部门组织结构设计需要考虑的影响因素和关键要素，并回顾了我国机构改革的历程，指明了我国公共部门组织结构的现状，还对编制管理进行了介绍。公共部门组织结构是指公共部门的组织成员为了完成工作任务、实现组织目标，在职责、职权等方面的分工、协作体系。在设计公共部门组织结构时，需要考虑工作专门化、部门化、命令链、管理幅度与管理层次、集权与分权、正规化等6个关键要素。编制管理是指编制主管机关根据社会政治、经济、文化发展的要求，依据法定的权限和程序，运用科学的原理、原则和方法，明确组织的机构设置、职能确定、职责权限划分、人员编制配备及其运行程序制度化等一系列管理活动的总称，包括职能管理、机构编制管理和人员编制管理等基本内容。

关键术语

组织结构　直线制　职能制　直线职能制　事业部制　矩阵制　委员会式组织结构　团队式组织结构　工作专门化　部门化　命令链　管理幅度　管理层次　集权　分权　正规化　横向结构　纵向结构　规模结构　政府机构改革　编制　编制管理

复习思考题

1. 公共部门组织结构的内涵是什么？
2. 公共部门组织结构有哪些类型？各自的优缺点是什么？
3. 公共部门组织结构设计的影响因素是什么？应该考虑哪些关键要素？
4. 简述我国公共部门组织结构。
5. 简述我国机构改革历程。
6. 简述我国公共部门编制管理的内涵与内容。

第4章

公共部门职位管理

职位管理是公共部门人力资源管理的基础，包括职位调查、职位设计和职位分析等主要内容，是公共部门人力资源战略与规划、招募与甄选、培训与开发、绩效管理、薪酬制度设计等人力资源管理活动的基础和前提。本章重点介绍公共部门职位设计和职位分析的含义与方法，职位分类的特点、原则与程序等内容，并阐述了国内外公共部门的职位分类情况。

重点问题

- 职位管理的相关概念
- 公共部门职位设计的方法
- 公共部门职位分析的程序与方法
- 职位说明书的编写
- 公共部门的职位分类

4.1 职位管理概述

4.1.1 基本概念

职位（job）是指组织成员所承担的一系列工作职责和任务的集合，是组织最基本的构成单位。职位是职位分类的最基本元素，它具有如下特点：第一，职位是以“事”为中心而设置的，不因人而设置。先有职位，后有相应的公务人员。当缺乏合适的公务人员时，会出现“职位空缺”的现象。第二，职位的数量是有限的，其数量是由组织机构的职能、工作量、经费等因素决定的。根据这些因素所决定的职位数量，即为该组织机构的编制。第三，职位具有相对稳定性。同一职位在不同时间可由不同的人担任，不随公务人员的去留而变动。第四，职位的确定必须依据一定的标准，包括职位名称、工作内容、具体责任、任职条件等。

岗位（position）是相对于职位而言的，是对职位的进一步细化。职位是一个相对较大的概念，只要大多数职责是相同的就可以统称为一个职位；而岗位是相对较小的概念，会关注到职责上细微的差异性。如在一个研究室可能设有两个研究员的岗位，一个单位也可能设置多个会计的岗位。在实际管理中，如果组织对管理精细化要求比较高，就需要管理到岗位，如果精细化要求不高，则管理到职位即可。另外，在我国的公共部门人力资源管理中，“职位”一词主要用于行政机关的管理，“岗位”一词主要用于事业单位的管理。

职系（series）是指工作性质大体相似，但工作责任、难易程度不同的一系列职位集合。例如，人事行政、社会管理行政、财税行政、保险行政等均属于不同的职系。职系又称为职种，每个职系便是一个职位升迁的系统。

职组（group）又称为职群、职类，是指工作性质相近的若干职系的集合。例如，人事行政与社会管理行政可以合并成普通行政职组；财税行政与保险行政可以并入专业行政职组。职组是工作分类中的一个辅助划分，并非工作评价中不可缺少的因素。

职级（class）是在职组的基础上进行切分的，通常情况下，虽然很多职位在一个职组中，但是职位之间对组织的贡献程度、工作产出的专业性深度、对任职者要求的技能等都存在较大的差异性，因此要把同一职组中的职位按照贡献程度、专业程度、任职要求等进行细分。比如，管理类可以分成科级正职、处级副职、处级正职等职级，研发类可以分成初级工程师、工程师、高级工程师等。职级是职业通道设计的基础。

职等（grade）是指不同职系之间，职责大小、难易程度和任职资格充分相似的职位的集合。例如，讲师、工程师、实验师、会计师、经济师分别属于不同的职系，但都是中级职称，属于同一职等。

4.1.2　公共部门职位管理的主要内容与意义

1. 公共部门职位管理的主要内容

公共部门的职位管理是以公共部门中的职位为对象，对职位设置、职位分析、职位描述、职位影响、职位监控、职位评价等一系列活动的管理过程。[①] 具体包括：

（1）职位调查与工作设计。明确组织或机构的工作任务或工作目标，充分考虑财力、人力的制约因素，对工作内容、工作职能和关系等进行科学设计，确定完成工作任务所需的职位或岗位总量、职责、结构比例，在此基础上进行职位分析。

（2）职位（工作）分析。全面了解、获取与工作相关的详细信息，以确定工作性质、结构、要求等。在职位（工作）分析的基础上，撰写职位说明书。

---

① 何宪．公共部门人力资源开发与管理．北京：中国劳动社会保障出版社，2013：70.

（3）分类设置。对组织的职能、结构进行分析，分解职能任务、业务流程，对所涉及的各项工作的种类和属性进行分析，对岗位进行分类，确定岗位的职类、职级、职等。

2. 公共部门职位管理的意义

职位管理是公共部门人力资源管理的基础。人力资源管理体系中的许多重要内容，如人力资源管理规划、招聘甄选、培训开发、职业生涯规划、绩效管理、薪酬制度设计等，都要以职位的科学管理为前提，或者必须在职位的科学管理的基础上才能顺利开展。

（1）职位分析与管理是公共部门人力资源管理的起点。通过职位分析与管理，建立针对各类人员工作性质和特点的制度和方法，可以为开展各类人员的招募与甄选、选拔与任用、培训与开发、考核与晋升、薪酬与福利的制定等人力资源管理活动提供依据。

（2）实行职位管理能够明确公共部门绩效管理的标准。职位管理在职位说明书中不仅指明了职位的名称、编号等基本信息，还对工作所需的知识和技能以及工作的标准等内容进行了明确的规定，这就为公共部门员工的绩效考核提供了客观、具体的标准，为公共部门员工的培训与开发、任用与奖惩等提供了可靠的依据。

（3）实行职位管理为公共部门人员培训提供依据。通过职位分类和职位分析，可以明确每一个职位所需要的知识和技能，公共部门可以以此为培训目标，进而制订相应的员工培训计划，从而提高公共部门员工的胜任能力。

（4）实行职位管理有利于提高公共部门的行政效率。一方面，通过职位分类，可以明晰公共部门的职位需求情况，从而有效防止机构臃肿、人浮于事。另一方面，职位管理对于每一个职位的权责都进行了明确规定，通过因事求才、因才适用，可以充分发挥公共部门员工的积极性和主动性，提高公共部门的行政效率。

4.2　公共部门职位设计

4.2.1　公共部门职位设计的含义

公共部门职位设计（job design）是指为了达到公共部门的组织目标，合理有效地处理人与工作的关系，而对某一特定职位要求任职者完成的工作任务以及完成方式进行界定的过程。它是对工作进行的周密、有目的的计划安排，既要考虑员工具体素质、能力等各方面的因素，也要考虑管理方式、工作条件与环境、政策机制等因素。

职位设计与职位分析不同。职位分析主要是对员工当前所从事的工作进行研究，并界定成功完成工作所必须履行的职责和达到的要求，而职位设计关注对工作的精心安排，以激发员工的工作动机、提高员工的满意度，以及提升员工的绩效。

职位设计有利于克服工作倦怠（job burnout）。工作倦怠是对工作产生厌倦并表现为行为怠慢，用来描述职业领域中个体出现的一系列负面的心理症状。工作倦怠主要有三种表现形式：一是情绪衰竭，个人感觉工作压力非常大，工作缺乏动力；二是玩世不恭，刻意与同工作相关的人和事保持一定的距离，对工作不是很热心，总是被动地完成自己分内的工作；三是成就感低落，对自己工作的意义表示怀疑，并且不再关心自己的工作是否有贡献等。

4.2.2　公共部门职位设计的方法

从 20 世纪初至今，职位设计形成了一些经典且较为常用的方法，包括工作专门化、工作轮换、工作扩大化和工作丰富化等。

1. 工作专门化

工作专门化（job specialization）是通过动作和时间研究，将工作分解为若干很小的单一化、标准化及专业化的操作内容与操作程序（见图 4－1）。员工通过操作单一的工作内容或程序，增加了熟练程度，从而达到提高工作效率的目的。

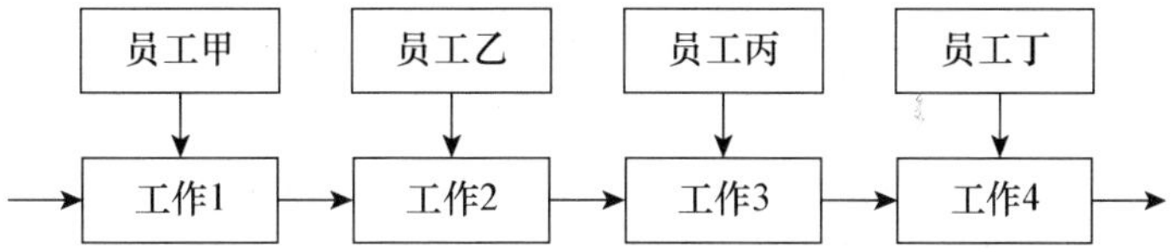

图 4－1　工作专门化

工作专门化来源于亚当・斯密（Adam Smith）在 18 世纪后期提出的劳动分工的思想。亚当・斯密认为，劳动分工是指个人专门从事某一部分的活动而不是全部活动，这样有利于提高工作效率。19 世纪末 20 世纪初，弗雷德里克・温斯洛・泰勒（Frederick Winslow Taylor）在企业中强调和应用了工作专门化；亨利・福特（Henry Ford）将其导入汽车装配工厂，利用生产线作业管理方法，给生产线上的每一个员工分配特定的、标准化的、重复性的工作，从而提高了生产效率。

工作专门化通过严格区分工作，让每位员工以最有效的方式只从事一种工作活动，从而避免了传统生产方式中许多无效的行为；通过分工明晰的原则，让员工依据明晰的权责利关系来从事程序化的工作，从而避免了工作中的盲目状态；通过专业化的分工，让员工长期专注于某一领域内的工作，不仅有利于提高员工的技能与创新力，还有利于组织开展员工甄选与培训工作，从而在一定程度上避免了资源的浪费。但是，进入 20 世纪 60 年代以后，随着管理实践的发展，工作专门化带来的负面效应也逐渐显现出来。尤其是在某些工作领域出现了转折点：由工作专门化带来的员工非经济性（表现为厌烦情绪、疲劳感、压力感、低生产率、低质量，缺勤率和人员流失率上升等）产生的负面影响超过了经济性带来的优势。为了避免工作专门化带来的负面影响，人们开始探求更适用的工作设计方法。在这种情况下，工作轮换、工作扩大化、工作丰富化等新的方法应运而生。

2. 工作轮换

工作轮换（job rotation）是为了减轻员工对工作的厌烦感而把员工从一个职位换到另一个职位。工作轮换通常是指横向的轮换，即在同一水平上工作的变化（见图 4－2）。轮换可依据具体情况和要求来进行。比如当前的工作不再具有挑战性时，可以让员工转向另一项工作，也可以使员工一直处于轮换的状态中。许多大型组织在实施开发管理才能的规划时也使用了工作轮换的方法，这可能包括直线职位和参谋职位人员之间的轮换，通常也允许没有充分发挥潜力的员工去向经验丰富的员工进行学习。在我国公务员管理中常见的担任领导职务的公务员的职位轮换（轮岗），以及公务员转任就属于工作轮换。

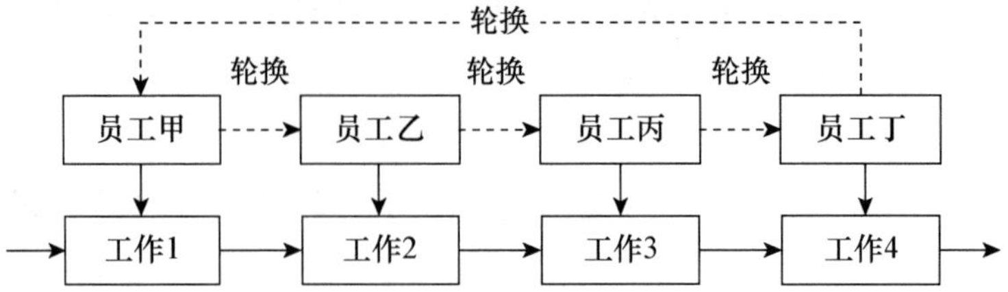

图 4-2 工作轮换

工作轮换并不改变工作设计本身，只是使员工定期从一个工作岗位转到另一个工作岗位，因此这是一项成本较低的组织内部调整和变动。对员工而言，与日复一日地重复同样的工作相比，工作轮换更能使员工对工作保持兴趣和新鲜感，并且可以使员工从原先只能做一项工作的专业人员转变为能做许多工作的多面手，增强员工的工作适应能力，进而满足他们职业选择与成长的需要，激励他们做出更大的努力。对组织而言，工作轮换可以激发组织活力，储备多样化的人才，增强部门间协作，进而促进组织发展。但是，工作轮换也存在一些问题：首先，它会增加培训成本，临时导致生产率的下降；其次，如果轮换次数过于频繁，会导致员工工作稳定性变差，进而不利于提高忠诚度；最后，它有赖于完善的工作轮换流程设计、绩效评价体系等，否则将难以发挥正常的效用。因此，公共部门在实施工作轮换时应着眼于组织战略需要，根据实际情况灵活应用。

3. 工作扩大化

工作扩大化（job enlargement）是增加员工工作任务的数量或变化性，是工作任务的水平扩展（见图 4-3）。工作扩大化扩大了工作范围，让员工有更多的工作可做，即过去做一种工作，现在扩大为做多种工作。例如，一个原来只负责办文的员工，后来既负责办文，又负责办会，工作范围比原来扩大了。

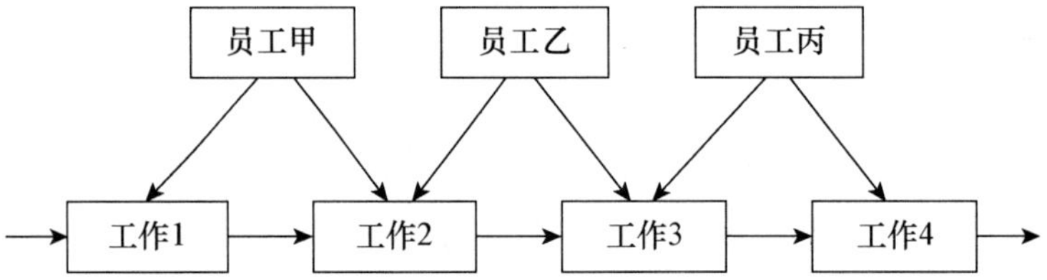

图 4-3 工作扩大化

这种工作设计通过增加某一项工作的内容，减少从事一项单一工作而产生的厌烦感，员工可以通过学习和培训掌握更多的知识和技能，提高了工作兴趣。有研究表明，工作扩大化能够提高员工的工作满意度和工作质量。20 世纪 60 年代，工作扩大化曾盛行一时，但此后员工对增加一些简单的工作内容仍不满足，原因在于工作内容虽然增加了，但是在“参与、控制与自主权”方面没有增加任何新东西。而且，更多的工作量意味着更重的工作负担，工作扩大化在激发员工的积极性和培养挑战意识方面没有太大的意义。因此，许多组织积极寻求新的工作设计方法。

4. 工作丰富化

工作丰富化（job enrichment）是对工作内容和责任层次的改变，是指对工作内容的纵向扩展和对工作责任的垂直深化，旨在向员工提供更具挑战性的工作。工作丰富化与工作扩大化的根本区别在于，后者是扩大工作的范围，而前者是垂直深化工作责任，以丰富工作的内容。实施工作丰富化，应该增加对员工的工作要求，赋予员工更多的责任和自主权，不断和员工进行沟通反馈以及对员工进行相应的培训等。工作丰富化使得员工在完成工作的过程中，获得一种成就感、认同感、责任感和自身发展，它能够增强员工对工作计划、执行和评估的控制程度。工作丰富化的工作设计方法与常规性、单一性的工作设计方法相比，虽然要增加一定的培训费用、支付更高的工资以及完善或扩充工作设施的费用，但能够提高对员工的激励水平和员工的工作满意程度，进而提升员工生产效率与产品质量，并降低员工离职率和缺勤率等。当然，工作丰富化也存在设计成本高、遭遇阻力多等缺陷，这要求组织审时度势，谨慎推行。

4.2.3　工作特征模型

工作特征模型（job characteristics model），也称为五因子工作特征理论，是由哈佛大学教授理查德·哈克曼（Richard Hackman）等管理学家提出并加以完善的较为流行的工作设计理论之一。工作特征模型提出了五种工作特征，也称为五种核心维度，即工作多样性、工作完整性、工作重要性、工作自主性和绩效反馈，任何工作都可以从这几个核心维度进行描述。该模型分析了核心维度之间的关系以及对员工生产率、工作动力和满足感的影响（见图 4－4）。

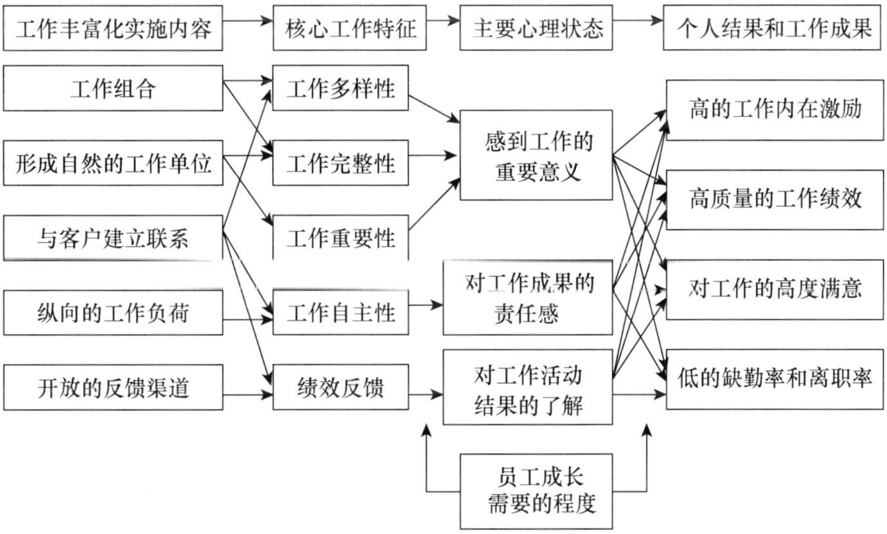

图 4－4　工作特征模型

工作多样性是指工作中要求员工使用各种技术和才能来从事多种不同活动的程度；工作完整性是指工作中要求完成一项完整的和具有同一性的任务的程度；工作重要性是指工作中要求完成的具有重要意义的任务的程度；工作自主性是指工作给予任职者在安

排工作进度和决定从事工作所使用的方法方面实质性自由、独立和自主的程度；绩效反馈是指个人为从事职务所要求的工作活动所需要获得的关于其绩效信息的直接的、清晰的程度。其中，前三个维度（工作多样性、工作完整性和工作重要性）共同创造出有意义的工作。拥有自主性的工作则会给任职者带来一种对工作结果的责任感，如果能提供绩效反馈，员工就会知道他所进行的工作效果如何。工作特征可以综合为一项单一的指标——激励潜力得分，其计算公式为：

$$激励潜力得分=\frac{工作多样性+工作完整性+工作重要性}{3}\times 工作自主性\times 绩效反馈$$

工作特征模型指出，工作越是具备多样性、完整性和重要性，员工的动机和满意感就越强，绩效就越高，旷工和辞职的可能性就越小。同时，工作特征与结果度量之间的关系，会受到个人成长需要强度（员工对自尊和自我实现的需要强度）的调节。面对具有激励潜力的工作，具有高度成长需要的员工，会比那些具有低度成长需要的员工做出更为积极的反应。

工作特征模型为管理者从事工作设计提供了具体的指导，这说明工作设计中的一些变化可能导致这五个工作特征的改善，并提出如下建议：

（1）工作组合。管理者应将现有的过细分割的任务组合起来，形成一项新的、内容广泛的工作，这将使工作多样性和工作完整性得到提高。

（2）形成自然的工作单位。管理者应当将任务设计成完整的、具有同一性的、有意义的工作，这可以使员工产生这项工作“归属于我”的感觉，鼓励员工将他们的工作视为意义重大的，而不是无关紧要甚至是令人生厌的。

（3）与客户建立联系。客户是员工所从事的业务或服务的使用者，有可能的话管理者应当建立起员工与他们的客户之间的直接联系，这可以提升员工的技能多样性、自主性和绩效反馈。

（4）纵向的工作负荷。纵向扩展工作可以使员工产生责任感，并掌握以往保留在管理者手中的控制权，它将使一项工作的“作业”与“控制”部分地结合，从而提升员工的自主性。

（5）开放的反馈渠道。通过加强反馈，员工不仅能了解他们所从事的工作做得如何，还能知道他们的绩效是改善了、降低了还是保持在一定水平上。

4.3 公共部门职位分析

4.3.1 公共部门职位分析概述

1. 公共部门职位分析的含义

公共部门职位分析（job analysis）也称工作分析，是指收集公共部门每一个职位所包含的具体信息，全面、系统地描述和记载了工作内容及有关因素，指明担任这一职位的工作人员所需要的知识和能力等任职资格条件的过程。职位分析是人力资源管理的基础，是获得有关工作信息的过程。我们可以通过职位分析界定某一职位与其他职位的差异；通过职位分析得到的信息可以被用来制作职位说明书。具体来说，职位分析就是要为管理活动提供与工作有关的各种信息，这些信息可以用6个W和2个H加以概括。

（1）谁从事此项工作（who），包括责任人，以及所需人员的学历、知识、技能、经验等资格要求。

（2）做什么（what），包括确定工作内容与工作职责。

（3）为谁做（whom），即客户是谁？这里的客户不仅指外部客户，也指组织内部客户，包括与从事该工作的人有直接关系的人——上级、下属、同事等。

（4）为什么做（why），包括工作对组织战略及从事者的意义。

（5）工作的时间是怎么安排的（when）。

（6）这些工作在哪里进行（where）。

（7）如何从事此项工作（how），包括工作的程序、规范以及为从事该工作所需的权力。

（8）为此项工作所需支付的报酬或费用是多少（how much）。

通过职位分析，我们要回答或者说要解决以下两个主要问题：

第一，“某职位应该做什么”这一问题与职位的工作活动有关，包括职位的名称、工作的职责、工作的要求、工作的场所、工作的时间以及工作的条件等一系列内容。

第二，“什么样的人来做最适合”这一问题则与从事该职位的人的资格有关，包括专业、年龄、必要的知识和能力、必备的证书、工作的经历以及心理要求等内容。

2. 公共部门职位分析的基本术语

为了更清楚地了解职位分析的内涵，有必要解释与之相关的一些概念。

（1）行动（action）。行动也称为工作要素，是指工作活动中不能再继续分解的最小动作单位。例如，打字员打印一份文件就包括接通电源、打开电脑、输入字符、打印、校对、修改、打印修改稿等工作要素。

（2）任务（task）。任务也称为工作任务，是指达到某一工作目的的工作要素集合。例如，打字员打印一封英文信就是一项任务。

（3）职责（responsibility）。职责也称为工作职责或工作责任，是指一项或多项相互联系的任务集合。例如打字、校对、简单维修机器等一系列任务。

（4）职位。如前所述，职位是指工作职责和任务的集合。职位种类和数量一般与组织规模成正比。例如，从横向上看，高校中的职位一般分为教学科研类、行政管理类、工勤类等。

（5）职业（occupation）。职业是指在不同时期、不同组织中，工作要求或职责相近或相当的职位集合。例如教师、秘书、会计等都是职业。

（6）职业生涯（career）。职业生涯是指一个人在工作生活中所经历的一系列职位、工作或职业。例如，某人刚参加工作时是学校的老师，后来去了政府机关担任公务员，最后到公司担任经理，那么老师、公务员、经理就构成了这个人的职业生涯。

3. 公共部门职位分析的意义

（1）职位分析为人力资源管理提供了一个平台。职位分析是公共部门人力资源管理的基础，人力资源管理的其他职能活动都是在此基础上进行的。它为员工招聘提供了客观的标准，为员工的培训开发提供了明确的依据，为制定公平合理的薪酬政策奠定了基础，为绩效评价提供了客观的评价标准，为职业生涯管理提供了基本依据，为员工关系管理提供了可靠的信息。

（2）职位分析有助于实施公共部门战略管理。公共部门在实施战略管理过程中，为了适应环境的变化，需要适时变更、减少或合并职位，而这需要借助职位分析的信息才能够得以实现。

（3）职位分析有助于公共部门明确员工职责。职位分析能够让员工清楚了解职位的职责范围和需要完成的任务，帮助他们自觉主动地寻找工作中存在的问题，并且圆满地实现职位对组织的贡献。

（4）职位分析有助于增强公共管理的协同效应。借助职位分析，公共部门管理者能够充分了解每一个职位上的员工目前所做的工作，发现职位之间的职责交叉和职责空缺现象，并科学、合理地设置职位，从而增强管理的协同效应。

为了更加直观地了解职位分析这一基础职能，我们用一个系统模型呈现出来（见图 4－5）。

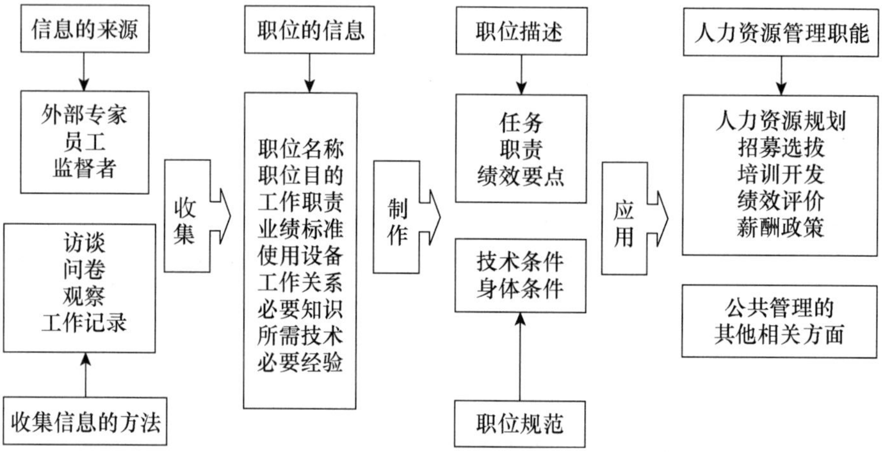

图 4－5　职位分析的系统模型

4. 公共部门职位分析的原则

职位分析过程中要注意以下原则：

（1）对工作活动是分析而不是罗列。职位分析过程中需要将获得的原始信息进行加工，要“抓住主干、舍弃细枝末节”。分析时，应当将工作分解为几个重要的组成部分，审查后将其重新进行组合，而不是对任务或活动的简单列举和罗列。

（2）针对的对象是职位而不是人。职位分析并不关心任职者的任何情况，它只关心职位的情况。目前的任职者被涉及，仅仅是因为他通常最了解情况。例如，某一职位本来需要本科学历的人来担任，但由于各种原因，现在只能由一名中专生担任，那么在分析这一职位的任职资格时就要将学历要求规定为本科，而不能根据现在的状况规定为中专。

（3）分析要以当前工作为依据。职位分析的任务是为了获取某一特定时间内的职位的情况，因此应当以目前的工作状况为基础来进行分析，而不能把自己或别人对这一职位的工作设想加到分析中去。只有如实地反映职位目前的工作状况，才能够据此进行分析判断，发现职位设置或职责分配上的问题。此外，职位说明书必须反映所分析职位的真实情况，不能掺杂主观因素或含糊不清。

4.3.2　公共部门职位分析的程序和职位说明书的编写

1. 职位分析的程序

职位分析是一项技术性很强的工作，需要做周密的准备，同时还要有科学的、合理的操作程序。一般来说，职位分析的整个过程包括准备、调查、分析和完成四个阶段（见图 4-6）。这几个阶段相互联系、相互衔接和相互影响。

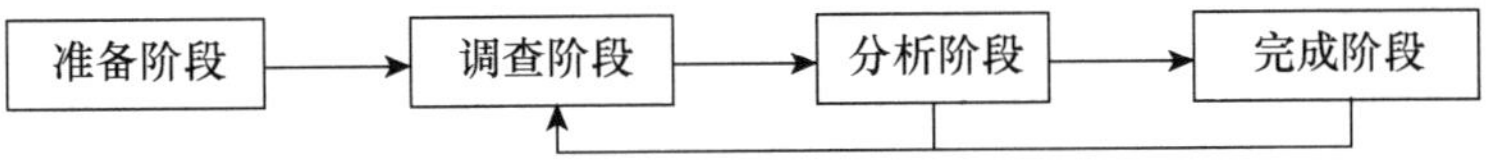

图 4-6　职位分析的程序

（1）准备阶段。

这一阶段要完成的主要任务是：

1）确定职位分析的目的。确定职位分析的目的就是要明确职位分析所要解决的问题是什么，其用途是什么。职位分析的目的直接决定了职位分析的重点、需要收集的信息类别，以及采用哪些方法收集信息。

2）成立职位分析小组。职位分析是技术性很强的工作，应由专业人士负责操作。职位分析小组一般由以下三类人员组成：一是组织高层领导；二是职位分析人员，主要是人力资源管理专业人员和熟悉本部门情况的人员；三是外部的专家和顾问，他们具有这方面的丰富经验和专门技术，可以防止职位分析的过程出现偏差，有利于结果的客观性和科学性。职位分析小组一旦成立，就应赋予小组成员相应的活动权限，以保证分析工作的协调和顺利进行。

3）对职位分析人员进行培训。为了保证职位分析的效果，一般还应由外部的专家和顾问对职位分析小组成员进行业务上的培训。

4）做好其他必要的准备。由于职位分析涉及诸多部门及人员，因此开展职位分析之前，还需协调好各部门及其管理者之间的关系，做好员工的心理准备工作，建立起友好的合作关系。

（2）调查阶段。

这一阶段要完成的主要任务有以下几项：

1）设计调查方案。根据职位分析的目的，制定职位分析的时间计划进度表，并选择和确认职位分析的内容与职位分析方法等。职位分析的方法较多，我们将在下一节进行介绍。

2）收集工作的背景资料。背景资料包括组织结构图、工作流程图、国家职位分类标准、前人做过的职位分析资料以及职位说明书等。

3）收集需要被分析工作的相关信息。工作信息的来源包括工作执行者、管理者、顾客、职位分析专家、职业名称词典等多个渠道。在调查过程中应保持严谨客观的态度，科学地选取有代表性的样本，控制工作信息的准确性。职位分析中需要收集的信息主要包括以下几类：

第一，工作活动，包括承担工作所必须进行的与工作有关的活动和过程，活动的记录，进行工作所运用的程序，个人在工作中的权力和责任等。

第二，工作中的人的活动，包括人的行为，如身体行动以及工作中的沟通；人所使用的基本动作；工作对人的要求，如精力的耗费，体力的耗费等。

第三，在工作中所使用的机器、工具、设备以及工作辅助用品，如电话、电脑、传真机、汽车、对讲机、仪器等。

第四，与工作有关的有形和无形因素，包括完成工作所要涉及或者运用的知识；工作中加工处理的材料；所生产的产品或所提供的服务。

第五，工作绩效的信息，包括工作标准或衡量要素等，如完成一项工作所花费的时间。

第六，工作的背景条件，包括工作时间、工作地点、工作的物理条件等。

第七，工作对人的要求，包括个人特征，如个性和兴趣、所需要的教育与培训水平、工作经验等。

（3）分析阶段。

这一阶段的主要任务是深入分析调查阶段所获得的信息，运用科学的方法找出各个职位的主要成分和关键要素。

1）整理资料。将收集到的信息按照职位说明书的各项要求进行归类整理，看看是否有遗漏的项目，如果有的话再返回到上一个步骤，继续进行调查。

2）审查资料。职位分析小组的成员要一起审查、核对和确认经过整理的资料，这样可以修正信息中的不准确之处，使工作信息更为准确和完善。

3）分析资料。如果收集的资料没有遗漏，也没有错误，接下来就要对这些资料进行深入的分析，也就是要归纳和总结出编写工作描述和工作规范所需要的材料和要素，要创造性地揭示出有关工作和任职者的关键信息。

（4）完成阶段。

这一阶段的主要任务是根据规范和信息编制职位说明书，并对整个职位分析过程进行总结。

1）编写职位说明书。根据分析阶段归纳和总结出的相关材料和要素，草拟职位描述和职位规范，并将之与实际工作进行对比，认真检查职位说明书，分析并评估其中所包含信息的完整性及准确性，查遗补漏，经多次讨论、反馈和修订，直至形成最终的职位说明书。

2）总结整个职位分析过程。找出其中成功的经验和存在的问题，为以后的再次职位分析提供参考依据。

3）将职位分析的结果运用于人力资源管理以及组织管理的相关方面。这样使职位分析及职位说明书真正发挥作用，而不是这项工作结束后，就将职位说明书束之高阁，不加以利用，导致成本浪费。

需要强调的是，职位分析作为人力资源管理的一项基础性工作，是一个连续不断的动态过程。所以，管理人员绝不能有一劳永逸的思想，不能认为做过一次职位分析，以后就可以不用再做了，而应根据组织的发展变化随时进行这项工作，要使职位说明书能够及时反映职位的变化情况。

2. 职位说明书的编写

职位说明书是职位分析的最终成果之一，包括职位描述（job description）和职位规范（job specification）两方面的内容。职位描述反映了职位的工作情况，是关于职位所从事或承担的任务、职责以及责任的目录清单；职位规范反映了职位对承担这些工作活动的人的要求，是人们承担这些工作活动所必须具备的知识、技能、能力和其他特征的目录清单。

一般来说，一个内容比较完整的职位说明书要包括以下项目：职位标识、职位概要、履行职责、绩效标准、工作关系、使用设备、工作环境和工作条件、任职资格、其他信息。其中，前七项都属于职位描述，第八项任职资格属于职位规范。下面结合这些项目来具体解释一下应该如何编写职位说明书。

（1）职位标识。

职位标识好比职位的一个标签，让人们对职位有一个直观的印象。一般要包括以下几项内容：职位编号、职位名称、所属部门、直接上级和职位薪点。

职位编号主要是为了方便职位的管理，组织可以根据自己的实际情况来决定应包含的信息。例如在某组织中，有一个职位的编号为 HR－03－06，其中 HR 表示人力资源部，03 表示主管级，06 表示人力资源部全体员工的顺序编号。

职位名称应当简洁明确，尽可能地反映职位的主要职责内容；还要反映出这一职位的职务，如人事处处长、干部科科长。在确定职位名称时，最好按照通行的做法，这样既便于理解，也便于在薪酬调查时进行比较。

所属部门主要是标识该职位的组织序列，明确其所属的管理单位。要按照管理层级，依次记录该职位所属的不同梯次的部门名称全称。

直接上级主要是按照正式的指挥命令链，明确该职位行政隶属的直接主管的职位名称。

职位薪点是工作评价所得到的结果，反映了这一职位在组织内部的相对重要性，是确定这一职位基本工资标准的基础。

（2）职位概要。

职位概要就是要用简练的话来说明这一职位的主要工作职责。例如，人事处处长的职位概要可以这样描述："制定、实施组织的人力资源战略和年度规划，主持制定、完善人力资源管理制度以及相关政策，指导解决组织人力资源管理中存在的问题，努力提高员工的绩效水平和工作满意度，塑造一支敬业、团结协作的员工队伍，为实现组织战略意图提供人力资源支持。"

（3）履行职责。

履行职责就是职位概要的具体细化，要描述这一职位承担的职责以及每项职责的主要任务和活动。在实践过程中，这一部分是相对较难的，要经过反复的实践才能准确地把握。首先要将职位所有的工作活动划分为几项职责，然后再将每项职责进一步细分，分解为不同的任务，这一过程可以用图 4－7 表示。

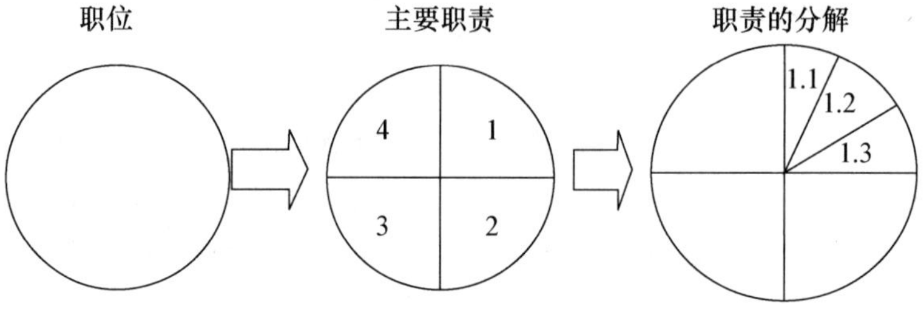

图 4－7　职位职责的分解示意图

以高校教师这一职位的职责分解为例，首先，要将教师从事的活动划分成几项职责，可以划分为教学、科研、学生指导和社会服务等几项。然后，继续对每项职责进行细分，例如教学这一职责可以细分为课前备课、课堂讲授、课后批改作业、社会实践和期末进行考试五项任务，科研这项职责可以细分为在刊物上发表论文、编写著作书籍和参加学术研讨会三项任务。

将职位的活动分解完之后，就要针对每项任务来进行描述。描述时一般要注意以下几个问题：

第一，要按照动宾短语的格式来描述，即按照“动词＋宾语＋目的状语”的格式来进行描述。动词表明这项任务是怎么进行的；宾语表明活动实施的对象，可以是人也可以是事情，宾语有时也可以是双宾语；目的状语则表明这项任务要取得什么样的结果。例如“监督和控制部门年度预算，以保证开支符合业务计划要求”，其中，“监督和控制”是动词，“部门年度预算”是宾语，“以保证开支符合业务计划要求”是目的状语；再比如，“指导下属制订招聘计划，以保证各部门的人员需求”，在这里，“指导”是动词，“下属”和“制订招聘计划”是一个双宾语，“以保证各部门的人员需求”是目的状语。

第二，要准确使用动词。使用动宾短语进行描述时，动词的使用是最为关键的部分，一定要准确地表示出员工是如何进行该项任务的，以及在这项任务上的权限，而不能过于笼统。“负责预算工作……”“负责培训工作……”“负责保卫工作……”这是很多组织编写职位说明书时常用的语句，虽然也使用了动宾短语的格式，但是由于动词的使用不准确，因此并没有清楚地揭示出任务应当如何完成。“负责”这个动词表面上看起来比较清楚，但是深究起来问题很多。就“负责组织的培训工作”而言，什么是负责？是指导别人来完成培训叫“负责”，还是自己亲自完成培训叫“负责”？根本没有说清楚，因此要尽量避免使用“负责”这类模糊不清的动词，根据实际情况来准确地选择和使用动词。以人力资源管理处处长为例，可以这样描述：“制订组织的培训计划……”如果是培训科科长，则可以这样描述：“具体实施培训计划……”使用“制定”“实施”这样的动词，可以清楚地表明处长和科长分别是如何来完成培训这项任务的。

在选择使用动词时还应注意，如果有专业术语，就要使用这些术语，例如“雕刻木制品”和“制作木制品”这两个描述，虽然“制作”是一个比较具体的动词，但是远没有“雕刻”这个专业术语表达的意思清楚。

在履行职责部分，还有一个问题需要注意，如果某一职位是由多项职责组成的，就要将这些职责按照一定的顺序进行排列。在排列职责时有两个原则：

第一，按照这些职责的内在逻辑顺序进行排列。也就是说，如果某一职位的职责具有逻辑上的先后顺序，那么就要按照这一顺序进行排列。例如人力资源管理处培训科科长这一职位由拟订培训计划、实施培训计划、评估培训效果和总结培训经验等几项职责组成，这些职责在时间上有一个先后的顺序，因此在排列时就要依次进行。

第二，按照各项职责所占用时间的多少进行排列。有些职位的职责并没有逻辑的顺序，那么就要按照完成各项职责所用的时间多少来进行排列，当然这一时间比例并不需要非常准确，只需要一个大概的估计，一般来说以5%作为最小单位。

在实践中，对各项职责所占用的时间进行估计，还有助于衡量职位的工作量是否饱和。如果某一职位的大量时间都分配给了非常简单的职责，那么就说明它的工作量是不饱和的；相反，一些本来应该占用很多时间的职责在某一职位那里只被分配了很少的时间，那么说明这一职位的工作量有些超负荷。例如，对于人力资源的招聘主管，“拟订招聘计划”这项职责占到了全部工作时间的40%，那么说明这一职位的工作量是不饱和的，因为按照正常的情况，“拟订招聘计划”根本就用不了那么多时间。再比如，对于财务会计，“编制会计报表”这项职责只占了全部时间的10%，在其他职责的时间分配比较合理的情况下，就说明这一职位的工作量超负荷了，因为按照正常的情况，“编制会计报表”这一职责不应该只占用那么少的时间，这说明分配给这一职位的其他职责太多了。通过职责占用的时间衡量工作量，必须要对这些职责非常了解才可以。

逻辑顺序和时间顺序相比较，排列职责时应当优先考虑逻辑顺序，其次考虑时间顺序。

（4）绩效标准。

绩效标准就是职位上每项职责的工作绩效衡量要素和衡量标准。衡量要素是指对于每项职责，应当从哪些方面来衡量它是完成得好还是完成得不好；衡量标准则是指这些要素必须达到的最低要求。例如，对于人力资源的薪酬主管，衡量其工作完成的好坏主要看薪酬发放是否准确、及时，因此其绩效要素就是薪酬发放的准确率和及时性；至于准确率要达到多少、及时性如何表示就属于衡量标准的范畴了，可以规定准确率要达到98%，薪酬迟发的时间最多不能超过2天。

（5）工作关系。

工作关系是指某一职位在正常工作情况下，主要与组织内部哪些部门和职位发生工作关系，以及需要与组织外部哪些部门和人员发生工作关系。这个问题比较简单，需要注意的是，偶尔发生联系的部门和职位一般不列入工作关系的范围之内。

（6）使用设备。

使用设备就是工作过程中需要使用的各种仪器、工具、设备等。

（7）工作环境和工作条件。

这方面包括工作的时间和地点要求以及工作的物理环境条件等。

以上内容属于职位描述的范畴。职位描述是否清楚明了，可以用一个简单的方法来测试。编写职位描述的分析人员可以问自己："一个具备了岗位要求的素质，但从来没有接触过这一职位的人看了职位描述之后，如果让他来从事这一职位，他是否知道自己要干什么以及如何去干?" 如果不能得到肯定的答案，就说明这份职位描述还需要继续修改。

（8）任职资格。

这属于职位规范的范畴。一般来说，任职资格应包括以下几项内容：所学的专业、学历水平、资格证书、工作经验、必要的知识和能力以及身体状况。

对任职资格要求的规定，有些内容是强制的，必须遵守国家和行业的有关规定。例如电焊工，必须持有劳动部门颁发的焊工证书；比如司机，不能是色盲，同时还必须持有相应车型的驾驶执照。其他内容的要求，则可以根据工作的内容和工作的绩效，通过两种方法来确定：一是判断的方法，就是根据实际的情况或者主管人员的经验判断来确定任职资格要求；二是统计的方法，就是首先设定影响工作绩效的要素，然后利用统计分析的方法来验证这些要素与绩效之间的关系，以此来确定任职资格要求。一般来说，与工作内容有关的要求，如专业、学历水平和身体状况等，应当通过第一种方法来确定；与工作绩效有关的内容，如能力、知识和素质等，应当通过第二种方法来确定。但是第二种方法比较复杂，因此在目前的实践中，与工作绩效有关的内容的要求，也大多是用第一种方法确定的，不过随着人力资源管理在我国的深入发展，使用第二种方法来确定任职资格的要求会越来越普遍。

（9）其他信息。

如果还有其他需要说明，但又不属于职位描述和职位规范范围的，可以在其他信息中加以说明。

4.3.3 公共部门职位分析的方法

职位分析的目的和内容确定之后，就应该选择适当的职位分析方法。职位分析方法主要有定性和定量两种。定性方法包括观察法、访谈法、问卷调查法、关键事件法、工作日志法与工作实践法等；定量方法主要有美国公务员委员会职位分析法、美国劳工部职位分析方法、职能性职位分析法等。

1. 定性方法

定性职位分析方法收集的信息多以定性为主，叙述较多，带有较强的主观色彩。虽然定性方法存在一定的缺陷，但由于许多工作任务和活动很难全部定量化，也不容易有绝对客观的标准，因此此类方法仍得到了广泛的应用。下面介绍几种常用的定性方法：

（1）观察法。

观察法是指在工作现场直接观察员工工作的过程、行为、内容、工具等，并进行记录、分析和归纳总结的方法。观察法是最早被使用的职位分析方法之一，也是最简单的一种方法。观察法应该包括观察设计和观察实施两个阶段。设计阶段要确定观察内容，观察内容要准确反映职位分析的目的，而且应该是可以被观察到的项目，此外应根据观察内容制定观察提纲（见表4-1），以确保观察的准确性、高效性。实施阶段要根据事先确定的观察内容及观察提纲，对工作人员的工作过程进行认真观察，深入了解工作程序、工作环境、体力消耗与工作中所使用的工具设备等，并将观察到的结果适时记录下来。在现场观察时，观察人员应尽量不引起被观察者的注意，更不应该干扰被观察者的工作，以保证观察的真实性与有效性。

表4-1　职位分析观察提纲范例

年　月　日	
被观察者姓名：	观察者姓名：
工作部门：	工作类型：
观察内容： 1. 工作准备时间从________到________ 2. 什么时间正式开始工作？________ 3. 上午工作多少小时？________ 4. 上午接过几个电话？________ 　第一次接电话时间从________到________ 　第二次接电话时间从________到________ 5. 上午完成多少工作任务？________ 6. 与哪些同事沟通？________ 7. 沟通的主要内容是什么？________ 8. 与同事沟通几次？________每次沟通几分钟？________	

观察法的主要优点在于：直观、全面，所获信息比较客观准确，既能掌握工作的现场景象，又能注意到工作的气氛和情境。它适用于大量标准化的、周期较短的，以体力活动为主的工作，比如装配线工人、保安等。观察法的主要缺点在于：不适用工作周期长而且以脑力劳动为主的工作（例如律师、教师）以及紧急而又偶然的工作（例如急救站的护士）。

（2）访谈法。

访谈法是与任职者或相关人员一起讨论被分析职位的特点和要求，从而取得相关信息的方法。访谈法是目前国内运用较广泛，而且相对更加成熟与有效的方法。它一般有三种类型：对任职者进行个别访谈；对做同种工作的任职者进行群体访谈；对了解被分析工作的主管人员进行访谈。运用访谈法要注意几个关键点：一是培训访谈人员。培训内容包括访谈的目的、内容、安排与技巧等。二是选择访谈对象。访谈对象必须要有代表性，尽量选择那些最了解工作内容、最能客观描述职责的员工。三是确定访谈提纲。经验表明，事先熟悉甚至背诵访谈提纲，能够帮助访谈者掌握主动权，将精力集中到倾听、观察、思考、追问和记录上。四是注意运用访谈技巧。例如，尽量营造轻松、愉快、畅所欲言的气氛；善于温和地驾驭谈话，纠正跑题现象；发现遗漏或含糊之处，要请对方补充或澄清；重视非言语交流，观察对方的行为、表情等，以便综合评估访谈信息。

其中，访谈提纲包含的问题主要有：

1）你平时需要做哪些工作？

2）主要的职责有哪些？

3）如何去完成它们？

4）在哪些地点工作？

5）工作需要怎样的学历、经验、技能或专业执照？

6）基本的绩效标准是什么？

7）工作有哪些环境和条件？

8）工作有哪些生理要求和情绪及感情上的要求？

9）工作的安全和卫生状况如何？

访谈法的优点在于：能够简单且迅速地收集大量信息；由任职者亲口讲出工作内容，具体而准确；便于双方沟通，消除受访者疑虑；适用范围广，可以对各类工作信息进行访谈。它的不足在于：费时、费力、成本高；对访谈技巧要求较高；会占用员工较多的工作时间；被访谈者往往夸大其承担的责任和工作的难度，容易引起职位分析资料的失真和扭曲。

（3）问卷调查法。

问卷调查法是让任职者或相关人员以填写问卷的方式回答被分析职位问题的方法。问卷调查法是一种应用非常普遍的方法，其基本过程是根据现有工作设计问卷，然后分发问卷给选定的员工，要求其在一定的期间内填写，然后收回问卷以获取相关信息。这种方法成败的关键在于问卷设计的质量，在一定程度上，一份周详的问卷可以将回答者有可能造成的误差减至最小。

问卷调查法的优点在于：调查的样本量可以很大，适用于需要对很多工作者进行调查的情况；节省时间和人力，实施费用一般比其他方法低；调查的资料可以量化，由计算机进行数据处理。它的缺点在于：设计理想的调查问卷要花费很多的时间、人力和物力，设计费用比较高；不能面对面地交流信息，因此不容易了解调查对象的态度和动机等较深层次的信息；被调查者可能不积极配合或不认真填写，从而影响调查的质量。

（4）关键事件法。

关键事件法是要求管理人员、员工以及其他熟悉工作职务的人员记录工作行为中对他们的工作绩效来说比较关键的工作特征和事件，从而获得职位分析资料的方法。关键事件法是一种常用的行为定向方法，它需要认定员工与职位有关的行为，并选择其中最重要、最关键的部分来评定其结果。这种方法对每一个事件的描述内容包括：导致事件发生的原因和背景；员工的特别有效或多余的行为；关键行为的后果；员工自己能否支配或控制上述后果。在大量收集这些“关键事件”以后，就可以对它们做出分类，并总结出职位的关键特征和行为要求。

关键事件法的优点在于：既能获得有关职位的静态信息，也可以了解职位的动态特点；能直接描述工作中的具体活动，所以建立的行为标准比较准确。它的缺点在于：一是费时，需要花费大量的时间去搜集那些关键事件，并加以概括和分类；二是它只关注那些对工作绩效有效或无效的事件，这就遗漏了平均绩效水平，即难以涉及中等绩效的员工，进而影响到职位分析信息的全面性。

（5）工作日志法。

工作日志法就是让员工以日记的形式按时间顺序记录工作过程，然后经过归纳提炼，获得所需工作信息的方法（见表4-2）。这种方法要求：第一，及时。在一天工作开始之前，员工必须将工作日志放在手边，边做边记，切忌一天结束之后补记。第二，具体。其检验的标准是，一个对工作完全不了解的人，仅凭记录就能看明白任职者在做什么。第三，真实。不能弄虚作假，日志关注的焦点是“工作”本身，不是对任职者的评价。第四，完整。若因工作原因中途外出，要在出发前记下离开的时间，并在回来后的第一时间予以补记。

表4-2　工作日志表范例（空表）

工作日志

姓名：
职位：
所属部门：
直接上级：
从事本业务工龄：
填写日期：自　　年　　月　　日至　　年　　月　　日
说明：
1. 在每天工作开始前将工作日志放在手边，按工作活动发生的顺序及时填写，切勿在一天结束后一并填写。
2. 严格按照表格要求填写，不要遗漏任何细小的工作活动。
3. 请您提供真实的信息，以免损害您的利益。
4. 请您注意保管，防止遗失。

日期		工作开始时间		工作结束时间	
序号	工作活动名称	工作活动内容	工作活动结果	时间消耗	备注

工作日志法的优点在于：信息的可靠性很高，所需费用较低，适用于确定有关工作职责、工作内容、工作关系、劳动强度等方面的信息。它的缺点在于：归纳工作烦琐，信息整理量大；在一定程度上影响了正常工作，加大了员工工作负担，员工不乐意接受；使用范围小，只适用于工作循环周期短、工作状态稳定的职位。

（6）工作实践法。

工作实践法又称为参与法，是指职位分析人员亲自参与工作活动，体验工作的过程，从中获得职位分析的第一手资料的方法。这种方法的优点是可以准确地了解工作的实际任务及对任职者的要求，适用于短期内可以掌握的工作，比如餐厅服务员，但其应用范围不广，花费成本比较高，不适用于操作技术难，需要大量训练以及有危险性的工作。

2. 定量方法

针对定性方法存在的问题，为了提高职位分析结果的科学性与准确性，在这些方法的基础上又发展出一些新型的定量职位分析方法。下面来介绍几种应用比较普遍的定量方法：

（1）美国公务员委员会职位分析法。

美国公务员委员会（U. S. Civil Service Commission）为了制定一套能够对不同的工作进行比较和分类的标准程序而专门设计了一种职位分析方法，即美国公务员委员会职位分析程序。根据这一方法，任何一项特定工作的职位信息和分析结构均按照下列方式记录：

1）工作（职务）识别。

2）工作内容摘要：主要任务和职责。

3）工作任务说明：

a. 知识要求（如员工为完成工作任务所必须熟悉的事实或原则等）；

b. 技术要求（如要求员工具备操纵机器或开汽车的技能等）；

c. 能力要求（如对员工数学能力、推理能力和人际交往能力等的要求）；

d. 工作中所包含的身体活动（如推、拉或者扛等）；

e. 工作的特定环境条件（如工作空间狭窄、吵闹、通风不足等）；

f. 典型工作事件（如在紧急状态的压力下工作，与既不是发出指令的人也不是接受指令的人一起工作，或者进行重复性的工作等）；

g. 对员工兴趣的要求（如员工对于“事物和物体”“资料交流”或“和人打交道”等活动的倾向或兴趣等）。

在这种职位分析中，所有的职位信息都被编排在一张“职位分析记录单”中（见表 4－3）。在这张职位分析记录单的完成过程中，职位分析者可通过表单了解工作，收集工作信息。

表 4－3 职位分析记录单（节选）

工作识别信息：	
任职者姓名：	
组织名称：福利署	记录时间：
职位名称：福利资格审核官	记录者：
工作简述：面谈、审核申请、确定申请人的福利享受资格 向社区民众提供食品券计划方面的信息 向无资格获得食品券的人推荐其他可以求助的社区服务机构	

续表

工作任务
1. 根据福利管理政策，确定申请人是否具有申请食品券的资格，确保只有合格的福利申请人领到食品券 所要求的知识：了解标准化申请表格中的内容以及表格中各项目的含义 了解社会健康服务食品券管理政策 了解与社会健康服务食品券计划有关的其他知识 所要求的技术：无 所要求的能力：阅读和理解比较复杂的工作指导书的能力 阅读和理解各种程序性指导书，并将书面或口头的指导转化为适当行为的能力 运用简单数学知识的能力 将申请要求用简单易懂的方式表达出来的能力 身体活动：需久坐，少活动 特殊环境条件：无 典型工作事件：和那些既不是发出指令的人也不是接受指令的人打交道 兴趣要求：信息交流的兴趣 与人保持工作接触的兴趣
2. 为了帮助申请人从其他社区机构获得服务，运用对其他社区机构的了解以及对申请人所提要求的了解，确定申请人应该求助于哪家机构并向申请人进行说明和解释 所要求的知识：有关各种求助机构功能的知识 有关社区机构及其地址的知识 求助程序方面的知识 所要求的技能：无 所要求的能力：从口头谈话中总结（推理）出申请人需要的能力 对申请人进行简单的口头和书面指导的能力 特殊环境条件：无 典型工作事件：和那些既不是发出指令的人也不是接受指令的人打交道 兴趣要求：信息交流的兴趣 与人保持工作接触的兴趣 抽象地、创造性地解决问题的兴趣 为别人的潜在利益工作的兴趣

资料来源：DESSLER G. Human resource management. 7th ed. Englewood Cliffs，NJ：Prentice - Hall，1997：87 - 88.

事实上，任何工作都是由单项的工作任务组合而成的，而每一项任务又可以根据所要求的知识、技能来进行分析。美国公务员委员会职位分析程序就是提供了一种对不同的工作进行对比和分类的职位分析方法。

（2）美国劳工部职位分析方法。

美国劳工部（U. S. Department of Labor）职位分析方法的主要目的在于寻找一种能够对不同工作进行量化等级划分，以及对分类比较实施标准化的方法，其核心是对每一项工作都按照任职者和数据、人员、事务三者之间的关系来进行等级划分（见表 4 - 4）。

这三个对象所进行的活动可区分为若干不同的功能，每一个特定对象的活动功能会有层次之分，高层次功能可以包括低层次功能，但是低层次功能不包含高层次功能。表 4－4 中用数字大小表示不同层次，数字越大表明所处的层次越高。

表 4－4 任职者的功能量表

	数据	人员	事务
基本活动	0 综合	0 辅导	0 创立
	1 整理	1 谈判	1 精密加工
	2 分析	2 指示	2 操纵/控制
	3 汇编	3 监督	3 驾驶/操作
	4 计算	4 取悦	4 处理
	5 复制	5 说服	5 照料
	6 比较	6 交谈/示意	6 进料/卸料
		7 服务	7 搬运
		8 接受指令/协助	

资料来源：加里·德斯勒．人力资源管理：第 12 版．北京：中国人民大学出版社，2012.

这一分析方法的基本程序为：1）理清任职者在数据、人员、事务这三个维度上有哪些基本活动，并予以归纳总结；2）确定目标职位的任职者在理论上需要哪个层次的活动，并赋予相应的分数；3）这三项得分的总和成为此项工作等级划分的基础。例如，明确薪酬专员职位在三个职能上的难度等级分别是 5、6、7，然后再对每种职能赋予一定的时间百分比，其总和为 100％，其中，在数据方面的时间比例为 50％，在人员方面的时间比例为 40％，在事务方面的时间比例为 10％。这种方法的结果主要用于职位描述，对任职资格条件是无法确定的。

（3）职能性职位分析法。

职能性职位分析法（functional job analysis）又称为功能性职位分析法，它是美国培训与职业服务中心（U. S. Training and Employment Service）开发的一种以职位为中心的职位分析方法。它是以员工所需要发挥的功能与应尽的职责为核心，列出需要收集与分析的信息类别，并使用标准化的陈述和术语来描述职位内容。表 4－5 是一张已经完成了的平路机操作工的职能性职位分析表。

这一方法的优点是对工作内容提供一种非常彻底的描述，对培训的评估极其有用，但是它对每项职位都要求做出详细的分析，因而撰写起来相当费力气和费时间。

上述职位分析方法都有各自的长处。在实际职位分析中，职位分析者可以根据职位分析目的、现有和所需要的信息以及环境条件等具体情况来确定究竟要采用哪种职位分析方法及组合。例如，可先通过问卷调查法让被研究职位的现任任职者填写有关的工作信息，以求了解职位的概况；然后通过访谈法深入了解有关信息；最后用职能性职位分析法让任职者和其主管进一步明确并核实所收集到的职位信息。

表 4-5　职能性职位分析表

任务代号：GR-08

工作承担者的功能及定位						需要的指导	总体教育开发		
物	%	数据	%	人	%		逻辑推理	数学	语言
3	65	3	25	1	10	3	2	1	3
目标：操作平路机						工作中心：覆土、翻松路面、铺平、构筑防火隔离带、维修运输路面、清除路面积雪			

任务：为了完成平路机的日常工作任务，如铺平、维修运输路面、清除路面积雪等，操纵平路机的控制系统，将定位轮和机片置于正确的角度，前后、上下、左右移动机片；按照工作程序，借助知识和经验，监督设备的运行。根据情况的变化不断地做出调整，时刻注意其他工人和设备的位置及安全。

（要完成这些任务）

绩效标准

- 描述性标准
  —正确操作设备
  —警觉、留意
- 数据性标准
  —所有工作都符合程序的要求
  —没有出现因技术上误操作而造成的事故或者损害

培训内容

- 功能性培训
  —如何操作平路机
  —如何完成常规的平路工作
- 特殊培训
  —特定的平路机知识
  —工作要求方面的知识
  —特殊的工作场位知识（如土层、土壤状况、环境等）

（所要达到的绩效标准）→（工人需要的培训）

资料来源：加里·德斯勒．人力资源管理：第12版．北京：中国人民大学出版社，2012.

4.4　公共部门职位分类

4.4.1　公共部门人事分类的类型

公共部门人事分类是指按照一定标准（如工作性质、责任轻重、资历条件及工作环境等因素）对国家公务人员或职位划分类别、设立等级进行管理的人事行政活动。人事分类是现代公共部门人力资源管理的基础，分类是管理的前提，只有按照一定标准的分类，才能实行有效的管理，具体来说：首先，人事分类有助于公共部门人力资源管理工作的规范化，提高管理的效率。公共部门人力资源管理工作繁杂，如果没有分类，人力资源管理就无从下手。其次，分类是管理的起点，为后续管理的各个环节提供了条件。人员分类是依据一定的标准进行的，归类和分等都有客观的依据与说明，使公务人员录用、考核、薪酬、晋升的管理做到有章可循，有助于公共部门人力资源管理的标准化、系统化。

根据人事分类的对象——人员或职位不同，人事分类制度分为两种：一种是对从事公务的人员进行分类，简称“人员分类”；一种是对人员所从事的工作（职位）进行分类，简称“工作分类”。以人员分类为主的分类制度称为“品位分类”（rank classification）；以工作分类为主的分类制度称为“职位分类”（positional classification）。

1. 品位分类

品位分类是一种以人员分类为中心的人事分类制度。具体地说，就是以工作人员的个人条件，即地位高低、资历深浅或俸禄多寡作为分类标准，来建立人事等级体系，并将它作为公务员管理的依据。品位分类在我国具有悠久的历史。自魏晋以来，官阶就称品，朝廷官吏分为“九品十八级”，以后各代逐步完善，品级也逐步增多，且品级同俸禄挂钩。但是古代社会的品位主要是特权和身份的标志，同现代意义的品位分类有着根本性的区别。西方国家对文官职务的传统分类，以英国的品位分类制为典型代表。由于受到当时社会政治、经济和科学技术发展的限制，政府管理职能比较简单，不需要专业性较强的知识，当时选拔的官员更多是知识广博、才能出众、具有多方面修养的通才。因此，在文官最初分类时，只进行了等级上的分类，没有从工作性质上进行分类。英国是现代品位分类最典型的国家，其他实行品位分类的还有法国和意大利等国家。

品位分类的突出特点是：第一，它是以“人”为中心的分类体系，其对象是人格化的职务等级以及人所具有的其他资格条件；第二，分类和分等相互交织，即分类实际上同职务、级别的分等同时进行；第三，它注重“通才”，不注重公务人员所具备的某一方面的特殊知识和技能，人员的流动受所学专业及以往工作性质的限制较少；第四，官位和等级职位可以分离，即官等是任职者的固有身份，可以随人走，和所在职位不强求一致，薪酬水平取决于官等而不是所从事的工作。

2. 职位分类

职位分类又称为工作分类，是指将政府、企事业单位中所有的职位，从横向上按其工作（业务）性质划分为若干职组和职系，从纵向上按其工作责任大小、难易程度、任职者应具有的教育程度和技能水平高低等划分为若干职级和职等的工作过程。职位分类是在职位分析的基础上进行的，其结果是将所有的职位划分为若干职组、职系、职级和职等，进而作为选拔、任用、培训、考核、奖惩、升迁、调动以及确定薪酬等人力资源管理活动的基础，促使组织对人力资源实施科学化、制度化和规范化管理。

职位分类是现代社会经济发展的产物。19 世纪 20 年代以后，随着社会经济、文化、科学技术的发展，社会分工越来越细，政府行政职能范围日益扩展，职务专门化和技术化不断发展，仅靠通才不能满足实际工作的需要，必须吸收各学科的各级专家参加政府管理。为了适应这种需要，以美国和加拿大为代表，开始实行职位分类制度。美国是最先实行职位分类的国家。1905 年，芝加哥市政府首先确认公务人员以职位分类为基础的原则，并从 1909 年始制定《职位分类法》，1912 年正式实行。1923 年，美国国会通过《联邦政府职位分类法》。1949 年国会又通过新的《职位分类法》，调整原来职位分类结构，并一直执行下来。此后，加拿大、法国、日本等国家在不同范围内实行职位分类制度，这些国家都不同程度地借鉴了美国职位分类制度的核心理念，但并没有原封不动地接受美国的类似制度设计。

职位分类具有以下突出特点：第一，它是以“事”为中心的分类体系，即事在人先，强调职位的责任及所需的资格条件；第二，它注重“专才”，人员的任职流动一般在同一职系及职组范围内进行，跨职组、跨部门流动较少；第三，它重视工作和责任，以职定薪，同工同酬，待遇随着工作和责任的增加而提高，不同于品位分类重视“名分”，只要“名分”提高，待遇便会增加；第四，实行严格的功绩制，绩效考核的结果是人员选拔、晋升与奖惩的主要依据。

4.4.2　公共部门职位分类的原则、程序、主要作用和适用范围

1. 公共部门职位分类的原则

公共部门实行职位分类必须遵循以下原则：

(1) 系统原则。

公共部门进行职位分类，应该把它放在整个公共系统中统筹考虑，从总体上确定组织应设置什么样的职位。职位的设置能否实现系统的目标和任务，看该系统划分职位在所属各分系统、小系统中的安排是否合理，此职位与其他职位的关系是否协调，系统中所有职位的设置是否经济、科学和高效等。

(2) 战略驱动原则。

高效的管理必须在组织战略总体规划下明确分工，在分工基础上进行有效整合，这就是职位分类的战略驱动原则。公共部门实施职位分类，首先要以国家公务员系统的整体目标为核心，进行总目标、单元目标的层层分解，直到每个具体职位。确定某职位是否设置，要看其目标是否具体、明确，是否为组织总体战略目标服务，是否有利于发挥组织的最佳效能。

(3) 最低职位数量原则。

任何一个组织的职位数量都是有限的。职位数量的多少取决于这个组织在整个系统中的地位与作用，以及任务的大小、复杂程度、经费状况等因素。因此职位的数量应按最低职位数量原则来确定，以使组织的职位数量限制在有效完成任务所需职位的最低数。

(4) 动态有序原则。

职位分类作为一个系统，必须具有一定的适应性，即通过自我调节、自我完善来适应外部环境变化，并与其保持相对平衡。职位分类要根据我国政治、经济、政府职能、管理权限、中心任务等的变更不断调整，逐步配套和完善。

2. 公共部门职位分类的程序

公共部门职位分类主要有以下程序：

(1) 拟订职位分类实施计划。计划的主要内容包括确定实施主体、进行人员培训、拟定实施步骤以及经费预算等。

(2) 实施职位调查。对政府公职系统的每个职位的工作内容进行详细调查，为实行职位分类提供根据。

(3) 进行职位分析。职位分析小组要全面、系统、客观、科学地了解职位的全部内容，并形成职位说明书。关于职位分析的程序及方法，请参见4.3节的内容。

(4) 开展职位评价。在职位调查分析的基础上对职位按工作性质区分职系，按工作

的繁简难易、责任轻重及所需资格划分职级，最终达到职位分类的目的。

（5）职位归级。依据一定程序，将各机构职位根据职位说明书来决定职位所属职系，再根据职级规范来决定职位所属职级。

（6）制定各种职位分类的法规，公布实施。

（7）办理职位归级。将公务人员按其所担负的工作归入相应的职级。

（8）职位动态调整。职位分类标准一旦确定，就应具有相对的稳定性，但随着社会状况的变化，行政管理职能也处在变化之中，新功能、新业务、新关系在产生，有些旧功能、旧业务、旧关系在消失，职务之间的责任、权力也可能重新划定，必须采取相应的措施，对职务加以调整，使其与组织的职能变化保持一致。

3. 公共部门职位分类的主要作用

职位分类作为一种人力资源管理制度，与其他的人事分类制度一样，有其优缺点，虽然职位分类不是万能的，但其科学性、客观性和统一性明显优于其他人事分类制度。公共部门职位分类主要有以下作用：

（1）为建立合理的薪酬制度奠定基础。

（2）为公职人员的考选任用提供了客观标准和统一的程序。

（3）为每一个职位建立了具体、客观的分析和评估标准，有利于公职人员的考绩和培训。

（4）通过责权利的统一，有利于提高公共部门的工作效率。

（5）有利于控制编制规模、节约行政经费支出。

4. 公共部门职位分类的适用范围

由于职位分类管理程序烦琐复杂，需要大量的人力、物力投入，所以其直接限制了职位分类制度的推广和应用。从各国情况看，并不是所有实行公务员制度的国家都推行了职位分类，而且即使实行了职位分类制度的国家也并非全部公务员都实行职位分类，如美国有一部分公务员就未实行职位分类。职位分类本身不是目的，而是人力资源管理的一种科学方法。从相关国家的经验看，职位分类较适用于专业性较强的工作和职务，而对高级行政职务、秘密性职务、临时性职务和通用性较强的职位，则不太适用。

4.4.3 发达国家与地区公共部门职位分类及其借鉴

“适才适用”与“适才适遇”是职位分类的两大基本理念，有关职位分类的具体制度设计都是围绕其展开的。“适才适用”即“专才专用”，就是建立符合政府工作人员专业化发展的职业发展渠道，或者沿着职务的级别阶梯晋升，或者沿着职务序列的阶梯晋升，或者同时沿着两条阶梯晋升。“适才适遇”即“同工同酬”，就是要设计合理的工资保险福利制度。随着职务分类制度程序烦琐等弊端的逐步显现，为了改变职务分类的制度形式，有些国家与地区开始尝试简化职务分类制度、融合品位分类的合理因素，以便更好地做到“适才适用”与“适才适遇”。

1. 美国公务员职位分类

1883 年，美国制定了《彭德尔顿法》，将全部公职人员划分为两大类：一类为事务人员；一类为政务人员。这种分类被称为管辖分类，并不是正式的职位分类。但它标志着公务员制度法制化进程向前迈进了一大步。1923年，美国国会制定了《联邦政府职位分类法》，把联邦公务员划分为5类（专门技术类，次专门技术类，文书、行政和财务类，保管类，文书机械类）44个职等。随着工种增加和职务越分越细，1931年又改划为7类81个职等。

1949年，美国国会通过新的《职位分类法》，以更科学、更严谨的新的分类法代替了旧的分类法，职位从7类并为两大类，即一般行政类和技艺保管类。一般行政类分为18个职等，占联邦政府所有文官职务的45%左右，其中16～18级是高级职等，由文官委员会直接办理，1～15级职等则由各部自行办理。技艺保管类分为10个职等，其中有的职务不实施职位分类，采用工作评价制度；有的另有专门的法规确定其分类办法。

1952年，在职位调查的基础上，根据职位的工作性质，将上述两类职位从横向上分为27个职组，569个职系；到1958年，减为23个职组，524个职系；1965年，再减为22个职组，437个职系。

1976年底正式实施因素评价制度。该制度适用于一般行政类的1～15级职等的公职人员（16～18级职等采用品位分类制）。它采用9项基本标准：职务要求的知识、监督管理、指导方法、复杂性、效果与范围、人员接触、接触的目的、体力要求、工作环境。这9项标准中的每一项又按不同的水平（程度）加以说明，并量化赋分，然后将因素水平说明和分数评定应用于具体职务的分析，定出标准职务，进一步确定各种职务的级别。因素评价制度的实行，使职务分类趋于精确化、系统化。

1978年，美国国会通过了《文官制度改革法》，开始逐渐重视人的因素以及公务员管理中的激励因素。特别是20世纪80—90年代，在一场声势浩大的重塑政府运动中，美国联邦政府对职位分类制度进行了分析，认为职位分类中的“同工同酬”不仅不利于科学管理，也不能确保行政使命的实现，设计程序过于烦琐，缺乏变通的弹性且不利于公务员的交流与其职业生涯的发展。

为了解决美国公务员职位分类中存在的突出问题，2008年2月，美国联邦人事管理局公布了《职位分类手册》，对职位分类标准进行了调整，对每个职系重新做出了归类和定义。根据2008年的分类标准，美国联邦政府的所有职位首先分为两大类，即白领职位和蓝领职位。其中，白领职位包含5类职位（专业类、行政类、技术类、文员类、其他类）；其余的为蓝领职位，主要有技艺、工艺、手工等职位。从趋势上看，美国政府正在把职位分类的权力下放到各个机构，而美国联邦人事管理局更多地扮演着专业指导和管理信息咨询的角色。

2. 法国公务员职位分类

法国公务员在法律上分为国家公务员、地方公务员和医护公务员，包括中央政府和地方政府各机关部门从事行政管理事务的常任工作人员、外交人员、教师、医务人员等。第二次世界大战后，法国以职位分类取代品位分类，公务员职位由高到低分为A、B、C、D四个类别。

A类主要是高级公务员，承担拟订政策、起草法规、组织管理等工作，A类公务员必须具有正式的高等教育毕业文凭。B类为中级公务员，具体负责执行法律、法令和上级命令，在A类公务员的领导下工作，B类公务员必须持有初级高等教育（相当于我国的大专）或高中教育文凭。C类为初级公务员，承担具体工作，在A、B类公务员领导下负责执行法规、实施具体方案，C类公务员至少持有初中毕业文凭并经过特定的职业教育，具体包括打字员、助手、办事员、邮递员、技术工作人员等。D类为低级公务员，承担非专业性的最简单性质的工作（如勤杂事务），持有初中或小学毕业文凭即可，包括一些非专业性的人员，如办公室值班人员、行政部门勤务等。每个类别按职务内容、选用方法、专业性质和晋升途径分为若干职类。每个职类按工作轻重、难易程度和责任大小分为若干等级。等级内又划分出不同级别的职位。各种职位的标准、责任和报酬有明确规定，为公务员的招收、考核、晋升、工资福利、退休以及编制预算等提供了客观依据。

3. 日本公务员职位分类

在日本公务员系列中，自总理大臣至一般职员，包括决策阶层、管理阶层、监督阶层、执行阶层、劳务阶层等各个级别的公务员，构成了一个范围十分广泛的公务员群体。

由于日本中央政权和地方政权采用分权形式，因而有国家公务员和地方公务员之别。国家公务员由中央政府的人事行政机关人事院管理，地方公务员由地方政府的人事委员会管理，地方公务员数量要远远超过国家公务员数量。在国家公务员和地方公务员中，还有一般职公务员和特别职公务员之别。一般职公务员主要是属于国家行政系统的工作人员，特别职公务员主要是属于国家立法、司法、军事和政治等系统的工作人员，如国务大臣、审判官、检察官、都道府县的知事等。一般职公务员按其职务性质分为16类。此外，在中央或地方政府经营的企业中工作的人员也称为公务员，如日本邮政、印刷、造币、林业等部门的工作人员。这样，职位分类在横向上包括中央和地方各个职类的公务员，在纵向上包括中央和地方各个职种、职级的公务员，从而构成一个合理的职位体系。

日本于1947年10月效仿美国的职位分类制度，颁布了《国家公务员法》，建立了日本式的职位分类制度，即“职阶制”。1950年5月，日本众议院通过了《关于国家公务员职阶制的法律》。也许过于烦琐的美国职位分类制度在日本水土不服，日本实际上并没有执行“职阶制”，而是以1950年的《一般职公务员工资法》替代了“职阶制”。1991年修订的日本《国家公务员法》再次重申了“一般职公务员工资法（1950年第95号）第六条规定的职务分类，在由人事院提出建议、由国会对其修改之前仍具有效力”。根据《一般职公务员工资法》的规定，每一个类别的公务员对应一种特定的工资表。在科学设置职务、强调职务的专业知识和技能后，公务员的分类演化为工资表的分类。一旦职务类别划分后，应坚定地实行分类工资制度。2006年修订的《工资法》将适用于50万名一般职务的职员工资表分为行政职、专业行政职、税务职、公安职、海事职、教育职、研究职、医疗职、指定职等11类17个工资表（见表4-6）。根据各职务类别，《工资法》在其工资表中具体地设定了职务的级别和号俸（工资等级）、相应的工资额。《工资法》的规定替代了未能实现的职务分类制，起到了人事管理的作用。日本公务员的分类除了公务员法规上体现的一般职和特殊职（即事务类和政务类），还体现为一般公务员和高级公务员，两类公务员在录用、晋升等方面分别管理。在《关于一般职职员给予的法律》

基础上，日本人事院在横向上设定了8个大类4个级别（部门长级、统括级、专门官级、一般职员级）的职责，在纵向上规划了部委、府县、其他事务部门的部长级（5项12个要点）、课长级（4项12个要点）、课长辅佐级、系长级、系员级的工作要求。在此基础上，日本政府结合纵向层次和横向类别，对公务员的职务职责规范进行了规定。

表4-6　日本公务员工资表种类和适用范围

工资表名称	所适用的职员
行政职务工资表（一）	除包含人事一般行政事务的事务职员、技术职员，还包含不适用接受其他工资表的一切职员
行政职务工资表（二）	守卫人员、勤杂工、劳务人员、汽车司机、电话接线员
专业行政职务工资表	航空管制官员、植物防疫官员、专利厅审查官员及法官
税务职务工资	工作于国家税务厅，进行有关课税及征税事务的官员
公安职务工资表（一）	警官、皇宫守卫官、入境警备官、监狱看护官
公安职务工资表（二）	检查事务官、公安调查官、少管所教官、海上保安官
海事职务工资表（一）	船长、机车长、导航人员、机车手、通信手
海事职务工资表（二）	甲板长、驾驶长、乘务长、机车人员、乘务员
教育职务工资表（一）	大学教授、副教授、讲师、助教、教务职员
教育职务工资表（二）	高中校长、首席教师、（中学）教师、助教师、讲师
教育职务工资表（三）	中学、小学、幼儿园校长（园长）、首席教师、教师、助教师
教育职务工资表（四）	高等专业学校校长、教授、副教授、讲师、助手
研究职务工资表	试验所、研究所的研究员
医疗职务工资表（一）	医院、疗养院的医师、牙科医师
医疗职务工资表（二）	医院、疗养院、诊所的药剂师、营养员、诊疗放射线技师、临床检查技师
医疗职务工资表（三）	医院、疗养院、诊所的保健护士、助产护士、看护护士、助理护士
指定职务工资表	事务次官、派出机关官员、大学校长、大研究所所长、大医院院长

资料来源：蔡学军，谢晶．职称框架体系研究．北京：中国人事科学研究院，2016：32.

4. 中国香港地区

香港公务员制度是在英国文官制度的基础上建立起来的。香港特别行政区政府于2002年7月开始实行主要官员问责制改革后，特区政府最高层的官员，包括政务司司长、财政司司长和律政司司长，以及所有政策局局长，不是公务员，而是以合约方式聘用的实行“问责制”的主要官员。截至2023年12月，香港特区公务员实际总数约为17.3万人。特区政府公务员事务局负责公务员队伍的整体管理和发展。《公务人员（管理）命令》、《公务人员（纪律）规例》和《公务员事务规例》等文件明确规定了管理公务员权力的来源及执行管理工作的架构。纪律部队人员的品行和纪律，也受到了有关纪律部队法例的约束。香港公务员划分为七个职系：政务职系、行政主任职系、法定语文主任职系、即时传译主任职系、缮校员职系、训练主任职系、文书及秘书职系。①

① 主要内容摘自香港特别行政区政府公务员事务局网站。

（1）政务职系。政务职系人员是专业的管理通才，在香港特别行政区政府担当重要角色。他们会定期被派往各决策局和部门担任不同职位，平均每两至三年调职一次。通过定期的职位调派，政务主任可以接触不同层面，汲取各方面经验，发展多方面才能和从事多样化的工作。他们具备丰富的经验、卓越的行政技巧及多方面才干，又勇于面对挑战，是政府的重要资产。

（2）行政主任职系。行政主任是专业管理人员，特别擅长资源和系统管理。他们会被调派到各个政府部门或决策局工作，肩负多类职务，也有机会与不同背景和专长的人士共事。他们会得到系统的培训，配合不同阶段的事业发展，以成为资源和系统管理的专才。

（3）法定语文主任职系。法定语文主任会调派到各政策局或部门，主要职责是：提供中英翻译服务；在会议及会谈中担任英语/广东话/普通话传译；以中英文撰写会议记录；提供各项语文支援服务，例如草拟和审核中英文文件，并就中英文的应用提供意见；协助办公室的管理。

（4）即时传译主任职系。即时传译主任负责为立法会、区议会、政府各咨询委员会和法定机构的会议、研讨会、记者招待会提供英语/广东话/普通话的即时传译服务。

（5）缮校员职系。缮校员负责中英文文书处理、听带打字、书法、资料处理、一般文书和秘书职务，以及文件和档案管理。

（6）训练主任职系。训练主任大部分任职于公务员事务局，部分则派驻其他局和部门。他们主要负责为公务员提供培训发展服务，以及为局和部门提供人力资源发展的咨询服务。

（7）文书及秘书职系。文书及秘书职系负责提供多个范畴的一般支援及前线服务。为了符合成本效益，以及向决策局及部门提供有成效和高效率的支援服务，该职系人员均由一般职系处中央管理，并被调派往各决策局及部门工作。

5. 中国台湾地区

台湾地区公务人员的职系，是指一系列工作性质及所需学识相似的职务，而工作性质相近的职系又构成了不同的职组。根据台湾地区 2011 年 10 月 31 日修正发布的《职组暨职系名称一览表》，公务人员共有 43 个职组，96 个职系，分为行政类和技术类两大类别。其中，行政类有 15 个职组，45 个职系；技术类有 28 个职组，51 个职系（见表 4-7）。台湾地区公务员的职务等级由“官等”和“职等”两条线组成。所谓官等，是指公务人员任命层次及所需基本资格条件范围的区分。所谓职等，是指职责程度及所需资格条件的区分。根据台湾地区公务人员任用相关规定，公务人员依官等及职等任用之。官等分委任、荐任和简任。职等分第一至第十四职等，以第十四职等为最高职等。委任为第一至第五职等；荐任为第六至第九职等；简任为第十至第十四职等。

表 4-7 台湾地区技术类公务人员职组与职系名称一览表

类别（代号）	职组（代号）	职系（代号）	职系数量
技术类（06）	农林保育（61）	农业技术职系（6101）、林业技术职系（6102）、农业化学职系（6105）、园艺职系（6106）、植物病虫害防治职系（6107）、自然保育职系（6108）	6

续表

类别（代号）	职组（代号）	职系（代号）	职系数量
技术类（06）	土木工程（62）	土木工程职系（6201）、结构工程职系（6202）、水利工程职系（6203）、环境工程职系（6204）、建筑工程职系（6205）、都市计划技术职系（6206）、水土保持工程职系（6207）	7
	机械工程（63）	机械工程职系（6301）	1
	电机工程（64）	电力工程职系（6401）、电子工程职系（6402）、电信工程职系（6403）	3
	信息处理（65）	信息处理职系（6501）	1
	物理（66）	物理职系（6601）、原子能职系（6602）	2
	化学工程（67）	化学工程职系（6701）	1
	检验（68）	卫生检验职系（6803）、环境检验职系（6804）、农畜水产品检验职系（6805）、商品检验职系（6806）	4
	地质矿冶（69）	地质职系（6901）、矿冶材料职系（6903）	2
	测量制图（71）	测量制图职系（7101）	1
	药事（73）	药事职系（7303）	1
	刑事鉴识（74）	法医职系（7401）、刑事鉴识职系（7402）	2
	交通技术（75）	交通技术职系（7501）	1
	天文气象（76）	天文职系（7602）、气象职系（7603）	2
	技艺（77）	技艺职系（7701）	1
	视听制作（78）	视听制作职系（7802）	1
	卫生技术（79）	卫生技术职系（7902）	1
	消防技术（80）	消防技术职系（8001）	1
	海巡技术（81）	海巡技术职系（8101）	1
	水产技术（82）	水产技术职系（8201）	1
	畜牧兽医（83）	畜牧技术职系（8301）、兽医职系（8302）	2
	工业工程（84）	工业工程职系（8401）、工业安全职系（8402）	2
	医学工程（85）	医学工程职系（8501）	1
	环保技术（86）	环保技术职系（8601）	1
	航空技术（87）	航空管制职系（8701）、航空驾驶职系（8702）	2
	船舶驾驶（88）	船舶驾驶职系（8801）	1
	景观设计（89）	景观设计职系（8901）	1
	生物技术（90）	生物技术职系（9001）	1

6. 借鉴启示

（1）统筹考虑公共部门完整的职业发展体系。

美国行政学家怀特曾经说过："现今人事管理建立在两大柱石之上，一为选贤任能，一为职位分类，两者缺一不可。"从国外经验看，职位分类制度作为公共部门综合管理制度的一个重要内容，强调"责""权""利"的统一。职位职责规范不仅列明了职位的资格条件、工作任务和责任，也载明了履行职责所需的权力以及与职责相称的回报（包括薪酬、福利、晋升等）。完整的职业发展体系，使公务员的职位分类标准和职业发展相贯通，更好地发挥了职位分类的作用。职位分类的最终目的是便于管理，在职务设置、录用、考核、培训、工资等环节都充分体现了分类管理的特点。在美国，采用职务要求的知识、监督管理、指导方法、复杂性、效果与范围、人员接触、接触的目的、体力要求、工作环境等 9 项基本标准，使职位分类趋于精确化、系统化，始终体现了"适才适用"与"适才适遇"两大理念。在中国香港地区，职位职责规范在分类过程中规定了每个职位的履职资格、工作任务、责任义务等，同时也载明了履行职责所需的权力以及相应的回报。

（2）建立相对完善的法律（法规）体系。

在西方公务员制度建立与发展的过程中，相关法律（法规）的制定和完善发挥了重要作用，不仅保证了政府人事管理的稳定性和延续性，而且作为行政法制化的重要组成部分，体现了西方社会一贯的法制传统。如美国、日本，在公务员的职位或职务职责规范、分类、考任、绩效、薪酬等方面都有相对完善的法律、法规、法令体系对其进行规范和支撑，并在制度发展的每一阶段，通过法律的形式将改革成果巩固下来。

（3）适当吸收品位分类制的合理因素。

从各国经验看，职位分类在适用范围上，较适用于专业性较强的工作和职位，而对高级行政职位、秘密性职位、临时性职位和通用性较强的职位，则不太适用。基于此，美国等国家为了弥补职位分类管理的不足，开始重视"人对职位的影响"，以及不同职系之间人员的互相调动，在高级公务员职务序列上适当借鉴品位分类制。以美国为例，以 1978 年《文官制度改革法》建立的高级公务员职务序列为标志，开始在职务分类制度中吸收品位分类的因素，即在一般行政类中 16～18 职等高级职业文官及行政首长职位序列中第四、第五职等官员职务不实行职位分类，而是实行品位分类。从美国的实践看，吸收品位分类的合理因素在弱化职位分类制度带来的刚性、促进人员合理流动，留住人才以更好地与私营部门竞争，克服职位分类中专才有余、通才不足的人才结构弊端等方面发挥了重要作用。

（4）不断强化中央政府顶层设计等宏观管理职能。

随着社会经济、政治的发展变化，各国政府的规模、职能都有了相应的变化。各国政府逐渐意识到职位分类过于烦琐、缺乏弹性的弊端，这在一定程度上妨碍了公务员横向流动和职业发展。基于此，各国政府简化职位分类制度的愿望越来越强烈，并开始重新审视中央政府在职位分类制度中的作用。例如，美国公务员制度的改革，在简化职位分类的同时，对相关法律也进行了适当调整，使得法律所规定的职责越来越宽泛，改革后的职位说明书也由几页缩减到一页。此外，美国联邦人事管理局并没有对职组及职系的内涵和外延做详细的规定，只是笼统地制定出职务分类的框架体系，将职务职责的最终决定权下放到联邦政府的各行政机构，实现服务责任的回归。

4.4.4 我国公共部门职位分类和岗位分类

1. 我国公务员职位分类

我国在 1993 年制定《国家公务员暂行条例》时就规定了建立公务员职位分类制度，但当时主要是侧重职位设置，并未从整体上对公务员职位进行划分和归类。

2018 年修订的《公务员法》第十六条明确规定："国家实行公务员职位分类制度。公务员职位类别按照公务员职位的性质、特点和管理需要，划分为综合管理类、专业技术类和行政执法类等类别。根据本法，对于具有职位特殊性，需要单独管理的，可以增设其他职位类别。各职位类别的适用范围由国家另行规定。"

（1）综合管理类是指除专业技术类、行政执法类以及其他职位类别以外的公务员职位类别。综合管理类职位是机关中数量最多的主体类别。需要说明的是，虽然机关工作需要各类专业知识，综合管理类公务员中有不少具有专业资格的人员，在其工作领域从事研究、政策制定工作，具有丰富的知识、经验和造诣，但这些人员的工作仍然属于机关的行政管理工作，因此，这些人员不作为专业技术类公务员。

（2）专业技术类是指在机关中承担专业技术职责，为实施公共管理提供直接的技术支持和保障的公务员职位类别，具有纯技术性、低替代性和技术权威性三个特点。专业技术类职位首先体现为某些行业特有专业的技术岗位，如公安的法医、原产地管理专家等；其次，体现为一些社会通用性专业的技术岗位，如工程技术、化验技术等。

（3）行政执法类是指在工商、税务、质检、环保等履行市场监管与社会管理职能的行政执法部门的基层单位的行政执法职位中设置的公务员职位类别。行政执法类公务员主要履行行政监管、行政处罚、行政强制、行政稽查等现场执法职责。与综合管理类相比，行政执法类只有对法律的执行权，而无解释权，出现纠纷时不具备裁定权。

（4）关于监察官、法官与检察官职位。与 1993 年国务院制定的《国家公务员暂行条例》相比，《公务员法》在公务员的范围上有新的变化，监察官、法官和检察官也被纳入了公务员的范围。该类职位分别行使国家的监察权、审判权与检察权，与其他类别职位的性质、特点存在明显区别。《公务员法》第三条第二款规定："法律对公务员中领导成员的产生、任免、监督以及监察官、法官、检察官等的义务、权利和管理另有规定的，从其规定。"这一规定就是考虑到监察官、法官、检察官与行政机关以及其他机关工作人员相比具有自身的特殊性，而且我国已经制定了《监察法》、《法官法》和《检察官法》，因此，在《公务员法》有关职位分类制度中，未将监察官、法官、检察官与其他公务员合并在一起进行分类。对监察官、法官、检察官不做职位分类上的调整，实际上正是贯彻和体现了对公务员实行分类管理的原则。

此外，《公务员法》第十七条规定："国家实行公务员职务与职级并行制度，根据公务员职位类别和职责设置公务员领导职务、职级序列。"第十八条规定："公务员领导职务根据宪法、有关法律和机构规格设置。领导职务层次分为：国家级正职、国家级副职、省部级正职、省部级副职、厅局级正职、厅局级副职、县处级正职、县处级副职、乡科级正职、乡科级副职。”第十九条第一、二款规定：“公务员职级在厅局级以下设置。综合管理类公务员职级序列分为：一级巡视员、二级巡视员、一级调研员、二级调研员、三级调研员、四级调研员、一级主任科员、二级主任科员、三级主任科员、四级主任科员、一级科员、二级科员。”第二十条规定：“各机关依照确定的职能、规格、编制限额、职数以及结构比例，设置本机关公务员的具体职位，并确定各职位的工作职责和任职资格条件。”第二十一条规定：“公务员的领导职务、职级应当对应相应的级别。公务员领导职务、职级与级别的对应关系，由国家规定。根据工作需要和领导职务与职级的对应关系，公务员担任的领导职务和职级可以互相转任、兼任；符合规定资格条件的，可以晋升领导职务或者职级。公务员的级别根据所任领导职务、职级及其德才表现、工作实绩和资历确定。公务员在同一领导职务、职级上，可以按照国家规定晋升级别。公务员的领导职务、职级与级别是确定公务员工资以及其他待遇的依据。”可见，目前我国实行的是以职位分类为主、职位分类与品位分类相结合的具有中国特色的公务员分类管理模式。

根据《公务员法》和《公务员职务与级别管理规定》，我国公务员职务和级别的关系是“一职数级，上下交叉”。公务员级别由低至高依次为 27 级至 1 级，其中，领导职务级别包括 24 级至 1 级。公务员领导职务层次与级别的对应关系如表 4-8 所示。

表 4-8　国家公务员等级职位表（政府领导职务）

领导职务	对应级别	职位
国家级正职	1	总理
国家级副职	2～4	副总理，国务委员等
省部级正职	4～8	各省省长，各部、委、总局的部长、主任、局长等
省部级副职	6～10	副省长、副部长，部委归口的国家局局长，副省级市市长等
厅局级正职	8～13	各省厅、局长，各部委司、局长，省辖地、市的专员、市长等
厅局级副职	10～15	副厅、局长，副司、局长，副专员、地级市副市长等
县处级正职	12～18	县长、地级市的各局（处级局）局长、区长，省部委各司厅局的处长等
县处级副职	14～20	副县长、副区长，副处长，处级局的副局长等
乡科级正职	16～22	乡长、镇长，处级局的科长，县局（科级局）局长等
乡科级副职	17～24	副乡长、副镇长、副科长，科级局副局长等

2. 我国事业单位岗位分类

事业单位根据功能、职责任务，按照精简、效能的原则和国家有关规定合理设置岗位。岗位有明确的名称、职责任务、工作标准和任职条件。根据《事业单位岗位设置管理试行办法》（以下简称《办法》）第八条，事业单位岗位分为管理岗位、专业技术岗位和工勤技能岗位三种类别。对应三类岗位又分别划分了通用的岗位等级。此外，事业单位也可以设置特设岗位，用于聘用急需的高层次人才等特殊需要。事业单位三类岗位的基本任职条件包括：遵守宪法和法律；良好的品行；岗位所需的专业、能力或技能条件；适应岗位要求的身体条件。

（1）管理岗位。管理岗位是指担负领导职责或管理任务的工作岗位。根据《办法》，管理岗位分为10个等级，即一至十级职员岗位，事业单位现行的部级正职、部级副职、厅级正职、厅级副职、处级正职、处级副职、科级正职、科级副职、科员、办事员依次分别对应管理岗位一至十级职员岗位。职员岗位一般应具有中专以上文化程度，其中六级以上职员岗位一般应具有大学专科以上文化程度，四级以上职员岗位一般应具有大学本科以上文化程度。

（2）专业技术岗位。专业技术岗位是指从事专业技术工作，具有相应专业技术水平和能力要求的工作岗位。根据规定，专业技术岗位分为13个等级，包括高级岗位、中级岗位和初级岗位。高级岗位分7个等级，即一至七级；中级岗位分3个等级，即八至十级；初级岗位分3个等级，即十一至十三级。此外，专业技术一级岗位是国家专设的特级岗位，任职应具有下列条件之一：中国科学院院士、中国工程院院士；在自然科学、工程技术、社会科学领域做出系统的、创造性的成就和重大贡献的专家、学者；其他为国家做出重大贡献、享有盛誉、业内公认的一流人才。职称系列（专业）各层级名称如表4－9所示。

表4－9　职称系列（专业）各层级名称

序号	名称	各层级职称名称				
		高级		中级	初级	
1	高等学校教师	教授	副教授	讲师	助教	
2	哲学社会科学研究人员	研究员	副研究员	助理研究员	研究实习员	
3	自然科学研究人员	研究员	副研究员	助理研究员	研究实习员	
4	卫生技术人员	主任医师	副主任医师	主治（主管）医师	医师	医士
		主任药师	副主任药师	主管药师	药师	药士
		主任护师	副主任护师	主管护师	护师	护士
		主任技师	副主任技师	主管技师	技师	技士
5	工程技术人员	正高级工程师	高级工程师	工程师	助理工程师	技术员
6	农业技术人员	正高级农艺师	高级农艺师	农艺师	助理农艺师	农业技术员
		正高级畜牧师	高级畜牧师	畜牧师	助理畜牧师	
		正高级兽医师	高级兽医师	兽医师	助理兽医师	
		农业技术推广研究员				

续表

序号	名称	各层级职称名称				
		高级		中级	初级	
7	新闻专业人员	高级记者	主任记者	记者	助理记者	
		高级编辑	主任编辑	编辑	助理编辑	
8	出版专业人员	编审	副编审	编辑	助理编辑	
9	图书资料专业人员	研究馆员	副研究馆员	馆员	助理馆员	管理员
10	文物博物专业人员	研究馆员	副研究馆员	馆员	助理馆员	
11	档案专业人员	研究馆员	副研究馆员	馆员	助理馆员	管理员
12	工艺美术专业人员	正高级工艺美术师	高级工艺美术师	工艺美术师	助理工艺美术师	工艺美术员
13	技工院校教师	正高级讲师	高级讲师	讲师	助理讲师	
		正高级实习指导教师	高级实习指导教师	一级实习指导教师	二级实习指导教师	三级实习指导教师
14	体育专业人员	国家级教练	高级教练	中级教练	初级教练	
		正高级运动防护师	高级运动防护师	中级运动防护师	初级运动防护师	
15	翻译专业人员	译审	一级翻译	二级翻译	三级翻译	
16	播音主持专业人员	播音指导	主任播音员主持人	一级播音员主持人	二级播音员主持人	
17	会计人员	正高级会计师	高级会计师	会计师	助理会计师	
18	统计专业人员	正高级统计师	高级统计师	统计师	助理统计师	
19	经济专业人员	正高级经济师	高级经济师	经济师	助理经济师	
		正高级人力资源管理师	高级人力资源管理师	人力资源管理师	助理人力资源管理师	
		正高级知识产权师	高级知识产权师	知识产权师	助理知识产权师	
20	实验技术人才	正高级实验师	高级实验师	实验师	助理实验师	实验员
21	中等职业学校教师	正高级讲师	高级讲师	讲师	助理讲师	
		正高级实习指导教师	高级实习指导教师	一级实习指导教师	二级实习指导教师	三级实习指导教师
22	中小学教师	正高级教师	高级教师	一级教师	二级教师	三级教师

续表

序号	名称	各层级职称名称				
		高级		中级	初级	
23	艺术专业人员	一级演员	二级演员	三级演员	四级演员	
		一级演奏员	二级演奏员	三级演奏员	四级演奏员	
		一级编剧	二级编剧	三级编剧	四级编剧	
		一级导演（编导）	二级导演（编导）	三级导演（编导）	四级导演（编导）	
		一级指挥	二级指挥	三级指挥	四级指挥	
		一级作曲	二级作曲	三级作曲	四级作曲	
		一级作词	二级作词	三级作词	四级作词	
		一级摄影（摄像）师	二级摄影（摄像）师	三级摄影（摄像）师	四级摄影（摄像）师	
		一级舞美设计师	二级舞美设计师	三级舞美设计师	四级舞美设计师	
		一级艺术创意设计师	二级艺术创意设计师	三级艺术创意设计师	四级艺术创意设计师	
		一级美术师	二级美术师	三级美术师	四级美术师	
		一级文学创作	二级文学创作	三级文学创作	四级文学创作	
		一级演出监督	二级演出监督	三级演出监督	四级演出监督	
		一级舞台技术	二级舞台技术	三级舞台技术	四级舞台技术	
		一级录音师	二级录音师	三级录音师	四级录音师	
		一级剪辑师	二级剪辑师	三级剪辑师	四级剪辑师	
24	公共法律服务专业人员	一级公证员	二级公证员	三级公证员	四级公证员	
		正高级司法鉴定人	副高级司法鉴定人	中级司法鉴定人	初级司法鉴定人	
		主任法医师	副主任法医师	主检法医师	法医师	
25	船舶专业技术人员	正高级船长	高级船长	中级驾驶员	助理驾驶员	驾驶员
		正高级轮机长	高级轮机长	中级轮机员	助理轮机员	轮机员
		正高级船舶电子员	高级船舶电子员	中级船舶电子员	助理船舶电子员	船舶电子员
		正高级引航员	高级引航员	中级引航员	助理引航员	引航员
26	民用航空飞行技术人员	正高级飞行员	一级飞行员	二级飞行员	三级飞行员	
		正高级领航员	一级领航员	二级领航员	三级领航员	
		正高级飞行通信员	一级飞行通信员	二级飞行通信员	三级飞行通信员	
		正高级飞行机械员	一级飞行机械员	二级飞行机械员	三级飞行机械员	
27	审计专业人员	正高级审计师	高级审计师	审计师	助理审计师	

（3）工勤技能岗位。工勤技能岗位是指承担技能操作和维护、后勤保障、服务等职责的工作岗位，包括技术工岗位和普通工岗位，其中技术工岗位分为5个等级，即一至五级，普通工岗位不分等级。事业单位中的高级技师、技师、高级工、中级工、初级工，依次分别对应一至五级工勤技能岗位。

（4）特设岗位。根据事业发展和工作需要，事业单位可设置特设岗位，主要用于聘用急需的高层次人才等特殊需要。特设岗位的等级根据实际需要，按照规定的程序和管理权限确定。

本章小结

本章介绍了公共部门职位管理的含义与意义，阐述了公共部门职位设计的含义、方法、模型，职位分析的概念、意义、原则、程序、方法以及职位说明书的编写方法等；分析了公共部门职位分类的概念、特点、原则、程序及国内外实践。公共部门职位设计的常用方法是工作专门化、工作轮换、工作扩大化和工作丰富化。公共部门职位分析是公共部门人力资源管理的基础，它必须遵循一些基本原则，按照一定程序和方法来进行。本章还介绍了发达国家和地区公共部门职位分类的做法，以及我国公共部门职位分类和岗位分类制度。

关键术语

公共部门职位设计　工作倦怠　工作专门化　工作轮换　工作扩大化　工作丰富化　工作特征模型　职位分析　职位分类　品位分类　岗位分类　职系　职组　职级　职位　职位说明书　职位描述　职位规范　观察法　访谈法　问卷调查法　关键事件法　工作日志法　工作实践法　综合管理类　专业技术类　行政执法类　领导职务　非领导职务　管理岗位　专业技术岗位　工勤技能岗位

复习思考题

1. 公共部门职位管理的主要内容是什么？它具有什么意义？
2. 公共部门职位设计有哪些常用方法？每种方法的优缺点是什么？
3. 简述工作特征模型。
4. 公共部门职位分析的含义是什么？它具有什么意义？
5. 公共部门职位分析应遵循哪些基本原则？
6. 公共部门职位分析的过程包含哪几个阶段？每个阶段需要完成哪些任务？
7. 职位说明书包含哪些基本内容？如何编写职位说明书？
8. 公共部门职位分析有哪些常用方法？
9. 公共部门职位分类的含义是什么？它具有什么特点？
10. 简述公共部门职位分类的原则、程序、主要作用和适用范围。
11. 简述我国公共部门职位分类和岗位分类现状。

第5章

公共部门胜任素质

胜任素质是能够使员工获得卓越绩效的关键性的知识、技能与能力等特征的总称，是区别绩效优异者和绩效平平者的有效尺度。开发胜任素质模型是改进公共部门服务绩效的有效手段，美国、英国、澳大利亚和韩国等国家普遍比较重视公务员胜任素质模型的开发与应用。本章主要介绍胜任素质的起源及内涵、胜任素质模型的构建以及美国、英国等国家所开发的高级公务员胜任素质模型等内容。

重点问题

- 胜任素质的起源、内涵、结构与类型
- 胜任素质模型构建的方法
- 胜任素质模型构建的流程
- 胜任素质模型在公共部门中的应用

5.1 胜任素质概述

5.1.1 胜任素质的起源

胜任素质（competency）的应用起源于20世纪50年代美国国务院对外交官的选拔。当时，美国国务院感到以智力因素为基础选拔驻外外交官的效果不够理想。许多表面上很优秀的人才，在实际工作中的表现却令人失望。在这种情况下，著名的心理学家、哈佛大学教授戴维·麦克利兰（David McClelland）博士应邀帮助美国国务院设计一种能够有效预测实际工作业绩的人员选拔方法。在项目实施过程中，麦克利兰应用了奠定胜任素质方法基础的一些关键性的理论和技术，例如抛弃对人才条件的预设前提，从第一手材料出发，通过对工作表现优秀与一般的外交官的具体行为特征的比较分析，识别能够真正区分工作业绩的个人条件。

在总结项目研究及实践成果的基础上，麦克利兰于 1973 年在《美国心理学家》（*American Psychologist*）杂志上发表了一篇文章——《测量胜任素质而非智力》（"Testing for Competency rather than Intelligence"）。在该文中，他指出滥用智力测验来判断个人能力的不合理性，并进一步说明了人们主观上认为能够决定工作成绩的一些人格、智力、价值观等因素，在现实中并没有表现出预期的效果。因此，他强调离开被实践证明无法成立的理论假设和主观判断，回归现实，从第一手材料入手，直接挖掘那些能真正影响工作业绩的个人条件和行为特征，为提高组织效率和促进个人事业成功做出实质性的贡献。他把研究发现的直接影响工作业绩的个人条件和行为特征称为胜任素质。这篇文章的发表，标志着胜任素质运动的开端。麦克利兰成为国际上公认的胜任素质方法的创始人，因此被称为"胜任素质之父"。

5.1.2 胜任素质的内涵

自 1973 年麦克利兰提出胜任素质以来，国内外学者对于胜任素质含义的界定与相关研究就没有停止过，学者们对胜任素质的界定众说纷纭。其中，国外比较有代表性的有：麦克利兰认为，胜任素质是那些与工作或工作绩效直接相关的知识、技能、能力、特征或者动机等，能够比较好地预测实际工作绩效。博亚特兹（Boyatzis）认为，胜任素质指的是个人具有的与有效的或出色的工作绩效相关的潜在特征，这种相关性既体现在这些素质具备对于有效的或是出色的绩效的导向性作用上，也体现在一系列由自变量到因变量的关系的经验结果中。胡姆斯特拉（Hooghiemstra）认为，胜任素质是动机、特性、自我定义、态度或价值、知识内涵、认知技能或行为技能，是任何可以被衡量或考察的个体特点。斯宾塞（Spencer）认为，胜任素质是个体在一定的工作情境下与绩效参考标准或较好绩效存在因果关系的潜在特征。

国内许多学者也从不同的角度对胜任素质提出了不同的表述。王重鸣认为，胜任素质也称综合能力，即任务、职位、职务所要求的综合能力；时勘认为，胜任特征是能把某职位中表现优异者和表现平平者区别开来的个体潜在的、较为持久的行为特征，这些特征可以是认知的、意志的、态度的、情感的、动力的或倾向性的；彭剑锋认为，胜任素质是指驱动员工产生优秀工作绩效的各种个性特征的集合，它反映的是可以通过不同方式表现出员工的知识、技能、个性与内驱力等，素质是判断一个人能否胜任某项工作的优点，是决定并区别绩效差异的个人特征。

综合以上描述，本书认为，胜任素质是指能将某一工作中表现优异者与表现平平者区分开来的隐性或显性的动机、特质、自我形象、社会角色以及知识与技能水平等个体特征。胜任素质是判断一个人能否胜任某项工作的起点，是决定并区别绩效差异的个人特征。概括而言，胜任素质具有以下显著特点：

（1）胜任素质与工作绩效密切相关。胜任素质并不是所有知识、技能、能力等特征的总和，而是特指那些能够导致员工获得卓越绩效的关键性的知识、技能与能力等。而且，胜任素质是造成绩效优异者和绩效平平者之间差异的最显著的那部分特征。正因为如此，胜任素质指标是区别绩效优异者和绩效平平者的有效尺度。

（2）胜任素质与任务情境相联系且具有动态性。胜任素质是在特定的情境里发挥作用的，具有一定的适用范围。如果工作任务和环境发生了改变，那么胜任素质的结构也会相应地发生变化，唯有这样才能实现人、职位、组织的相互匹配。因此，胜任素质与相应的组织环境及职位要求相依存，无法被其他组织及职位全盘照用。同时，胜任素质是会改变的，会随着人们年龄段、职位层级、所处环境的不同而有所不同。

（3）胜任素质是可以衡量与习得的。胜任素质是可以衡量的，并且它对于预定目标的影响也是可以衡量的。胜任素质的可衡量性能被用来评价员工目前在胜任素质方面存在的差距以及未来需要改进的方向和程度。此外，胜任素质并不一定是与生俱来的，可以通过后天的学习和强化而逐渐发展。研究发现，尽管胜任素质模型的构建非常费时，不过一旦确定，组织就可以通过培训等方式促使员工进行学习，以转化为员工的实际工作行为，进而提高实际业绩。

5.1.3 胜任素质的结构与类型

1. 胜任素质的结构

（1）素质冰山模型。

1973年，麦克利兰提出了著名的素质冰山模型（the iceberg model），该模型将素质划分为表象的素质和潜在的素质，表象部分是技能与知识，潜在部分是社会角色、自我概念、特质和动机等因素（见图5-1）。在素质冰山模型中，越往深层次的素质越重要，越难发现和培养。决定一个人成功的关键素质往往隐含在冰山下面而不是显现在冰山表面。由于20世纪70年代初由麦克利兰在美国波士顿创办的著名的人力资源管理咨询公司——MCBER公司后来被合益集团（Hay Group）收购，成为合益集团的下属公司，麦克利兰当初的一些研究及实践成果进而成为合益集团知识产权的一部分，所以该模型有时也被称为“Hay Group素质冰山模型”。

麦克利兰认为，知识、技能、社会角色、自我概念、特质和动机六个方面的内容形成了一个有机的层次体系。知识和技能是胜任素质的最表层内容，社会角色、自我概念、特质和动机则是胜任素质中比较深层的内容。各种素质的含义分别是：

1）知识（knowledge）是指一个人在某一特定领域中所掌握的各种有用信息。

2）技能（skill）是指从事某一活动的熟练程度。

3）社会角色（social role）是指希望在他人面前表现出来的形象，如以组织领导人的形象展现自己。

4）自我概念（self-image）是指对自己的身份、个性和价值的认识与看法，如将自己视为权威或者教练。

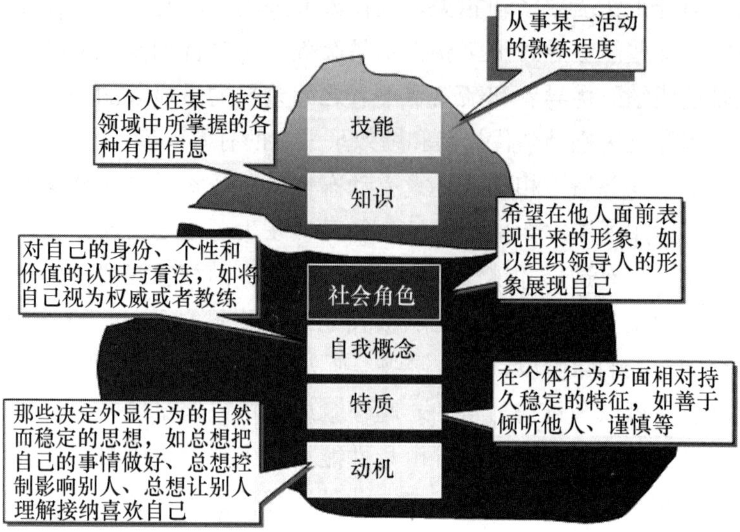

图 5-1　素质冰山模型

5）特质（trait）是指在个体行为方面相对持久稳定的特征，如善于倾听他人、谨慎等。

6）动机（motives）是指那些决定外显行为的自然而稳定的思想，如总想把自己的事情做好、总想控制影响别人、总想让别人理解接纳喜欢自己。

（2）斯宾塞的洋葱模型。

斯宾塞等人对麦克利兰的素质冰山模型进行了转变，提出了洋葱模型（the onion model）。洋葱模型保留了之前划分的六个层次，并将它们重新划分为三大类。洋葱表面包括知识和技能，相当容易发展；洋葱中间包括社会角色或价值观和自我概念；洋葱里面包括特质和动机，相当不容易发展，难以后天习得和评价（见图 5-2）。

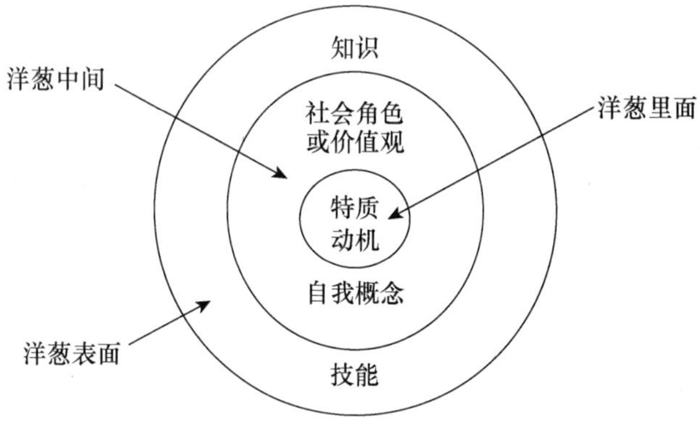

图 5-2　斯宾塞的洋葱模型

2. 胜任素质的类型

胜任素质分类是建立与运用胜任素质模型的基本出发点。按照不同的标准，胜任素质可划分为不同的类型。最常用的分类是：

（1）根据胜任素质水平状况，可以把胜任素质分为基础胜任素质和鉴别胜任素质。

基础胜任素质是指一般的基础知识与基本技能，是完成工作所需的最低标准，但不足以区别和解释普通员工与绩效优秀员工之间的差异。鉴别胜任素质指的是那些能够区别普通员工与绩效优秀员工的素质方面。例如，在确定目标过程中，有人更倾向于将目标定得比那些仅仅满足组织要求的人的目标高，这种胜任素质就是区别高绩效与一般绩效的关键。也有学者把它们称为基础胜任素质和特殊胜任素质。

（2）根据组织所需的核心专业与技能，可把胜任素质分为通用胜任素质、可迁移胜任素质与专业胜任素质。通用胜任素质是对一个组织核心价值观、文化的反映，是在全体员工身上表现出来的那些与核心价值观、文化等相匹配的素质和能力要求。可迁移胜任素质是指某些职位的通用胜任素质，如管理者胜任素质。专业胜任素质是指从事某一专业工作的胜任素质，是员工为完成其职责所具备的专业素质，通常包括技术、研发、人力资源管理、财务、采购等。例如，技术类专业胜任素质包括成就导向、归纳演绎能力、团队合作等。

5.2　胜任素质模型的构建

在胜任素质研究与应用中，胜任素质概念是通过胜任素质模型（competency model）来表现的。胜任素质模型是指为了完成某种工作或达成某一绩效目标，要求任职者应具备的一系列不同胜任素质的集合，其中包括不同的动机表现、个性与品质要求、自我形象与社会角色特征以及知识与技能水平等。胜任素质模型是绩优者所具有的素质集合，它清楚地表明了组织的需要和设想，表明了某些员工行为、知识和动机等对于组织发展是非常重要的。因此，胜任素质模型可以判断并发现导致绩效好坏差异的关键驱动因素，从而成为改进与提高绩效的基点。

5.2.1　胜任素质模型的要素与特点

胜任素质模型主要包括三个基本要素，即胜任素质名称、胜任素质定义和行为指标等级。

第一，胜任素质名称是对提取的素质进行概念性名称定义，如成就感欲望、积极主动性、信息收集度、人际关系理解、以客户为中心、影响力、组织理解力、人际关系、指挥力、团队协作、团队领导力、分析力、责任心、学习创新、控制力等。素质指标名称的提取，可以参照胜任素质特征词典，通用胜任素质特征分级词典在许多文献资料中均可查到。

第二，胜任素质定义是对提取的胜任素质进行界定。例如领导能力，胜任素质的定义是“担任团队领导、带领团队完成团队目标的能力”。

第三，行为指标等级是指胜任素质行为表现的分级标准。例如对某些胜任素质按以下简单方案分级：“了解”表示只知道所列知识的一部分或只知道一些大纲性的知识；“掌握”表示知道所列知识的大部分或全部，并对其中的主要细节有较好的把握，能加以运用；“精通”表示知道所列知识的几乎全部内容，并对其中的几乎所有细节了如指掌，能透彻理解这些知识并熟练、有效地加以运用。

概括而言，胜任素质模型具有以下主要特点：

（1）独特性。胜任素质模型具有行业独特性与组织独特性。一方面，它反映的是某类行业对人员的整体素质要求，包括知识和技能的范围，对所服务对象的认识程度等；另一方面，它反映的是单个组织对特定人员的要求，并且细化到行为方式的程度，对处于同一行业的两个组织，由于组织战略、组织文化等差异，即使组织在人员的能力要求上完全相同，也很少有两个组织的胜任素质模型是完全一致的。

（2）阶段性。由于胜任素质模型与组织战略相关联，因而其具有阶段性。在组织的特定时期内，某项胜任素质，甚至是某一组胜任素质是至关重要的，而在另一个阶段，由于组织的战略目标发生变化，胜任素质模型就会定期随之更新和改变。

（3）适应性。由于胜任素质模型是从组织发展愿景和目标出发，为满足组织总体战略的发展需要而确立起来的，所以其具有战略适应性。此外，胜任素质模型的构建、应用与发展都需要高度关注组织文化因素，必须与组织文化相匹配，所以同时又具有文化适应性。

5.2.2 胜任素质模型构建的方法

在胜任素质模型的构建过程中需要以战略为导向，以职位的客观要求为依据，充分考虑组织的性质及特点，并注重与组织文化相适应。

第一，以战略为导向。组织建立的胜任素质模型必须体现组织发展战略的需要，以及组织在长远可持续发展中对人才素质的需求。

第二，以职位的客观要求为依据。胜任素质模型的建立必须从职位的实际出发，以完成职位的工作任务为目标。确定对实现组织战略及发展规划具有关键作用的核心职位，再依据这些职位的实际要求建立针对性强的胜任素质模型。

第三，充分考虑组织的性质及特点。行业不同，胜任素质模型必然不同，即使是处于同一行业的两个组织，由于经营目标、组织文化及经营策略等方面存在差异，它们对员工胜任素质的要求也是不一样的。另外，胜任素质模型反映的是某个组织对特定人员的要求，并细化到具体行为方式的程度，具有较强的行业性与特殊性。因此，组织的性质及特点是建立胜任素质模型，特别是专业胜任素质模型需要重点考虑的因素。

第四，与组织文化相适应。胜任素质模型的建立应该考虑到组织文化的兼容性，以促进组织形成符合战略需要的文化。

目前，建立胜任素质模型的方法较多，其中最经典的方法是行为事件访谈法，其他相对简便的方法有德尔菲法、观察法与访谈法等。

1. 行为事件访谈法

行为事件访谈法（behavioral event interview，BEI）是由麦克利兰开发的，通过对绩优员工和一般员工的访谈，获取与高绩效相关的素质信息的一种方法。行为事件的意义在于，通过访谈者对其职业生涯中的某些关键事件的详尽描述，揭示与挖掘当事人的素质，特别是隐藏在冰山下的潜能部分，用来预测当事人未来的行为及其绩效，并发挥指导作用。因此，访谈者对于关键事件的描述必须包括以下内容：这项工作是什么？谁参与了这项工作？被访谈者是如何做的？为什么这样做？这样做的结果怎样？

（1）行为事件访谈法的基本操作。

1）行为事件访谈准备。借助职位分析与职位说明书等手段与工具，预先了解将要进行访谈的对象，了解被访者的背景情况，包括姓名、职务以及机构状况。通常访谈者不必了解被访者的绩效高低，以避免出现先入为主的现象而影响访谈过程。另外应提前准备访谈提纲，安排地点并配置相关的录音设备等。

2）访谈内容介绍说明。在访谈前，要进行自我介绍，并对访谈进行解释。其目的是使访谈者与被访者之间建立相互信任及友好的关系，从而使整个访谈过程轻松愉快，保证信息的全面真实性。特别要向被访者强调访谈的目的与形式、访谈信息的用途、使用者以及保密承诺等。该步骤的访谈内容主要集中于被访者的工作经历方面，重点通常放在目前的工作上，以探求被访者个人职业生涯目标以及其在进行职业选择时的具体行为方面的信息等。

3）梳理工作职责。了解被访职位的实际工作内容，包括关键的工作行为与其他职位的工作关系等，可以参照该职位的说明书获得相关信息。该步骤可以引导被访者将重点锁定在特定的工作行为上，集中、清楚地描述一些具体的事例。

4）访谈行为事件。行为事件访谈法的核心目的是了解被访者对关键事件的全面详尽的描述，事件的数量以4～6个为宜。该步骤占据整个访谈的时间比例最大，需要整理与分析的时间也最多。在这一步骤中，要注意访谈应该从正面事例开始，谈论那些被访者感到成功的事例，会让他们自己显得有信心而且乐意继续往下谈。

5）提炼与描述工作所需的胜任素质特征。这一步骤有两个主要目的：一是对之前的关键事件进行补充，获得一些与胜任素质相关的其他关键事件的信息；二是直接询问被访者本人，通过对其从事工作所需素质的理解与认识，使其因为受到尊重而感到加倍自信。

6）结束访谈并整理资料。访谈结束时，首先要感谢被访者花费时间提供了有价值的信息，并表示认同。接下来，要立刻总结访谈资料，记录整个访谈内容，并通过回放录音获得新的线索，包括对被访者个性的简要描述，对还不清楚的问题做出说明，以便在之后的访谈中可以得到进一步的调查与确认。通常需要整理的资料包括：

第一，职位及职责描述。包括被访者的姓名、职务等。以提纲的形式列出工作职责，并附上各项职责的实例，所有内容均使用第一人称，就像被访者自己在叙述一样。

第二，行为事件描述。总结访谈记录及录音中被访者在各种典型情境中的行为及其结果、人际关系的处理、其动机与感受等。

第三，任职需要的胜任素质。以提纲形式列出任职者应具备的胜任素质，并附上各项胜任素质的实例，尽可能使用被访者的语言，特别要记住由胜任素质引出的其他关键行为事件及二者之间的对应关系。

第四，总结和评价。对各方面的观察做出总结，包括访谈主题、个人印象、观点及初步结论，特别是对被访者关于沟通、倾听与影响力等方面的胜任素质对开展工作的影响做出评价。这些记录都是分析行为事件、获得胜任素质结论的关键内容与依据。例如，被访者的访谈方式与频繁使用的词语、被访者与人相处的方式及对他人的评价等。

（2）行为事件访谈法的优点和缺点。

行为事件访谈法的优点在于：1）它不仅描述了当事人行为的结果，并且说明了产生行为的动机、个性特征、自我认知、态度等潜在方面的特征，可以准确详细地反映被访者处理具体工作任务与问题的过程，告诉人们应该做什么和不应该做什么，哪些是有效的和无效的工作行为，因此对于如何实现与获得高绩效具有指引作用。2）它还可以提供与工作有关的具体事件全景，这些情境可以发展成为组织实施面试招聘、模拟培训的有效工具和角色扮演蓝本。特别是绩优员工提供的关于具体事件的描述则成为员工可参照的职业发展途径，并用以总结绩优员工何时何地、采用什么方法获得目前及未来工作的关键能力。

行为事件访谈法虽然比较严谨、有效，但也存在一些缺陷和不足：1）一次有效的行为事件访谈需要花费1～3个小时，另外仍需要几小时的准备，从时间和费用的投入上，都是一笔不小的成本；2）访谈人员必须经过相关的专业培训才能胜任访谈任务，例如如何把握访谈的节奏与时间、控制被访者的情绪、有效引导访谈内容不偏离访谈目标、调整访谈方式、对被访者进行有效反馈等，必要时还要在专家指导下才能通过访谈获得有用的信息；3）它通常集中于具有决定性意义的关键事件及个人胜任素质，所以可能会失去或偏废一些不太重要但仍与工作有关的信息与行为特征。由于时间、成本及必要的专家支持等因素，使得行为事件访谈法无法大规模进行，只能限定在小范围职位内展开，主要应用于关键职位的信息获取。

2. 德尔菲法

德尔菲法又称为“专家小组法”，是由美国兰德公司命名并首先使用的，是对传统的专家会议法的改进和发展。它采用匿名发表意见的方式，即专家之间不得互相讨论，不发生横向联系，只能与调查人员进行联系，通过多轮次调查专家对问卷所提问题的看法，经过反复征询、归纳、修改，最后汇总成专家基本一致的看法，作为预测的结果。这种方法具有广泛的代表性，较为可靠。在建立胜任素质模型时，可以把有关专家组织起来，直接利用专家积累的丰富知识、经验和能力，运用问卷调查、访谈等多种方法集中开发、评估，确认胜任素质模型。这种方法花费的时间短，适合面向较少职位的胜任素质模型开发。

3. 观察法与访谈法

胜任素质模型的建立是为了研究绩效出众的员工，找出他们有别于一般员工的特点和行为。一种常用方法是观察法，即在绩效出众员工和一般员工工作时紧随他们进行观察，并对他们的活动做详细的观察记录，这样就能找出他们的行为差别。还有一种常用的方法是访谈法，即把管理人员和绩效出众的员工组成中心小组，向他们提一些问题，包括：在这个职位上取得成功需要具备哪些条件？为什么人们在这个职位上会失败？绩效出众者有别于一般员工的特点是什么？也可以给他们列出一系列不同的能力，然后让他们按照这些能力对职位的重要性进行排序，从而找出对员工绩效影响比较大的胜任素质特征。

5.2.3　胜任素质模型构建的流程

公共部门胜任素质模型构建通常有五个关键步骤（见图5-3）。

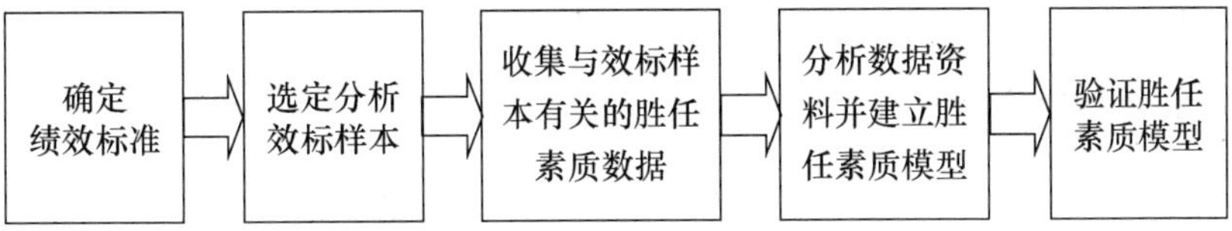

图5-3　公共部门胜任素质模型构建流程

1. 确定绩效标准

建立胜任素质模型的第一个程序就是确定规则和尺度，以确定将被研究的工作中优秀的、有效的工作状况。绩效标准就是能够鉴别工作表现优秀的员工的指标，一般采用职位分析法和专家小组讨论法来确定。前者是采用职位分析的各种专用工具与方法，明确职位的具体要求，提炼出鉴别绩效优秀的员工与绩效一般的员工的标准。而专家小组讨论法则是由优秀的领导者、人力资源管理者和研究人员组成的专家小组，就此职位的任务、责任和绩效标准以及期望优秀的素质特征行为和特点进行讨论，从而得出最终的结论。

如果客观绩效指标不容易获得或经费不允许，一个简单的方法就是“上级提名”。这种由上级领导直接给出工作绩效标准的方法虽然较为主观，但对于优秀的领导者而言是一种简便可行的方法。组织应根据自身的规模、目标、资源等条件选择合适的绩效标准定义方法。为一项工作确定正确的、有效率的标准是极为重要的，如果运用了错误的标准，模型就会确定错误的素质要素。

2. 选定分析效标样本

根据绩效标准与员工的实际考核结果，在从事某职位的员工中，分别从绩效优秀和绩效普通的员工里随机抽取一定数量的员工进行调查，分为相互对照的两个组：一组为具备胜任素质但是业绩不够突出的人；另一组为绩优人员。为了保证所确定的优秀工作者是正确的，最好的方法是运用几种标准和选择方案，一般来说，只有那些在所有标准中都能取得高分的员工才是最优秀的。

3. 收集与效标样本有关的胜任素质数据

收集与效标样本有关的胜任素质数据，可采用行为事件访谈法、专家小组法、问卷调查法等方法，但一般以行为事件访谈法为主。行为事件访谈法一般采用问卷和面谈相结合的方式。访谈者会有一个提问的提纲，以此把握面谈的方向与节奏。访谈者在访谈时应尽量让访谈对象用自己的话详尽地描述工作中发生的成功或不成功的关键事例及原因，包括整个事件的起因、过程、结果、时间、相关人物、涉及的范围以及影响层面等。由于访谈的时间较长，一般需要1～3个小时，所以访谈者在征得被访者同意后应运用录音设备把内容记录下来，以便整理出详尽的、有统一格式的访谈报告。行为事件访谈法对访谈者的访谈技巧要求较高，要求访谈者能够引导被访者自然而然地说出他们真实的想法与感受，所以在实施行为访谈以前，应当预先对访谈者进行系统深入的相关培训，以提高访谈质量。

4. 分析数据资料并建立胜任素质模型

对行为事件访谈报告进行内容分析，记录各种胜任素质在报告中出现的频次。然后，对优秀组和普通组的要素指标发生频次和相关的程度统计指标进行比较，找出两组的共性与差异特征。根据不同的主题进行特征归类，并根据频次的集中程度，估计各类特征组的大致权重。

5. 验证胜任素质模型

一般可采用三种方法来验证胜任素质模型。第一，选取第二个效标样本，再次用行为事件访谈法来收集数据，分析建立的胜任素质模型是否能区分第二个效标样本。分析员事先并不知道谁是优秀组或普通组，即考察“交叉效度”。第二，根据胜任素质模型编制评价工具，来评价第二个样本在上述胜任素质模型中的关键因素，考察绩效优异者和绩效平平者在评价结果上是否有显著差异，即考察“构想效度”。第三，使用行为事件访谈法或其他测验进行选拔，或运用胜任素质模型进行培训，然后跟踪这些人，考察他们在以后工作中是否表现更出色，即考察“预测效度”。

5.3 公共部门胜任素质模型的应用

胜任素质模型在国外先进企业得到了普遍接受和广泛运用，《财富》500 强已经有超过半数的公司应用胜任素质模型。而且，国外政府部门也非常青睐胜任素质模型，将之用于公务员的选拔配置、培训开发等诸多领域，其中以美国、英国等国家的高级公务员胜任素质模型应用最为成功。

5.3.1 美国高级公务员胜任素质模型

美国政府为了加强对高级公务员的管理，开发了高级公务员胜任素质模型。高级公务员胜任素质模型在广泛研究了诸多私营企业和公共部门成功经验的基础上，于 1997 年首次提出，经修订后于 2006 年重新颁布。美国联邦人事管理局于 2012 年制定了用于选拔高级公务员的《高级公务员核心资格指南》（Guide to Senior Executive Service Qualifications），从而帮助各机构遴选出优秀领导者。新版的《高级公务员核心资格指南》包含了美国联邦知识管理局及其他机构中最优秀的组织心理学家、人力资源专家和高级主管的先进思想。美国现行高级公务员胜任素质模型包括五个核心能力模块和一个基础能力模块。五个核心能力模块具体内容如下：

（1）领导变革（leading change）。领导变革是指建立并实施体现组织使命、核心价值观和愿景，准确预测和把握环境变化的情况并据此做出相应的调整。同时，该项胜任素质还要求高级公务员具备在持续变化的环境下确立并执行组织愿景的能力。

（2）领导人员（leading people）。领导人员是指明晰并实施能最大限度地挖掘下属潜能的战略，制定符合组织使命、愿景和战略目标的高道德标准，引导下属努力实现组织使命、愿景和战略目标；同时要求高级公务员提供能够促进下属成长、增强协作与配合、支持建设性解决冲突的工作环境，以确保组织横向、纵向的协同；还需能够有效地招聘、保留和培养所需人才，使组织拥有一支来自不同民族、具有完成组织绩效目标所需技能的高素质、多元化的公务员队伍。

（3）结果驱动（results driven）。结果驱动要求高级公务员具备实现组织目标和客户期望的能力；同时，该项胜任素质还要求高级公务员具备决策能力，能够运用技术知识、分析问题、评估风险等手段高质量地开展政府工作。

（4）运营管理（business acumen）。运营管理是指站在组织战略的高度上，有效管理资产、人力与信息技术等资源。

（5）建立联盟（building coalitions）。建立联盟是指以令人信服的方式来说明主张、事实和意见，要求高级公务员具备与机构内、联邦政府机构间、州政府、地方政府、非营利机构、私营企业、国外政府、国际组织建立联盟来实现共同目标的能力，并根据具体情况征求和考虑内部与外部利益相关者或客户的意见，最大限度地鼓励利益相关者参与，促进来自不同群体的意见开放交流，以获得内部和外部的支持。

基础能力（fundamental competencies）模块具体包括人际关系能力、口头沟通能力、诚实/正直、书面沟通能力、持续学习能力、公共服务动机等。

五个核心能力模块和一个基础能力模块如表5-1所示。

表5-1 美国高级公务员核心资格胜任素质列表

维度		名称	内容
核心能力模块	领导变革	创造力和创新性	提出新见解，敢于怀疑常规做法，提出新主张和革新办法，设计并实施新的或尖端的程序和方法
		外部知觉性	持续了解对组织及利益相关者产生影响的地区、国家、国际政策法规变化及趋势，了解组织对外部环境产生的影响
		灵活性	接受变化以及新信息，积极应对新信息的变化，能在不确定的环境中迅速做出调整
		压力承受能力	正确处理压力，即便在逆境中也能保持乐观向上的心态，能从挫折中迅速恢复
		战略思考能力	制定目标，确定优先级，实施与组织长期目标一致的计划；利用机遇规避风险
		愿景规划与实现能力	具有长远眼光，与他人建立共享的愿景；成为组织改革的推动力；能够感染他人，并将愿景付诸行动
	领导人员	冲突管理能力	鼓励不同见解存在，预见冲突的存在并采取措施予以避免，使用有效的方法解决冲突或不同意见
		多元化平衡能力	建立一个兼容并包的工作环境，尊重、平衡个人差异，从而实现组织的目标或任务
		人员开发能力	通过提供持续的反馈以及正式或非正式的学习机会，开发他人为组织尽职尽力
		团队建设能力	鼓励并培养团队责任感、信心、自豪感和诚信度；依靠积极向上的团队成员的共同合作实现组织目标

续表

维度		名称	内容
核心能力模块	结果驱动	责任心	约束自己和其他人的行为，承担责任，创造高质量、守时的、节约的成果；设立目标，确定优先级，并合理分配工作；勇于承担责任和面对错误；遵守既定的管理系统和规章
		客户服务能力	预测并满足内外部客户的需求；提供高质量的产品或服务；不断提升品质
		决策能力	做出切合实际的、有效及时的决策，即便是在时间有限或决策效果不尽如人意的情况下，也能及时预测决策造成的影响
		风险承担能力	发现新机遇来引导组织取得更大成功；通过发展和提高产品及服务质量来促进组织的发展；完成组织目标时需要考虑预算风险
		问题解决能力	辨别和分析问题；推测信息的重要性和准确性；选择准确的方案；提出建议
		技术可靠性	理解并能正确运用与特定专业相关的原则、程序、规章规定
	运营管理	财务管理能力	了解组织的财政程序；制定、调整、管理项目预算；监督采购、签约等活动以实现既定目标；监督消费，根据经济理论设置优先级
		人力资本管理能力	根据组织目标、预算费用、人员需要等来管理人力资源；保证人员被正确地雇用、选拔、评价和支付报酬；采取措施来解决工作问题；管理复杂机构和处理多种工作环境中的劳动力问题
		技术管理能力	持续开展技术革新；高效利用技术实现目标；确保技术系统的准入性和安全性
	建立联盟	合作关系建设能力	发展关系网络建立伙伴关系，跨领域合作，紧密联系从而实现共同目标
		政治悟性	确定影响组织工作的内部和外部政治因素，并采取相应的措施
		影响力/谈判能力	使他人信服；通过协商建立共识；在获取信息实现目标方面赢得他人的信任与合作
基础能力模块		人际关系能力	与人为善、尊重他人，能够充分考虑来自不同环境的不同个体的需要和感情
		口头沟通能力	语言表达清晰，有理有据；仔细倾听，根据需要阐明观点
		诚实/正直	为人诚实公平，有道德观念；言行一致，遵守高尚道德标准
		书面沟通能力	文字表达清晰简洁，逻辑严谨，对读者具有说服力
		持续学习能力	正确评价和认识自身的长处和缺点；努力自我发展
		公共服务动机	乐于服务公众；行为符合公众的要求；将组织活动及实践与公共利益结合起来

资料来源：U. S. Office of Personal Management. Guide to senior executive service qualifications. (2012－06). https：//www. opm. gov.

5.3.2 英国高级公务员胜任素质模型

为促进英国高级公务员素质发展，英国国家政府学院（National School of Government）开发了政府职业技能计划，要求高级公务员不仅要具备领导力、与工作相关的核心能力、专业技能和丰富经验等四方面的技术和能力，还需提高战略思维、沟通和营销能力，并设置了人事管理、财务管理、程序和项目管理以及资料分析和应用等专业领域能力提升项目（见图5-4）。

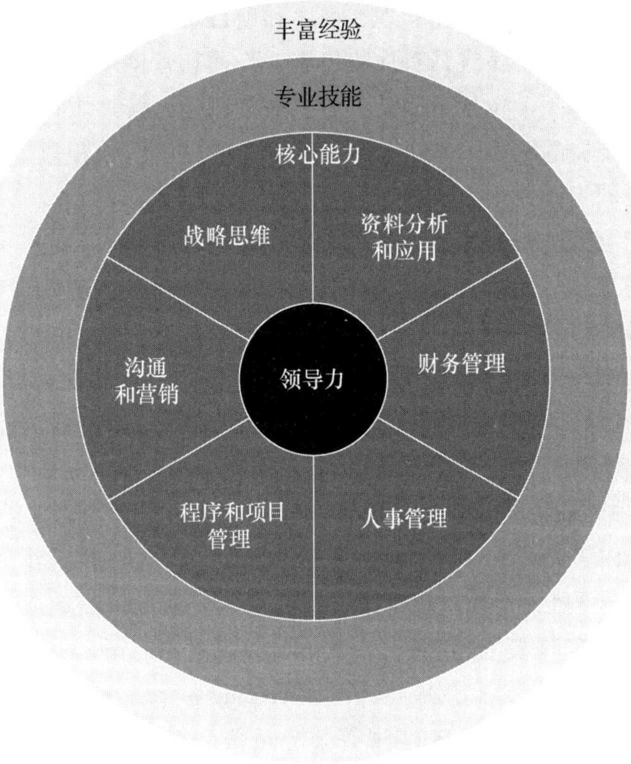

图5-4 英国高级公务员胜任素质模型

资料来源：The civil service：professional skills for government.（2012-04-20）. http：//www.civilservice.gov.uk/about/improving/psg.

其中，拥有卓越的领导力是高级公务员取得优异工作业绩的关键，也是个人能力素质的集中体现。英国专门开发了高级公务员领导力模型来指导高级公务员的领导力考核。该模型要求在遵循诚实、正直、公正、客观的公务员价值观基础上，从以下三个维度对高级公务员的领导力进行考核：

（1）确定未来方向（set future direction）。高级公务员需要描绘出一个令人信服的、能够激发承诺并付诸行动的愿景。在这个过程中，高级公务员必须明确战略，指明行动方向。

（2）人员管理与能力开发（engage people and develop capability）。在这个变革的时代，高级公务员需要善于利用下属和其他利益相关者的思想和力量；需要通过反馈和学习，创建一种持续改进的组织文化；需要鼓励和提供个人成长的机会，确保丰富的技能和经验得到妥善的开发和分配；需要发展自己的能力，并展示出自我意识、信心和毅力。

（3）有效管理并完成任务（manage effectively and deliver results）。高级公务员有责任去促进和支持他的团队在所有业务计划中展现出卓越绩效；需要执行严格的财政约束管理，并鼓励采取创新的方式来实现承诺；需要确保服务过程中的团队协作，采用严格的项目管理纪律确保任务完成时间和预算；需要在个人、团队和组织三个层面树立起高绩效文化。

核心能力包括人事管理、财务管理、程序和项目管理、资料分析和应用。如果想要达到高级公务员的标准，则还应具有战略思维、沟通和营销能力。专业技能与公务员从事或申请工作的种类有关，包括为团队领导、政策制定、管理工作、团队服务、事务执行提供必要的专业支持的能力。丰富经验可从部门内外的工作积累中获得，以便熟悉公务员处理事务的不同工作方式。

2013 年 4 月，英国内政部发布了新的公务员胜任素质框架（civil service competency framework），该框架可以用于公务员的绩效考核、晋升考核、培训与开发等方面，同时适用于高级公务员和一般公务员。该胜任素质模型与领导力模型的框架是一致的，包含确定方向（setting direction）、人员管理（engaging people）和取得成果（delivering results）3 个维度共计 10 项胜任素质。其中确定方向维度具体包括总揽全局（seeing the big picture）、改变与提高（changing and improving）以及制定高效决策（making effective decisions）3 项胜任素质；人员管理维度具体包括领导与沟通（leading and communicating）、建立合作伙伴关系（collaborating and partnering）和培养全员能力（building capability for all）3 项胜任素质；取得成果维度具体包括取得商业成果（achieving commercial outcomes）、实现资金价值（delivering value for money）、提供高质量服务（managing a quality service）和反应迅速（delivering at pace）4 项胜任素质。公务员胜任素质框架把诚实、正直、公正和客观等公务员价值观置于框架三个维度的核心位置（见图 5 - 5）。

该框架中的胜任素质是指能够带来高绩效的知识、技能和行为等内容。3 个维度的 10 项胜任素质体现了公务员应该如何做才能达成绩效目标。在实践中，公务员是否具备某项胜任素质一般通过其行为表现来判断，当其表现出有效行为（effective behaviors）时就可以判断其具备该项胜任素质，而表现出无效行为（ineffective behaviors）时则可以认定其不具备该项胜任素质。

该胜任素质框架具体列举了 3～12 级公务员在 10 项胜任素质上的有效行为和无效行为，并将 10 个等级公务员分为六个层次，自上而下分别是：第六层为局长和主任，第五层为副主任，第四层为 6 级公务员和 7 级公务员，第三层为资深行政主任和高级行政主任，第二层为行政主管，最底层为政务主办和行政助理。由于第六层和第五层为高级公务员，下面以这两层公务员在“确定方向”维度下的“改变与提高”胜任素质为例，对该胜任素质框架的基本结构予以诠释，具体如表 5 - 2 所示。

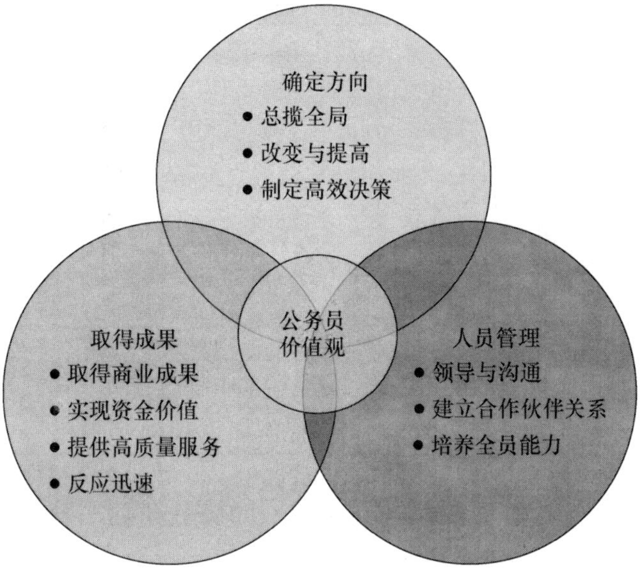

图 5-5 英国公务员胜任素质框架

资料来源：Civil service competency framework 2012—2017.（2019-10-16）. https：//www. gov. wales.

表 5-2 英国公务员胜任素质框架示例

<table>
<tr><td colspan="2">战略体系——确定方向</td></tr>
<tr><td colspan="2">改变与提高：
在该胜任素质中表现优异的人具有积极回应、富有创造性和寻找有效的改变机会等特征。对所有公务员来说，都需要接受变革，以积极改进的态度做事，并以更专注和聪明的方式工作。高级公务员则需要创造或建立一种鼓励创新、允许独立思考和承担风险的文化。这意味着需要持续寻求提供政策执行力的方法，以及建立一个更精简、更灵活和更具回应性的公务员队伍；也意味着需要尽量利用包括数字化和共享服务等替代方式</td></tr>
<tr><td>有效行为</td><td>无效行为</td></tr>
<tr><td colspan="2">第六层　局长与主任</td></tr>
<tr><td>● 挑战机构制定的决策，在机构和系统内配置资源结构和流程，以创建一个精简、扁平和高效的组织
● 寻求变革机会，勇于承担风险并对现行行为采取有步骤的修正措施
● 反思体制与合作方式，精简机构与公务员队伍
● 建立弹性和责任文化，使机构能对变革重点做出迅速反应
● 挑战现状及那些在整个公务员队伍最高层次上的原有假设
● 充分考虑组织文化变革的影响，拓宽政府结构和保持经济增长</td><td>● 造成或容忍官僚主义和降低效果的无效工作方式
● 主张维持现状，支持目前的做法，活动和过程没有挑战，规避创新和风险
● 延续无效的体制和合作方式
● 容忍团队运行的呆板和官僚化
● 支持在孤立领域采用渐进式改革，而不采取任何根本性的变革方式
● 采用碎片化的方式管理变革，任务专注于文化和士气方面</td></tr>
</table>

续表

第五层　副主任	
● 寻求和鼓励独立思想、改进措施及本职范围内的风险承担，以提供更好的方法和服务 ● 鼓励创造性思维的培养，寻求开放心态，认真聆听下属和利益相关者的想法 ● 确定快速变革灵活性的改变步骤，提高服务的响应速度和质量 ● 引领客户服务方式尽可能地向数字化方式转变 ● 建立有效的计划、系统和治理方式，以便管理变革和及时响应紧急事件	● 有限改变自己的投资组合，不与其他领域的变化相整合或协同 ● 建立一个风险承担和决策响应的惩罚性环境，不能容忍犯错误 ● 本职工作过时，且跟不上变化的节奏，不能满足更广的服务需求 ● 通过关注一贯表现的管理者，来致力于形成基于自身投资组合活动的惯性文化 ● 采取非系统性的方法来变革管理，从而导致优先顺序和时间安排混乱

资料来源：Civil service competency framework 2012—2017.（2019 - 10 - 16）. https：//www. gov. wales.

随着人日益成为管理的核心，对人的内在素质，包括知识、技能、行为、个性趋向、内驱力等因素与工作绩效之间的联系的研究日益深入，基于胜任素质的人力资源管理越来越受到理论界及实践界的关注。基于胜任素质的人力资源管理的最大优势在于，能适应组织动态发展性的要求，组织可以根据组织结构的调整、工作活动的安排，对员工的工作进行灵活的调整，充分体现出“以人为本”的管理思想。具体言之，基于胜任素质的人力资源管理具有以下诸多优势：（1）与组织战略目标紧密联系，强调与组织目标的长期匹配，而不是与职位的长期匹配，从而能够有效服务于组织战略；（2）更加着眼于优秀绩效，注重提升组织的整体绩效水平，而不是着眼于员工达到工作资格要求；（3）强调优秀员工的关键特征，注重怎样完成任务，而不是完成什么；（4）除了寻求职位之间在胜任素质要求上的差异外，更注重寻找职位、职务系列之间在胜任素质要求上的相似点；（5）更易被任职者接受，它是从优秀员工的关键行为出发来确认职位要求，把员工的行为、精神体现在胜任素质要求的描述上，这样使得员工能够在胜任素质要求的描述中看到自己和其他员工的情形与差距，进而接受有针对性的培训，合理规划职业生涯。

总之，胜任素质模型作为一种新的管理工具，已经成为我国公共部门人力资源管理中的热点问题之一。胜任素质模型的研究与实践，有助于确定员工高效完成工作任务所需要的资格条件，便于员工选聘、培训、考核及职业发展指导等，这对于转型时期我国公共部门人力资源管理理念、制度建设及实践，都具有非常重要的意义。

本章小结

本章介绍了胜任素质的起源、内涵、结构与类型，阐述了胜任素质模型的概念、要素、特点、构建的方法和流程以及在公共部门中的应用等。胜任素质是判断一个人能否胜任某项工作的起点，是决定并区别绩效差异的个人特征。最具代表性的模型是麦克利兰的素质冰山模型。在素质冰山模型中，越往深层次的素质越重要，越难发现和培养。

决定一个人成功的关键素质往往隐含在冰山下面而不是显现在冰山表面。胜任素质概念是通过胜任素质模型来表现的。胜任素质模型在国内外公共部门得到有效的运用。导入基于胜任素质的公共部门人力资源管理体系，以建立和发展组织的核心素质与提高组织的核心竞争力，已经成为公共部门人力资源管理的一个发展趋势。

关键术语

胜任素质　　素质冰山模型　　胜任素质模型　　基础胜任素质　　通用胜任素质
专家小组法　　行为事件访谈法

复习思考题

1. 什么是胜任素质？它具有哪些特点？
2. 请阐述麦克利兰的素质冰山模型。
3. 什么是胜任素质模型？它包含哪些基本要素？
4. 胜任素质模型构建的流程是怎样的？
5. 什么是行为事件访谈法？它有什么优缺点？
6. 行为事件访谈法的操作分为哪些步骤？
7. 简述美国和英国高级公务员胜任素质模型的主要内容。

第6章

公共部门招募与甄选

公共部门招募与甄选是在组织发展战略规划的指引下，寻找、筛选及录用适当的人员来填补组织职位空缺的过程，是公共部门人力资源管理的一项基础活动。有效的招募与甄选可以保持公共部门内部的人员稳定，为组织的可持续发展提供人力资源上的保障。本章将主要介绍公共部门招募与甄选的原则和流程，详述公共部门人力资源招募的渠道以及甄选的方法，并对国内外公务员招募与甄选制度进行说明。

重点问题

- 招募与甄选的内涵、原则和流程
- 公共部门人力资源招募的渠道
- 公共部门人力资源甄选的方法
- 国内外公务员招募与甄选制度

6.1 公共部门招募与甄选概述

6.1.1 招募与甄选的内涵

公共部门招募与甄选也称公共部门招聘，是公共部门人力资源管理的入口管理，对于维护公共部门的人员稳定，促进人力资源的供需平衡、合理配置和人才储备具有重要意义。

1. 招募的内涵

招募（recruitment）是指为了适应组织发展需要，依据人力资源战略与规划，通过多种渠道吸引候选人来填补组织职位空缺的过程。由于不同公共部门的战略不同，它们对招募赋予了不同的重要程度。一般而言，所有公共部门在人才招募环节都要具备详细的招募管理制度、职位说明书体系、招募计划等方面的文件，以保证招募的有效性和可操作性。

（1）招募管理制度。招募管理制度是招募工作计划、执行及目标实现的重要保证。它包括招募计划的制订程序、招募过程中各项事务执行的依据及标准、招募管理原则等。招募管理制度的建设是招募管理体系标准化的重要前提。

（2）职位说明书体系。公共部门应该像企业一样建立完善的职位说明书体系，职位说明书是招募工作的重要参考依据。职位说明书是在职位信息收集、比较、分类的基础上进行编写的，是职位分析的关键环节。职位说明书的内容、职位说明书的编写规范、职位说明书编写的注意事项等内容已经在前面的章节中进行了阐述，在此不再赘述。

（3）招募计划。一般来说，完整的招募计划应包括分析招聘需求、确定招聘渠道、确定招聘时间与地点、编制招聘预算等内容。

2. 甄选的内涵

甄选（selection）是指根据组织的职位需求，综合运用多种测评技术和方法，从某一职位的所有候选人中挑选出最合适的职位填补者的过程。通过人员甄选，组织做出允许谁或不允许谁加入组织的决定。甄选过程始于招聘到的候选人，然后试图减少他们的数量，留下空缺职位最合适的人选。在这个过程的最后，被选中的人员会被安排在组织的相应职位上。人员甄选对公共部门招募人才来说至关重要，在应聘人员进入组织之前，需要经过一系列的甄选过程，以保证挑选出来的人才既愿意为组织提供服务，又具备相应的知识、经验和技能，符合任职的标准和要求。甄选对公共部门而言，具有三个方面的重要意义：

（1）保证组织得到高额回报。组织录用员工后，就要在该员工身上投入工资、福利、培训等费用。组织对员工的投入是否得到回报、何时得到回报、得到多大回报，则取决于员工的工作态度、工作积极性和其劳动生产率。其中，员工的工作态度和工作积极性取决于其对工作的满意度，而员工的劳动生产率则取决于其所掌握的劳动技能、知识和经验等。如果在人员甄选过程中能做到员工对工作满意，愿意为组织工作，并且组织对员工的技能、知识、经验也很满意，那么组织必然会收到高额、快速的回报。

（2）降低员工的辞退率与离职率。组织不仅要把人才招募进来，更应该把人才留住。能否留住人才，既要依靠招募后对员工的有效培养和管理，也要依靠招聘过程中的有效选择，即在甄选过程中对应聘者进行准确的评价。那些认可组织的价值观、在组织中能找到适合自己兴趣和能力的岗位的人员，在短期内离开组织的可能性就比较小。可见有效的甄选可以减小组织录用不合格人员和不愿意为组织工作人员的可能性，能够降低员工的辞退率与离职率，为组织降低离职成本。

（3）为员工提供公平竞争的机会。有效的人员甄选应当为组织内的员工与组织外的应聘者提供公平竞争的机会，通过一系列的考试、面试、测试等选择环节，使每一个应聘者均有机会展示自己的才能，得到更好的发展。

6.1.2 招募与甄选的原则

公共部门招募与甄选除了要为组织招聘到符合标准的人员外，还是一项社会性、政策性较强的工作。公共部门招募与甄选必须遵循以下原则：

1. 公开招聘的原则

公共部门应把招聘信息与招聘方法公之于众。这样做不仅可以将招聘工作置于公开监督之下，以防止不正之风，还可以吸引大批的应聘者，从而有利于招到一流的人才。

2. 德才兼备的原则

德才兼备是我国公共部门历来的用人标准。司马光曾说过，德才兼备者重用，有才无德者慎用，无德无才者不用。为此，公共部门在招募与甄选工作中应该对那些有才无德的人保持高度警觉。

3. 平等竞争的原则

公共部门应对所有报考者一视同仁，不能人为制造各种不平等的限制或条件（如性别歧视）和优惠政策，努力为社会上的有志之士提供平等竞争的机会，不拘一格地甄选、录用各方面的优秀人才。

4. 效率优先的原则

公共部门人力资源招募与甄选应该以尽可能少的成本录用到合适的人员，通过选择最合适的招聘渠道、考核手段，在保证任职人员质量的基础上节约招聘费用，避免长期职位空缺造成的损失。

6.1.3 招募与甄选的流程

公共部门招募与甄选的流程是指从出现职位空缺到候选人正式进入公共部门工作的整个过程。这个过程通常包括根据人力资源规划和职位说明书确定招聘计划、招募、甄选、录用、评估等一系列环节（见图 6－1）。

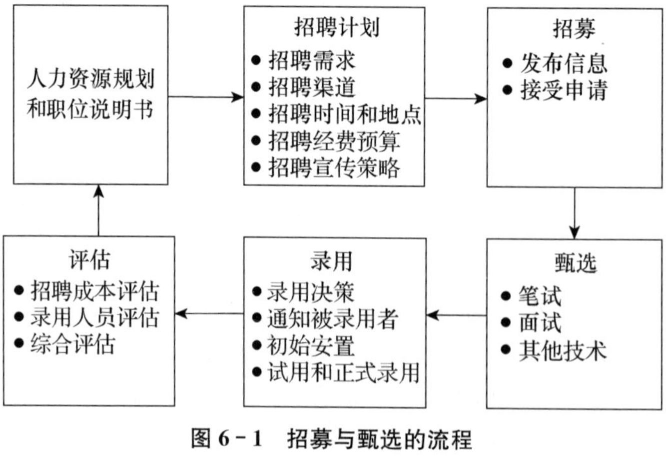

图 6－1 招募与甄选的流程

1. 招聘计划

这个阶段的主要任务是在分析招聘需求的基础上制定招聘计划及具体的实施策略。

（1）分析招聘需求。

由各部门提出所缺职位人员的信息，包括人数、层次、职位要求等，正式向人力资源管理部门提出招聘需求申请。人力资源管理部门则会同各个有关部门，根据组织的人力资源规划，共同识别并认定这些职位是否确实需要招聘员工。有些缺员并不一定需要通过对外招聘途径来解决的，人力资源管理部门将与各个用人部门沟通，通过员工调剂、加班、雇临时工等方法予以解决；而对确实需要招聘的缺员职位予以初步认定，并经由上级主管部门及领导审核与批准，最终确定招聘需求。

（2）制定招聘计划及实施策略。

招聘需求明晰之后，人力资源管理部门会同用人单位及相关部门共同制定招聘计划及具体策略。其内容主要包括：招聘目的；人员需求清单（包括招聘的职位名称、人数、任职资格要求等内容）；招聘的时间和新员工上岗时间；招聘的渠道和方法选择；招聘的规模；招聘的地点选择；招聘及面试小组成员；招聘经费预算；招聘宣传策略。

其中，对于招募的渠道和方法，我们将在下一节做较为详细的介绍。这里重点谈谈招聘的时间、地点、规模、经费预算和宣传策略。

1）招聘的时间。这是指为保证新聘人员准时上岗，在什么时间开始招聘工作最合适。一般来说，招聘时间的具体计算公式为：

招聘时间＝用人日期－准备周期＝用人日期－培训周期－招聘周期

公式中的培训周期是指新员工进行上岗培训的时间；招聘周期是指从开始报名、确定候选人名单、面试直到最后录用的全部时间。

2）招聘的地点。为了节省费用，组织应将其招聘的地理位置限制在最能产生效果的人才市场上。一般来说，高级技术与管理人员倾向于在全国乃至全球范围内招聘；中级技术与管理人员通常在跨地区范围内招聘；操作工人和办事人员常常在当地招聘。

3）招聘的规模。它是指公共部门准备通过招聘活动吸引多少数量的应聘者。一般来说，组织是通过招募录用的金字塔模型来确定招聘规模的，也就是说将整个招募录用过程分为若干个阶段，以每个阶段通过的人数和参加人数的比例来确定招聘的规模（见图6－2）。

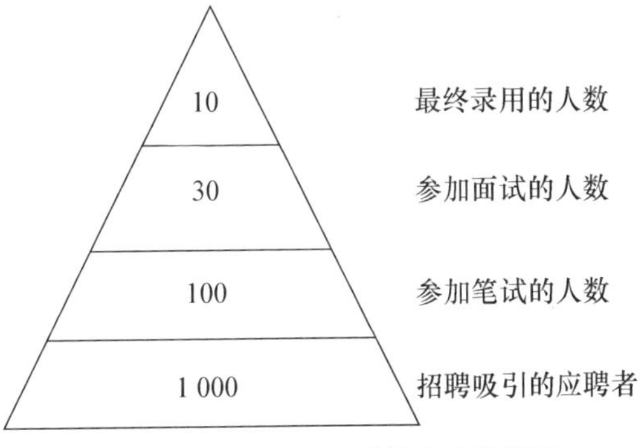

图6－2　公共部门招聘的金字塔模型

在使用金字塔模型确定招聘规模时，一般是按照从上到下的顺序来进行的。例如在图 6－2 中，组织的职位空缺为 10 个，面试与录用的比例一般为 3∶1，因此就需要 30 个人来参加面试；而笔试与面试的比例为 10∶3，因此就需要 100 人来参加笔试；应聘者与参加笔试者的比例为 10∶1，所以组织需要吸引 1 000 名应聘者，招聘的规模相应就是 1 000人。

使用这一模型确定的招聘规模，取决于两个因素：一是招聘录用的环节，环节越多，招聘的规模相应地就越大；二是各个阶段通过的比例，这一比例的确定需要参考组织的历史数据和同类组织的经验，每一个阶段的比例越高，招聘的规模就越大。

4）招聘的经费预算。招聘的经费主要由两部分组成：一是人工费用，即招聘人员的工资、福利、差旅费、生活补助和加班费等；二是业务费用，包括通信费、广告费、资料费和办公用品费等。在计算招聘费用时，应当仔细分析各种费用的来源，把它们归入相应的类别中，以避免出现遗漏或重复计算的问题。

5）招聘的宣传策略。公共部门应该利用招聘过程进行积极的形象或者声誉宣传活动，不仅提供职位薪水、工作类型、工作安全感、晋升机会等与职位相关的信息，还应让求职者了解组织文化、管理方式、工作条件、同事、工作时间等信息。只有准确、有效地传达了这些信息，求职者才会在评价自身的基础上思考自己是否适合这样的工作，这就在公共部门甄选之前由求职者自己完成了一个自我甄选的过程。

2. 招募

招募主要是指利用各种传播工具发布职位信息，鼓励和吸引人员应聘。它主要包括发布招聘信息和接受应聘者申请两项工作。

（1）发布招聘信息。

公共部门在发布招聘信息时主要应注意信息发布的范围、时间及招聘对象的层次。

1）信息发布的范围。信息发布的范围取决于招聘对象的范围，发布信息的面越广，接受招聘信息的人就越多，应聘者也就越多，因而组织招聘到合适人员的概率就越大，但费用支出相应也会增加。

2）信息发布的时间。在条件允许的情况下，招聘信息应尽早发布，以缩短招聘进程，同时也有利于更多的人获取信息进行应聘。

3）招聘对象的层次。组织要招聘的特定对象往往集中于社会的某个层次，因而要根据应聘职务的要求和特点，向特定层次的人员发布招聘信息。比如招聘计算机方面的专业人才，则可以在有关计算机专业杂志上发布招聘信息。

（2）接受应聘者申请。

应聘者在获取招聘信息后，向招聘单位提出应聘申请。应聘申请常有两种：一是信函式，二是直接填写招聘单位应聘申请表（网上填写提交或直接到单位填写提交）。无论哪种方式，应聘者都应提供以下个人资料：应聘申请表，且必须说明应聘的职位；个人简历、学历有关证明，包括获得的奖励、证明的复印件、身份证的复印件。

招聘人员在接受应聘者的申请及回收应聘资料的过程中，不应被动地收取，而应当进行初步筛选，剔除那些明显不符合要求的人员，从而减轻甄选录用的工作量。许多单位还专门建立招聘信息库，以供将来继续招聘时使用和招到合适的人才。

3. 甄选

甄选是员工招聘中最关键的一步，也是技术性最强的一步，其目的是将不合乎职位要求的求职者排除掉，最终甄选出最符合组织要求的人员。职位说明书是甄选的基础，也就是说，以职位说明书中所要求的知识、技术和能力来判断候选人的资格。关于员工甄选的内容，我们将在6.3节做更为详细的介绍。

4. 录用

这个阶段主要涉及对经甄选合格的求职者进行录用决策、通知被录用者、初始安置、试用和正式录用等过程。

(1) 录用决策。录用决策是依据客观事实，避免主观武断和不正之风的干扰，把选择阶段多种考核和测试结果组合起来，进行综合评价，从中择优确定录用名单。录用决策是员工录用中最关键的环节。

(2) 通知被录用者。通知被录用者可以通过电话或信函，联系时要讲清组织向被录用者提供的职位、工作职责和月薪等，并讲清楚报到时间、报到地点以及报到应注意的事项等。

(3) 初始安置。组织对新录用的员工要进行初始安置，即给其安排工作，明确其工作职责和权限。同时，按照相关法律法规的要求，办理录用手续，签订劳动合同。此后，组织还应该开展新员工培训工作，让他们了解组织的历史、现状、未来发展计划，他们所在部门的情况，组织的规章制度，工作职责，工作流程，组织文化，并让他们熟悉同事等。

(4) 试用和正式录用。对决定录用的人员，在签订录用合同以后，还要根据公务员法或劳动合同法的规定，有一定的试用期，如果试用合格，试用期满便按劳动合同规定办理正式录用手续，即“转正”，使他们享有正式员工的权利并履行相应的责任。

5. 评估

这是招聘的最后一项工作。研究表明，不同的招聘渠道和方法，产生的招聘效果是不同的。用不同的方法招聘进来的员工可能表现出不同的工作绩效、流失率、缺勤率。只有对招聘工作进行及时评估才可能找到招聘工作中存在的问题，从而适时地对招聘工作进行调整，提高下一轮招聘工作的质量。对招聘效果进行评估，一般从以下几方面来进行：

(1) 招聘成本评估。对招聘中的费用进行调查、核实，对照预算进行评价，主要指标是招聘单价。

招聘单价＝招聘总费用/录用总人数

招聘总费用＝招聘费用＋考评费用＋录用费用＋安置费用

(2) 录用人员评估。根据招聘计划对录用人员的质量和数量进行评价，主要指标是应聘率、录用率、完成率、到位率。

应聘率＝应聘人数/计划招聘人数×100%

录用率＝录用人数/应聘人数×100%

完成率＝录用人数/计划招聘人数×100%

到位率＝到职人数/录用人数×100%

（3）综合评估。综合评估是指对招聘的渠道、方法、过程等诸多方面进行评估。综合评估的指标体系如表6－1所示。

表6－1　招聘综合评价指标体系

一般评价指标	1. 补充空缺的数量或百分比 2. 及时地补充空缺数量或百分比 3. 平均每位新员工的招聘成本 4. 业绩优良的新员工的数量或百分比 5. 留职至少一年以上的新员工的数量或百分比 6. 对工作满意的新员工的数量或百分比
基于招聘人员的评价指标	1. 参与面试者的数量 2. 被面试者对面试质量的评级 3. 职业前景介绍的数量和质量等级 4. 推荐的候选人中被录用的比例 5. 推荐的候选人中被录用而且业绩突出的员工的比例 6. 平均每次面试的成本
基于招聘方法的评价指标	1. 引发的申请数量 2. 引发的合格申请的数量 3. 平均每个申请的成本 4. 从方法实施到接到申请的时间 5. 平均每个被录用员工的招聘成本 6. 录用员工的质量（绩效、出勤等）

资料来源：李燕萍，李锡元．人力资源管理．武汉：武汉大学出版社，2012：209.

6.2　公共部门人力资源招募

公共部门人力资源招募的渠道主要有两种，即内部招募和外部招募。这两种渠道相辅相成，对公共部门人力资源的获取具有同等重要的地位。

6.2.1　内部招募

内部招募是指从组织内部发掘、获取组织所需要的各种人才，填补组织的职位空缺。内部招募的途径主要有内部晋升、工作轮换和返聘等。

1. 内部晋升

从组织内部提拔合适的人员到空缺的职位上去，是常见的一种内部招募渠道。内部晋升的主要优点是：一方面，省时、省力、省费用；另一方面，为员工提供了发展的机会，能够激励员工奋发向上，并有利于组织建立稳定的核心团队与加强组织文化建设。内部晋升的缺点是：人员选择范围小，可能招不到最优秀的员工而造成“近亲繁殖”的弊端，而且有可能使没有获得晋升的优秀员工消极怠工，甚至对组织产生不满的情绪而离开，导致人才流失。

2. 工作轮换

工作轮换是指职务等级不变，而职位发生变化。工作轮换为员工提供从事组织内多种工作的机会，使他们在学会多种工作技能的同时，培养更广阔的工作视角，为今后的发展或提升做好准备。不过，工作轮换有可能导致员工进入工作角色慢，增加培训开支等。

3. 返聘

组织经常会将解雇、提前退休、已退休或下岗待业的员工再召回组织来工作。由于这部分老员工对组织非常了解，能很快进入工作角色，为此可以节省大量的培训费用；同时又能以较小的代价获得有效的激励，使组织具有凝聚力，促使组织与员工个人共同发展。

6.2.2　外部招募

外部招募是指从公共部门外部吸收申请人。其常用方法有推荐招募、广告招募、网络招募、校园招募、借助职业介绍机构招募等。

1. 推荐招募

推荐招募是指通过组织的员工、客户或合作伙伴的推荐来进行招募的一种方法。它包括员工或熟人推荐和毛遂自荐。推荐招募对招募专业人才比较有效。其优点是成本低廉、招募效率高、应聘人员素质高、可靠性高；缺点是随机性大，甄选的范围比较有限。国外有些组织采用“有计划的机会主义”，把这种熟人推荐和毛遂自荐办法纳入组织的人事制度框架，鼓励员工推荐合适人选，并规定如果所荐员工被录用并工作出色，推荐人可得到一笔相当可观的推荐费用，从而形成一个非正式的人才推荐制度。

2. 广告招募

广告招募是公共部门进行外部招募时最常用的方法，它是指通过广播、报纸、电视和行业出版物等传统媒介向公众传递组织的人员需求信息。使用该方法时，要考虑到广告媒体的形式和广告内容的构思，以便吸引到组织需要的目标群体。为了使广告达到预期的目的，广告的设计要遵循 AIDA 原则：A（attention），是指广告要引起人们的注意；I（interest），是指广告要激起人们对空缺职位的兴趣；D（desire），是指广告要唤起人们应聘的愿望；A（action），是指广告要唤起人们能够采取行动。

在报纸、电视等载体上刊登、播放招募信息受众面广，收效快，过程简单，一般会收到较多的应聘资料，同时也会对组织具有一定的宣传作用。但是，广告招募成本通常比较高。但即便如此，它仍然是较为普遍的招募方式之一。

3. 网络招募

网络招募是随着互联网发展起来的一种新型的招募方式。公共部门可以利用互联网发布招聘广告，也可以让求职人员利用网络进行求职相关搜索。网络招募已经成为很多组织使用的一种手段，同时也有越来越多的求职者去网上搜寻就业机会。公共部门可用两种方式通过网络来进行招募：一种方式是在组织网站上建立一个招募渠道，由组织自己获取和筛选求职者的资料；另一种方式是委托专业的招聘网站进行招募，最后再进行验证测试即可。

事实上，网络在很大程度上与报纸、电视等一起构成了广告招聘媒介，这些媒介分别具有自己的优点和缺点，公共部门应当根据具体情况来选择最合适的媒介。表 6－2 是对各种广告媒介的一个简单比较。

表 6－2 各种广告媒介的比较

媒介	优点	缺点	适用范围
报纸	成本低，版面大小可以灵活选择，发行广泛，分类广告便于查找	制作质量比较差，对象没有针对性，容易出现招聘竞争，容易被忽视	潜在的应聘者集中在某一地区并且需要阅读报纸找工作
杂志	印刷质量好，保存时间长，针对性比较强，可以灵活选择版面大小	发行时间较长，发行地域太广，见效期较长	招聘的职位比较专业，时间没有限制，招聘的范围比较广
电视	容易引起注意，灵活性强，传递信息更直接和主动	费用高，传递的信息简短，持续时间短，不能选择特定的应聘者	需要迅速引起人们的注意，无法使用印刷广告，某一地区有多种类型的潜在应聘者
互联网	费用低，速度快，传播范围广，信息容量大	信息过多，容易被忽略；有些人不具备上网条件；容易出现竞争现象	全球范围的招聘
印刷品	容易引起应聘者的兴趣，并引发他们的行动	宣传力度有限，有些印刷品可能被人抛弃	在特殊场合比较适用，如展示会、招聘会等

4. 校园招募

校园招募针对的对象主要是在校的毕业生群体，大学校园是专业人员、技术人员及管理人员的重要来源。由于社会上有经验的员工数量有限，而且获取这些人才的成本往往比较高，因此越来越多的组织选择进入校园进行招募，以发掘潜在的人才，同时借此机会树立自身形象。

校园招募的优点是：组织可以找到足够数量的高素质人才，而且新毕业学生的学习愿望和学习能力较强，可塑性很强；与具有多年工作经验的人相比，新毕业学生的期望薪酬较低。但校园招募也存在不足：学生没有工作经验，需要进行一定的培训；他们往往存在过于理想化的期待，对于自身能力也有不现实的评估，容易对工作和组织产生不满，进而流失率高；校园招募需要经过系统的策划，因此组织需要付出较大的努力。

为了提高校园招募的质量和效率，组织可以从以下几方面进行工作：第一，根据空缺职位情况选择合适的学校及学生群体；第二，与学校学生工作部门建立长期联系，而且可以组织学生到本组织实践，尽早相互了解，使他们在毕业时把本组织看作首选目标；第三，为优秀人才设立奖学金，设立的奖学金一般要针对组织所要获得的目标人才群体；第四，让组织形象经常出现在校园里，让学生了解组织，如赠送一些带有组织标识的纪念品和公共设施；第五，一旦决定录用就与学生签署协议，协议要明确双方的责任，尤其是违约的责任，以约束学生随意变更就业单位的行为。

5. 借助职业介绍机构招募

职业介绍机构（employment agency）是指帮助公共部门招募员工，同时又尽力帮助个人找到工作的一种组织。职业介绍机构一般有公立和私立之分。在国外，公共职业介绍机构主要为蓝领工人服务，有时兼管失业救济金的发放，而私人职业介绍机构针对的对象主要是办公室职员、白领雇员和管理人员。我国的私人职业介绍机构产生的比较晚，经营上还不够规范，通常组织只是在招募临时员工时才会利用私人职业介绍机构。相比而言，我国的公共就业服务机构发达得多，由于在计划经济体制下存在着劳动部门和人事部门的传统分割，因此目前的公共就业服务机构也分化为劳动力市场和人才市场，组织一般在劳动力市场上招募蓝领工人，在人才市场上招募白领员工。

职业介绍机构是用人单位和求职者之间的桥梁，为用人单位推荐人才，为求职者推荐工作，同时也举办各种形式的人才交流会、洽谈会等。一般看来，组织在以下三种情况下会愿意借助职业介绍机构的力量来完成招募工作：一是没有自己的人力资源管理部门，不能较快地进行人员招募活动；二是某一特定职位需要立即有人填补；三是若组织发现自己去招募有困难，比如招募对象是目前仍在其他组织中工作的人，组织本身可能不太方便直接同竞争对手接触，就可以通过职业介绍机构来解决人员招募问题。

通过职业介绍机构招募的优点是：招募时间短，应聘者众多，组织内部较难形成“裙带关系”。它的缺点是：招募费用较高，而且招募方对应聘者情况不够了解，应聘者鱼龙混杂，不一定有职位适合人选。因此，组织要选择信誉较高的机构，同时对应聘者要再进行一次测试。为了保障测试的可靠性和有效性，组织还应该让职业机构提供较为详细的应聘者资料。

6.2.3 内部招募与外部招募的比较

公共部门内部招募和外部招募各有利弊，如表6－3所示。具体选用哪种渠道要根据组织的战略计划、管理环境、招募职位以及员工上岗速度等进行综合考虑。

表6－3　公共部门内部招募与外部招募的比较

	内部招募	外部招募
优点	● 了解全面，准确性高 ● 可鼓舞士气，激励员工进取 ● 应聘者可更快适应工作 ● 使组织培训投资得到回报 ● 选择费用低	● 人员来源广，选择余地大，有利于招到一流人才 ● 新员工能带来新技术、新思想、新方法 ● 当内部有多人竞争而难以做出决策时，向外部招募可在一定程度上平息或缓和内部竞争者之间的矛盾 ● 人才现成，节省培训费用
缺点	● 来源局限于组织内部，水平有限 ● 容易造成“近亲繁殖”，出现思维和行为定式 ● 可能会因操作不公或员工心理原因造成内部矛盾	● 新员工不了解组织情况，进入角色慢，较难融入组织文化 ● 对应聘者了解少，可能招错人 ● 内部员工得不到机会，积极性可能会受到影响

在内部招募与外部招募二者如何有效结合的问题上，许多管理学者认为，倘若在内部员工之中找不到足以胜任职位所需的人选，则一定要借助外部招募；倘若内部员工可以胜任空缺职位的要求，也应至少保留一部分职位供外部招募。研究表明，至少应保留10%的中、上层职位供外部招募。这样，既可以给内部员工更多的发展机会，也可以促使外部新鲜血液的输入，并产生“鲶鱼效应”。总之，公共部门要综合分析各种招募渠道的优劣，确定适合不同招募对象的招募渠道及方法。

6.3 公共部门人力资源甄选

公共部门人力资源甄选的方法主要有笔试和面试，甄选常用的技术有无领导小组讨论和心理测验。

6.3.1 人力资源甄选的方法

1. 笔试

笔试（written examination）是对求职者的基本知识、专业知识、管理知识以及综合分析能力、文字表达能力的一种测试。

（1）笔试的特点。

笔试最明显的特点是以书面的形式向应聘者提问，并要求应聘者做出书面回答。笔试的优点在于：一是公共部门可以同时对大批应聘者进行测试，成本相对较低，费时较少，效率较高；二是笔试考核的信度和效度较高，标准性、科学性较强；三是试卷评判比较客观、准确，公平性与公正性相对较高；四是应聘者的心理压力较小，较易发挥正常水平；五是笔试方法能涵盖较多的考点，可以对应聘者的知识、能力进行多方面的测试；六是笔试的试题和结果可以作为一种档案资料长期保存，以备查询。笔试的缺点在于：一是无法全面考察应聘者的品质、态度、口头表达能力、灵活应变能力、组织管理能力等；二是可能出现“高分低能”现象，公共部门得不到真正需要的有能力的人才；三是应聘者可能由于猜题、欺骗、舞弊等行为而获得高分；四是对应聘者表达不清的问题不能直接进行询问，以弄清其真实水平。

（2）笔试的流程。

公共部门在对应聘者进行笔试甄选人才时，通常要经过以下五个步骤：成立笔试机构、试卷命题、组织笔试、评阅试卷和公布成绩。

1）成立笔试机构。公共部门通常有专门的负责笔试的组织与实施的机构，保证笔试工作有计划、有组织地进行。笔试机构根据公共部门的需要，编制工作计划，明确空缺岗位的数量、岗位所需的人数、笔试安排、试题的组织编制、经费预算以及笔试工作的实施等。

2）试卷命题，即编制笔试题目。编制试题是整个笔试过程中最关键的步骤，因为它直接影响笔试的信度和效度，进而影响最终的人员录用的质量。笔试机构组织专家和用人部门的负责人根据岗位所需的知识、技能等要求编制试题和参考答案。例如，现阶段中央和地方公务员招录考试的试卷主要有《行政职业能力测验》与《申论》两类。其中，《行政职业能力测验》试卷主要包括数量关系、判断推理、常识判断、言语理解与表达、资料分析这五个方面。《申论》的基本要求是针对一段材料，通常是社会事件、民事纠纷等，进行归纳整理，提炼概括，对材料、事件问题有所说明，有所申述，在此基础上发表中肯见解，提出方略并进行论证。它要求准确把握一定的客观事实或材料，做出必要的说明申述。

3）组织笔试。组织笔试包括做好试卷的印刷、考场管理、试卷的保管等工作。首先，主考人员必须经过严格的培训，掌握测试的基本原理、要求、方法和程序；其次，试卷的印刷要遵循专人负责、保密的原则；最后，笔试过程应做到实施规范，考场应选择安静、通风、光线明亮的地方，试卷要注意妥善保管。

4）评阅试卷。公共部门组织专家或用人部门主管批阅试卷，阅卷评分应制定统一的评分标准，采取分项流水作业、复核等方式，减少评分误差，使测试结果真实可靠。评阅工作尽量做到客观公正。

5）公布成绩。尽量让笔试公开化，做到尽早公布成绩，从中筛选下一个环节的候选人。

（3）笔试的内容。

广义上的笔试包括对知识、能力和心理素质的测试。笔试除了使用传统的纸笔，还可以借助计算机、网络、软件工具等进行。公共部门笔试的内容根据岗位性质和任职资格要求的不同而不同。一般而言，笔试的内容大致包括工作知识测试、智力测验、能力测验，以及人格、兴趣、价值观等心理测验。

1）工作知识测试。工作知识测试的目标非常明确，就是因事择人，为用而测。工作知识测试是通过纸笔测试的形式对应聘者的知识广度、知识深度和知识结构进行一定程度了解的一种方法。工作知识测试通常可以分为三大类，即通用知识测试、专业知识测试和相关知识测试。通用知识测试也称为广度测试或综合测试，测度内容广泛，是根据岗位需要，要求应聘者具备一定的文化程度，掌握必备的自然科学知识和社会科学知识；专业知识测试也称为深度测试，测试的内容是与应聘岗位有直接关系的专业知识，即要求应聘者具备履行岗位职责所需要的能力或技能的相关专业学科的理论知识；相关知识测试也称为结构测试，是了解应聘者对应聘岗位有关知识的考试，如与岗位要求相关的经济、社会、法律、科技等知识。

2）智力测验。智力测验是最早运用于人员测评和选拔的一种方法。从第一份比内-西蒙量表（1905 年）问世至今，已经有 100 多年的历史。其间各种智力量表依据不同的智力理论纷纷出现，其中比较有影响力的个体智力测验有韦克斯勒智力量表、瑞文测验和考夫曼精简智力测验以及考夫曼青年和成人智力测验，比较有影响力的团体智力测验是翁德里克人事测验。

3）能力测验。能力分为一般能力和特殊能力。一般能力是指在不同活动中表现出来的一些共同能力，如记忆能力、想象能力、观察能力、注意能力、思维能力、操作能力等，这些能力是完成任何一种工作都不可缺少的能力。特殊能力是在一般能力的基础上形成的岗位所需要的专业技术能力。例如，设计师需要具有良好的空间知觉能力以及色彩辨别能力，管理者需要具有较强的人际能力、分析能力等。

能力测验包括单项能力测验和多项能力测验。单项能力测验是一种或两种能力倾向的单项测验，而多项能力测验则是一套由几个不同能力的小测验组成的成套测验。多项能力测验要比单项能力测验更具有测量优势，能够反映出人们的工作、学习的成功往往是多种能力和因素的综合结果。常用的单项能力测验包括文书能力测验、心理运动测验、机械能力测验、音乐能力测验、美术能力测验、身体敏捷性测验和视觉测验。多项能力测验最初是为职业咨询与选拔而设计的。其中，最早的是美国就业服务中心编制的“一般能力倾向成套测验”，继而诞生了“鉴别能力倾向测验”“军事职业能力倾向成套测验”“员工能力倾向测验”等。国内常用于招聘选拔的多项能力测验有一般能力倾向测验（GATB）、区分性能力倾向测验（DAT）和“行政职业能力倾向测验”等。

4）心理测验。心理测验是通过观察人的少数具有代表性的行为，依据一定的原则或通过数量分析，对贯穿于人的行为活动中的个性、动机、价值观等心理特征进行分析推论的过程。在公共部门人员甄选中比较常用的心理测验有人格测验、兴趣测验、价值观测验等。有关公共部门心理测验的具体内容详见后面的章节。

2. 面试

面试（interview）是指面试者与应聘者直接见面，通过对话、提问等方式，了解应聘者的个性特征、能力状况以及求职动机等方面信息的一种员工甄选测评方法。面试是使用最为普遍的一种甄选测评方法，几乎所有的员工甄选过程都会使用面试方法，而且还常常在一个招募甄选测评程序中不止一次地使用。对用人单位而言，面试突破了笔试的局限，可以更多地了解应聘者的信息或资料，以提高员工甄选的准确性。这些信息或资料包括应聘者的口头表达能力、为人处事能力、实际操作能力、独立处理问题能力，以及道德品质、言行举止、兴趣爱好、脾气秉性等。对应聘者来说，面试是一个充分展示自己，进一步了解用人单位的良好机会。

（1）面试的种类。

面试有很多种类型，根据不同的划分标准，会有不同的结果。

1）根据面试的标准化程度，面试可以分为结构化面试（structured interview）、非结构化面试（unstructured interview）和半结构化面试（semi-structured interview）。结构化面试又称为规范化面试，是指依照预先确定的题目、程序和评分标准进行面试，要求做到程序的结构化、题目的结构化和评分标准的结构化；非结构化面试指的是根据面试中的具体情况随机进行提问的面试；半结构化面试是介于结构化与非结构化之间的一种面试形式。在面试工作中，公共部门往往会根据不同的情况选择合适的面试方式。例如，对于工作程序较强的职位，一般用结构化面试，而对于较重要或灵活的职位，则采用非结构化面试。

2）根据面试实施的方式，面试可分为单独面试（individual interview）与小组面试（panel interview）。单独面试是指面试考官与每一位应聘者单独交谈的面试形式；小组面试是指面试考官同时对若干个应聘者（应聘者小组）进行面试的形式。

3）根据面试题目的内容，面试可分为情境面试（situational interview）和以行为为基础的面试（behavior based interview）。在情境面试中，面试题目主要是一些情境性的问题，即给定一个情境，看应聘者在特定的情境中是如何反应的；以行为为基础的面试，主要是提问一些与应聘者过去的工作经验有关的问题。

4）根据面试的气氛，面试可分为压力性面试（stress interview）和非压力性面试（non-stress interview）。压力性面试是将应聘者置于一种人为的紧张气氛中，考官以“压力发问”方式让应聘者接受诸如挑衅性的、刁难性的刺激，以考察其应变能力、压力承受能力以及情绪稳定性等。非压力性面试是在没有压力的情境下考察应聘者有关方面的素质。

5）根据面试的进程，面试可分为一次性面试与分阶段面试。一次性面试是指用人单位将应聘者集中在一起一次性完成的面试；分阶段面试是指用人单位分几次对应聘者进行面试。

6）根据面试的功能，面试可分为鉴别性面试、评价性面试和预测性面试。鉴别性面试是依据面试结果把应聘者按相关素质水平进行区分的面试；评价性面试则是对应聘者的素质做出客观评价的面试；预测性面试是指对应聘者的发展潜力和未来成就等方面进行预测的面试。

（2）面试的实施。

1）面试的准备。

第一，明确面试的目的。面试之前要明确面试的真实目的，除了考察应聘者是否具备成为组织员工的基本个人素质，还应通过面试掌握应聘者从前工作的行业或组织信息，并使对方了解本组织和工作等。

第二，成立面试小组并实施相关培训。面试小组成员一般由三部分人员组成：一是用人部门代表；二是人事部门专门负责招募的人员；三是独立评选人员。独立评选人员应与招募职位有密切的工作关系。面试小组一旦成立，就应该对面试考官进行相关内容的培训。

第三，阅读应聘者简历。面试之前要仔细阅读被面试者的应聘简历。这样不仅能够熟悉应聘者的背景、经验和资格，并将其与职位要求和工作职责相对照，对应聘者的胜任程度做出初步判断，同时还能够发现应聘者简历中的一些问题，供面试时使用及讨论。

第四，制定面试评分表。面试评分表能够使面试者把精力集中到某一职位的具体要求上，进而根据这些要求对每个应聘者进行测评并做出评判，即打分。面试评分表的内容必须按照职位说明书的要求进行设计，根据重要性加以排序，并分别赋予权重（见表6-4）。这样可以明确需要测评应聘者哪些方面的素质，有利于有效客观地评估应聘者。

表6-4　某组织人事处处长面试评分表

应聘者	相关工作经验（20%）	领导才能（15%）	人际关系能力（15%）	处理矛盾和冲突的能力（15%）	进取心（10%）	语言表达能力（10%）	学历（10%）	举止仪表（5%）	总分
甲									
乙									
丙									
丁									

第五，确定面试时间和场所。面试双方事先必须约定好合适的面试时间，以便可以全身心地投入其中。此外，面试环境应该安静、舒适、整洁，物品的摆放要合理，以避免干扰应聘者水平的发挥，影响到面试的效果；面试地点也可以突出招聘组织的特点，这样会更有利于双方的交流。

2）面试的过程及技巧。

大多数的面试过程包括四个阶段：预备阶段、引入阶段、正题阶段和收尾阶段。每个阶段都有各自不同的主要任务，而且适用的面试题目类型也有所不同。

第一，预备阶段。在开始正式面试之前，面试官应该努力营造一种轻松、友好的氛围，使双方都能够消除紧张感，以有利于更加有效地沟通。通常的方式是讨论一些与工作无关的问题，如天气、交通等。这部分大致占整个面试2%的比重，通常不采用基于胜任素质的行为性面试题目，而主要采用简短的直接性问题。

第二，引入阶段。在此阶段，面试官要问一些应聘者有所准备且比较熟悉的题目，如让应聘者介绍一下自己及过去的工作情况等。这部分占整个面试的比重一般是8%，以开放式问题为主。这样的问题不仅为应聘者提供了谈话的素材，也使双方关系趋于和谐、逐渐进入角色及状态。

第三，正题阶段。此时，面试双方都应该知道面试已经进入最为重要的核心阶段。在此阶段，面试官应该通过引导应聘者讲述一些关于胜任素质的事例来收集应聘者的关键信息，并对这些信息做出基本判断和评价。该阶段占整个面试的比重为80%，面试官要灵活运用直接式、开放式以及自我评价式的问题和其他面试技巧与应聘者进行交流，控制面试的节奏，有效获得应聘者的有关胜任素质的信息。

第四，收尾阶段。当面试接近尾声时，面试官应该检查是否有遗漏的问题和对不能确认的信息在最后的阶段加以追问。在这个阶段，如果面试官已经初步认定应聘者合适，那么可以向他“推销”本单位及空缺职位的一些基本情况，以增加应聘者对应聘职位的兴趣；如果还无法确定应聘者是否为组织所需要的人，就要用一些感谢的话来表明对对方的友好和尊重。

在面试过程中，面试官必须注意提问的技巧，主要注意以下几点：

一是不要问带有提问者本人倾向的问题。例如以“你一定……”或“你没……”开头的问题。

二是避免提出引导性的问题。例如，“当你接受一项很难完成的任务时，会感到害怕吗?”“你不介意加班，是吗?”提出的问题应该尽量能让被面试者用其过去的言行实例来回答。提问应由浅到深、由易到难、循序渐进，使被面试者逐渐进入最佳状态。

三是要把握好节奏和进度，不要被细枝末节的问题纠缠。

四是努力营造和谐的谈话气氛，以便被面试者能够将真实的信息自然地表露出来。

在面试过程中，面试小组成员应填写面试记录表，陈述对应聘者的评语及结论。全部面试结束后，面试小组成员应讨论对各位应聘者的意见，当小组成员未能达成一致意见时，由用人部门代表拍板决定。评价结果应填写在面试结果推荐书上，送达用人部门主管及人事部门备案。人事部门向入选者发出录用通知，同时将面试结果通知落选者。

6.3.2　人力资源甄选常用的技术

1. 无领导小组讨论

无领导小组讨论（leaderless group discussion，LGD）是评价中心技术中经常使用的一种测评技术，采用情景模拟的方式对受测者进行集体面试。它是指把一定数目的受测者组成一组（6～9人），进行一个小时左右与工作有关问题的讨论，讨论过程中不指定谁是领导，也不指定受测者应坐的位置，让受测者自行安排组织，评价者来观测受测者的组织协调能力、口头表达能力、辩论的说服能力等各方面的能力和素质是否达到拟任岗位的要求，以及自信程度、进取心、情绪稳定性、反应灵活性等个性特点是否符合拟任岗位的团体气氛，由此来综合评价受测者之间的差别，看谁会从中脱颖而出，成为自发的领导者。评价者只是安排受测者的讨论题目，观察每个受测者的表现，给受测者的各个要素评分，从而对受测者的能力、素质水平做出判断。

无领导小组讨论运用松散群体讨论形式，快速诱发人们的特定行为，并通过对这些行为的定性描述、定量分析以及人际比较来判断被评价者的个性特征，在员工选拔中效果明显。国外的研究证明，无领导小组讨论在评价中心技术中的使用频率为59%，而国内的一项研究表明其在评价中心技术中的使用频率为85%。国家公务员考试也将无领导小组讨论列入测验的工具，该方法在企事业人才的选拔实践中被广泛采用。

（1）无领导小组讨论的操作过程。

1）材料准备。

第一，确定讨论题目。通过职位分析，了解该岗位员工所需的能力和技能，同时讨论题目必须具有争论性，且要符合无领导小组讨论的要求，根据这些要求编写初稿，经过讨论修改和专家评审，最后得以成稿。

第二，确定评分标准和评分范围，设计观察记录表和成绩评分表。首先根据人、职、组织匹配的原则进行岗位分析，在此基础上，根据岗位特征和无领导小组讨论本身的特点，选取各种素质能力测评要素，赋予各胜任素质要素权重，反映出胜任力特征各项分值的比例。然后，根据所需要具备的胜任能力模型，设计该成绩评分表（该评分表包括评分标准和评分范围），对每个应聘者进行打分，然后计算应聘者的总分，同时考虑该组织的文化及战略背景，最后决定被录用者。

第三，对考官进行培训。在评分前，应对选定的参与评分的考官进行培训。一般选取心理学专家或人才测评专家共同担任现场评价者。实验前，让他们共同对无领导小组讨论的观察方式、记分方式、评分标准等进行分析与研究，以充分保证招聘的有效性和科学性。

第四，选定场地。无领导小组讨论的考场必须满足安静、宽敞、明亮等条件，座位的安排无主次之分，座位上依次标明序号，由应聘者抽签的方式决定座位顺序。考场内装有闭路电视，考官在另一间房间进行测评，避免给应聘者造成心理压力。

2）实施讨论。

第一，宣读指导语，阅读讨论题目，做好发言准备。在此阶段，进行抽签入座，给应聘者提供必要的材料，主要包括讨论题材、纸和笔。由一名考官介绍讨论程序，宣读指导语和讨论题目，同时留出几分钟时间让应聘者做好准备，一般为5分钟左右。

第二，自由发言，参与讨论，表现自我。在自由发言阶段，要求每个人先阐明自己的观点，发言顺序是随机的。这样做的优点：一是根据各应聘者的发言内容，考官可以初步判断每个人的分析问题能力、表达能力和创新能力。二是保证每个人有发言机会。然后应聘者之间进行交叉辩论，继续阐明自己的观点，或对别人的观点提出不同的意见，完善个人的观点，得出小组的一致意见。考官的任务是观察记录每个发言者的发言内容和行为。

第三，角色模拟，总结发言。讨论时间结束后，推荐一名代表进行总结发言，阐述讨论结果，其他人做补充。同时，考官需要写一份评定报告，内容包括此次讨论的整体情况、回答问题内容等，重点说明每个应聘者的具体表现、自己的建议等。

3）分析结果。

一是成绩评定。评分一定要公正、客观，以应聘者的具体表现为依据，不能带有任何的偏见。录用时还要考虑组织的文化和战略背景。二是信度分析，即考官之间的评分应具有一致性。无领导小组讨论是一种由多个评价者对多个被评价者进行评价的方法，所以考官的评分需要具有一致性信度，即采用考官一致性系数作为一种衡量信度的指标。研究中，无论是在单个维度上还是在总分上，其评分一致性都达到非常显著的程度（$p<0.01$），那么就可以说明考官的评分一致性很高，各考官所做出的评分结果趋同，无领导小组讨论的评分具有很高的可靠性。

（2）无领导小组讨论的优势。

1）人际互动效应和角色的平等性。无领导小组讨论是在多个应聘者之间进行互动的基础上完成的，是一个动态的交流过程，同时这些应聘者之间又是平等的，这样有利于实现地位上的“去中心化”，有利于每个应聘者不受拘束，保证每个应聘者都能真实而充分地表现自我。

2）讨论活动中的赛马场效应。在传统的面试测评方式中，应聘者只需接受考官的提问即可，这种提问式的测评方式缺乏直接竞争性，同时应聘者之间并没有发生正面的较量，他们之间的竞争是一种间接竞争。无领导小组讨论改变了这种传统的形式，需要应聘者之间正面竞争，因而强化了面试的竞争性，可以说为应聘者提供了一个“赛马场”，这样更有利于识别最具潜能的“千里马”。

3）测评方式的仿真模拟性。无领导小组讨论为应聘者提供了一个具体的问题和情境，这就会使他们表现出更多的真实性行为，更有利于考官对应聘者的行为和言语进行更加准确和科学的评价。

4）应聘者较难掩饰。在笔试和一般的面试中，应聘者更容易掩饰自己，而在无领导小组讨论过程中，应聘者往往处于压力情境下，会暴露自己的特点，较难进行掩饰。加之应聘者常常不知道在测什么特质，所以往往会在无意之中表现出自己各方面的特点。

（3）无领导小组讨论的不足。

1）适用对象的特定性。无领导小组讨论最突出的特点就是具有生动的人际互动效应，可以很好地考察应聘者的人际影响力、思维能力、表达能力等。严格来讲，无领导小组讨论并不局限于某些特定岗位，适用于选拔那些经常与人打交道的岗位人员，同时由于使用成本较高，所以较适用于选拔中高层管理者、销售和人力资源管理类岗位。比如对于财务人员等其他岗位人员的选拔，无领导小组讨论并不是十分适用。所以，无领导小组讨论招聘方式具有一定的适用对象和范围。

2）题目设计要求较高。题目的质量直接影响无领导小组讨论的有效性，题目必须具有争论性，并且题材要为大家所熟悉，题目内容不会诱发应聘者的防御心理，同时难度适中。如果题目设计不好，则会直接影响评价的质量。

3）对考官要求较高。无领导小组讨论的考官必须是专业人员，且要经过专门的培训。同时要求他们遵循公平、公正的原则，对应聘者进行客观正确的评价。如果没有统一而合适的测评标准，会导致测评结果失去价值。

4）成本较高。一般来说，一个无领导小组讨论要持续一个小时，这相对于面试和心理测评来说，时间成本较高。同时，整个无领导小组讨论测评活动需要精密的设计，包括岗位分析、试题的编制、评价维度的确定、考官的培训、数据的分析等，这些都需要花费很大的时间、人力、物力成本。

无领导小组讨论在人力资源招聘评价和群体培训开发中得到了广泛应用。自1980年我国引进无领导小组讨论技术以来，其在人力资源实践中得到了广泛应用，但理论研究相对滞后。加快开发本土化的无领导小组讨论评价工具，对我国公共部门招聘和培训具有重要的现实意义和理论意义。

2. 心理测验

心理测验（psychological test）是指通过一系列的科学方法测试个体的智力水平和个性差异的一种科学方法。心理测验可以帮助用人单位预测和测量求职者的工作绩效，是选拔合格人才、实现人尽其才的重要保证。

在员工甄选工作中，常用的心理测验主要对人员的认知能力、人格和兴趣进行测量，因为大量研究证明，这几种心理特征与工作的关系最为密切。

（1）认知能力测验。

认知能力是心理测验最早尝试测量的问题之一。不同学派对测验这个问题进行了种种实验：最早的认知能力测验是比内（Binet）等人开发的，他们试图用测验的方法识别学校中儿童的心理缺陷。现行的认知能力测验已不再是早期的那种模型，而是涵盖了相当广泛的领域，这些测验以实践中的绩效为效度标准选择项目，建构量表。这样大大地提高了测验的预测能力。可供选择的认知能力测验主要包括以下几类：

1）心理运动和身体能力。

弗莱什曼（Fleishman）等人对工作需要的心理运动和身体能力进行了广泛的调查和分类，提出了以下19种基本能力及其测量：选择反应时、反应时、肢体运动速度、腕-指运动速度、多肢协调、手指灵活性、手工灵巧性、臂-手稳定性、速率控制、控制精度、动态强度、躯体强度、静态强度、爆发力强度、广度灵活性、动态灵活性、总体身体协调、总体身体均衡、耐力。其中，前10项属于心理运动能力，后9项属于身体能力。需要的话，可以将心理运动和身体能力的测验与其他的测验结合起来使用，其效度也不会降低。

2）视觉能力。

视觉能力是完成许多工作必备的条件，这方面的测试主要由眼科专家进行，主持员工选拔的部门制定相应的标准，彼此配合。视觉能力的测试主要从以下几个方面开展：视敏度、深度知觉、辨色能力、视线偏斜倾向等。职业不同，所需的视觉能力标准也不同。

3）信息处理能力。

信息网络时代的许多工作涉及信息处理能力，所以公共部门甄选应该重视测评应聘者的信息处理能力。近几年来，这方面的测验已不局限于管理和文书人员的选拔。这种测验主要从人们处理信息的特征出发，分析机械自动化、信息化是如何替代人类智力活动的，以及在进行人-机交互过程中工作人员需要的能力条件，并以之作为选拔的标准。

（2）人格和兴趣测验。

近十几年来，心理学家已设计出大量的人格和兴趣的测量工具，比如霍兰德设计的“职业偏好问卷量表”。这些测量工具适用于许多领域的工作，它们的基本假设有两点：

1）在维持一定的动机条件下，人格和兴趣的因素影响职业适应性与工作绩效，有些人可能更适应某种职业，并从工作本身获取更大的职业满足感。从职业辅导的角度看，帮助人们选择适合自己的个性和兴趣的工作，有助于他们的职业生涯设计，如果再具备一定的能力的话，就有可能取得成就。

2）从工作的角度看，某些职业确实需要特定的人去从事，这些人的人格和兴趣的特征不同于其他人，某些人格和兴趣的特征对完成某些工作起到直接的影响。这对于提高工作的效率是至关重要的。

从这两个假设出发，研究人员提出测量人格和兴趣的方法，主要可以归结为两大类：

一是自陈式测试。该测试方法就是向被试者提出一组有关个人行为、态度方面的问题，被试者根据自己的实际情况回答，测试者将被试者的回答和标准进行比较，从而判断他们的性格。常用的方法有：卡特尔 16 种人格因素量表（16PF）、明尼苏达多项人格量表（MMPI）、加州心理调查表（CPI）和爱德华个人爱好量表（EPPS）。

二是投射式测试。该测试方法就是向被试者提供一些刺激物或设置一些刺激情境，让他们在不受限制的条件下自由地做出反应，测试者通过分析反应的结果，从而判断被试者的性格。罗夏（Rorschach）墨迹测试和主题统觉测试（thematic apperception test，TAT）是两种常用的投射测试方法。

6.4 国内外公务员招募与甄选实践

6.4.1 英国公务员招募与甄选

英国于 1870 年确立了以公开考试选拔国家公务员的制度，至今已有 150 多年的历史，考试制度也经历了一个发展变化的过程。

1. 主持考试的机关

现在，英国以考试委员会作为主持考试及选用公务员的机关。考试委员会由文官委员会和有关的部门各派代表一人共同组成，其中文官委员会的代表任考试委员会的主席。考试委员会的职责是：（1）审查各报考者的证明文件，决定其有无参加考试的资格；（2）主持考试；（3）评定考试成绩及名次，宣布考试结果。

2. 考试的内容和方法

英国公务员考试坚持“通才”的标准，注重报考者的教育、知识、素质、推理、判断以及综合能力，而非单纯、狭隘的专业知识。公务员考试除行政级考试外，还有执行级和文书级的考试。执行级与文书级的考试，无论报考条件还是考试方法都没有行政级那么严格，行政级的考试最受重视。行政级的考试有两种情形：一是副科长级和科长级的考试，其报考者必须是大学毕业且成绩在乙等以上或成绩在丙等以上而再获有更高学位。二是副司长级的考试，这种考试以口试为主。

考试分三个步骤：第一步为资格考试，其方法是笔试，以写论文为主，合格者才能参加第二步的测试。第二步为测试，由文官委员会和文官考选处负责进行，主考人员由主席一人、心理学家一人及观察者一人组成，每一组负责 5～6 名考生的测试。测试的项目包括七个方面：（1）鉴识。考生阅读一宗文件，描写一个假设的具体的问题，于 150 分钟之内提出至少四个可能解决的办法，并分析各个办法的优缺点，最后提出采取其中之一的建议并附上理由。（2）文书起草。考生要在 45 分钟之内答复一项来文，答复来文的文字必须明确且肯定。（3）集体讨论。讨论 2～3 个较为重要的问题，由主考人员在一旁观察评分。（4）会议实习。由考生讨论鉴识测试中的一个问题，各考生轮流充任主席，文件内容先由主考人员做一个口头报告，并限定考生在 45 分钟内提出问题及解决方法，要求并领导大家讨论，然后做出结论。这是测试考生的交涉能力、说话才能、常识及是否固执。（5）智力测试。智力测试包括了解、辨别、口语、统计推理、一般知识测试等。（6）口试。由测试小组的主席、心理学家及观察者三人分别对考生进行 40 分钟的口试。（7）互相评分。由同组考生相互评分，以观察其了解他人的能力。经过上述测试后，各主考人将各自评分相加，并举行会议，尽可能达成一致的意见，然后提出评分报告。凡测试获 200 分以上者，即可交最后决选委员会参加决选，也就是第三步。决选委员会由七位委员组成，由文官委员会的首席委员或副首席委员任主席，其他委员则由各部人事处长、副司长以上的文官、大学中的代表、妇女或工业团体中的人士担任。决选以口试的形式进行，以决定是否录用及排列名次。

6.4.2 美国公务员招募与甄选

美国于 1883 年通过了文官法，并依法成立了文官委员会，全面推行通过考试选拔优秀人才担任公务员的制度。通过考试选任的公务人员是一般的事务官，统称为分类人员；不适用考试选任的公务人员则称为非分类人员。政府中各公务人员何者为分类人员，何者为非分类人员，由各级政府根据相关法律规定。政务官员、民选官员、专家技术人员等都不是通过考试选任的公务员。

1. 应考者的资格

（1）学历方面的限制。美国过去对应考人员没有任何学历上的限制，只注重应用技能，因而出现了行政领导人才非常缺乏的现象。为了改变这一状况，从 1955 年开始，美国将报考公务员的学历资格限定为大学毕业。

（2）国籍限制。公务员所担任的职务，一般都涉及国家机密与安全，所以美国各级政府都规定具有美国国籍是报考公务员的前提条件之一。

（3）年龄限制。各级政府对报考者的年龄并无统一的标准，往往以考试种类不同而规定报考者的最高年龄与最低年龄限制。一般而言，最低年龄为 21 岁，但也有限定为 18 岁的，最高年龄限制则根据职务的不同而有不同的规定。联邦政府对公务员报考资格没有最高年龄的限制。

2. 招考及报名

美国各级政府所使用的招考方法有以下几种：（1）在报纸上刊登招考广告；（2）向有关机关及人员邮寄招考简章；（3）利用广播与电视播放招考广告；（4）与有关团体及学校直接联系、沟通招考事宜；（5）在大街上张贴招考广告。

报名需要准备一系列的报名手续，其中以填写报名表和交纳证明文件为最重要的两个手续。

3. 正式考试

考试的目的有两个：一是测量应考者是否具有职务上所需要的知识与能力；二是测量应考者在智能上的发展潜力。前者的目的在于适应现职，后者则有利于被录用者将来的升迁。

考试的方法有三种：笔试、口试和实际操作。笔试可以考查应考者的逻辑思维能力、材料组织能力、书面表达能力及知识面的广度。美国多数政府组织主要以口试的形式招考公务员，而不重视笔试，因为口试可以测试应考者的机智、应变与合作能力。至于实际操作则适用于某些特别职务。

4. 任用

凡考试合格者都按成绩高低编入候用人员名册，由用人单位选用。新录用的公务员都有一定的试用期，试用期一般为一到两年。试用期满，可视其试用期的成绩好坏决定予以正式录用或不予录用。

6.4.3 我国公务员招募与甄选

1. 我国公务员考试录用的条件

依据《公务员法》的规定，对公务员的管理需要坚持公开、平等、竞争、择优的原则，依照法定的权限、条件、标准和程序进行。录用担任一级主任科员以下及其他相当职级层次的公务员，需要采取公开考试、严格考察、平等竞争、择优录取的办法。

报考公务员时，应当具备下列条件：（1）具有中华人民共和国国籍；（2）年满十八周岁；（3）拥护中华人民共和国宪法，拥护中国共产党领导和社会主义制度；（4）具有良好的政治素质和道德品行；（5）具有正常履行职责的身体条件和心理素质；（6）具有符合职位要求的文化程度和工作能力；（7）法律规定的其他条件。《公务员法》第二十六条规定，下列人员不得录用为公务员：（1）因犯罪受过刑事处罚的；（2）被开除中国共产党党籍的；（3）被开除公职的；（4）被依法列为失信联合惩戒对象的；（5）有法律规定不得录用为公务员的其他情形的。

2. 我国公务员考试录用的程序

《公务员法》对录用公务员的具体程序做出了明确规定：

(1) 发布招考公告。招考公告应当载明招考的职位、名额、报考资格条件、报考需要提交的申请材料以及其他报考须知事项。招录机关应当采取措施，以便于公民报考。

(2) 进行资格审查。招录机关根据报考资格条件对报考申请进行审查。报考者提交的申请材料应当真实、准确。

(3) 举行公开考试。公务员录用考试采取笔试和面试等方式进行，考试内容根据公务员应当具备的基本能力和不同职位类别、不同层次机关分别设置。目前笔试内容普遍为《行政职业能力测验》和《申论》；部分省份按照本省实际需要另外增设《公共基础知识》。

(4) 确定考察人选。招录机关根据考试成绩确定考察人选，并进行报考资格复审、考察和体检。体检的项目和标准根据职位要求确定。具体办法由中央公务员主管部门会同国务院卫生健康行政部门规定。

(5) 公示录用名单。招录机关根据考试成绩、考察情况和体检结果，列出拟录用人员名单，并予以公示。公示期不少于五个工作日。

(6) 主管部门审批备案。公示期满，中央一级招录机关将拟录用人员名单报中央公务员主管部门备案；地方各级招录机关将拟录用人员名单报省级或者设区的市级公务员主管部门审批。

(7) 试用。新录用的公务员试用期为一年。试用期满合格的，予以任职；不合格的，取消录用。

《公务员法》第三十三条还规定，录用特殊职位的公务员，经省级以上公务员主管部门批准，可以简化程序或者采用其他测评办法。

我国公务员考试录用制度沿着规范化、现代化的道路不断向前发展，这些发展主要体现在考试内容、考试方法的创新上。一是考试内容有所创新。测试内容更具普遍性，更加全面地测评考生的综合素质，对不同专业的考生较为公平。二是考试方法有所创新。《国家公务员录用心理素质测评》以及情景模拟等方式的引入，提供了更加全面的评价参考依据。三是分类考试方法的引入。根据中央国家机关与海关、公安边检系统招考职位的不同要求，考试内容的比重也不同，提高了考试的针对性。四是计算机网络技术的引入，比如在互联网上公布招考公告，鼓励用 E-mail 方式报名等。但是，我国公务员考试录用制度在发展过程中仍存在一些突出问题，主要体现为：第一，不能根据职位种类和层次的不同设置不同的报考条件；第二，考录机关既是“运动员”，又是“裁判员”，从而影响到了选拔的公平性；第三，笔试题目过于冗杂、题量偏大，且过偏过难，试卷结构重记忆、轻应用，题型单一固定，历年考题出现不同比例的重复；第四，面试测评要素不够全面、定量化和常态化。这些问题还有待改进与完善。

本章小结

本章介绍了公共部门招募与甄选的内涵、原则和流程，阐述了公共部门人力资源招募的渠道、甄选测评的方法与技术，分析了国内外公务员招募与甄选制度。招募与甄选作为公共部门人力资源管理的一项基本职能活动，是人力资源进入公共部门或者具体职位的重要入口。公共部门必须遵循一定的原则，按照一定的程序、途径和方法来开展员工招募与甄选工作。西方主要国家公务员招募与甄选制度各具特色，我国公共部门招募与甄选制度实施效果显著。

关键术语

招募　甄选　笔试　面试　无领导小组讨论　心理测验　公务员考试　录用

复习思考题

1. 招募与甄选的内涵是什么？
2. 招募与甄选需要坚持哪些原则？有哪些流程？
3. 公共部门人力资源招募的渠道有哪些？
4. 公共部门人力资源甄选的方法与技术有哪些？
5. 笔试的特点是什么？主要包括哪些内容？
6. 面试分为哪些类型？如何实施面试？
7. 什么是无领导小组讨论？它有何优缺点？
8. 什么是心理测验？常见的心理测验类型有哪些？
9. 简述西方主要国家公务员招募与甄选制度。
10. 简述我国公务员招募与甄选制度。

第7章

公共部门选拔任用与晋升

干部选拔任用与晋升工作是中国特色社会主义干部人事制度的重要组成部分，是建设高素质专业化干部队伍的一项关键任务，对于加强党的领导、巩固国家政权和保障社会主义事业健康发展，具有十分重要的意义。近年来，我国各级政府围绕干部选拔任用开展了卓有成效的探索，积累了丰富经验。本章将阐释选拔任用与晋升的内涵、原则、条件和程序，梳理我国干部选拔与晋升制度沿革，介绍我国干部选拔任用的实践进展以及英美等国家高级公务员的选拔任用情况。

重点问题

- 选拔任用与晋升的内涵和原则
- 选拔任用与晋升的条件和程序
- 我国干部常规选拔的主要方式
- 我国干部竞争性选拔方式
- 国外高级公务员选拔任用实践

7.1 选拔任用与晋升概述

7.1.1 选拔任用与晋升的内涵

选拔任用制度是中国特色社会主义干部人事制度的重要组成内容，是党的十八大提出的“提高选人用人公信度”的着力点和十八届三中全会提出的“构建有效管用、简便易行的选人用人机制”的抓手。它是选拔、录用、任免干部的原则、方式方法及程序等一系列制度的总称。

具体而言，选拔是指为了适应组织的发展需要，依据干部管理权限和相关程序的规定，把符合条件的干部挑选出来的过程。干部选拔可以分为常规选拔和竞争性选拔两种。常规选拔是指干部任免机关依据一定的程序和规定，采用指定的方式选出拟任人选和候选人选的选拔方式。根据《党政领导干部选拔任用工作条例》（以下简称《干部任用条例》）的规定，常规选拔的程序包括动议、民主推荐、考察、讨论决定和任职等几个环节，主要用于选拔党政机关的工作人员。竞争性选拔是党委（党组）及其组织（人事）部门按照公开的标准、规则和程序，组织人选自愿报名或推荐报名，并由人选在选拔过程中直接进行竞争，差额产生拟任人选和候选人选的选拔方式。竞争性选拔的方式多种多样，除了公开选拔、竞争上岗，各地各部门还探索出了公推竞岗、公推比选、公推公选等多种方式。

任用是指依据既定的规定和程序选出合适的干部人选后，确定该人选采用什么形式担任领导职务的过程。干部任用的形式主要有三种：委任制、选任制和聘任制。委任制是指采用委任的方法委派干部担任领导职务的选拔方式，是目前我国使用最普遍的干部任用形式，也是我国干部选拔制度的基础。选任制是指按照有关法律、章程的规定，通过民主选举方式确定任用对象的一种干部任用形式。《干部任用条例》明确提出部分专业性较强的领导职务可以实行聘任制，聘任制是指通过签订聘任合同确定人员关系的任用方式。《公务员法》还规定，机关根据工作需要，经省级以上公务员主管部门批准，可以对专业性较强的职位和辅助性职位实行聘任制。对于涉及国家秘密的相关职位，不实行聘任制。

晋升是指公职人员的管理机关依据国家有关法律、法规的规定，基于工作需要和公职人员的工作表现与业绩，将符合条件的公职人员由较低的职务升任至较高职务的管理活动。

选拔任用与晋升工作事关干部人事制度改革、政治体制改革和国家发展的大局，承担着为党和国家各项事业与任务的完成提供优质的人力资源的艰巨职责。建立完善科学的干部选拔任用与晋升制度，对于建立精干、高素质的干部队伍，保证党和国家政权建设与社会主义事业的发展，有着十分重要的意义。

7.1.2 选拔任用与晋升的原则

选拔任用与晋升的原则是党的干部路线、方针、政策在干部选拔任用与晋升工作中的集中体现，是各级党组织和干部人事部门在选拔任用与晋升环节的行为规范，是干部选拔任用与晋升工作必须遵循的标准和依据。因此，选拔任用与晋升的原则对干部选拔任用与晋升工作的指导意义非常重大。目前，我国领导干部选拔任用与晋升的基本原则有以下六点。

1. 党管干部原则

党管干部是干部工作的首要原则和根本原则。党管干部原则在党成立不久就被正式确立，成为党领导革命和建设工作的重要原则。在干部选拔任用工作中突出党管干部原则，其实质就是要保证党对干部人事工作的绝对领导，确保各级领导权始终掌握在忠于党、忠于人民、忠于马克思主义的人手中。

2. 德才兼备、以德为先，五湖四海、任人唯贤原则

德才兼备、以德为先是党选拔任用领导干部的明确标准。坚持德才兼备，就是要坚持德才皆优、德才并重，不能顾此失彼、厚此薄彼。坚持以德为先，是指在德和才都合格的情况下，着重看德，德好者优先。《干部任用条例》规定了干部选拔任用的6项基本条件、7项基本资格，明确“裸官”等7种情形不得列为考察对象，破格提拔干部要符合“特别优秀”或“工作特殊需要”这两种情形，考察应当保证充足的时间、听取纪检监察机关等部门的意见、查阅个人有关事项报告情况等。这都体现了德才兼备、以德为先的原则。坚持五湖四海原则就是在选拔任用干部时要拓宽选人用人视野，不局限于一时一地。《干部任用条例》规定，党政领导干部可以从党政机关选拔，也可以从党政机关以外选拔；地方党政领导班子成员应注意从担任过县、乡党政领导职务的干部和国有企事业单位领导人员中选拔；加强干部跨地区跨部门交流；等等，这些都体现了五湖四海原则。任人唯贤是中国共产党一贯坚持的干部路线。任人唯贤就是指按照德才兼备的标准任用干部，不“任人唯亲”。

3. 事业为上、人岗相适、人事相宜原则

事业在于人为。伟大的事业要靠高素质的干部队伍推进，选任领导干部，目的是推进伟大事业。选拔任用干部是手段，以什么程序、方法、方式选人用人，是干部选任工作的“技术问题”。满足党和人民事业发展的需要，推进实现中华民族伟大复兴才是根本目的。换言之，为国选才、服务发展，才是干部选任的重点。人岗相适、人事相宜，强调科学配置领导人才资源，实现人尽其才、才尽其用，各得其所、事竟其功；坚持从具体岗位职责需求出发，把领导干部放到最适合于施展才华的岗位上，让人才优势能得到最大限度的发挥，创造出最大的人才价值。

4. 公道正派、注重实绩、群众公认原则

所谓“公道”，就是公平、客观、合理，遵循事物发展和人类社会关系中的基本法则，尊重事物的本来面目；所谓“正派”，就是作风、品行要规矩、光明、严谨，要符合社会大众的道德意识、思维方式和行为方式。注重实绩，就是注重干部在履行岗位职责的实践中所取得的实际成效，注重干部在执行党的基本路线的实践中取得的成绩。群众公认，就是为大多数群众所认可和拥护。坚持公道正派、注重实绩、群众公认原则，就是坚持注重干部行为规范、工作实绩和工作民主相统一。目前干部选拔任用工作要求注重对科学发展实绩的考察，坚持把民主推荐作为必经程序，明确群众公认度不高的不得列为考察对象，规定了干部问责的具体情形和被问责干部的重新任职等，这些都体现了注重实绩、群众公认的原则。

5. 民主集中制原则

民主集中制是党的根本组织制度和领导制度，是实现党内民主的重要形式。《干部任用条例》规定的动议、民主推荐、考察、讨论决定等环节，都反映了民主集中制的要求。各级领导干部的选拔任用，都要经过反复多次的民主和集中。

6. 依法依规办事原则

依法依规办事是依法治国战略在干部选拔任用工作中的具体体现。《干部任用条例》指出，必须严格执行条例的各项规定，严格遵守“十不准”纪律要求，加强干部选拔任用全程监督，严肃查处违反组织人事纪律的行为，实行干部选拔任用工作责任追究制度等。这为严明干部工作纪律，着力营造风清气正的选人用人环境提供了有力保障。

7.2 干部选拔任用与晋升制度

7.2.1 选拔任用与晋升的条件

选拔任用与晋升是有效激励干部、促进人才流动的重要手段，在干部工作中具有重要地位。各级领导干部只有满足了一定的条件、达到相应的资格时，才有选拔和晋升的机会。我国领导干部选拔任用与晋升的标准非常明确，《干部任用条例》进行了细致的规定。干部选拔任用的基本条件是：

（1）自觉坚持以马克思列宁主义、毛泽东思想、邓小平理论、“三个代表”重要思想、科学发展观、习近平新时代中国特色社会主义思想为指导，努力用马克思主义立场、观点、方法分析和解决实际问题，坚持讲学习、讲政治、讲正气，牢固树立政治意识、大局意识、核心意识、看齐意识，坚决维护习近平总书记核心地位，坚决维护党中央权威和集中统一领导，自觉在思想上政治上行动上同党中央保持高度一致，经得起各种风浪考验；

（2）具有共产主义远大理想和中国特色社会主义坚定信念，坚定道路自信、理论自信、制度自信、文化自信，坚决贯彻执行党的理论和路线方针政策，立志改革开放，献身现代化事业，在社会主义建设中艰苦创业，树立正确政绩观，做出经得起实践、人民、历史检验的实绩；

（3）坚持解放思想，实事求是，与时俱进，求真务实，认真调查研究，能够把党的方针政策同本地区本部门实际相结合，卓有成效地开展工作，落实“三严三实”要求，主动担当作为，真抓实干，讲实话，办实事，求实效；

（4）有强烈的革命事业心、政治责任感和历史使命感，有斗争精神和斗争本领，有实践经验，有胜任领导工作的组织能力、文化水平和专业素养；

（5）正确行使人民赋予的权力，坚持原则，敢抓敢管，依法办事，以身作则，艰苦朴素，勤俭节约，坚持党的群众路线，密切联系群众，自觉接受党和群众的批评、监督，加强道德修养，讲党性、重品行、作表率，带头践行社会主义核心价值观，廉洁从政、廉洁用权、廉洁修身、廉洁齐家，做到自重自省自警自励，反对形式主义、官僚主义、享乐主义和奢靡之风，反对任何滥用职权、谋求私利的行为；

（6）坚持和维护党的民主集中制，有民主作风，有全局观念，善于团结同志，包括团结同自己有不同意见的同志一道工作。

除了以上基本条件，《干部任用条例》还对提拔担任党政领导职务的领导干部的基本资格做出了七项规定：

（1）提任县处级领导职务的，应当具有五年以上工龄和两年以上基层工作经历。

（2）提任县处级以上领导职务的，一般应当具有在下一级两个以上职位任职的经历。

（3）提任县处级以上领导职务，由副职提任正职的，应当在副职岗位工作两年以上；由下级正职提任上级副职的，应当在下级正职岗位工作三年以上。

（4）一般应当具有大学专科以上文化程度，其中厅局级以上领导干部一般应当具有大学本科以上文化程度。

（5）应当经过党校（行政学院）、干部学院或者组织（人事）部门认可的其他培训机构的培训，培训时间应当达到干部教育培训的有关规定要求。确因特殊情况在提任前未达到培训要求的，应当在提任后一年内完成培训。

（6）具有正常履行职责的身体条件。

（7）符合有关法律规定的资格要求。提任党的领导职务的，还应当符合《中国共产党章程》等规定的党龄要求。

职级公务员担任领导职务，按照有关规定执行。

2008年颁布实施的《公务员职务任免与职务升降规定（试行）》对公务员（主要是委任制）晋升条件的年限进行了细致的规定。

晋升乡科级领导职务的公务员，应当符合下列资格条件：

（1）具有大学专科以上文化程度；

（2）晋升乡科级正职领导职务的，应当担任副乡科级职务两年以上；

（3）晋升乡科级副职领导职务的，应当担任科员级职务三年以上；

（4）具有正常履行职责的身体条件；

（5）其他应当具备的资格。

7.2.2　选拔任用与晋升的程序

为了保证选人用人工作的规范性和可持续性，必须对干部选拔任用和晋升的流程加以规定。《干部任用条例》规定，干部选拔任用要经过动议、民主推荐、考察、讨论决定、任职等程序。

1. 动议

分析研判和动议，是根据领导班子建设和干部队伍配备需要，做出领导干部调整意向和决定的过程，是干部选拔任用工作的第一关口，主要解决“要不要动”、“动哪个岗位”和“议哪些人”的问题。《干部任用条例》规定，组织（人事）部门应当深化对干部的日常了解，坚持知事识人，把功夫下在平时，全方位、多角度、近距离了解干部。根据日常了解情况，对领导班子和领导干部进行综合分析研判，为党委（党组）选人用人提供依据和参考。党委（党组）或者组织（人事）部门根据工作需要和领导班子建设实际，结合综合分析研判情况，提出启动干部选拔任用工作意见。组织（人事）部门综合有关方面建议和平时了解掌握的情况，对领导班子和领导干部进行动议分析，就选拔任用的职位、条件、范围、方式、程序和人选意向等提出初步建议。组织（人事）部门将初步建议向党委（党组）主要领导成员汇报，对初步建议进行完善，在一定范围内进行沟通酝酿，形成工作方案。对干部选拔任用分析研判的内容和动议的条件、主体、程序等做出了具体明确的规定。动议环节的设立，使得干部任用的程序链条更为完备，也更为透明，既为党组织加强对干部选拔任用工作的领导和把关提供了依据，也强化了党组织在选人用人上的责任。

2. 民主推荐

民主推荐是干部选拔任用的关键环节，是党委（党组）及其组织（人事）部门根据配备领导班子和选拔任用领导干部的需要，按照相关规定组织有关人员参加的推荐领导干部人选的活动。民主推荐包括谈话调研推荐和会议推荐，推荐结果作为选拔任用的重要参考，在一年内有效。领导班子换届，民主推荐按照职位设置全额定向推荐。地方领导班子换届的基本程序是：进行谈话调研推荐，提前向谈话对象提供谈话提纲、换届政策说明、干部名册等相关材料，提出有关要求，提高谈话质量；综合考虑谈话调研推荐情况以及人选条件、岗位要求、班子结构等，经与本级党委沟通协商后，由上级党委或者组织部门研究提出会议推荐参考人选，参考人选应当差额提出；召开推荐会议，由本级党委主持，考察组说明换届有关政策，介绍参考人选产生情况，提出有关要求，组织填写推荐表；对民主推荐情况进行综合分析；向上级党委或者组织部门汇报民主推荐情况。地方领导班子换届，谈话调研推荐参加人员包括：党委成员；人大常委会、政府、政协领导成员；纪委监委领导成员；法院、检察院主要领导成员；党委工作部门、政府工作部门、群团组织主要领导成员；下一级党委和政府主要领导成员；其他需要参加的人员，可以根据知情度、关联度和代表性原则确定。

个别提拔任职，或者进一步使用需要进行民主推荐的，民主推荐程序可以参照地方领导班子换届的程序进行，必要时也可以先进行会议推荐，再进行谈话调研推荐。先进行谈话调研推荐的，可以提出会议推荐参考人选，参考人选应当差额提出。单位人数较少、参加会议推荐人员范围与谈话调研推荐人员范围基本相同，且谈话调研推荐意见集中的，根据实际情况，可以不再进行会议推荐。个别提拔任职和领导班子换届的主要区别在于参加民主推荐的人员不同。《干部任用条例》规定，参加个别提拔任职或者进一步使用需要进行民主推荐的，参加民主推荐人员主要包括：（1）民主推荐地方党政领导班子成员人选，参照本条例第十九条规定执行，可以适当调整。（2）民主推荐工作部门领导成员人选，谈话调研推荐由本部门领导成员、内设机构担任主要领导职务的人员、直属单位主要领导成员以及其他需要参加的人员参加；根据实际情况还可以吸收本系统下级单位主要领导成员参加。参加会议推荐的人员范围可以适当调整。（3）民主推荐内设机构领导职务拟任人选，参照前项所列范围确定，也可以在内设机构范围内进行。

3. 考察

换届（任期）考察和任职考察是两种最主要的考察形式。换届（任期）考察围绕考核完成届期目标或者任期目标的情况，全面考察领导班子领导能力和领导干部德才素质情况，目的在于对领导班子和领导干部在任期内的综合表现形成兼具定性评价和定量分析的综合评价意见。任职考察以岗位职责要求为参照，考察拟提拔人选的综合素质和发展潜力，目的在于考察人岗匹配度及有无重大问题。在考察时，应当根据工作需要和干部德才条件，将民主推荐与日常了解、综合分析研判以及岗位匹配度等情况综合考虑，深入分析、比较择优，防止把推荐票等同于选举票、简单以推荐票取人。

在考察内容方面，主要考察拟任人选的德、能、勤、绩、廉的综合情况，严把政治关、品行关、能力关、作风关、廉洁关，形成书面考察材料，建立考察文书档案。考察党政领导职务拟任人选工作应按照以下步骤开展：（1）制定考察工作方案；（2）同考察对象呈报单位或者所在单位党委（党组）主要领导成员就考察工作方案沟通情况，征求意见；（3）根据考察对象的不同情况，通过适当方式在一定范围内发布干部考察预告；（4）采取个别谈话、发放征求意见表、民主测评、实地走访、查阅干部人事档案和工作资料等方法，广泛深入地了解情况，根据需要进行专项调查、延伸考察等，注意了解考察对象生活圈、社交圈情况；（5）同考察对象面谈，进一步了解其政治立场、思想品质、价值取向、见识见解、适应能力、性格特点、心理素质等方面情况，以及缺点和不足，鉴别印证有关问题，深化对考察对象的研判；（6）综合分析考察情况，与考察对象的一贯表现进行比较、相互印证，全面准确地对考察对象作出评价；（7）向考察对象呈报单位或者所在单位党委（党组）主要领导成员反馈考察情况，并交换意见；（8）考察组研究提出人选任用建议，向派出考察组的组织（人事）部门汇报，经组织（人事）部门集体研究后提出任用建议方案，向本级党委（党组）报告。考察内设机构领导职务拟任人选程序，可以根据实际情况适当简化。

4. 讨论决定

在讨论决定党政领导职务拟任人选或者将决定呈报前，应当根据职位和人选的不同情况，分别在党委（党组）、人大常委会、政府、政协等有关领导成员中进行酝酿。在进行充分讨论得出一致意见后，应当按照干部管理权限由党委（党组）集体讨论做出任免决定，或者决定提出推荐、提名的意见。属于上级党委（党组）管理的，本级党委（党组）可以提出选拔任用建议。

5. 任职

经过讨论决定后，根据选拔职位的情况，采用相应的任用方式任命候选人。我国实行党政领导干部任职前公示制度和试用期制度。提拔担任厅局级以下领导职务的，除特殊岗位和在换届考察时已进行过公示的人选外，在党委（党组）讨论决定后、下发任职通知前，应当在一定范围内进行公示。公示内容应当真实准确，便于监督，涉及破格提拔的，还应当说明破格的具体情形和理由。公示期不少于五个工作日。公示结果不影响任职的，办理任职手续。提拔担任非选举产生的厅局级以下领导职务的，试用期为一年。

7.2.3　我国干部选拔与晋升制度沿革

干部选拔工作在中国共产党发展的各个历史时期都打下了鲜明的时代烙印。建党初期，党的各项工作尚处于初创时期，在干部选拔方面只有零星的规定，对干部选拔工作尚缺乏全局性思考。全民族抗日战争和解放战争时期，出于形势发展的需要，党对干部数量和质量的要求越来越高。在这一时期，中国共产党初步确立了党管干部原则、任人唯贤的干部路线以及才德兼备的干部选拔标准，出台了一系列与干部选拔相关的制度办法，为干部选拔工作的规范化、制度化奠定了基础，也为抗战胜利和解放战争的胜利提供了坚实的组织保障。新中国成立以后，百废待举，百业待兴，党的工作重心转向社会主义改造和建设，正式确立了党管干部的基本原则，建立了分部分级的干部管理体制，并制定了“又红又专”的选拔任用干部的标准，干部选拔工作逐步走上规范化的道路。“文化大革命”时期，各项业已成型的制度遭到严重破坏，干部工作受到剧烈冲击，中断了干部选拔工作规范化、科学化的进程。改革开放初期，党和国家的各项事业恢复重建，工作重心转移到社会主义现代化建设上来。为了适应工作重心的转变，党提出了干部队伍的革命化、年轻化、知识化、专业化的“四化”方针，并废除了干部领导职务终身制。全面建设中国特色社会主义和全面建设小康社会时期，随着干部人事制度改革步伐的不断加快，干部选拔工作的开展也持续深入。这一时期，干部选拔工作继续坚持“德才兼备、以德为先”的标准，延续了新中国成立以来始终如一的用人标准；大力推行竞争性选拔干部方式，为干部选拔工作的丰富与完善注入了新的活力；先后颁布了多项条例、规定和办法，切实提升了干部选拔工作的制度化、规范化、科学化和民主化水平。

1. 建党初期到土地革命战争时期

1921 年全国党代表汇聚上海召开第一次全国代表大会，标志着中国共产党开始登上历史舞台，领导人民开始了艰苦卓绝的斗争。从建党伊始到土地革命战争时期，党的各项工作处于探索和试验阶段，受当时复杂形势的影响以及自身遭受的“左”倾错误的左右，党在干部管理上走了很多弯路。建党初期，由于各级党组织还不健全，干部队伍还未形成规模，党对干部的选拔任用工作主要体现在对党组织领导人的产生和管理上。①

（1）管理权限。

由于当时党刚刚成立，干部数量有限，管理机制还没有切实建立起来，因此，管理权限都掌握在中央和各级党委手中，没有明确的级别和范围的划分。这种统一而又集中的管理体制是与当时所处的斗争环境相适应的，能够根据形势需要最大限度地保证党对各级干部的及时调整。

（2）选拔标准。

这一时期，党的主要任务是在革命斗争的过程中不断壮大队伍，对有志入党的人员提出了明确的标准，而干部选拔的标准直到 20 世纪 30 年代才开始形成。“左”倾机会主义政治路线在当时占据主导地位，一些人错误地将大革命失败的原因归结于领导成员中工人太少、知识分子太多。他们认为，中国共产党作为一个工人阶级的政党，其主体应该由工人阶级构成。在这样的误判下，吸收党员和选拔干部的标准受到了很大的冲击，存在重出身、轻能力的情况，很多未经受过考验和锻炼的工人被吸收进党内，并被提拔到领导职位上。由于这些人缺乏领导能力和斗争经验，党的各项工作的开展受到了一定程度的影响。为了改变这一局面，毛泽东在 1937 年明确提出了党的干部要“懂得马克思列宁主义，有政治远见，有工作能力，富于牺牲精神，能独立解决问题，在困难中不动

① 陈凤楼．中国共产党干部工作史纲（1921—2011）．北京：党建读物出版社，2012.

摇，忠心耿耿地为民族、为阶级、为党而工作”[①]。这一标准的提出，为中央和地方选拔干部提供了依据，为选人用人工作指明了方向，为大批革命骨干的脱颖而出奠定了基础。

（3）选拔方式。

在建党初期党组织领导人的选拔上，党一直秉持民主的原则，在干部选任上力求代表大多数人的意愿。[②] 党组织领导人的产生方法有指定、推举、互推、公推、选举多种形式。[③] 总的来说，建党初期的干部选拔采用的是常规选拔方式。地方党组织领导人的选拔主要采用推举的方式，而中央一级的党组织领导人则通过选举产生。这一阶段选拔党组织领导人，都是以民主选举的方式产生，为日后党在干部选拔方面的民主化奠定了基础。

（4）选拔手段。

建党初期，干部管理方面的制度体系尚不健全，尤其在全面了解和评价干部方面，还没有摸索出有效的方法。主要精力更多地集中在对有意向入党者和新入党者的考察上。比如，有意向入党者要接受所在地党委的考察、新入党者要在委任岗位上接受考察等。

建党初期到土地革命战争时期，党还处在相对弱小的阶段，加之国内形势较为复杂，在干部选拔方面欠缺经验，并没有形成规范化和系统化的干部选拔制度，特别是在确定选拔标准时走了弯路，加之缺乏有效的选拔手段，在一定程度上影响了干部选拔工作的开展。

2. 全民族抗日战争和解放战争时期

全民族抗日战争和解放战争时期是中国新民主主义革命过程中重要的一段时期，对党的建设与发展产生了深远的影响。在全民族抗日抗战和解放战争的十余年间，在风云变幻的国外局势和纷繁复杂的国内形势下，中国共产党充分锻炼和考验了干部队伍，使其成为抗战胜利和全国解放的重要组织保障。

（1）管理权限。

全民族抗日战争时期，为了适应战争形势的需要和干部调配的实际，1937年，党正式建立了统一的干部管理机构，将干部的考察、征调、审查等工作正式交由组织部具体负责，明确了中央及各级党委组织部的职责和地位。各级党委组织部通过对干部的管理，尤其是通过干部选拔任用工作，实现党对干部工作的绝对领导，从而保证党的各项方针政策的顺利推行。在这一阶段，党管干部原则正式确立。

在管理权限方面，党中央所在的陕甘宁边区采用的是双重管理模式，在地方任职的干部同时接受上级和同级党委双重领导；一般的干部同时接受上级和本级人事部门的双重领导；各部门的干部同时接受上级业务部门和本级政府的双重管理。

（2）选拔标准。

全民族抗日战争时期，随着敌后抗日根据地和游击区的不断发展，干部缺口越来越大，由于之前“左”倾错误思想的影响，党内对选拔干部的标准还不统一，对干部的使

① 毛泽东选集：第1卷．2版．北京：人民出版社，2006：277.

② 李民．干部选拔任用制度的历史考察．重庆社会科学，2011（1）．

③ 王璋．“三票制”选“官”：干部选拔任用制度创新的实践与思考．北京：中共中央党校出版社，2007：100.

用也存在诸多顾虑，严重制约了干部队伍的发展，党的干部工作也难以满足抗战的需要，对抗日敌后工作也带来了不良影响。用人路线和用人标准的重新确立是当时亟待解决的重要问题，事关干部队伍建设的成败和抗日战争能否胜利的大局。在党的六届六中全会上，毛泽东在深刻总结历史经验教训和深入剖析国内时局的基础上，摒弃了张国焘的“任人唯亲”路线，确立了“任人唯贤”的干部路线，为干部队伍建设重新走上正轨奠定了基础，为选拔干部标准的确立指明了方向。在此基础上，毛泽东又进一步提出了“才德兼备”的选拔标准。需要特别指出的是，虽然在语序上“才”在“德”之前，但并不是强调“才”比“德”重要，而是要二者兼顾。此后，“才德兼备”的选拔标准在党内正式确立下来，并得到广泛认可。1940 年，陈云重申了干部选拔的标准。他认为政治和能力是任用干部的两大标准，二者缺一不可，但要以政治为主。既不能顾才不顾德，也不能顾德不顾才，必须坚持德才并重。1943 年，周恩来再次强调在选拔干部时，要从政治标准与干部的工作能力两方面入手，而首要标准是政治标准。刘少奇在党的七大上又从革命热情、与群众的密切联系、识别方向、纪律性等方面对选拔干部的标准进行了系统论述，既注重政治素质，又强调工作能力，再次体现了这一阶段“才德兼备”的选拔标准。

（3）选拔方式。

全民族抗日战争时期，党选拔干部的方式主要依靠常规选拔。一般情况下，各级政府及其部门的主要领导是通过选举产生的，其他干部则是由主要领导直接任命产生的。具体而言，当时干部选拔主要有两种方式：第一种是党委根据情况直接委派干部担任领导职务。在当时特殊的战争环境下，干部由于牺牲或其他因素，流动性很大，往往来不及选举，只能采用直接委派的方式选拔干部。此外，有些新建立的根据地，由于刚刚成立，还不具备选举的条件，也只能采取这种方式。第二种是通过各部门党员的活动，使党委派的干部顺利获得提名并在选举中当选。由于当时陕甘宁边区政府实行的是“三三制”，即边区政府机关干部的构成是共产党员、左派进步分子和中间派各占 1/3，为了保证党在机关中的领导地位，必须由党选择的干部获得领导权。

（4）选拔手段。

这一阶段，选拔手段主要是自上而下与自下而上相结合的考察。在这一时期，毛泽东就意识到干部的德才不是一时一事能表现出来的，而是要从历史的、全局的角度进行识别。过去考察干部的方式主要是自上而下的，上级通过干部本人的现实表现、工作报告来考察。但这种单一方向的考察对干部的认识不够全面，因此，刘少奇又指出要通过自下而上的方式考察和评价干部，要到干部工作的地方，到与其打交道的群众中去考察，才能得到更加准确和真实的信息。将自上而下和自下而上二者相结合来识别和选拔干部，才能真正做到考察工作的系统全面、准确客观。

这一时期的干部选拔工作较建党初期和土地革命战争时期而言，已经有了长足的进步，初步形成了较为系统的选拔制度和工作体系，尤其是建立了统一的干部管理机构，确立了党管干部原则，进一步明确了干部选拔标准以及规定了自上而下和自下而上相结合的考察手段等举措，这些都标志着干部选拔工作朝着科学化、系统化方向迈出了坚实的步伐，为抗日战争和解放战争的胜利奠定了坚实基础。

3. 新中国成立和社会主义建设初期

新中国的成立，开辟了历史的新纪元，我国开始由新民主主义社会向社会主义社会转变。党的角色和工作任务也随之发生变化，由领导人民夺取政权的党转为执政党，由带领人民武装革命转向国家建设。新中国成立伊始，党就带领人民恢复生产、振兴经济，而各级党组织在经受了大规模战争的洗礼后，存在大量干部缺口；此外，工作重心从战争转向建设，对干部的要求也发生了本质变化。在这样的大背景下，新中国成立初期的干部选拔工作面临着巨大挑战。1956 年，随着三大改造的基本完成，我国正式进入了社会主义建设时期，如何将懂管理、懂建设的干部选拔出来，是干部选拔工作亟待解决的一大难题。

（1）管理权限。

新中国成立初期，干部管理权限仍然继承了之前的“一揽子计划”，即由中央及地方各级党委组织部门统一管理。随着形势的不断发展，党和国家的工作重心已经发生了改变，各项事业也在整体推进，组织机构不断增多、干部数量日益增加、专业化程度显著提高，战争时期使用的干部管理办法已经难以适应干部队伍建设的需要。特别是随着干部专业化程度的不断提高，各级组织部门由于不了解专业情况，与干部所在单位取得密切联系也不切实际，因而难以全面准确地了解干部的实际工作，更无法深入考察其政治表现、工作能力、工作业绩等情况，从而导致包括干部选拔工作在内的干部管理工作难以有效开展。为了更好地了解考察干部的德才表现，提高干部选拔工作的有效性，党中央于 1953 年做出了《关于加强干部管理工作的决定》，推行全新的分部分级的干部管理体制。

分部管理，就是将干部按专业职能重新进行分类，然后由各部具体履行干部管理职能，从而增强干部管理工作的有效性和针对性。中央将所有干部分为包括军队干部、政法干部在内的九大类。分级管理，就是按照职权层级重新划分管理权限，在中央和地方建立分工协作的干部管理体系，当时设定的管理权限是下管两级。中共中央于 1955 年颁发的《中共中央管理的干部职务名称表》中，将担任国家各部门重要职务的干部根据职级列出职务名称表，统一由中央管理，其余干部则由各部门、各级党委分别管理。

（2）选拔标准。

新中国成立以后，继续沿用抗战时期的“才德兼备”的选拔干部标准，并结合当时的时代特点和工作任务，提出了干部专业化的问题。新中国成立后，党和国家的工作重心从夺取政权转向巩固政权、从战争转向建设、从农村转向城市，需要大量政治立场坚定、对党忠诚的干部；同时，各行各业的恢复与建设也如火如荼地展开，需要大量精通各类专业的人才。因此，干部专业化也成为选拔干部的重要标准。1953 年，党中央明确指出要在选拔干部的过程中，坚持政治品质（德）和业务能力（才）相结合的原则，同时要反对诸如重才轻德、任人唯亲等选人用人不正之风。

三大改造的完成标志着我国进入社会主义初级阶段。由于这一阶段的主要任务是大力解放和发展生产力，集中力量搞好经济建设，选拔干部的标准也得到了进一步明确。过去在战争中锤炼出的干部很多都走上了领导岗位，但这些干部在经济、管理等方面存在缺陷。一些担任领导职务的知识分子虽然懂技术、能管理，但在政治觉悟方面还有所欠缺。针对这一情况，毛泽东在1958年召开的党内会议上提出了领导干部的“又红又专”的标准，即政治和业务的统一。“红”强调政治立场和政治觉悟，“专”则侧重工作能力与技术。

（3）选拔方式。

新中国成立和社会主义建设初期的选拔方式基本沿用了全民族抗日战争和解放战争时期的模式，仍然以常规选拔为主，延续了通过指派、委派、选举等手段产生拟任人选和候选人选的方式。在这一时期，初步形成了比较规范的选任制、任期制等有关制度。①

（4）选拔手段。

这一阶段干部选拔的手段是干部鉴定制度，即考察。由于新中国的成立和社会主义改造的需要，干部队伍不断扩大，干部人数也迅速增加，加之新政权刚建立不久，仍有一些敌对势力的存在。同时，由于党和国家工作重心的转变，对干部能力素质的要求也发生了变化。上述种种原因造成了干部工作中存在的问题非常复杂，对干部考察提出了更高更严格的要求，考察工作的难度和重要程度大大增加。因此，党通过建立鉴定制度来实现考察干部的目的。1949年，中共中央组织部在《关于干部鉴定工作的规定》中明确提出，为了让干部更好地总结自己并改进工作，同时也便于党能够全面、客观地了解每一个干部，进而为选拔干部提供参考，要对每名干部在一定时期内的各个方面表现进行总结与回顾。干部鉴定的内容主要是政治立场、工作作风、联系群众、学习态度等，方法包括自我检讨、群众讨论和领导审查三个方面，通过对干部表现的系统分析研究，得出最终的鉴定结论。对于新干部而言，干部鉴定的主要目的在于辨别敌我和提高其政治素养。干部鉴定制度的确立在识人察人方面发挥了积极作用，不仅净化了干部队伍，也督促各级干部不断自我反省，同时还为干部选拔工作提供了参考和依据，为新中国建设和社会主义改造各项任务的完成提供了坚实的组织保障。

制度建立初期，一般每年年终实施一次干部鉴定工作。但由于当时实行的是下管两级的管理体制，干部管理部门需要鉴定的干部人数较多，而干部鉴定工作又需要耗费大量的精力，每年年终实施一次干部鉴定工作变得十分困难。1956年，中央取消了一年鉴定一次的做法，将实施干部鉴定的时间调整为干部提拔或调动时。

这一阶段的干部选拔工作最卓有成效的探索就是建立了一直沿用至今的分部分级的干部管理制度。这项制度是针对当时特殊时代背景造就的“一揽子”管理方式的重大变革，改变了过去过于僵化的管理体制，初步建立起以职级和类别为基础的干部管理方式，为党和国家经济建设奠定坚实的人才基础发挥了重大作用，同时，也让党的组织部门与其他工作部门相互协调配合，共同管理干部工作，为党和国家选拔了大批符合要求的干部，为完成社会主义改造提供了强有力的保证。分部分级的干部管理制度一直沿用至今，成为干部管理工作的基础性制度，为后来的干部人事制度改革做了充足准备。

4. “文化大革命”时期

党内“左”倾错误的蔓延，最终导致了“文化大革命”的爆发。十年的严重内乱，给党和国家的各项工作造成了许多困难。“文革”时期，革命委员会取代了各级党组织，

① 中共重庆市委党校课题组．党政领导干部选拔任用科学化研究．探索，2014（1）．

成为党政机关和企事业单位的权力机构来行使职权。干部选拔标准被扭曲为“突出政治”，唯成分论，极端宗派主义[①]，真正政治可靠、工作能力强的领导干部被驱逐，甚至受到迫害。这一时期的干部选拔工作和干部管理体制被严重破坏，使干部队伍建设以及党和国家的各项工作在很长一段时间内都停滞不前。

5. 改革开放初期

1978年召开的党的十一届三中全会，被认为是党和国家历史上具有里程碑意义的事件，不仅重新确立了正确的思想路线，也拉开了社会主义现代化建设和改革开放的序幕。至此，党和国家工作重心又重新转移到经济建设上来。但此时，现有干部队伍在政治思想、能力素质、年龄等方面已经难以适应现代化建设的需要。尤其是经济体制改革和政治体制改革的持续深入，对干部选拔工作提出了新的要求。因此，这一阶段的干部选拔工作的重心在于调整与经济体制改革不相适应的管理体制，继续完善已有制度体系，从而更好地为社会主义现代化建设服务。

(1) 管理权限。

在开创社会主义现代化建设新局面的大背景下，经济体制和政治体制的改革正在有序开展。改革开放以后，在经济体制朝着市场化、开放化的方向迈进的同时，作为政治体制改革的一部分，干部选拔工作也必须进行改革，过去那种集中统一的管理体制已经难以适应经济建设发展的需要。当时实行的是下管两级的管理体制，一方面造成上级党委管理的人数太多，既承担了较重的日常工作，又使下级缺乏自主权，丧失积极性。另一方面，由于上级不了解具体实际情况，造成干部的管理和使用分开，管人与管事脱节，难以深入了解干部的全面表现，选人用人的准确性和公信度得不到有效保证。因此，在1983年，中央提出要充分调动和发挥地方的积极性和主动性，在党管干部的原则下，以管少、管好、管活为精神，下放干部管理权限，由下管两级调整为下管一级，减少管理层次，提高管理效率，激发干部队伍的活力与动力，使各项改革举措顺利实施，更好地贯彻落实改革开放的各项任务。中央部委内设司局的班子配备由各部委党组负责，各省级部门和地市级领导班子，由各省委自主管理，但任免时须向中央报备。而各省级党委和国家部委党组管理干部的范围，可根据实际情况自行确定，中央不做统一规定。

(2) 选拔标准。

“文化大革命”期间，由于长期忽视对干部的培养、使用和选拔，对干部工作造成了较大的破坏，严重影响了干部队伍各方面素质的提升。改革开放之初，很多干部在政治上、思想上和专业上无法适应现代化建设的需要，严重影响了党和国家各项改革任务的顺利开展。此外，“文化大革命”结束后，大批老干部沉冤昭雪，重新回到工作岗位上，但身体条件、专业能力方面的差距，使他们很难顺应时代发展的变化。因此，选拔中青年干部、提高干部队伍整体政治素养和专业能力成为重中之重。针对这一问题，邓小平在多次讲话中逐步清晰了干部队伍的“四化”方针，即革命化、年轻化、知识化、专业化。其中，革命化是对政治方面的要求，是其他三项的前提；年轻化是对干部年龄和身体方面的要求；知识化和专业化则是对能力素质方面的要求。干部队伍“四化”方针在

① 中共重庆市委党校课题组．党政领导干部选拔任用科学化研究．探索，2014 (1)．

党的十二大被写入党章，成为干部选拔的重要标准和干部管理制度的重要内容。

（3）选拔方式。

在这样的大背景下，干部选拔工作除了持续改进常规选拔之外，在选拔方式上也有所创新，出现了竞争性选拔的萌芽。

在常规选拔工作中，一方面更加注重群众在干部选拔工作中的作用和积极性。各地大多实行了在党委领导下的群众推荐与组织考察相结合的方法[①]，让群众真正参与到干部选拔工作中来，充分尊重群众的意见，既能把群众满意的干部推选出来，又能够落实群众对干部选拔工作的监督职能；另一方面各地探索将民主推荐、民意测验、民主评议等方式纳入常规选拔中，增强干部选拔工作的民主化程度，并将结果作为是否留任现职和提拔使用的参考。

在竞争性选拔方面，1980年重庆市公用事业局面向全市全民所有制职工选拔出租车公司的管理人员，拓宽了选拔视野和范围，竞争性选拔作为干部选拔方式在改革开放背景下的创新开始崭露头角。1985年，宁波面向社会公开选拔局级领导岗位，并采用考试测评的手段实现竞争择优，竞争性选拔正式登上历史舞台。随后，全国各地开始将竞争机制引入干部选拔中，丰富了选人用人的方式，提高了选人用人公信度。竞争性选拔开始与常规选拔一起，成为产生拟任人选和候选人员的选拔方式。

（4）选拔手段。

这一时期除了传统的干部鉴定之外，又将干部考核引入干部管理体制中，丰富并充实了选拔手段。由于相关考核制度的缺位，干部队伍中存在赏罚不明、“干多干少一个样”等不良现象，严重影响了干部队伍的风气和工作效率。为了改变这一情况，中共中央组织部在1979年下发的《关于实行干部考核制度的意见》中明确提出，要建立健全干部考核制度。在以“德才兼备”为原则的基础上，各地各部门要根据实际情况和具体职位要求的能力和素质，制定出明确具体的考核内容与标准。在考核内容方面，要对干部的德、能、勤、绩四方面情况进行考核，并制定出每个方面的具体内容。在考核主体方面，将群众纳入进来，以便全面准确地评价干部。在考核周期方面，要将平时考察和定期考核相结合。定期考核可以根据情况一年或两年考核一次。在结果应用方面，要真正落到实处，做到赏罚分明。对于优秀的干部，要提拔到领导岗位上；对于两次考核都不达标的，要调离现职，甚至要降职使用。为了进一步明确干部考核工作的重点，1983年全国组织工作座谈会提出了要对领导干部实施年度考核，并将德、能、勤、绩中的绩予以突出，强调要突出考核干部的工作实绩。1988年《关于试行地方党政领导干部年度工作考核制度的通知》的下发，标志着我国干部考核制度的建立。建立健全干部考核制度是贯彻任人唯贤干部路线的关键举措和落实干部选拔“四化”方针的重要手段，在完善干部管理体制上具有重要意义，不仅有效调动了干部队伍的工作积极性，也切实提高了干部选拔工作的科学化水平。除此之外，作为“三考”之一的考试也开始作为选拔手段的一种，在评价干部能力素质与人岗匹配度方面发挥作用，但尚未落实到制度层面，也没有在全国大面积铺开。

---

① 陈凤楼．中国共产党干部工作史纲（1921—2011）．北京：党建读物出版社，2012：219.

这一时期的干部选拔工作在改革浪潮的带动下朝着制度化、规范化的方向迈出了坚实步伐，取得了显著的进步：不光在干部管理权限上进一步下放，为干部选拔工作的开展注入了活力；也重新确立了正确的用人标准——“四化”方针，为干部选拔工作的开展奠定了基础；还在干部选拔方式上有所创新，竞争性选拔开始登上了历史舞台，为干部选拔工作的开展指明了方向。但是，以干部选拔为核心的干部人事制度改革尚处于初级阶段，各项制度还不够完善，仍需要持续不断地改革和探索。

6. 全面建设中国特色社会主义和全面建设小康社会时期

全面建设中国特色社会主义和全面建设小康社会时期是中华民族实现伟大复兴的关键时期，经济上逐步建立了社会主义市场经济，政治上不断改革以适应经济的发展。这一时期干部选拔工作的突出特点就是在市场经济的引领下，与选拔相关的制度不断完善和规范。

（1）管理权限。

1983年中央下放管理权限，变下管两级为下管一级，之后一直延续至今，在全面建设中国特色社会主义和全面建设小康社会时期也不例外。

（2）选拔标准。

这一时期的干部选拔并没有统一标准，而是根据特定时期下的特定任务不断调整选拔标准。在全面建设中国特色社会主义时期，经济建设不断取得新成就，在物质文明不断发展的同时，中央提出要将精神文明纳入干部考核体系中。党的十四届六中全会提出要把精神文明建设的实绩作为选拔任用干部的重要依据。① 在全面建设小康社会时期，我国经济取得大跨步发展，但有些领导干部却出现了道德缺失甚至骄奢淫逸的现象。针对这一情况，党的十七届四中全会强调了“德才兼备、以德为先”的用人标准，把“德”放在选拔标准的首位，再次重申了正确的用人导向和标准。

（3）选拔方式。

由于市场经济对干部管理体制产生了重要影响，这一时期的选拔方式不断丰富，各地各部门加大了党政领导干部竞争性选拔工作的力度，多种多样的竞争性选拔方式不断涌现。据不完全统计，除了公开选拔和竞争上岗在全国范围内大面积开展之外，各地各部门结合实际探索出了一评三考、公推公选、专项竞岗、公推竞岗、两推一评、公推比选、三考三推、公推遴选等多种竞争性选拔方式，为干部选拔工作注入了新的活力。

（4）选拔手段。

伴随着经济体制改革的不断深入，处于上层建筑中核心地位的干部人事制度改革也有序推进。两个干部人事制度改革规划纲要的出台引领着干部选拔工作的开展，考试、考核、考察工作在实践中不断丰富和完善。

在考试方面，随着竞争性选拔的不断发展，中组部先后制定了两个暂行规定和考试大纲，对考试内容、形式、方法技术等进行了细致的规定。全国各地为了更好地指导相关考试工作的开展，纷纷成立了考试测评中心，在服务竞争性选拔工作的同时，也负责考试测评方法技术的研发和应用。

---

① 陈凤楼．中国共产党干部工作史纲（1921—2011）．北京：党建读物出版社，2012：256.

在考核方面，先后出台了《国家公务员暂行条例》、《党政领导干部考核工作暂行规定》、《公务员法》、“一个意见、三个办法”[①] 等多项制度规范，逐渐形成了目前以“德能勤绩廉”为内容、以平时考核和年度考核为方法的考核体系。

在考察方面，中组部颁布了“一个意见、三个办法”、《关于加强对干部德的考核意见》、《干部任用条例》等文件，为这一时期干部选拔的考察工作指明了方向。这一阶段考察工作的重点在于对干部“德”以及人岗匹配度的考察，在考察手段上也不断丰富。

这一阶段的干部选拔工作以制度化为突出特点，规范化和科学化水平不断提升，选拔方式不断创新，考试、考核、考察工作取得了新进展并开始有机结合，共同为干部选拔工作的开展提供了技术支撑。

7.3 干部常规选拔方式及其新发展

常规选拔是我国党政领导干部选拔过程中最普遍、最核心的选拔方式。传统的领导干部选拔方式因其过于单一且具有封闭性，在对接我国变化的经济体制和发展现状上暴露了一些问题，我国开始了自上而下的领导干部选拔方式改革，引入了竞争机制和其他配套选拔制度，但委任制仍在很长时间内是我国领导干部选拔的核心和主流。

7.3.1 常规选拔方式类别

1. 委任制

委任制，亦称为任命制，是由立法机关或其他任免机关，在其任免权限的范围内，直接指定任用人选委派其担任一定职务的任用方式。在我国，委任制有两种形式：一是委派任命制，指上级主管部门根据下属地区和单位的需要，对干部实行自上而下的统一调配和委派；二是审批任命制，指下属地区和单位把自身准备启用的干部向上申报，然后由上级主管部门实行自上而下的任命。这两种任命形式都具有权力指向自上而下的特点。

委任制是自新中国成立以来我国沿用至今的最重要的党政领导干部选任制度。它是顺应新中国成立初期民主制度尚不健全而产生的选拔制度。改革开放以来，委任制已从传统的上级委任转变为群众推荐和组织考察相结合的举荐委任。目前，委任制仍在我国权力体制中广泛存在并普遍运用，但委任制随着时代的发展暴露出来的弊病也是不可否认的。

（1）委任制的特点。

委任制注重上下级的关系，权力由上而下，高度集中，有利于国家资源的统一调配，

---

① “一个意见、三个办法”是指，中共中央办公厅印发的《关于建立促进科学发展的领导班子和领导干部考核评价机制的意见》《地方党政领导班子和领导干部综合考核评价办法（试行）》《党政工作部门领导班子和领导干部综合考核评价办法（试行）》《党政领导班子和领导干部年度考核办法（试行）》。

符合“党管干部”原则。委任制操作步骤简单，效率较高，一般只由提名推荐、组织考察和决定任用这三大步骤组成。委任制的各种成本和费用较少，所用时间也较少。

但是委任制也有缺点。一是委任制一般是在本地区、本单位范围内考虑推荐的人选，其具有很强的地域局限性。二是委任制的公开性较低，其过程通常在组织内部进行，没有办法将整个流程公开，不利于社会主义民主政治建设。三是对于委任制的结果，无论是领导干部个人还是群众都只能被动接受，缺少良性竞争，影响人民群众参与政治活动的积极性。四是选人标准的主观性较强，易形成“人岗不匹配”的现象，阻碍组织的良性发展。五是委任制因其公开性和透明性低，容易形成人身依附和利益结盟的不正之风。

（2）委任制的适用性。

我国的委任制形成于革命战争时期，受当时战争环境的影响，委任制权力高度集中的特点为中国共产党的人才队伍的建立起了很大的作用。伴随着时代发展和历史变迁，传统的民主选任方式越来越表现出不适应性，在实践中不断暴露出诸如拉票贿选等问题，民主选任在有的地方甚至发展成民主暴力。毋庸置疑，委任制对过去单纯、过度地运用诸如选举制、公推直选等民主方式选拔干部所带来的问题有一定的抑制作用。同时，针对考任制容易产生“高分低能”等人岗不匹配现象的缺点，委任制基于上下级沟通的特点容易克服这一缺点。在革命时期、社会主义建设时期及历史的关键转折时期，我国的民主制度发展尚不完善，委任制对于我们党政领导干部人才队伍的建设和制度保障具有高度的适用性。

国内外的许多国家都在不同程度上实行委任制，许多发达国家实行委任制基本上都在国家领导集团“组阁”的层次上。而在我国权力建设的发展历史上，我国的最高领导人都是通过委任制产生的。由于委任制易于出现“人治”的腐败现象，存在权力过于集中等弊端，所以委任制相对更适用于层次较高的领导干部选拔工作。

（3）委任制的程序。

委任制操作步骤比较规范，一般由提名推荐、组织考察和决定任用三大步骤组成。

1）提名推荐。

提名推荐运用较为广泛的主要有组织提名制度和个人署名推荐提名制度。所推荐人选应符合《干部任用条例》中对干部选用的基本原则、基本条件、基本资格等做出的规定。

组织提名制度包括：一是本级党委（组）集体对所管干部的平职交流及职位调整直接予以提名；二是本级党委（组）集体推荐由上级党委（组）管理的职位的拟任建议人选，一般需要正式行文推荐，附带本级党委（组）会议纪要、会议记录；三是本级党委（组）集体对所管职位提出拟提拔的意向性人选或预测性人选；四是群团组织向同级和下级党组织推荐系统内优秀干部作为意向性人选；五是组织（人事）部门建议提名，结合干部日常表现和班子配备要求等情况，综合分析民主推荐结果，以会议形式集体讨论决定向党委（组）提出建议，再由党委（组）集体决定正式提名人选；六是本级党委（组）直接就下级党组织管理的干部提出职务、职级调整意见。

个人署名推荐提名制度是指领导干部或其他人员以个人名义，以署名材料的方式，向党组织推荐领导人选的一种制度。

2）组织考察。

考察的标准是德才兼备、以德为先。这是选拔任用干部的根本标准。首先，在委任制的组织考察环节中，要综合地对候选干部的思想道德素质、政治素质、知识和能力进行测评；其次，根据人职匹配的原则，对候选人员的个性素质、领导素质、以往工作实绩也要提出相关要求。

3）决定任用。

决定任用就是相关领导部门的人员，对前一阶段组织考察中候选人员的表现进行讨论、筛选、选择出符合空缺职位需要的合适人选的过程。

2. 选任制

选任制，是指运用选举方式来确定党政干部的选拔任用的一种方式。选任制通过把权力交到人民手中来充分体现人民主权原则，其主要适用于国家各级政治领导人和行政首长等决策者层面。在我国的宪法、法律、党章和相关的人民团体组织的章程中都有对选任制的相关规定。各级人大以及“一府两院”领导成员均是由相应的人民代表大会选举产生。党的各级委员会及其领导机构均由相应的党的代表大会和党的委员会选举产生。

（1）选任制的特点。

首先，适用对象具有特定性，根据相关规定，选任制的范围为我国各级政府的主要领导干部和各级党组织的领导干部。其次，选举制度的核心是公众或民意代表有选择掌权者的机会。我国的选任制在实际操作中主要是推荐选任制，即领导干部人选是经过各级党委组织推荐提名后再参与选举产生的，因而可选的范围小、人数少，竞争激烈程度不高。这容易使自主选举成为“确认型”选举，无法充分体现人民意志。最后，选任制成本较高，时间周期长。为了让选举者充分认识了解被选举者，需要耗费大量时间和经费。选举的层次越高，代价越大。

（2）选任制的适用性。

从党章和有关法律的角度看，选任制是体现人民民主专政原则的一种最基本的选拔制度。但由于特殊的国情，我国的选任制实际上是推荐选任制。在我国，由于选任制的候选人是由党委推荐提名，而提名人选的产生方式实际上与委任制是一致的。因此，选任制仍然未脱离委任制的窠臼。因此选任制的适用对象具有特殊性，主要为我国各级政府的主要领导干部和各级党组织的领导干部。

（3）选任制的程序。

1）选任范围。

《宪法》第六十二条第五项规定，“根据中华人民共和国主席的提名，决定国务院总理的人选；根据国务院总理的提名，决定国务院副总理、国务委员、各部部长、各委员会主任、审计长、秘书长的人选”。全国人民代表大会行使选举最高人民法院院长、选举最高人民检察院检察长的权力。《宪法》第六十七条第十二项规定，“根据最高人民法院院长的提请，任免最高人民法院副院长、审判员、审判委员会委员和军事法院院长”；第十三项规定，“根据最高人民检察院检察长的提请，任免最高人民检察院副检察长、检察员、检察委员会委员和军事检察院检察长，并且批准省、自治区、直辖市的人民检察院检察长的任免”。在地方各级人民代表大会和地方各级人民政府中，《宪法》第九十七条第一款规定，“省、直辖市、设区的市的人民代表大会代表由下一级的人民代表大会选举；县、不设区的市、市辖区、乡、民族乡、镇的人民代表大会代表由选民直接选举”。《宪法》第一百零一条第一款规定，“地方各级人民代表大会分别选举并且有权罢免本级人民政府的省长和副省长、市长和副市长、县长和副县长、区长和副区长、乡长和副乡长、镇长和副镇长”。

2）选任方式。

等额、差额选举相结合，以差额选举为主。差额选举留给了选民自由选择的空间，同时更体现了选举的竞争性和民主原则。我国《地方各级人民代表大会和地方各级人民政府组织法》第二十七条规定，“人民代表大会常务委员会主任、秘书长，乡、民族乡、镇的人民代表大会主席，人民政府正职领导人员，监察委员会主任，人民法院院长，人民检察院检察长的候选人数可以多一人，进行差额选举；如果提名的候选人只有一人，也可以等额选举”。第三十条还规定，在地方各级人民代表大会补选上述职务及其副职人员时，“候选人数可以多于应选人数，也可以同应选人数相等”。

直接选举和间接选举相结合。我国县乡两级人民代表大会代表由选民直接投票选出，县级以上各级人民代表大会代表由下级人民代表大会选举，各级国家机关、领导人由同级人大代表选举。选取这种方式是由于我国人口基数庞大的特殊国情和民主制度尚不完善的客观现实，以及全面实行直接选举尚存在困难。

3. 聘任制

聘任制是通过契约形式确定用人单位与被任用者的法律关系。用人单位与被任用者拥有协商一致的权利与义务，权利与义务的内容除体现被任用者的意志外，还要体现用人单位的意志，双方在权利与义务关系建立过程中，都有一定的选择自由，并且可以根据契约签订和执行情况，发生变更或解除。双方的权利与义务是什么，违背了将承担什么责任，都要在契约签订过程中予以明确，并有确定的期限。用人单位和被任用者签订合同之类的契约，明确双方的权利与义务关系和有效合同期，被任用者按合同履行职责，并享受相应的待遇和报酬，聘期满后即自行解聘，需要时双方可以再协商是否续聘。聘任制领导职务的每一个聘任期不超过五年，可以连续聘任。具体方式是公开选拔（面向社会进行）和竞争上岗（在本单位或者本系统内部进行）。领导职务公务员部分实行聘任制，是我国政府机关人事制度改革的一项重要措施。

（1）聘任制的特点。

聘任制是作为委任制的补充的一种新兴选拔方式，其规避了委任制中官员流动性不强、裙带关系多、腐败猖獗等缺点，但是与委任制相比，聘任制又存在聘用专家水平良莠不齐、对组织忠诚度不高等问题。

干部聘任制打破了计划经济体制下干部任免上的封闭式管理，公开招聘的形式由过去的少数人观察考核变为多数人的观察考核，给广大干部群众发现、举荐和参与干部任用提供了机会。聘任制推进了干部选拔过程中的民主化进程，打破了过去那种“一朝为官、终身受用”的局面，增强了干部的流动性。辞退制、试用制等制度的出现更是保障了聘任制的顺利实行。

（2）聘任制的适用性。

聘任制的适用范围与其他几类选拔制度有所不同。聘任制主要适用于专业性较强的职位和辅助性职位，因此聘任制不可能在党政机关内大范围实行，它一般在国家机关中一小部分职位上实行，包括：1）技术性、操作性和辅助性的职位；2）临时机构的工作职位和在一定期间所需的临时工作职位；3）具有国家行政职能，从事行政管理活动，但使用事业单位编制的单位的部分工作职位；4）政府机关的咨询性职位。

（3）聘任制的程序。

聘任制的选拔程序一般由以下几个步骤组成：

1）先由招聘单位通过媒体等公开渠道向社会公众公布空缺职位的相关信息，如职位说明、资格条件、工资待遇、相关责任等。

2）有意向且符合条件的人员向有关单位提出申请，并提供所需证明材料。

3）有关单位对申请人员所提交的材料进行审核，筛选出符合任职资格的人员，进而对这些人员进行考核，一般采取面试的方式。

4）对考核合格的人员签订合同书，规定聘用年限，明确相关责任。当聘期结束，双方如果都满意，可以续聘。

4. 考任制

考任是指用人单位对工作人员的操行、作风、学识、工作、才能等方面进行全面考察和评价，并以此来判断工作人员的才能、是否适应其岗位的需要等。考任是人事管理工作中一项极为重要的工作，它是发掘和有效利用人力资源的重要依据。

公务员考任是国家公务员制度的一项重要内容，是对国家公务员的业务、工作成绩、学识、思想品德以及工作能力、身体状况进行全面考察和评价。其目的在于了解和识别各层级的公务员，发现和选拔其中的优秀人才并合理地使用；调动公务员的工作积极性，并为公务员的奖惩、升降、培训、工资报酬等管理工作提供可行的依据，从而加强公务员队伍的建设，提高国家行政机关的活力和行政效率，促进社会主义现代化建设事业的发展。

根据我国公务员制度的规定，我国国家公务员考核的内容包括德、能、勤、绩、廉五个方面。前两个方面是指公务员的自身素质，后三个方面是指公务员履行工作职责以及取得工作实绩的情况，五个方面紧密联系，构成一个有机的统一整体。因此，五个方面的考核应该互相补充，不可偏废。

（1）考任制的特点。

考任制具有公平性、全面性和适用性高等特点，是现今国家公务员录用中最常用的制度之一。我国当前实行的公务员考试录用制度是在继承和发展我国古代选官考试制度的基础上，吸收现代西方主要国家公务员考试录用制度的优点，经历了各类传统的干部录用方式以及考录公务员过程中的大量研究探索和实践，逐步改革与完善起来的制度。

总体来说，公务员考任制作为与现行公务员制度相匹配的制度，有以下两个特点，一是强调德、能、勤、绩、廉并重，二是强调考试与面试、政治考察等方式相结合。

德、能、勤、绩、廉并重的标准参考的是西方官僚制中对官员的选拔方式，又在我国国情上有所改动。我国奉行“党管干部”原则，因此对公务员的政治性有所要求，这一点又体现在我国对“德”这一标准的解读上。我国所说的“德”，并不是西方官僚制中强调的“品德”，公务员的道德素质包括清正廉洁、诚实可信、忠于职守、克己奉公、公道正派、平易近人。此外，还包括政治立场和政治思想表现等方面的重要内容。公务员队伍是党和国家干部队伍的重要组成部分。公务员制度必须贯彻党的干部路线、方针、政策，坚持党管干部的原则。考察机关对应试者的政治面貌和素养要进行严格审查，全面考核通过笔试者的政治思想和道德品质，这也体现了我国公务员考任制对于应试者的严格的政治要求。

（2）考任制的适用性。

目前，各省、市的公务员招考录用、事业单位的公开招聘大多采取考核录用的方式，是基层岗位人员进入体制内单位的必要程序。录用公务员、事业单位工作人员，必须在规定的编制限额内，并有相应的职位空缺。

（3）考任制的程序。

考任制要按以下程序进行：

1）公布职位、资格条件，发布招考公告；

2）报名与资格审查；

3）考试（含笔试和面试）；

4）考察与体检；

5）公示、审批或备案。

必要时，省级以上公务员主管部门可以对上述程序进行调整。录用特殊职位的公务员，经省级以上公务员主管部门批准，可以简化程序。

7.3.2 新时代干部选拔方式的调整创新

党的十八大以来，以习近平同志为核心的党中央高度重视干部队伍建设和干部选拔任用工作，提出了“信念坚定、为民服务、勤政务实、敢于担当、清正廉洁”① 的好干部标准，改进干部选拔方式，强化党委和组织部门在干部选拔任用中的领导和把关作用，坚持全面从严治党和从严管理监督干部，防止干部“带病提拔”，确立了干部选拔任用的新导向新要求，使干部选拔任用工作出现新变化、呈现新局面。

1. 干部选拔方式的创新方向

（1）竞争性选拔向常规性选拔方式交替回归。

改革开放以前，中央为了适应经济建设发展需要，建立了与高度集中的计划经济相适应的、党委领导下的高度集中统一的干部人事制度，干部选拔任用也延续了之前的基本做法，形成了传统计划经济体制下的干部委任制。这种干部选拔任用制度实行国家统一管理、统一录用、统一调配，在计划经济的特定历史时期发挥了重要的作用，但是由于缺乏科学的培养选拔和竞争择优机制，因此不能满足和适应市场经济和现代化建设对大批优秀人才的需求。

---

① 新时代年轻干部成长成才的根本遵循．（2022－01－31）．求是网．

自党的十一届三中全会以来，特别是1980年邓小平同志发表《党和国家领导制度的改革》重要讲话以来，伴随着经济体制与政治体制的改革步伐，竞争性选拔方式逐渐进入改革视野，全国各地以“公开选拔”为突破口开始了干部选拔任用制度的改革探索。随着1998年政府机构改革，党和国家为了实行机构精简、人员分流，开始探索实行竞争上岗。2000年，中央办公厅印发了《深化干部人事制度改革纲要》，明确提出推行公开选拔党政领导干部的要求，开始在干部选拔任用中积极引入竞争机制，展开了新一轮对竞争性选拔干部制度的探索与实践。

经过20世纪80年代的萌芽发展和20世纪90年代的规范管理，竞争性选拔干部制度与实践不断向纵深发展，从厅局级领导干部到县乡科局级干部甚至股级干部都曾开展过竞争上岗或公开选拔。从2008年到2011年，全国公开选拔竞争上岗的干部有32.8万人，较5年前增长了562%。2011年各省（区、市）通过公开选拔的厅、处级干部占提拔干部总数的30.7%，中央部委办达到46%。① 竞争性选拔确实使一大批优秀干部脱颖而出，在打破领导干部选拔“任人唯亲”、扩大选人用人视野方面起到了积极作用。

然而，竞争性选拔仍然在科学化、民主化和制度化等方面存在不同程度的问题，这些问题主要表现为：选拔考试的科学性问题；过度强调分数、“以分定人”而忽视工作业绩表现问题；专营各种考试而不安心工作所引发的干部队伍稳定性问题；民主测评或民主推荐的民主化问题；实行竞争性选拔干部层次与范围问题；等等。针对上述问题，2012年党的十八大召开后，党政机关干部选拔任用工作开始出现重要的方向性变化，中央开始反思并进一步完善干部选拔任用制度，开始弱化竞争性选拔，强化常规性选拔方式。

（2）2013年全国组织工作会议奠定了新基调。

2013年6月28日，中央召开了全国组织工作会议，提出要建设一支宏大的高素质干部队伍。此次会议针对新时期的新任务新要求，提出了干部队伍建设和干部选拔任用的新理念、新方法、新方向，提出了好干部的标准，确定了干部选拔任用工作的基本方针，弱化了竞争性选拔方式，提出了从严治党和从严管理干部的要求。这次全国组织工作会议堪称是党的十八大以来干部选拔任用工作的重要转折点。

此次会议围绕干部选拔任用提出了一系列新任务新要求，包括提出了20个字的好干部标准，强调了干部选拔任用的重要性，提出了完善选人用人机制的要求，提出了要把加强党的领导和充分发扬民主结合起来。此次会议后，中央对已往干部选拔任用中存在的“唯票”“唯分”“唯GDP”等现象进行了纠偏，强化了党委和组织部门在干部选拔任用工作中的领导和把关作用，使干部选拔回归到常规性选拔方式，并开始探索完善常规性选拔方式的各项制度和程序，使干部选拔任用工作呈现出新气象。

（3）十八大提出了完善干部选拔任用的新机制。

党的十八大报告提出了完善竞争性选拔干部方式的要求，“不让老实人吃亏，不让投机专营者得利”，使干部选拔回归到常规性方式。党的十八届三中全会提出了完善干部选拔任用机制的新要求，强调要坚持“党管干部”原则，深化干部人事制度改革，构建有

① 姜洁．选拔干部不可“唯分定人”．人民日报，2013-08-06.

效管用、简便易行的选人用人机制，具体提出了要发挥党组织领导和把关作用，改进竞争性选拔干部的方法，区分实施选任制和委任制的干部选拔方式，坚决纠正唯票取人、唯分取人等现象，用好各年龄段干部，把好干部选拔出来。

2. 新时代干部选拔方式的创新成果

党的十八大以来，在习近平新时代中国特色社会主义思想指引下，党的干部选拔任用工作在继承优良传统的基础上，不断探索，勇于实践，总结完善，建立了富有中国特色、务实管用的选人用人制度新体系，实现了干部选拔任用工作与时俱进、不断创新。新时代干部选拔任用工作的创新点主要体现在以下四个方面。

一是提出了新时代干部选拔任用工作的新理念。实现中华民族伟大复兴，归根到底在于选拔任用、培养造就一代又一代可靠的接班人。以习近平同志为核心的党中央坚持问题导向，顺应时代呼声，集中全党智慧，适时提出了一系列选人用人工作的新理念，为各级各部门各个团体各条战线的选人用人工作指明了方向，树立了标杆，如在好干部的识别、培养和使用工作方面，2013 年 6 月 28 日，习近平总书记在全国组织工作会议上的讲话中提出“怎样是好干部？怎样成长为好干部？怎样把好干部用起来？”三个重大课题。在干部培养锻炼工作方面，习近平总书记提出，“实践锻炼不是去‘镀金’，更不是去走过场等着提拔，如果那样，必然会身子去了心没去，还是与群众格格不入，那就是弄虚作假了”。在科学评判干部、公正对待干部和科学使用干部方面，习近平总书记提出，“用人得当，就要坚持全面、历史、辩证看干部，注重一贯表现和全部工作。对那些勇担当、有本事、坚持原则、不怕得罪人、个性鲜明的干部，往往会出现认识不尽一致的情况，组织上一定要为他们说公道话”，并进一步指出，“现在，有的地方用干部，涉及具体人时，往往只看资历、看轮到谁了，论资排辈、平衡照顾，而不是看谁更优秀、更合适，用非所长，结果干部干得很吃力，问题堆了一大堆，工作也难以打开局面。用什么人、用在什么岗位，一定要从工作需要出发，以事择人，不能简单把职位作为奖励干部的手段”。在干部考核工作方面，2018 年 7 月 3 日至 4 日，习近平总书记在全国组织工作会议上的讲话中指出，考核干部要经常化、制度化、全覆盖，既把功夫下在平时，全方位、多渠道了解干部，又注重了解干部在完成急难险重任务、处理复杂问题、应对重大考验中的表现，既在小事上察德辨才，更在大事上看德识才。

二是构建了新时代干部选拔任用工作的新机制。新的时代呼唤新的机制。进入新时代以来，以习近平同志为核心的党中央根据我国社会主要矛盾发生转化的客观需要，要求组织（人事）部门对干部选拔任用工作进行深层次的探索和创新，并建立与干部选拔任用工作相关的一系列新的机制和制度。习近平总书记从干部队伍的现状出发，就干部选拔任用工作建立和健全新的机制和制度提出了一系列的要求。关于干部考察工作和责任追究方面，习近平总书记在 2013 年全国组织工作会议上指出，“对干部的认识不能停留在感觉和印象上，必须健全考察机制和办法，多渠道、多层次、多侧面深入了解”，他强调，“一些干部惯于拍脑袋决策、拍胸脯蛮干，然后拍屁股走人，留下一屁股烂账，最后官照当照升，不负任何责任。这是不行的。我说过了，对这种问题要实行责任制，而且要终身追究。请中央组织部抓紧研究落实”。关于选人用人的考察方式和把关定向方面，2018 年 7 月 3 日至 4 日，习近平总书记在全国组织工作会议上指出，“我们严把选人用人政治关、品行关、作风关、廉洁关，改进干部推荐考察方式，坚持‘凡提四必’，坚决纠正选人用人上的‘四唯’问题，防止干部‘带病提拔’，推进干部能上能下，坚决匡正选人用人风气”。习近平总书记这些重要指示，对推进《公务员法》《干部任用条例》的修订，对抓好《中国共产党重大事项请示报告条例》《党政领导干部考核工作条例》《事业单位工作人员奖励规定》《公务员职务与职级并行规定》《干部人事档案工作条例》等法规制度的制定，指明了方向，奠定了理论基础。

三是确立了新时代干部选拔任用工作的新标准。干部标准是评价和选拔干部的重要依据，是干部工作的首要问题。一个时代有一个时代的英雄人物，一个时代有一个时代的好干部标准。新生事物层出不穷，好干部标准与时俱进。以习近平同志为核心的党中央依据时代的深刻变化和社会发展的客观要求，适时地提出了新时代的好干部标准。2013 年 6 月 28 日，习近平总书记在全国组织工作会议上指出，“概括起来说，好干部要做到信念坚定、为民服务、勤政务实、敢于担当、清正廉洁。信念坚定，党的干部必须坚定共产主义远大理想，真诚信仰马克思主义，矢志不渝为中国特色社会主义而奋斗，坚持党的基本理论、基本路线、基本纲领、基本经验、基本要求不动摇。为民服务，党的干部必须做人民公仆，忠诚于人民，以人民忧乐为忧乐，以人民甘苦为甘苦，全心全意为人民服务。勤政务实，党的干部必须勤勉敬业、求真务实、真抓实干、精益求精，创造出经得起实践、人民、历史检验的实绩。敢于担当，党的干部必须坚持原则、认真负责，面对大是大非敢于亮剑，面对矛盾敢于迎难而上，面对危机敢于挺身而出，面对失误敢于承担责任，面对歪风邪气敢于坚决斗争。清正廉洁，党的干部必须敬畏权力、管好权力、慎用权力，守住自己的政治生命，保持拒腐蚀、永不沾的政治本色”。总之，习近平总书记提出的“二十字”好干部标准，是对“德才兼备、以德为先”干部标准的深化，凸现了干部标准的时代内涵，为加强干部队伍建设指明了方向。近年来，习近平总书记在多个场合不断为好干部“画像”，这与传统标准既一脉相承又有所创新。这些要求都是我们党和国家干部选拔任用的“标尺”，也是各级党委（党组）及其组织（人事）部门实施干部选拔任用工作的根本遵循。

四是倡导了新时代干部选拔任用工作的新方法。在新的历史时期，以习近平同志为核心的党中央不但在干部选拔任用工作的理念、机制、标准上提出了许多新要求，而且在干部选拔任用方式方法上也相应地提出了许多新规范。关于干部考察的方式方法方面，习近平总书记在 2013 年全国组织工作会议上指出，“要近距离接触干部，观察干部对重大问题的思考，看其见识见解；观察干部对群众的感情，看其品质情怀；观察干部对待名利的态度，看其境界格局；观察干部处理复杂问题的过程和结果，看其能力水平。考察识别干部，功夫要下在平时，并注意重要关头、关键时刻。‘操千曲而后晓声，观千剑而后识器。’干部业绩在实践，干部声名在民间。要多到基层干部群众中、多在乡语口碑中了解干部，既要在‘大事’上看德，又要在‘小节’中察德”。2018 年 7 月 3 日至 4 日，习近平总书记在全国组织工作会议上的讲话中又强调，“要带上‘望远镜’、‘显微镜’，对干部近距离接触、多角度考察；多到基层干部群众中、多在乡语口碑中了解干部，使选出来的干部组织放心、群众满意、干部服气。要把研究人和研究事结合起来，避免从抽象到抽象，凭感觉下结论”。关于干部的考核内容和考核方式方面，在 2013 年全国组织工作会议上，习近平总书记指出，“要改进考核方法手段，既看发展又看基础，既看显绩又看潜绩，把民生改善、社会进步、生态效益等指标和实绩作为重要考核内容，再也不能简单以国内生产总值增长率来论英雄了”。习近平总书记在2018年全国组织工作会议上要求，“要强化分类考核，对资源禀赋、基础水平、发展阶段、主体功能区定位不同的地区在考核内容上要区别对待。对主要领导干部和班子成员、不同岗位的领导干部也应有不同的考核要求，不能搞‘上下一般粗’、‘左右一个样’”。

7.4　干部竞争性选拔方式及其调整

7.4.1　我国干部竞争性选拔的发展历程

随着改革开放总方针的确立，我国的经济体制发生了重大变化，作为上层建筑，政治体制也在不断调整以适应新形势的需要。而后，社会主义市场经济的浪潮汹涌而来，“竞争”“公平”“开放”等理念开始渗透到生产生活的各个方面。常规性选拔由于缺乏与市场经济相匹配的价值理念，在建立良性竞争机制、民主参与机制等问题上存在一定缺陷，与时代发展的精神出现了一定程度的背离。在这样的背景下，全国各地各部门开始推行干部人事制度改革，竞争性选拔应运而生，并随着实践探索的不断深入逐步发展。归纳起来，竞争性选拔工作的发展历程大致可分为五个阶段。

1. 萌芽探索阶段（1985—1998年）

1980年10月，重庆市公用事业局面向全市全民所有制职工公开招募出租汽车公司的高层管理人员和技术人员。由于开展时间较早，此次选拔在程序方面较为简单：报考人员首先凭借所在单位党组织的介绍信报名，然后通过业务考核比选择优，最后对通过业务考核的人员进行政治审查，确定候选人选。此次公开招募活动从报考的216名人员中录用了11人。重庆市公用事业局的这次选拔活动拓宽了选拔视野，扩大了选拔范围，并引入了一些竞争机制，虽然没有运用较为全面的考试测评手段，但已经初步显现了竞争性选拔的雏形。

竞争性选拔真正发轫于宁波市。1985年，宁波市委组织部在省委组织部的帮助和支持下，面向社会公开选拔计委主任、物价局局长等五个岗位。宁波市委组织部通过报纸等媒介公布资格条件，鼓励组织推荐与自荐相结合，并首创在考察评价候选人时，运用在当时来讲还是全新的笔试和面试作为测评手段。宁波市这次选拔被普遍认为是我国党政领导干部竞争性选拔的开端，原因在于其基本满足竞争性选拔的诸多要件，开创了我国竞争性选拔干部工作的先河。随后，各地各部门也开始了公开选拔的探索。自1988年开始，吉林省采用党组织和群众公开推荐，同时结合考试和考察的方式，选拔了38名副地厅级领导干部，取得了良好的成效。1992年，中组部转发吉林省委组织部《关于采取“一推双考”的方式公开选拔副厅级领导干部情况的报告》，肯定了吉林省采用推荐与笔试、面试相结合的做法。1994年，党的十四届四中全会提出对“公开推荐与考试考核相结合选拔领导干部等，要认真研究和总结，使其不断完善”。同年，在公开选拔不断发展的同时，在机构改革和建立公务员制度的大背景下，各地各部门为了解决领导干部选配和人员分流问题，把以考试为核心的竞争机制引入机关内部，普遍实行竞争上岗，收到良好成效。1998年7月，中组部、人事部制定下发了《关于党政机关推行竞争上岗的意见》，对竞争上岗的适用范围、资格条件、程序和方法等问题进行了规定，明确指出考试是竞争上岗的重要环节之一，而且要突出与选拔职位相关的基本知识和能力。竞争性选拔工作在这一阶段尚处于初创期，各方面还不够成熟，在摸索中不断前进。

2. 集中开展阶段（1999—2003年）

在公开选拔方面，1999年初，中组部下发的《关于进一步做好公开选拔领导干部工作的通知》指出，“公开选拔领导干部是新时期干部选拔任用方式的一项重要改革”。对公开选拔领导干部的适用范围、基本程序等进行了规范，并明确指出把考试纳入公开选拔的程序中，将其作为保证公开选拔公正性和准确性的关键环节加以突出。2000年1月，中组部印发《全国公开选拔党政领导干部考试大纲（试行）》，对公共科目的笔试和面试的内容、标准等进行了说明。同年6月，中央批准下发的《深化干部人事制度改革纲要》提出，要推行公开选拔党政领导干部制度，并明确要求，“逐步提高公开选拔的领导干部在新提拔同级干部中的比例”，同时要促进该项工作的规范化和制度化。

为了推进竞争上岗工作的集中开展，中组部和人事部在1999年联合下发了《关于在地方政府机构改革中做好人员定岗分流工作的通知》，要求积极推行竞争上岗。2002年，中央正式颁布《干部任用条例》，正式确定了公开选拔和竞争上岗的地位，并明确指出在程序中要包含统一考试。在集中开展阶段，各地开始重视竞争性选拔工作，为该项工作的逐步规范奠定了基础。

3. 逐步规范阶段（2004—2006年）

竞争性选拔工作发展到一定阶段以后，必须通过制度性规定来加以规范。根据党的十六大精神和《干部任用条例》的要求，中共中央办公厅于2004年正式印发《公开选拔党政领导干部工作暂行规定》和《党政机关竞争上岗工作暂行规定》。这两个规定在总结多年实践经验的基础上对公开选拔、竞争上岗的各个环节和程序做了较为科学严密、符合实际的要求，为竞争性选拔的常态化、规范化、制度化奠定了坚实基础。与此相配套，中组部正式印发了《党政领导干部公开选拔和竞争上岗考试大纲》，以笔试、面试为核心的考试测评工作步入规范化、制度化的轨道。在这一阶段，竞争性选拔工作在各项规章制度逐步完善的背景下，获得了干部群众的认可。

4. 整体推进阶段（2007—2012年）

党的十七大以后，全国各地掀起了竞争性选拔工作的高潮，在选拔人数、范围、方式创新等方面得到了突飞猛进的发展。随着竞争性选拔工作在各地各部门的整体推进，中共中央办公厅印发的《2010—2020年深化干部人事制度改革规划纲要》中要求的到2015年新提拔的厅局级以下委任制领导干部通过竞争性选拔方式产生的要达到三分之一以上的目标也在逐步落实。

5. 调整完善阶段（2013年至今）

随着党政领导干部竞争性选拔的蓬勃发展，该项工作在实践中也暴露出了许多问题。

有些地方过于看重考试成绩，没有有效结合考核、考察的结果，忽视对领导干部工作实绩在内的德、能、勤、绩、廉的综合评价，难以准确衡量干部的真实水平和工作能力，容易出现“高分低能”的现象；个别地方竞争性选拔出来的干部素质不高，干部不服气、群众有意见；还有少数地方盲目追求竞争性选拔干部的比例，大搞“凡提必竞”。这些问题严重影响并制约了选人用人公信度的提高。

针对上述问题，中共中央组织部在2013年出台了《关于完善竞争性选拔干部方式的指导意见》，从开展次数、职位数量、选拔范围等方面对上述问题予以回应，并着重强调各地不可以硬性规定开展的频次和比例。而2019年新修订的《干部任用条例》也对竞争性选拔的适用情形、资格条件设置等内容进行了规范，明确提出要强化能力和素质测试，突出岗位特点和工作实绩。各地各部门在中央新的指示精神和文件要求下，对竞争性选拔工作进行了调整与完善。这一阶段，竞争性选拔工作在开展范围上逐渐缩小，在选拔干部数量上也在逐步减少。但这并不意味着竞争性选拔的式微，而是从单纯注重数量和规模向提质增效方向转变，在调整和完善的过程中继续发展。

7.4.2 我国干部竞争性选拔的主要方式

在各地各部门探索竞争性选拔过程中，出现了多种选拔方式及其程序设计，有的地方在遵循有关法律法规的同时，对竞争性选拔工作进行了有益的创新和发展，同时也有部分地方的做法有待改进，存在不按照有关竞争性选拔的法律条文办事、随意改变公开选拔和竞争上岗的程序环节或对已有选拔方式的程序稍做改动就随意命名等情况。这些不规范的做法直接导致了目前竞争性选拔方式繁杂，甚至出现了同一名称的选拔方式在不同地方的程序设计大不相同、不同名称的选拔方式在不同地方的程序设计大致相同的情况。这些问题若不能及时得到解决，将在一定程度上降低选人用人的公信度。因此，规范竞争性选拔方式的名称和程序，已经成为情之所需、势之所迫。

目前，竞争性选拔的方式主要有公开选拔、竞争上岗、公推竞岗、公推比选等四种方式。

1. 公开选拔

公开选拔是一种面向社会，或在本地区（系统）一定范围内，以考试测评为主要手段选拔领导干部的竞争性选拔方式，其程序特点为“只考不推”。公开选拔的基本程序如图7-1所示。

（1）适用情境。

公开选拔可突破单位（系统）、身份、地域界限，面向社会广选优秀人才。突破单位（系统）是指在选拔人才时可面向其他单位（系统）选拔，不再受本单位、本系统界限的制约；突破身份则指既可以在公务员队伍中选拔，也可以面向企业和事业单位选拔；突破地域界限，主要是指突破行政区域界限，面向更加广阔的区域选拔人才。

公开选拔一般用于选拔地方党政领导班子成员以及部门或机构领导干部，亦可用于选拔内设机构领导干部。综合调研情况，在实践中公开选拔更多用于选拔部门或机构领导干部副职人选，在当前阶段，主要用于选拔结构性干部、专业技术类干部、急需紧缺干部和后备干部。

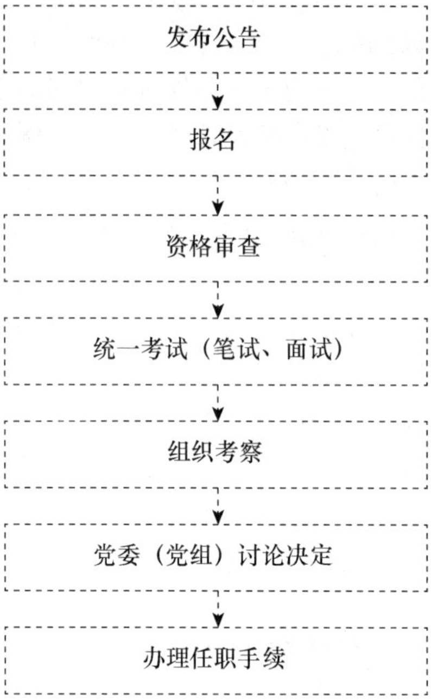

图 7-1　公开选拔的基本程序

公开选拔的适用情形有五种：一是需要改善领导班子结构时；二是领导职位空缺较多，需要集中配备时；三是职位空缺但本单位无合适人选时；四是选拔专业性较强职位和紧缺专业职位的领导干部时；五是需要拓宽视野面向体制外吸纳优秀人才时。

（2）程序库。

总结各地各部门开展公开选拔工作的经验，设计出两种公开选拔的程序，如表 7-1 所示。

表 7-1　公开选拔程序库

程序（一）	程序（二）
发布公告	发布公告
报名	报名
资格审查	资格审查
—	经历业绩评价
笔试	笔试
面试	面试
组织考察	组织考察
党委（党组）讨论决定	党委（党组）讨论决定
办理任职手续	办理任职手续

程序（一）是目前公开选拔在各地各部门的实践中应用最广泛的一种程序设计，这种程序设计完全是通过考试测评来达到遴选干部的目的，更适合跨地区大范围选拔所需

人才。当报名参选人数较少时，可以根据笔试和面试的综合成绩确定进入组织考察人选。当报名参选人数较多时，可以先根据笔试成绩确定进入面试的人选，然后再根据笔试和面试的综合成绩确定进入组织考察人选。

程序（二）在程序（一）的基础上增加了经历业绩评价环节。经历业绩评价主要从行业关联度、单位性质关联度、职位关联度等方面评价参选人员的工作经历及业绩与选拔职位的匹配度。当报名参选人数较少时，可以根据经历业绩评价、笔试和面试的综合成绩确定进入组织考察人选。当报名参选人数较多时，可以先根据经历业绩评价的结果确定进入笔试的人选，然后再根据经历业绩评价、笔试和面试的综合成绩确定进入组织考察人选；亦可先根据经历业绩评价和笔试的综合成绩确定进入面试的人选，然后再根据经历业绩评价、笔试和面试的综合成绩确定进入组织考察人选。

2. 竞争上岗

竞争上岗是一种在本单位、本系统内，以考试测评为主要选拔手段，结合民主测评，选拔领导干部的竞争性选拔方式，其程序特点是“只考不推”。竞争上岗的基本程序如图 7－2 所示。

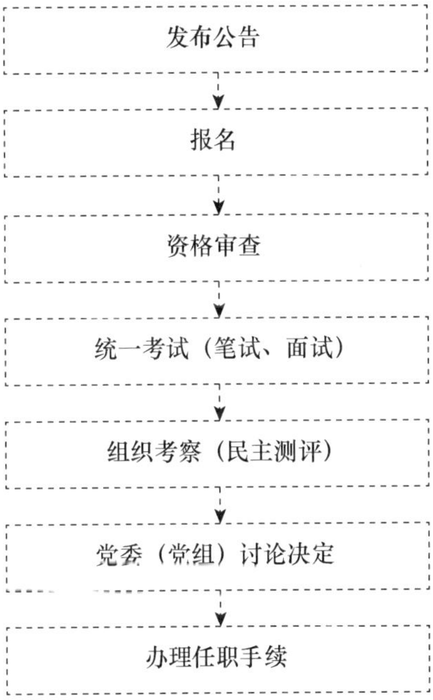

图 7－2　竞争上岗的基本程序

（1）适用情境。

竞争上岗一般用于在本单位、本系统内选拔内设机构领导干部，亦可用于选拔部门或机构领导干部副职人选。竞争上岗的适用情形有六种：一是本单位符合条件人选较多时；二是需要推进内部干部交流时；三是本系统内（包括下属企事业单位）有多个适合职位要求的人选时；四是一次性空缺职位较多时；五是选拔后备干部时；六是在职能相近的单位中有多个适合职位要求的人选时。

（2）程序库。

总结各地各部门开展竞争上岗工作的经验，设计出三种竞争上岗的程序，如表 7－2 所示。

表 7－2 竞争上岗程序库

程序（一）	程序（二）	程序（三）
发布公告	发布公告	发布公告
报名	报名	报名
资格审查	资格审查	资格审查
笔试	笔试	民主测评
面试	面试	笔试
—	民主测评	面试
组织考察（民主测评）	组织考察	组织考察
党委（党组）讨论决定	党委（党组）讨论决定	党委（党组）讨论决定
办理任职手续	办理任职手续	办理任职手续

程序（一）的特点是以考试测评为主要选拔手段，民主测评起到辅助作用。这种程序设计适合选拔内设机构专业性较强职位的干部人选，原因是相对于群众认可度和人际关系，专业性较强的职位更强调职位要求的知识技能。当报名参选人数较少时，可直接根据笔试和面试的综合成绩确定进入组织考察人选。当报名参选人数较多时，可以先进行笔试，根据笔试成绩确定进入面试人选，然后根据笔试和面试的综合成绩确定进入组织考察人选。

程序（二）的特点是考试测评在前、民主测评在后。这种程序设计适合选拔部门或机构专业性较强的领导干部副职人选。当报名参选人数较少时，可直接根据笔试、面试和民主测评的综合成绩确定进入组织考察人选。当报名参选人数较多时，一般先根据笔试成绩确定进入面试的人选，然后根据笔试、面试和民主测评的综合成绩确定进入组织考察人选。

程序（三）的特点是民主测评在前、考试测评在后。这种程序设计适合选拔部门或机构领导干部副职人选，以及内设机构综合管理类职位的干部人选，民主测评前置体现了该职位更注重参选人员群众认可度和人际关系能力的特点。当报名参选人数较少时，可直接根据民主测评、笔试和面试的综合成绩确定进入组织考察人选。当报名参选人数较多时，一般先根据民主测评和笔试的综合成绩确定进入面试的人选，然后根据民主测评、笔试和面试的综合成绩确定进入组织考察人选；亦可先根据民主测评成绩确定进入笔试的人选，然后根据民主测评、笔试和面试的综合成绩确定进入组织考察人选。

3. 公推竞岗

公推竞岗是一种在本地区（系统）一定范围内，融合民主推荐和考试测评两种选拔手段，选拔领导干部的竞争性选拔方式，其程序特点是“先推后考”。公推竞岗的基本程序如图 7－3 所示。

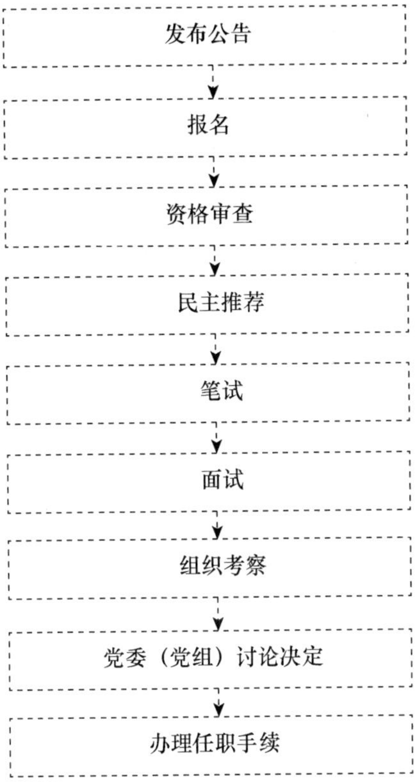

图 7-3　公推竞岗的基本程序

（1）适用情境。

公推竞岗一般用于在本地区（系统）一定范围内选拔地方党政领导班子成员以及部门或机构领导干部，亦可用于选拔内设机构领导干部。公推竞岗的适用情形有两种：一是本单位、本系统内没有合适人选，但在本地区（系统）一定范围内有多个适合职位要求的人选时；二是职位空缺多，需要集中配备时。

（2）程序库。

总结各地各部门开展公推竞岗工作的经验，设计出两种公推竞岗的程序，如表 7-3 所示。

表 7-3　公推竞岗程序库

程序（一）	程序（二）
发布公告	发布公告
报名	报名
资格审查	资格审查
民主推荐	民主推荐
—	经历业绩评价
笔试	笔试
面试	面试
组织考察	组织考察

续表

程序（一）	程序（二）
党委（党组）讨论决定	党委（党组）讨论决定
办理任职手续	办理任职手续

公推竞岗的程序特点是“先推后考”，即首先要进行民主推荐，然后进入考试测评环节。民主推荐的主体因参选人员现任职位的不同而不同：如果参选人员为内设机构领导干部，则由参选人员所在单位进行民主推荐；如果参选人员为部门或机构领导干部，则由具有参选干部管理权限的地方党委进行民主推荐。

基于程序（一）的设计，当进入考试测评环节的人数较少时，可直接根据笔试和面试的综合成绩确定进入组织考察人选。当进入考试测评环节的人数较多时，首先根据笔试成绩确定进入面试的人选，然后根据笔试和面试的综合成绩确定进入组织考察人选。

程序（二）在程序（一）的基础上增加了经历业绩评价环节，当进入考试测评环节的人数较少时，直接根据经历业绩评价、笔试和面试的综合成绩确定进入组织考察人选。当进入考试测评环节的人数较多时，首先根据经历业绩评价和笔试的综合成绩确定进入面试的人选，然后根据经历业绩评价、笔试和面试的综合成绩确定进入组织考察人选。

4. 公推比选

公推比选是一种在本地区（系统）一定范围内，融合考试测评和民主推荐两种选拔手段，选拔领导干部的竞争性选拔方式，其程序特点是“先考后推”。公推比选的基本程序如图 7－4 所示。

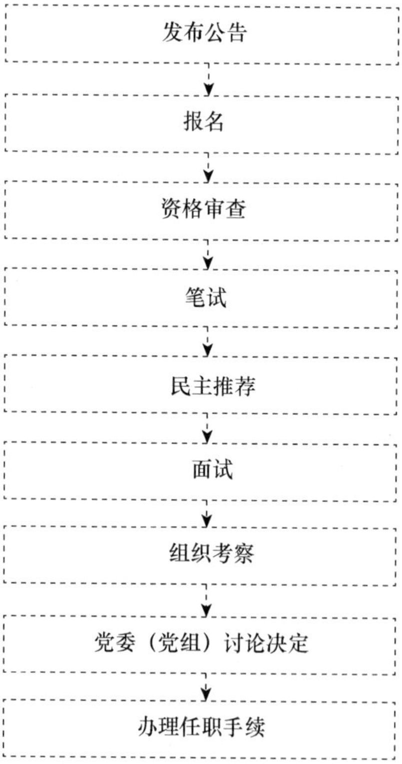

图 7－4　公推比选的基本程序

(1) 适用情境。

公推比选一般用于在本地区（系统）一定范围内选拔地方党政领导班子成员以及部门或机构领导干部，亦可用于选拔内设机构领导干部。公推比选的适用情形为：一是需要改善领导班子结构时；二是领导职位空缺较多，需要集中配备时；三是职位空缺但本单位无合适人选时。

(2) 程序库。

总结各地各部门开展公推比选工作的经验，设计出两种公推比选的程序，如表 7－4 所示。

表 7－4　公推比选程序库

程序（一）	程序（二）
发布公告	发布公告
报名	报名
资格审查	资格审查
笔试	笔试
民主推荐	面试
面试	民主推荐
组织考察	组织考察
党委（党组）讨论决定	党委（党组）讨论决定
办理任职手续	办理任职手续

公推比选的程序特点是“先考后推”，即首先要进行考试测评，然后进入民主推荐环节。为了扩大干部工作的民主性，民主推荐通常以召开全委会扩大会议的方式进行，参加推荐的成员主要包括：党委委员、“两代表一委员”、民主党派与无党派人士、与选拔职位工作关联度高的人员等。

当报名参选人数较多时，适合采用程序（一），即根据笔试成绩确定进入民主推荐的人选，然后根据民主推荐和笔试的综合成绩确定进入面试的人选，最后根据考试测评和民主推荐的综合成绩确定进入组织考察人选。当报名参选人数较少时，适合采用程序（二），即先根据笔试和面试的综合成绩确定进入民主推荐的人选，然后根据笔试、面试和民主推荐的综合成绩确定进入组织考察人选。

7.5　国外高级公务员选拔任用实践

国外公务员制度的建立普遍早于我国。经过多年的不断改革与发展，国外在公务员选拔等方面出台了较为规范的法律法规，积累了丰富的实践经验。为了区别对待和精细化管理，很多国家将公务员划分为高级公务员和普通公务员，在录用、选拔、考核等方面采用了不同的管理方式。就选拔而言，普通公务员有相当一部分比例是根据工作业绩和工作年限晋升的，即只要工作业绩和工作年限符合晋升的要求，就会沿着公务员等级向上晋升。而国外选拔高级公务员时，则是公务员主动参与竞争，通过公开报名的方式，在公开的平台上公平竞争，而且将考试测评作为必要环节。因此，本章选择美国、英国两个主要发达国家，对其高级公务员选拔任用的相关规定、经验做法及启示进行了深入系统的研究，以期对我国领导干部选拔任用工作的改进与完善提供参考和借鉴。

7.5.1 美国高级公务员的选拔任用

美国联邦政府公务员共分 18 个等级，其中 16～18 级属于高级公务员。1978 年出台的《公务员改革法》中明确提出要建立高级公务员序列，并对其实施单独管理。美国联邦政府高级公务员的主要职责是指导本部门工作、管理和实施行动方案、监督下属工作，并在一定程度上负责制定和执行政策。经过多年的发展，美国高级公务员已经形成了一套较为全面的管理体系。在 1997 年，美国就提出了把高级公务员的核心资格（executive core qualifications）作为选拔标准，指导高级公务员竞争性选拔工作，该标准于 2006 年重新修订。为了指导和规范各机构高级公务员竞争性选拔工作，美国联邦人事管理局于 2012 年制定了《高级公务员核心资格指南》。

1. 美国高级公务员的选拔标准

《高级公务员核心资格指南》对高级公务员竞争性选拔的标准、程序、方法技术进行了细致规定。美国高级公务员的选拔标准包括领导变革、领导人员、结果驱动、运营管理和建立联盟五个方面，具体内容包括：（1）领导变革。该维度的选拔标准要求高级公务员能够在复杂多变的环境中感知内外部的变化，并在混乱中保持清醒、明确组织愿景、领导组织变革，最终顺利达成既定目标。（2）领导人员。该维度的选拔标准主要对高级公务员在领导力方面提出了明确要求。高级公务员既要能够指导下属实现既定目标，也要为其提供成长空间和团结协作的工作氛围。（3）结果驱动。该维度的选拔标准对高级公务员在完成目标和达成结果方面的能力做出了细致规定。一方面，要拥有能够实现所在单位和其他利益相关者目标的能力；另一方面，结果驱动维度还对决策能力提出了要求，从而在面对复杂情况时能够顺利完成任务。（4）运营管理。该维度的选拔标准要求高级公务员要拥有对人力资源、财务资源和信息资源的有效管理和整合的能力，从而保证这些资源能够为组织实现战略服务。（5）建立联盟。该维度的选拔标准对高级公务员在与内外部利益相关者建立联系和合作共赢方面提出了具体要求。建立联盟要求高级公务员要与包括单位内部、各单位之间、各级政府等在内的组织建立广泛的合作，实现共同目标。

2. 美国高级公务员的选拔流程

美国高级公务员竞争性选拔的流程也被称为择优选拔流程（merit staffing process），其程序和环节在《高级公务员核心资格指南》中有明确规定。择优选拔流程是美国高级公务员竞争性选拔的主要方式。法律要求各机构要成立一个负责监管和参与择优选拔流程的高级公务员资源委员会（executive resources board），由该委员会负责审查每一个符合要求的申请人的资格条件，并给出建议。择优选拔流程的具体步骤如图 7－5 所示。

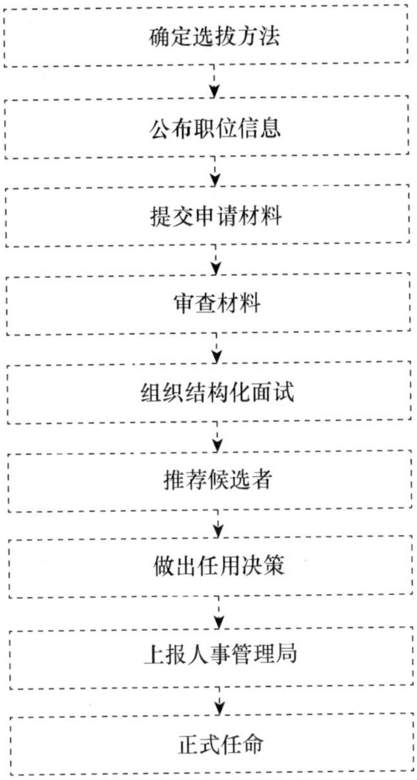

图 7－5　美国高级公务员择优选拔流程

（1）确定选拔方法。

美国高级公务员的择优选拔流程包括简历法、成就记录法和传统法三种选拔方法。这三种选拔方法根据选拔职位的不同特点对高级公务员提交的审查材料有不同要求。

1）简历法。

简历法主要用于选拔各机构的高层职位或技术类职位。由于这些职位或要求高级公务员具备极强的领导力，或对技术能力有着极高的要求，所以符合报名资格条件的候选人数量有限。因此，当选择简历法为选拔方法时，要求高级公务员在提交审查材料时只需一份以高级公务员核心资格为框架、能够充分展现其领导力或技术能力的简历即可。这种方法由于选拔对象相对确定，范围有限，操作比较简便。

2）成就记录法。

成就记录法适用于选拔一般职位。顾名思义，成就记录法的核心就是在简历中体现高级公务员在过去职位上取得的成就和具备的能力。各机构在设定资格条件时，会在核心资格五个维度中各选出一项与选拔职位联系最紧密的胜任特征，作为高级公务员提交材料的依据。因此，成就记录法要求高级公务员在提交简历时要根据特定的胜任特征来阐述自己取得的成就和能力。由于提交的简历是描述固定五项胜任特征的，所以为了更好地检验高级公务员的各项能力，人事管理局要求各机构在实施测评时采用结构化面试的方法。

3）传统法。

与前两种方法具有较强的针对性不同，传统法要求高级公务员在提交简历时，要把核心资格中的所有要素都包含在内，以全面地展示个人所具备的能力和素质。

（2）公布职位信息。

美国要求各机构将选拔职位的相关信息以适当的渠道向社会公开。一般来讲，目前美国在选拔高级公务员时都将空缺职位的相关内容公布在公务员就业网上至少十四天，从而保证信息的可获得性。

（3）提交申请材料。

高级公务员要以选拔职位所在单位规定的选拔方法为依据，结合空缺职位的具体特点填写材料。为了规范高级公务员填写材料的格式及内容，人事管理局发布了《高级公务员核心资格指南》，对美国高级公务员竞争性选拔的概况、流程、写作要点和技巧等内容进行了细致规定，从而为高级公务员填写简历提供了指导。

（4）审查材料。

高级公务员向空缺职位所在单位提交材料以后，就要由各单位专门为竞争性选拔工作成立的高级公务员资源委员会对所有材料进行审核，并在此基础上根据职位要求与高级公务员的成就、能力的匹配程度进行排序，确定参加面试的人选。

（5）组织结构化面试。

由于美国高级公务员在提交简历时的内容和框架是固定的，因此，结构化面试在各单位开展竞争性选拔时被经常使用。结构化面试是指按照统一的内容、程序、标准来衡量面试者与工作相关的胜任特征情况。结构化面试的问题大致分为两种：一种是基于面试者过去的经历和行为，试图利用过去的行为来预测将来的行为；另一种是基于面试者在虚拟情境下的行为来预测未来的行为。结构化面试是一种效度较高、成本较低的测评手段，在美国高级公务员竞争性选拔工作中得到了广泛认可。

（6）推荐候选者。

在对进入面试的申请人进行测评之后，各单位的高级公务员资源委员会需要向单位内有权委任高级公务员的领导推荐几位最符合职位要求的候选者。

（7）做出任用决策。

在接到高级公务员资源委员会的推荐名单之后，有权委任高级公务员的领导要从人与组织匹配、人岗匹配的角度出发，挑选出最适合的人选，并确认其的确具备职位要求的核心资格和其他能力。

（8）上报人事管理局。

为了确保竞争性选拔工作的客观公正，各单位需要将最终人选的材料提交给资格审查委员会，由资格审查委员会再次对各单位确定的最终人选的材料进行进一步审核，确保其符合高级公务员核心资格的相关要求。资格审查委员会的职责就是对各单位上报的最终人选的材料进行独立审核，这种复查机制有效保证了选拔过程与结果的公平公正，避免了各单位在竞争性选拔过程中出现的舞弊行为。

（9）正式任命。

资格审查委员会在对各单位上报的最终人选的材料复核通过以后，就可以对其进行正式任命。美国高级公务员在提拔到新职位以后要经过为期一年的试用期，试用期表现合格，则正式获得录用；如果表现不佳，则会被调整到其他职位。

7.5.2　英国高级公务员的选拔任用

为了适应政府改革和公务员管理的现实需要，英国政府于1996年正式将高级管理人员、专家和政策咨询家等群体纳入高级公务员中进行独立管理。英国公务员自上而下可分为内阁大臣、常务大臣、局长、主任、副主任、六级公务员、七级公务员、资深行政主管、高级行政主管、行政主管、政务主办和行政助理等12个等级。内阁大臣是最高级别的公务员，属于政务官，不在本研究的范畴之内。常务大臣是一个部门中最高级别的事务官，其工作职责是协助部长管理部门内的各项工作，向内阁汇报本部门的日常事务和公务员管理等情况。在公务员系统中，2～5级公务员属于高级公务员，约占公务员总数的1%。1870年，英国为反对官职恩赐制而实行功绩制。从此，功绩制成为英国公务员录用的重要原则，对英国公务员激励机制的形成和队伍素质的提升发挥了巨大作用。英国在开展高级公务员竞争性选拔工作时，既关注高级公务员的工作业绩，也关注其胜任特征。由于英国注重绩效证据的收集，工作业绩方面的信息通常比较完备，在竞争性选拔时只需查阅相关信息即可。因此，胜任特征是英国高级公务员竞争性选拔的主要标准。

1. 英国高级公务员的选拔标准

2013年4月，英国内政部发布了新的公务员胜任素质框架，该框架可以用于公务员的绩效考核、晋升考核、培训与开发等方面，同时适用于高级公务员和一般公务员。该框架与绩效考核时使用的领导力模型的框架是一致的，其具体内容在5.3节中已做出详细说明，在此不再赘述。

2. 英国高级公务员的选拔流程

英国高级公务员竞争性选拔一般包含查明职位空缺、咨询绩效考核主席等19个具体步骤，根据这些步骤需要完成的工作内容，大致可以归纳为遴选准备工作、确定候选人、实施胜任特征测评和履行聘任程序四个大环节，如图7-6所示。

（1）遴选准备工作。

在竞争性选拔的准备环节，各机构要在明确空缺职位基本情况的基础上，确定任职资格条件，在与机构的领导沟通之后，拟订招聘计划，并成立工作组，负责对申请人的筛选和面试。

（2）确定候选人。

在确定候选人阶段，各机构要通过发布广告、在网上公开等形式公布职位信息。在吸引足够数量的申请人之后，要以之前确定的任职资格为依据对申请人进行初步筛选，确定进入胜任特征测评的候选人。

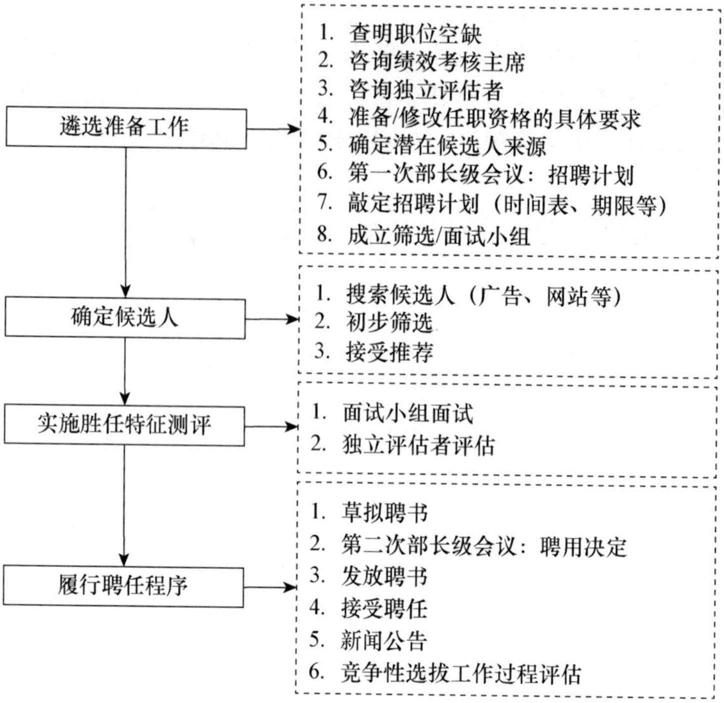

图 7－6　英国高级公务员的选拔流程

（3）实施胜任特征测评。

在英国高级公务员竞争性选拔的面试阶段，主要围绕测评胜任特征展开。测评内容以英国公务员胜任素质框架为基础，并紧密结合职位特点。在实施胜任特征测评时，英国非常注重基于证据的理念。这种证据既来自候选人在面试中的表现，也来自其提供的申请材料。

（4）履行聘任程序。

履行聘任程序是英国高级公务员竞争性选拔工作的尾声，主要是履行基本的任职手续。需要特别指出的是，英国非常重视高级公务员竞争性选拔的评估工作，通过有效的评估能够及时发现问题、总结经验，以便在未来的竞争性选拔工作中予以改进和完善。

本章小结

本章主要介绍了选拔任用与晋升的内涵、原则、条件和程序，梳理了我国干部选拔与晋升制度沿革，详细阐述了我国干部选拔任用的主要方式及其新变化，并对美国、英国等国家高级公务员的选拔任用实践进行了说明。选拔任用制度是新时代中国特色社会主义干部人事制度的重要组成内容，是有效激励干部、促进人才流动的重要手段，在干部工作中具有重要地位。要提高干部选拔与任用的科学性和有效性，必须明确干部选拔与任用的基本条件，并且遵循动议、民主推荐、考察、讨论决定、任职等基本程序。干部常规选拔主要包括委任、选任、考任、聘任等方式。干部竞争性选拔可以划分为公开选拔、竞争上岗、公推竞岗、公推比选等类型。国外在公务员选拔任用与晋升方面积累了丰富的实践经验，值得我国借鉴。

关键术语

选拔　任用　晋升　常规选拔　委任制　选任制　考任制　聘任制　竞争性选拔　公开选拔　竞争上岗　公推竞岗　公推比选

复习思考题

1. 选拔任用与晋升的内涵是什么？它有哪些原则？
2. 选拔任用与晋升的条件有哪些？其程序是什么？
3. 试述我国干部选拔与晋升制度沿革。
4. 试述党的十八大以来干部选拔任用工作的新变化。
5. 我国领导干部竞争性选拔的主要方式有哪些？
6. 简述美英等发达国家高级公务员的选拔任用实践。

第8章

公共部门教育培训与开发

教育培训与开发是公共部门人力资源管理的一项基本职能活动，是包含培训需求分析、计划制订、培训实施与效果评估的完整体系。通过教育培训与开发，可以提升公共部门员工的胜任素质，从而持续提升组织绩效。本章将主要介绍教育培训与开发的基本概念、类型及意义，明确教育培训与开发的程序和方法，并对美国、英国以及我国公共部门的教育培训与开发实践进行阐述。

重点问题

- 教育培训与开发的内涵和意义
- 教育培训与开发的类型
- 教育培训与开发的程序和方法
- 国内外公共部门教育培训与开发实践

8.1 教育培训与开发概述

8.1.1 教育培训与开发的内涵

教育培训与开发是指为了达成组织的战略目标，有计划地通过各种项目改进员工的胜任素质，进而提升员工绩效和组织绩效的一种连续性的活动。教育培训与开发通过有计划地提升公务员的胜任素质，来促使个人行为与组织战略目标保持一致。在实施过程中，教育培训与开发包含了几个不完全相同的概念：教育（education）更多的是未来导向的，多指技能构建，主要强调工作中通用技能的培养；培训（training）的主要目的是使员工获得目前工作所需的知识和能力，帮助员工完成好当前的工作；开发（development）的主要目的是使员工获得未来工作所需的知识和能力，帮助员工胜任工作需要，并且通过提高他们的能力来使他们能够承担起一种目前可能尚不存在的工作。随着公共部门人力资源管理实践中战略性特征越来越凸显，教育培训与开发的界限也日益模糊。在实际工作中，培训中使用的技术与开发中使用的技术通常是相同的，并且在许多时候都要注重员工与组织当前和未来发展的需要，教育培训与开发也很难截然分开，因此，本书也将教育培训与开发并称为培训。

在战略性人力资源管理视野下，公共部门应实施战略性培训。战略性培训通过建立组织的使命、核心价值观、愿景和战略，与个人教育培训与开发保持一致的完整体系，将组织、部门和个人建成一个有机整体，从而促进组织与个人共同成长。与企业战略性培训相比，公共部门战略性培训实施及操作起来难度更大。随着我国对公务员队伍及其能力建设的日益重视，公共部门有必要将战略性培训导入公务员培训工作中，从战略高度通盘考虑公务员培训问题，进而构建科学有效的培训管理体系。公共部门战略具有高度复杂性，造成公共部门的使命与战略的多样性和模糊性。这常常导致公共部门培训难以有效聚焦，甚至无所作为。因此，战略性培训要求始终聚焦组织战略落地过程，通过建立培训需求分析、计划制订、培训实施与效果评估的完整体系，使各个环节之间围绕战略实现紧密联系与协同一致。战略性培训通常具有如下特征：

（1）战略一致性。公共部门培训开发体系应该着眼于未来，从组织使命出发，将组织培训开发目标与组织战略目标紧密结合起来，促进公务员个人职业发展与组织战略的动态匹配和无缝对接，从而促使公务员个人目标与组织目标协调一致，使两者由“相互博弈”转向“合作共赢”。

（2）坚持以人为本。培训与开发计划顺利落地的关键就是组织战略与个人发展诉求的协调一致。因此，培训开发体系应该在坚持以人为本的前提下，以组织变革和工作创新为基础，通过不断提升公务员个人能力，来保障组织战略人力资源准备度的持续提升。

（3）过程系统性。培训开发系统是“化战略为行动”的完整系统，需要将组织的使命、核心价值观、愿景和战略分解到具体的培训体系之中，通过建立组织系统内各级领导和一般公务员的完整的培训体系，最终实现组织战略与所有公务员个人需求的有效融合，从而保障公共部门培训开发过程的系统性。

（4）安排灵活性。按照组织战略和绩效提升的要求，针对培训类型和培训目的要求，灵活安排培训时间、范围和方法，从而更顺利地实现培训目标。

要系统全面地理解教育培训与开发的内涵，还需要深入把握教育培训与开发的内容。教育培训与开发内容的选择需要考虑两个方面的因素：一是组织开发和团队建设的需要，二是公务员个人能力开发和职业发展的需要。教育培训与开发内容的选择，应根据组织需要确定个人胜任素质；公共部门教育培训与开发的内容通常包括政治素质、专业知识和职业能力。政治素质是公务员的首要素质，包括政治理论、政治素养和公共服务精神等。公共服务工作涉及众多领域，要求公务员具有复合型知识结构，同时在具体服务领域具有系统的专业知识基础。要保障服务水平的持续提升，还需要公务员具备良好的职业能力，通常包括公共政策分析能力、行政决策能力、行政执行能力、组织管理与协调能力等。

8.1.2 教育培训与开发的类型

随着公共服务活动复杂性和战略性的持续提升，公务员知识和技能的持续提升成为公共服务水平提升的内在要求。单一的形式越来越不适应实际工作的需要，多元化的培训成为公共部门教育培训与开发的常态。为了使培训更能达成预期目标，常常可以根据不同的标准将培训划分为不同的类型。

根据《公务员法》的规定，我国公务员培训可以分为初任培训、在职培训、任职培训和专门业务培训四种类型。初任培训是对新录用或新调入人员在正式上岗之前所进行的理论教育和实践培训，一般采用工作实习和集中培训两种形式。在职培训是对已经在公共部门服务一定年限的人员开展的培训，这类培训又可以划分为两种情况：一是为了适应工作需要，促进相关人员绩效达标开展的培训；二是为了更好地开发工作需要的工作技能、领导能力等而组织的培训。根据规定，我国公务员每人每年应接受不少于 7 天的培训，以更好地补充、更新或拓展知识。任职培训是指对已经晋升领导职务或者有期望晋升到领导职位的在职人员展开的培训。专门业务培训就是根据工作需要，对公务员进行的与岗位相关的专门知识和技能的培训。这种培训的方式和时间视工作需要而定。

在通常情况下，公共部门培训方式分为多种类型，其中常见的分类方式有如下几种：

（1）基于培训内容的分类。按照培训内容的不同，可以将培训分为基本技能培训、专业知识培训和工作态度培训。基本技能培训是通过培训使员工掌握从事职务工作必备的技能；专业知识培训是通过培训使员工掌握完成本职工作所需要的业务知识；工作态度培训是通过培训改善员工的工作态度，使员工与组织之间建立互相信任的关系，使员工更加忠诚于组织。这三类培训对于员工个人和组织绩效的改善都具有非常重要的意义。因此，在培训中应予以足够的重视。

（2）基于培训对象的分类。按照培训对象的不同，可以将培训划分为新员工培训和在职员工培训。新员工培训又称向导性培训或岗前培训，是指对新进员工进行的培训，主要是让新员工了解组织的工作环境、工作程序、人际关系等；在职员工培训是对组织中已有的人员进行的培训，主要是为了提高现有员工的工作绩效。

（3）基于培训目的的分类。按照培训目的的不同，可以将培训分为应急性培训和发展性培训。应急性培训是组织急需什么知识、技能就培训什么；发展性培训是从组织长远的发展需要出发而进行的培训。

（4）基于培训形式的分类。按照培训形式的不同，可以将培训分为岗前培训（pre-job training）、在职培训（on the job training，OJT）、脱产培训（off the job training，OFF JT）。岗前培训也称入职培训或引导培训，是为了使员工适应新职位而进行的培训；在职培训就是在工作中直接对员工进行培训，员工不离开实际职位；脱产培训是让员工离开职位，进行专门性业务和技术培训。

8.1.3　教育培训与开发的意义

教育培训与开发是公共部门人力资源管理服务于公共部门战略的重要职能，通常需要与其他职能模块形成协同效应，以实现培训效果的最优化。培训对公共组织战略的执行和公共部门人才队伍的建设具有重要作用。虽然我国公共部门人才素质已经取得了长足进步，但是与广大群众对公共服务水平的要求相比，仍然存在较大差距。培训与开发的最终目的是通过工作能力、知识水平的提高以及个人潜能的发挥，提高员工的工作绩效，进而实现组织的目标。由于人的素质提升是一个缓慢的过程，因此培训与开发成为一项系统化的行为改变过程。具体而言，培训与开发具有以下重要意义：

（1）有利于公共部门使命与战略的落地。党的根本宗旨是全心全意为人民服务，这使服务型政府成为我国政府建设的目标和内在要求。广大人民群众对公共服务水平持续提升的诉求成为公共部门改善服务质量的重要动力。因此，公共部门必须积极推进战略性培训，使公务员素质提升适应组织战略落地的基本要求。

（2）有利于将公共部门建成学习型组织。由于环境的动态性和工作的复杂性，组织持续变革和知识持续更新成为一种常态。彼得・圣吉曾指出，“未来唯一持久的优势，是有能力比你的竞争对手学习得更快”。另外，隐性知识很难通过培训活动快速获得，通过建立创造和分享知识的学习型组织文化，有利于人力资本的深度开发。在公共部门加强培训，一方面可以使公务员及时掌握新的知识、技术，确保公共部门拥有高素质的人才队伍；另一方面也可以营造出鼓励学习的良好氛围，使公务员处于持续不断的学习氛围中，进而提高组织的学习能力，建设学习型政府。

（3）有利于公务员职业发展。培训作为知识更新和技能培养的重要手段，是推动公务员职业发展的重要途径。公共部门应该将组织战略要求与广大干部和公务人员职业发展有机结合起来，通过实施战略性培训，为公共部门打造一支目标明确、协调一致、同心协力的高素质人才队伍。同时，强调在建功立业的过程中，将个人发展与组织发展有机统一起来。让每位公务员在践行公共部门使命和实现战略目标的过程中，明确自己在单位中的作用和价值，培养公务员的使命感、自豪感和担当精神，进而增强团队的凝聚力和向心力，最终促进公务员人生价值的实现。

（4）有利于培育优秀的组织文化。实践证明，良好的组织文化对员工具有强大的凝聚、规范、导向和激励作用。因此，组织文化建设得到越来越多组织的青睐，进而成为员工培训的重要内容。作为组织成员共有的一种价值观和道德准则，组织文化必须得到全体员工的认可，这就需要不断地对员工进行宣传教育，而培训与开发就是其中非常有效的一种手段。

8.2　教育培训与开发的程序和方法

8.2.1　教育培训与开发的程序

要想有效地做好培训工作，公共部门应该把培训视为一项系统工程，即采用一种系统设计的方法，使培训活动能符合组织的目标，同时让其中的每一环节都能实现员工个人、工作及组织本身三方面的优化。图 8－1 所示的人力资源培训与开发程序便展示了这样一个系统，它代表了由五个环节构成主链的一个循环过程。

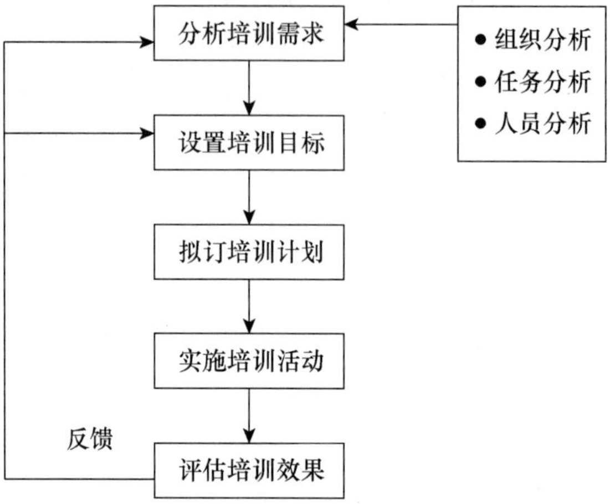

图 8－1　人力资源培训与开发程序

这五个环节（步骤）构成了一个完整的培训系统模型，为公共部门培训工作提供了指导，可以保证培训工作科学、有序、规范地进行，从而取得预期的良好效果。下面分别对这五个程序进行分析：

1. 分析培训需求

分析培训需求是增强培训效果的重要基础。只有明确了培训需求，才能保证培训内容和培训方法的针对性，从而实现培训目的。然而，有关调查表明，大多数组织的培训内容缺乏科学的依据，多凭主观判断，没有经过科学的培训需求分析。对于培训需求分析，具有代表性的观点是麦吉（McGehee）和塞耶（Thayer）于 1961 年提出的组织分析、任务分析和人员分析的三要素分析法。

（1）组织分析。

组织分析主要根据组织战略、组织绩效、组织环境、组织资源、组织文化、工作设计、招聘新员工、生产新产品等因素确定本组织对人力资源素质的要求。其中，组织战略会影响培训实践并产生不同的培训要求。对人力资源数据进行连续的、详细的分析，能够找到培训的薄弱环节，进而提炼出现实的培训需求。例如，可以看看哪个部门的流失率高、缺勤率高、绩效低或有其他缺点，从而确定培训需求。

（2）任务分析。

任务分析主要是确定工作的具体内容，即描述工作由哪些任务组成，完成这些任务需要做哪些具体的工作活动，以及所需的知识、技能或能力等。这里所说的任务分析并不等同于工作分析，主要研究怎样具体完成职位的职责和任务，即研究具体任职的工作行为与期望的行为标准，找出其间的差距，从而确定培训内容。任务分析通常按照四个步骤来进行。首先，选择有效的方法，列出一个职位所要履行的工作任务的初步清单。

其次，对所列出的任务清单进行确认。这需要回答以下几个问题：任务的执行频率如何？完成每项任务所花费的时间是多少？成功完成这些任务的重要性和意义是什么？学会这些任务的难度有多大？再次，对每项任务需要达到的标准做出准确的界定，尽量用可以量化的标准来表述，例如“每小时生产20个”。最后，确定完成每项工作任务的KSA，K（knowledge）就是知识，S（skill）就是技能，A（attitude）就是态度。

（3）人员分析。

人员分析可以确定出组织中哪些人员需要接受培训以及需要接受什么样的培训，主要通过分析员工目前绩效水平与预期工作绩效水平来判断其是否有进行培训的必要。首先这需要设定出绩效评价的指标和标准，然后将员工目前的工作绩效同预先设定的目标或者以前的绩效水平进行比较，当绩效水平下降或者低于标准时就形成了培训需求的“压力点”。但是这个“压力点”并不意味着必须立即对员工进行培训，组织还要对员工绩效不佳的原因进行分析，以提炼出培训需求。人员分析也与职位变动有关，比如，管理人员的继任计划或一般的工作轮换都会产生培训需求。

2. 设置培训目标

设置培训目标将为培训计划提供明确的方向。有了目标，才能确定培训对象、内容、时间、教师、方法等具体内容，并在培训之后，对照目标进行效果评估。目标可以针对每一个培训阶段来设置，也可以面向整个培训计划来设定。培训目标确定的作用表现在：它能结合受训者、管理者、组织各方面的需要，满足受训者的需要；帮助受训者理解其为什么需要培训；协调培训目标与组织目标的关系，使培训目标服从组织目标；也可使培训结果的评价有一个基准；有助于明确培训成果的类型；还能指导培训政策及其实施过程；为培训的组织者确立了必须完成的任务。正是由于培训目标具有这些重要的作用，所以其设置应该成为整个培训与开发过程中的一个相对独立的步骤。

在设置具体的培训目标时，应当包括三个构成要素：一是内容要素，即组织期望员工做什么事情；二是标准要素，即组织期望员工以什么样的标准来做这件事情；三是条件要素，即在什么条件下要达到这样的标准。其中，培训目标的内容要素主要分为三大类：一是知识的传授，通过培训要使员工具备完成工作所必需的基本业务知识，了解组织的基本情况，如发展战略、经营方针、规章制度等；二是技能的培养，通过培训要使员工掌握完成工作所必备的技术和能力，如谈判技术、操作技术、应变能力、沟通能力、分析能力等；三是态度的转变，通过培训要使员工具备完成工作所要求的工作态度，如合作性、积极性、自律性和服务意识等。

3. 拟订培训计划

拟订培训计划其实就是培训目标的具体操作化，即根据既定目标，具体确定以下一些内容：培训对象与培训项目，培训者，培训时间、地点与设施，培训方式与方法，培训经费预算等。制订完备的培训计划必须兼顾许多具体的情境因素，权衡培训计划的现实性、可操作性和经济性。

（1）培训对象与培训项目。

培训对象的确定是培训需求分析的自然结果。以人员分析为例，那些不具备工作所需知识、技能或能力的员工，就被确定为培训的对象。培训对象直接影响到培训项目的立项，培训对象的数量与质量决定了培训项目是否立项及内容的选择。此外，培训项目的立项还需得到受训者的直接上级主管的认可与支持，这是培训得以成功的关键。由于培训涉及预算，因此组织中的多个培训项目必须排出优先次序，通常情况下，应在组织目标的基础上划分层次。

（2）培训者。

培训能否获得成功，在很大程度上取决于培训者的素质与能力，所以组织要非常重视培训者的甄选和训练工作，将之纳入培训计划。一般来说，培训者选择首先从组织内部开始，如果没有合适的资源再转向组织外部。比较而言，内部培训者和外部培训者各有优缺点。内部培训者对组织较为了解，沟通容易，费用低廉；缺点是培训经验欠缺，创新能力差，员工接受度低。外部培训者经验丰富，创新能力强，有新思路、新观念，员工接受度高；缺点是费用高，针对性差，责任心不强。组织应视培训对象、培训内容等具体情况选择合适的培训者。

（3）培训时间、地点与设施。

培训时间安排要考虑培训需求与受训人员（如工作任务的紧张程度）等因素。如果培训需求不紧迫，而员工工作又特别繁忙，最好不安排培训；反之则可根据时间合理安排培训。培训地点的选择与培训规模、培训成本、培训方法等有关。例如，如果培训人数多，则应选择在一个比较宽敞的地方进行培训；如果采用课堂授课法，则应在教室进行。此外，在培训计划中，还应当清楚地列出培训所需的设备，如座椅、音响、投影仪、屏幕、白板、文具等，准备好相应的设备也是培训顺利实施的一个重要保证。

（4）培训方式与方法。

培训要想收到满意的效果，还必须根据具体情况，因时、因地、因人而异地采用各种不同期限、不同要求的培训方式与方法。没有哪一种方式与方法能适应所有的培训要求，因此培训方式与方法的选择应以如何有效地实现培训目标，并满足个人的需要为基础。

（5）培训经费预算。

培训经费一般是有限的，这就需要事先编制培训经费预算，将培训直接发生的费用，如场租费、设备费、教材费与培训者酬金等详细地列清楚，以保证培训计划的顺利实施，并为培训评估做好准备。

4. 实施培训活动

培训活动的实施与培训目标的实现要依靠精心的组织和实施，培训活动的实施需要组织者、培训者和受训者三方的密切配合。一般而言，在培训实施阶段，又分为准备、具体培训及培训迁移三个过程。

（1）准备过程。

培训实施的准备过程主要是事先落实培训计划中的一些工作及事项，以确保具体培训的正常进行。主要包括：通知培训者及受训者在规定时间到规定地点报到；报到地点、培训地点的标志，桌、椅、黑板、多媒体教学用具的准备；各种培训教材及必读资料的准备；编排课程表、受训者名册、考勤登记表；各种证书及有关考评训练成绩用的考评表和试题的准备；等等。

（2）具体培训过程。

在具体培训过程中，培训者或组织者应介绍培训的主题、要求、内容和日程安排等。这个过程最为关键的是，培训者要选用科学、合适的培训方式与方法对受训者进行知识、能力以及态度等方面的培训，适时增强培训效果。组织者要注意培训者和受训者的表现，以便及时沟通协调；培训结束时，应该向培训者致谢，并组织受训者填写培训反馈表，发放结业证，以及清理检查设备等。整个具体培训过程需要通过人工方式、录音或摄像设备等做好记录，以便存档备查。

（3）培训迁移过程。

组织要让受训者把在具体培训过程中所学到的内容运用到实际工作中，这样培训才具有现实意义，否则就脱离了培训的初衷，对组织来说是一种极大的浪费。培训迁移主要有三种理论，如表 8-1 所示。

表 8-1　培训迁移的三种理论

理论	强调重点	适用条件
同因素理论	培训环境与工作环境相同	培训关注封闭性技能 工作环境稳定且可预测 示例：设备使用培训
激励推广理论	总体原则可运用于多种不同的工作环境	培训关注开放性技能 工作环境不可预测且高度易变 示例：人际交往技能培训
认知转化理论	有意义的材料和编码方案强化培训内容的存储和回顾	所有类型的培训内容和环境

资料来源：雷蒙德·诺伊．雇员培训与开发：第 6 版．北京：中国人民大学出版社，2015：144.

此外，培训效果的有效迁移，有赖于一些基本条件，这些条件主要包括良好的氛围、上级的支持、同事的支持、良好的信息技术支持系统与自我管理等。

5. 评估培训效果

培训效果评估是培训与开发系统流程的最后一个程序，这一步骤主要是对培训的效果进行一次总结性的评估或检查，找出受训者究竟有哪些收获与提高。它是这次培训的收尾环节，可以找出培训的不足，归纳出经验与教训，发现新的培训需要，所以它又是下一轮培训的重要依据，进而使培训活动不断循环。

在对培训效果进行评估时，需要研究以下问题：培训后员工的工作行为是否发生了变化？这些变化是不是培训引起的？这些变化是否有助于实现组织目标？下一批受训者在完成相同的培训后是否会发生相同的行为变化？只有当组织能在培训和工作绩效之间建立联系时，才能确保培训是成功的。一个完整的培训效果评估的过程如图 8-2 所示。

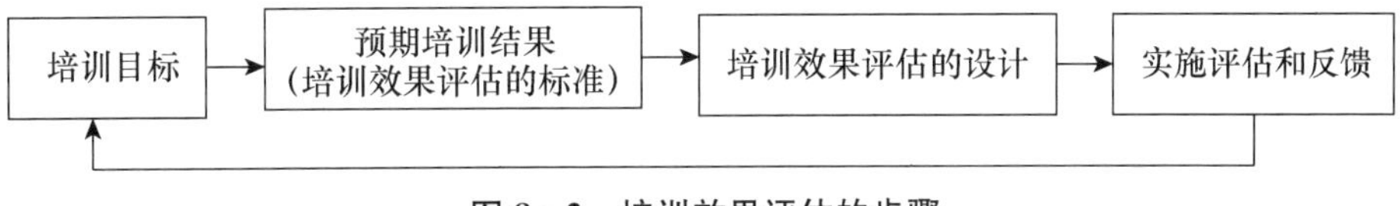

图 8-2　培训效果评估的步骤

从图 8-2 可以看出，培训效果评估主要包括两个方面的内容：一是培训效果评估的标准，即评估的具体内容；二是培训效果评估的设计，即评估的具体技术及方法。

（1）培训效果评估的标准。

培训效果评估的标准也可以说是培训效果评估的内容。这方面最有代表性的观点是美国人力资源管理专家唐纳德·柯克帕狄克（Donald Kirkpatrick）的四层次评估模型。这一模型将培训效果评估的标准分为四个层次的内容：

第一，反应，即测定受训者对培训项目的反应，主要了解培训对象对整个培训项目和项目的某些方面的意见与看法，包括培训项目是否反映了培训需求，项目所含各项内容是否合理和适用等。这可以通过面谈、问卷调查的方法搜集评价意见。但应该注意，这种意见可能带有主观性和片面性，即使这些意见是客观的，也仅仅是看法而不是事实，不足以说明培训的实际效果和效益，因此，可以将这些信息作为改进培训内容、培训方式、教学进度等方面的建议，或综合评估的参考，但不能作为评估的结果。

第二，学习，即测试受训者对所学的原理、技能、态度的理解和掌握程度。这项指标可以用培训后的考试、实际操作测试来考查。如果在培训前和培训后对培训对象都进行过同样的测试，通过两次测试结果的比较，更容易了解培训的效果。如果受训者没有掌握应该掌握的东西，则说明培训是失败的。如果受训者只是在书面上掌握了所学的知识、技能等，但不能把所学的东西运用到实际工作中，培训仍然不能算成功。

第三，行为，即测定受训者经过培训后在实际工作中行为的改变，以判断所学知识、技能对实际工作的影响。这是考查培训效果的最重要的指标。但由于这种行为的变化受多种因素的影响，如工作经验的逐步丰富、有效的激励、严格的监督等，都可能对员工的行为产生影响，因此可采用控制实验法进行测量，将员工分为实验组和控制组。实验组为受训员工，控制组为不参加培训的员工，同时对这两组人员进行事先测试和事后测试，将这两组人员的测试结果进行交叉比较，以此对培训效果做出评估。

第四，成果，即测定培训对组织业绩具有何种具体且直接的贡献，如生产率的提高、质量的改进、离职率的下降和事故的减少等有多少是由培训引起等。这可以用统计方法、成本效益分析法来测量。

（2）培训效果评估的设计。

培训效果评估的具体方法有两类：定性的方法和定量的方法。目前定性的方法应用很广泛，包括培训结束后组织受训者交流询问学习情况等。但是定性的方法有其局限性，如果使用不恰当，会有较大的随意性。定量的方法是指运用统计学、数学、经济学的方法进行分析，常见的有成本收益分析、机会成本分析、边际成本分析、统计假设检验等方法。定量的方法很严密，具有说服力；但是现实中的情况千差万别，定量的方法往往不能够完全准确地模拟现实中出现的情况。将定性的方法与定量的方法相结合使用，可以弥补彼此的缺点，强化各自的优势，是最优的选择。

具体而言，常用的培训效果评估方法有目标评价法、绩效评价法、关键人物评价法、收益评价法等。

第一，目标评价法。目标评价法要求在制订培训计划时，将受训者完成培训计划后应学到的知识、技能，应改进的工作态度及行为，应达到的工作绩效标准等目标列入其中。培训课程结束后，应将受训者的测试成绩和实际工作表现与既定培训目标相比较，得出培训结果，作为衡量培训效果的根本依据。目标评价法操作成功的关键在于确定培训目标，所以在培训实施之前组织应制定具有可确定性、可检验性和可衡量性的培训目标。

第二，绩效评价法。绩效评价法是由绩效分析法衍生而来的。它主要被用于评估受训者行为的改善和绩效的提高。绩效评价法要求组织建立系统而完整的绩效评价体系。在这个体系中，要有受训者培训前的绩效记录。在培训结束 3 个月或半年后，对受训者再进行绩效评价时，只有对照以前的绩效记录，组织才能明确地看出培训效果。

第三，关键人物评价法。关键人物（key people）是指与受训者在工作上接触较为密切的人，可以是他的上级、同事，也可以是他的下级或者顾客等。有研究发现，在这些关键人物中，同级最熟悉受训者的工作状况。按照 360 度反馈原则，可以根据不同指标选择不同的关键人物来评估受训者的变化。这种方法对了解受训者的工作态度或培训后行为的改变比较有效。

第四，收益评价法。收益评价法是从经济角度综合评价培训项目的好坏，计算出培训为组织带来的经济收益。有的培训项目能直接计算其经济收益，尤其是操作性和技能性较强的培训项目。但是并不是所有的培训项目都可以直接计算出它的收益。

8.2.2　教育培训与开发的方法

公共部门培训与开发根据不同的标准可划分为不同的类型，常用的方式可以划分为两大类：在职培训和脱产培训。每一个类别的培训又有其相应的、具体的常用培训方法。

1. 在职培训

在职培训就是在工作中直接对员工进行培训，员工不离开实际职位。在职培训比较经济，不需要另外添置场所、设备，有时也不需要专职教员，而是利用现有的人力、物力来实施培训。同时，培训对象在学习期间不脱离职位，继续从事本职工作，可以不影响生产。但这种培训方法往往缺乏良好的组织。在职培训主要包括导师制、工作轮换、实习培训与自学等几种方法。

（1）导师制。

导师制（tutorial system）是指为学员有针对性地指定一位导师，这位导师通过正式与非正式的途径将自己的知识或技能传授给学员，使学员能够在新的工作岗位上更好地适应和发展。导师一般由富有经验的资深员工担任，他们有培养和指导别人的责任和义务。导师制类似于以前“帮传带”的师傅和徒弟的关系，但又与传统意义上的“学徒制”不同，真正的导师制应该是引导学员自主思考与分析情况、解决问题的，而非单纯地给予问题的解答方案。导师制的主要优点是：导师对学员实施一对一的指导，能够做到“因材施教”，进而促使学员更快地适应工作要求；导师不仅在工作上对员工进行指导，而且在生活上也给了员工很好的建议，因此有利于实施人性化管理，进而激发员工的工作积极性与稳定员工队伍。导师制的主要缺点是：导师甄选难度较大，导师素质难以长期得到保障；若缺乏有效评估与监控，导师制常常会流于形式，缺乏实效。

（2）工作轮换。

工作轮换是指让受训者在预定时期内（通常时间为一两年）变换职位，使其获得不同职位的工作经验的培训方法。虽然工作轮换有诸多优点，但也容易走入培养“通才”的误区；员工到各个职位工作，将花费不少时间来熟悉和学习新的技能。工作轮换虽让员工掌握更多的技能，却不能专于某一方面。所以工作轮换常常被认为是用于培训管理人员，而非职能专家。

（3）实习培训。

实习培训（internship training）是让受训者亲自去做，在实地操作的过程中学习新事物，一边做一边学，然后由工作熟练的员工及主管提出评价及建议，使受训者从中获益。一方面，实习培训为受训者提供了接触真实工作情境的机会，使他们能够了解组织，进而丰富社会阅历与实际工作经历；另一方面，组织也会因受训者具有创新的理念与思维、旺盛的精力而产生新的活力，并可顺便考察受训者的各个方面是否符合组织的需要，如果符合需要则可考虑正式聘用。

（4）自学。

自学（self-learning）这一方法比较适用于一般理念性知识的学习。由于成人学习具有偏重经验与理解的特性，让具有一定学习能力与自觉的员工自学是既经济又实用的方法，但此方法也存在监督性较差、自学者容易感到乏味等明显缺陷。

（5）挂职锻炼。

挂职锻炼（personnel secondment）是指根据工作需要，机关可以采取挂职方式选派公务员承担重大工程、重大项目、重点任务或者其他专项工作。公务员在挂职期间，不改变与原机关的人事行政关系。就目前我国状况来看，挂职锻炼可划分为以下几种类型：1）“下挂”，即上级机关或中央部委干部到下级机关或地方党委政府挂任职；2）“上挂”，即基层或下级机关干部到上级机关或中央部委挂任职；3）“高职低挂”，即高职级干部挂任低职级职务；4）“低职高挂”，即低职级干部挂任高职级职务；5）“东部西挂”，即东部沿海发达地区干部到西部欠发达地区挂任职；6）“西部东挂”，即西部欠发达地区干部到东部沿海发达地区挂任职；7）“行业交叉挂”，即不同行业之间干部相互挂任职。挂职锻炼可以促使公务员在实际工作中经受锻炼，丰富工作经验；可以直接与基层群众接触，了解人民群众的愿望和呼声；还可以加强组织之间的交流与协作。

2. 脱产培训

脱产培训是让员工离开职位，在专门的培训现场接受履行职务所必要的知识、技能和态度的培训。脱产培训的主要优点是：时间与精力集中，受训者有较充足的时间来学习理论，思考深层次的问题，总结经验，学习效果较好；主要缺点是：可能会耽误与影响工作，以及培训成本较高等。脱产培训主要有以下几种方法：

（1）讲授法。

讲授法（lecture）是指教师通过语言表达，系统地向受训者传授知识，期望受训者能记住其中的特定知识和重要观念的一种方法。讲授法的主要优点是：操作起来方便，只要教材选得恰当、讲授主次分明，培训者就可以将大量的知识在短时间内系统地传授给受训者。但是，该方法也存在一些明显的缺点：单向信息传递，反馈效果差，而且往往只是讲授理论知识，而不能提供实践的机会，因此难以保证培训效果。讲授法适用于面向群体学员或进行理论性知识的培训，比如对组织某种新政策或新制度的介绍，以及新设备或技术的普及讲座等内容的培训。讲授法是最为普遍且最为基本的一种培训方法，其他方法难以取代，但由于它具有局限性，最好与其他方法配合，如此才能进一步强化培训成果。

（2）案例研究法。

案例研究法（case study）起源于美国哈佛大学的案例教学法，是指围绕一定的培训目的，把真实的情境典型化处理，形成供受训者思考分析和决断的案例，让受训者根据人、环境和规则等来对案例进行分析，并与其他受训者一起讨论，从而提出问题解决方案的一种方法。案例教学在世界各国高等教育和官员培训中普遍受到重视和欢迎，该方法不是要教给受训人“正确”的解决方法，而是通过分析一些实际问题，培养他们分析问题和解决问题的能力。案例研究法的主要优点是：它提供了一个系统的思考模式，在个案研究的过程中，受训者可得到一些有关管理方面的知识与原则；为受训者提供了参与解决实际问题的机会，进而有利于他们锻炼能力与获得有益经验；通过对具体、直观案例的研讨和相互交流，受训者不仅可以激发灵感、打开思路，完善思维模式，还可以培养他们向他人学习的品质。它的主要缺点是：案例过于概念化并带有明显的倾向性，难以获得预期的效果；案例的来源往往不能满足培训的需要；需要时间较长，对受训者和培训者要求较高。案例研究法适用于开发高级智力技能，如分析能力、综合能力、评价能力与决策能力等。

（3）情境模拟法。

情境模拟法（simulation）又称仿真模拟法，是指利用受训者在工作过程中实际使用的设备或者模拟设备，以及实际面临的环境来对他们进行培训的一种方法。情境模拟法能让受训者看到自己的决策在一种人工的、没有风险的环境中所产生的影响，因而常被用来传授生产和加工技能及管理和人际关系技能。确保该培训方法的有效性关键在于，模拟环境必须与实际的工作环境有相同的构成要素。模拟环境可以通过模拟器仿真模拟出来，模拟器是员工在工作中所使用的实际设备的复制品。情境模拟注重设备的真实性，并以最小的成本、最安全的手段进行操作。

最近出现的模拟现实技术运用于情境模拟领域，即虚拟现实。它是为受训者提供三维学习方式的计算机技术，即通过使用专业设备和观看计算机屏幕上的虚拟模型，让受训者感受模拟环境，并同虚拟的要素进行沟通，利用技术来刺激受训者的多重知觉。虚拟现实适用于工作任务较为复杂或需要广泛运用视觉提示的员工培训。

情境模拟法的优点在于，能成功地使受训者通过模拟器进行简单练习，以增强信心，使其能够顺利地在自动化生产环境下工作；能使员工在没有危险的情况下进行危险性操作。其不足之处在于，模拟器开发很昂贵，而且工作环境信息的变化也需要经常更新，因此培训成本较高。

（4）角色扮演法。

角色扮演法（role playing）是设计一个接近真实情况的场景，在此场景中指定受训者扮演特定的角色，借助角色的演练来体验该角色，从而提高解决该类问题能力的一种方法。在特定场景下，受训者不受任何限制地即兴表演，“剧情”随着受训者的表现而自由转换，直到培训者终止或是受训者感到完成这一任务。表演结束后，培训者和其他受训者都可以对表演给予评价和建议，表演者也可参加到讨论中，信息得到及时反馈，表演者可以从中认识到处理问题的得失。

角色扮演法最突出的特点就是人与人之间的直接交流，这非常有利于培养人际关系方面的技能，因此，在培训公关人员、销售人员时常常采用这种方法。角色扮演法还让受训者有机会处理工作中可能出现的情况，提供难得的实践机会。但是它需要的时间较长，比较耗时；表演效果可能受限于受训者的过度羞怯或过强的自我意识。

（5）素质拓展训练。

素质拓展训练（quality development training）起源于西方国家，原意为一艘小船离开安全的港湾，驶向波涛汹涌的大海，迎接一系列挑战。它包括“魔鬼训练”“拓展训练”“都市减压班”“自我突破营”等许多种类。目前，这种培训方法风靡全世界。它要求受训者离开舒适的办公室，走进大自然的怀抱，去接受“空中断桥”“无舟漂渡”“攀岩”“过电网”等野外场地或水上训练，培养受训者克服困难的信心和毅力，培养健康的心理素质和勇于开拓的进取精神，增强团结合作的团队意识。

（6）视听训练法。

视听训练法（audiovisual training）是利用幻灯、电影、录像、录音等视听教材进行培训的一种方法。这种方法利用人体感觉（视觉、听觉等）去体会，比单纯讲授给人留下的印象更深刻。录像是最常用的培训方法之一，被广泛运用在提高员工沟通技能、面谈技能、客户服务技能等方面。电影与录像培训相似，是一种事先制作好的视觉教材，受训者通过看电影而获得培训。视听训练法的主要优点是：能够调动人的多重感观，易引起受训者的兴趣，使其印象深刻；视听教材可反复使用，从而能更好地适应受训者的个别差异和不同水平的要求。它的主要缺点是：受训者处在消极的地位，无机会进行实际操作，进而缺乏反馈或强化；视听材料制作和购买的成本较高，内容容易过时。实际培训过程中，视听训练法一般很少单独使用，通常作为辅助手段向受训者展示相关实际经验和案例。

（7）网络培训法。

网络培训法（e-training）指通过互联网或组织内部网来传递、通过浏览器来展示培训内容的一种培训方法。互联网上的培训复杂程度各不相同，分为六个层次，从最简单的层级到最高的层级排序是：培训者和受训者之间沟通；在线学习；测试评价；计算机辅助培训；声音、自动控制以及图像等多媒体培训；受训者利用互联网上的其他资源进行培训传递、知识共享。

当前，网络培训法一个显著的应用是实施远程培训，通常被一些地域上较为分散的组织用来向员工提供关于新产品、政策或程序、技能培训以及专家讲座等方面的信息。远程培训方式主要包括电话会议、电视会议、电子文件会议，以及利用个人电脑进行培训。培训课程的教材和讲解可通过互联网或者一张可读光盘分发给受训者。受训者与培训者可利用电子邮件、电子留言板或电子会议系统进行交互联系。

网络培训法的主要优点是：它突破了传统培训中面对面的固有模式，打破了培训的时间和空间限制，能够让分散在不同地点的员工获得专家培训机会，同时为组织节省一大笔差旅费；可以为其他培训方式提供支持，培训内容可与其他资源结合，并与其他受训者和培训者共享信息，进行有效的沟通；信息量大，新知识、新观念传递优势明显，适合成人学习。由于具有诸多优势，网络培训法为诸多组织所青睐，也是培训发展的一个必然趋势。不过，网络培训法的不足之处在于，受训者难以实现面对面的交流，而且受训者往往迷恋于网上“冲浪”，进而影响到实际培训效果。

（8）团队培训。

团队培训（team training）是通过协调在一起工作的不同个人的绩效从而实现共同目标的方法。团队培训的内容主要是知识、态度和行为。团队培训方法多种多样，可以利用讲座或录像向受训者传授沟通技能，也可通过角色扮演或仿真模拟给受训者提供讲座中强调的沟通性技能的实践机会。团队培训的方式有交叉培训、协作培训与团队领导技能培训。交叉培训是指团队队员熟悉并实践所有人的工作，以便某一团队队员离开团队后其他成员容易承担其工作；协作培训是指对团队进行如何确保信息共享和承担决策责任的培训以实现团队绩效的最大化；团队领导技能培训是指团队管理者或辅助人员接受的培训，包括培训管理者解决团队内部冲突、协调团队各项活动的技能或其他技能。研究表明，受过有效培训的团队能设计一套程序，能发现和改正错误、协调收集信息及相互鼓舞士气。不过团队培训由于组织起来难度较大，对组织者或培训者能力要求较高，所以一般只被一些有条件的大型组织所采用。

3. 培训方法的比较与发展趋势

综上所述，培训与开发的方法多种多样，每种方法具有各自的特点和利弊（见表8-2）。培训者要根据培训的需要及具体的条件，合理地选择并采用适当的培训方法。

表8-2　培训方法的比较

培训方法	培训时间	培训成本	师资要求	交互性	培训效果
导师制	长	低	高	好	好
工作轮换	长	低	低	好	好
实习培训	长	低	低	好	好
自学	长	低	低	差	差
讲授法	可长可短	低	高	一般	一般
案例研究法	长	高	高	好	好
情境模拟法	长	高	低	好	好
角色扮演法	长	低	低	好	好
素质拓展训练	可长可短	一般	高	好	一般
视听训练法	可长可短	低	低	差	差
网络培训法	可长可短	一般	低	差	一般
团队培训	长	高	高	好	好
挂职锻炼	长	高	低	好	好

就我国公务员培训方法而言，其发展大致经历了三个阶段：一是20世纪80年代的

干部培训，沿用了普通高等教育的灌输式教育模式；二是20世纪90年代公务员制度实施后，逐步摆脱体系式教学而形成以专题讲座为主要形式的研究式教学模式；三是进入21世纪以来，逐渐采用案例式等现代培训方法。

今后，我国公务员培训方法呈现出以下发展趋势：第一，由单一教学向多元教学转变，即根据培训内容和学员特点，采用多元式教学，兼顾理论教学与实践培训两方面的优势；第二，由教师讲授向教学互动转变，即强调整个培训过程中教师的主导性和学员的主动性，强调教学互动，从而激发学员的学习动机和学习兴趣，促进学员的智力思维发展，提高学员的实际操作能力；第三，由被动听从向自主选学转变，即按需施教、因人施教，采用“菜单式”选课和“分专题”自主选学，以及“量身定制”的个性化培训方法，增强培训的针对性，提高学员学习的自主性。

8.3 国外公共部门教育培训与开发实践

8.3.1 美国公共部门教育培训与开发

1. 美国公共部门教育培训与开发的发展历程

二战以后，科学管理理论在美国全社会引起了强烈反响，当时美国联邦政府改革以提高行政效率为基本目标。1923年《职位分类法》使《彭德尔顿法》（1883年）所倡导的功绩制原则的实施具有了更为明确的法律保障。政府规模膨胀和工作复杂化，直接促进了联邦政府文官职位分类制度的建立与健全。职位分类制度的建立使几乎所有文官职位都有了明确的工作标准，对各种职位的工作能力、素质等方面的要求也比较明确。职位分类和绩效评价对文官培训工作的发展产生了显而易见的推动作用。

1930年，胡佛总统发布命令，规定联邦文官委员会和各部门都要开设文官培训班，对各级文官进行行政管理及相关专业的培训。1938年，罗斯福总统颁布行政命令，正式授权联邦文官委员会负责政府文官的培训事务，要求联邦文官委员会开设一些与文官工作相关的实用性培训课程，以提高文官的业务素质。1940年，美国联邦政府又制定并公布了《行政实习训练计划》，规定所有新任文官和晋职者都须接受一定的专门培训。可以说，20世纪30至40年代，是美国文官培训发展史上的第一个“黄金时代”。

这个阶段的培训方式以内部培训为主，又以在职培训最为常见。在职培训是人才培训领域最常见和最传统，同时也是最有效的培训方式之一。在职培训强调在“做中学”（learning by doing），使学习者可以非常容易地获取相关工作知识和经验。由于学徒制具有效率较高、目的性强、成本低、实用性强等特点，美国政府在培训之后广泛使用，并于1937年颁布了《国家学徒法》来推广这种培训方式。另外，美国文官注重“专才”选拔的倾向也是在职培训受到普遍欢迎的另一个原因。1950年通过的《工作绩效评定法》（The Performance Rating Act）要求各部门在客观、科学的职位分析基础之上进行科学、客观的绩效评价。该法案的实施对政府雇员培训提出了新的要求。

随着公共部门各项制度的不断健全和完善，公共部门培训也逐渐正规化和制度化。

1958年颁布的《政府雇员培训法》(Government Employees Training Act，GETA)，为联邦政府雇员培训奠定了法律基础，提供了法律保障，标志着美国公共部门培训制度的正式确立。该法案明确规定公务员不参加培训就不能晋升职务；另外，除了总的规定外，关于培训细节有些在专门的培训法中予以规定，有些在补充细则中予以规定，形成了一个完整配套、便于操作的法规体系。该法案授权联邦政府部门为政府雇员培训提供经费资助，通过系统培训来提高雇员技能、知识水平和能力素质，促使他们具备最好的资质以履行工作职责，并协助其完成自己的使命和工作目标。自从颁布之后，GETA一直为美国政府雇员培训工作提供法律规范和指导，虽历经多次修订，但其基本精神和立法理念仍被保留和延续至今。1970年，美国国会又通过了《政府间人员法》(Intergovernmental Personnel Act)，进一步拓宽了政府雇员培训的范围和途径，专门对跨机构、跨部门培训做出更为明确和科学的安排。另外，美国为了维护超级大国的地位，制订了"培训21世纪美国人"计划，加大教育培训经费的投入，加快人才培训的步伐。

2. 美国公共部门教育培训与开发实践

美国政府部门教育培训与开发体系包括联邦政府和地方政府（州政府、市政府）组织的培训。尽管联邦政府雇员大大少于地方政府雇员，但是联邦政府雇员培训体系的质量和影响力都比地方政府高。

美国公务员培训机构健全，形成了网络化的培训体系。美国公务员培训的机构不仅有联邦政府的行政学院、政府的人力资源部门，还有大学及各种协会等非政府组织。联邦行政学院专门培训联邦政府各部门、州政府和地方政府等高级行政官员。各州也都设有公务员培训机构。选派到大学进修也是美国公务员培训常采用的方式，美国在600多所大学设立了管理学院或科系来承担公务员培训的任务。而且，一些民间培训机构的作用更是不容忽视，这些民间培训机构在美国的公务员培训中做出了较大的贡献，比如美国人力资源管理协会（American Society for Human Resource and Management）是世界上最大的致力于人力资源管理服务的协会，美国培训与发展协会（American Society for Training & Development）是世界上最大的职场学习和绩效专家学会。美国培训与发展协会的会员在数千个不同规模的组织和政府机构中担任顾问和提供培训，它的专业领域已经拓展到将学习绩效与个人及组织成果相联系的方方面面，并对重大的公共政策提供了权威意见。

联邦政府的培训对象可以分为四个层级，即一般工作人员、管理人员、部门主管和行政主管。不同对象接受的培训项目是不一样的。为管理层以下人员提供的培训项目主要是由各政府部门提供的，比如联邦总服务局培训中心提供的培训项目和美国农业部研究生院提供的培训项目。为主管层以上官员提供的培训项目包括高级行政研修中心（Executive Seminar Centers）项目、法律研究项目和联邦行政学院（Federal Executive Institute，FEI）培训项目。

联邦政府的培训管理协调机构是美国联邦人事管理局（Office of Personnel Management，OPM)，具体负责美国联邦政府培训政策和法规的制定以及整个联邦政府官员培训项目的总体协调。根据OPM的规定，美国政府部门应该为新任命的管理人员提供80个小时的管理培训，管理层以上官员还必须完成OPM安排的培训项目。所有联邦政府高级行政文官（senior executive service，SES）都要完成由 OPM 三个行政管理课程中心提供的行政管理发展课程；SES 候选人则要参加一个由联邦行政学院提供的脱产培训项目。

美国公共部门通常采用现代化的培训方式。美国公务员培训强调社会实践与课堂教学的有机结合，使公务员能主动独立地思考，培养、提高他们的创新能力，经常采用的教学方法有案例教学、模拟教学、现场观摩、理论讲授、练习、小组教学等。案例教学是美国公务员培训中应用最为广泛的教学方法，由教员提出一个比较典型的管理问题或政策问题，然后给学员提供管理问题或政策问题发生的背景，并给学员指出该问题所面临的困境以及可能的解决方案。如哈佛大学肯尼迪政府学院现有约 1 500 个教学案例，拥有世界上最大的公共行政和政策案例库，其中最受欢迎的案例约有 100 个。模拟教学通过学员在模拟情景中的角色扮演来培训他们的管理技能，招聘政府官员尤其是政府中的高级官员做兼职教员。现场观摩是让学员到政府机关的工作现场去感受工作环境，了解工作情况，接触行政管理人员，学习他们的处事方式和处理问题的方法。学员在学习的过程中除了要接受丰富的理论知识以外，还要进行大量的练习，特别是那些实际操作性较强的课程，如量化分析、统计、政策分析等。

8.3.2 英国公共部门教育培训与开发

1. 英国公共部门教育培训与开发的发展历程

随着 20 世纪前期英国文官制度的持续改革及趋于完善，特别是随着文官考试制度、分级制度和晋升制度的确立，公务员培训工作逐渐兴起并越来越受到各级政府的重视。1920 年 10 月和 1921 年 6 月，国家惠特利委员会（National Whitley Council）先后公布了两份调查报告，针对文官培训工作提出了若干建议，建议实习期和正式任职的公务员均应该接受一定量的培训。政府各部门还成立了专门的教育文员会，负责协调部门内公务员的培训工作。英国这个阶段的公务员培训仍属于自发阶段，政府并没有建立系统规范的公务员培训制度。

从二战结束到 20 世纪 70 年代，英国公务员培训制度逐步形成并得到初步发展。由于政府工作专业化程度的提高以及技术官僚群体的形成，之前的培训形式已经不适应新的社会形势。1944 年，《公务员培训报告》（Report of Assheton Committee on the Training of Civil Servants，简称《阿什顿报告》）系统阐述了改革政府公务员培训工作、建立统一的公务员培训制度的意义，还建议政府应成立专门的文官培训管理部门。1944 年 12 月，英国政府最终接受了《阿什顿报告》的建议，这标志着英国政府公务员培训进入了新的阶段。1945 年，英国政府成立了隶属于财政部的培训教育司，负责指导与协调政府各部门文官的培训工作以及审核培训经费；同时，一些主要的政府部门还任命了部门培训官。1963 年，英国政府在伦敦成立了行政管理研究中心。至此，英国政府建立起包括主管机构（培训教育司）、主管官员（部门培训官）和实施机构（行政管理中心）在内的完整的培训体系。

《富尔顿报告》是英国公务员发展史上一个重要的里程碑，对公务员培训有着重要的影响。1966年，威尔逊政府任命时任苏塞克斯大学副校长的富尔顿（Fulton）组成了一个专门委员会，即“富尔顿委员会”，全面考察英国公务员制度，并提出包括培训在内的改革建议。1968年6月，富尔顿委员会向威尔逊提交了名为《公务员制度》（The Civil Service）的调查报告，史称《富尔顿报告》（Fulton Report）。该报告列举了英国公务员管理的六大弊病：一是通才原则常常造成“外行领导内行”现象；二是僵化的分级制度制约了公务员的人尽其才；三是专家型公务员没有得到应有的重视；四是大多数公务员缺乏充分的职业培训，并且培训机制也有待改进；五是公务员阶层和社会之间的接触过少；六是公务员人事管理机制不完善，大部分公务员没有明确的职业规划。报告还提出了成立公务员学院、改进公务员培训管理机制的建议。虽然威尔逊政府广泛接受了《富尔顿报告》的建议，但由于通才型公务员的抵制、公务员学院培训效果不尽如人意等原因，富尔顿改革最终没有取得预期效果。

1980年，撒切尔政府启动了大规模的公务员制度改革。撒切尔政府通过在政府公共管理事务中引入市场机制，建立“3E”型政府（经济、效率和效益）来提高政府绩效。为了提高工作绩效和获得更大的职业发展空间，参加各类涉及现代管理理念和经济学知识的培训就成为各级公务员的内在需求和必然选择。撒切尔政府对公务员培训工作最重要、最直接的影响还体现在培训机构和途径的多样化方面，建立了公务员培训工作准入机制，规定只要符合政府规定，能够为公务员提供合理高效的培训，受到公务员认可并满足相关工作需求的培训主题，均可获得政府提供的培训经费。撒切尔政府的改革影响了后面的多届政府，促进了英国公务员培训水平的持续提升。

2. 英国公共部门教育培训与开发实践

与美国公务员选拔重视“专才”相比，英国公务员有重视“通才”的传统。1968年，威尔逊政府根据《富尔顿报告》的建议，成立了公务员事务部（又称文官部），下设人事培训司统一负责公务员培训。1970年，成立了公务员学院，作为公务员国家级培训、咨询、研究的中心机构。公务员学院作为英国国家公务员培训机构，设有一个总部、两个培训中心，具体承担英国高级公务员培训、普通公务员短训、公务员培训相关领域的研究等职责。培训内容包括专题培训（比如经济、财政、社会等）、现代管理技术培训、基于公务员需要的专门培训等。20世纪70年代，英国公务员培训蓬勃发展，但是公务员学院实施的培训所占比例很低，绝大部分培训仍然由内阁各部自行组织实施。

1981年，撒切尔政府撤销公务员事务部，将其权限划分到财政部和内阁办公室。政府对公务员培训管理也由集中管理向集中与分散结合转型，内阁政府负责集中培训高级公务员，各部自行承担一般公务员的培训工作。撒切尔政府改革在公务员培训方面的影响主要体现在如下几个方面：一是公务员培训政策逐渐形成了主动性、有偿性和市场化等特征；二是注重根据实际需要开展综合培训；三是培训方式和手段注重多样性、实践性和开放性；四是注重终生学习，全程培训。在市场竞争中，公务员学院的培训质量和服务水平获得很大改善，竞争力也因此大幅提升。

20世纪80年代以来的改革，使英国公务员培训制度日趋完善，培训实践也取得长足进步，具体体现在如下几个方面：

第一，培训制度法制化。英国公务员培训制度体现在总法和专门培训法中，有些在补充细则中也予以规定，形成了一个完整配套、便于操作的法规体系。《人力资源的开发与管理宪章》《公务员法案》《公务员发展与培训》等宪章和法案构成了英国公务员培训制度的法律基石。《公务员发展与培训》对公务员的培训做了专门规定，提出提升不同级别公务员的技术水平和专业素养的目标。

第二，培训内容实效化。重视业务与能力成为英国公务员培训的新主题。其培训内容丰富多彩：有提高专业素质技能的专业知识培训，有开阔视野、运筹决策的管理才能培训，有培养公务员遵守职业道德和行为规范的职业道德培训，还有提高公务员敏锐、机智能力的智力训练等。培训内容除一些基本共同课程，比如如何领导下属、如何主持会议等之外，还根据不同专业、不同层次开设不同的训练课程。在这些训练课程中往往又穿插管理、政策方面的研究咨询活动。

第三，培训机构网络化。在英国，随着公务员数量的增长和政府行政职能的增加，以及知识更新速度的加快和“知识爆炸”时代的来临，单纯依靠政府本身的组织结构已经无法适应全员培训的要求。因此，英国公务员培训的任务就由政府内部的权威性培训、专门公务员培训组织的职业化培训以及高等学校的学术性培训三者分别承担，形成一个紧密结合的立体化培训网络。具体来说，英国公务员的培训主要有三类机构：一是政府组织内设的培训部门，如英国财政部下设的培训与发展局。它们主要根据组织内部的发展战略、实际工作要求和员工素质状况，有针对性地对内部员工进行培训。二是专门的公务员培训组织，如英国公务员学院、英国皇家公共行政管理协会等。它们主要根据社会各类组织和人员的培训需求，针对不同的培训对象设置不同的培训课题和项目。三是高等学校内的公共政策、政治与经济专门学院（如伯明翰大学公共政策学院、伦敦大学经济学与政治科学学院等）所提供的各类课程。

8.4 我国公共部门教育培训与开发实践

我国公共部门教育与培训开发体系经过几十年的持续发展，目前已经建立起比较完整的培训体系，其成功经验主要集中体现在干部培训和队伍建设上。

8.4.1 我国干部教育培训与开发的发展历程

新中国成立以来，我国干部及公务员教育培训工作从小到大、从弱到强，不断朝正规化、系统化和制度化方向发展，大致可划分为以下四个阶段①：

1. 探索发展时期（1949—1977 年）

新中国成立初期，党的干部教育培训工作在充分吸收老解放区积累的培养干部经验的基础上，学习借鉴苏联的经验，开始有计划、有步骤地培养建设新中国的各种干部，恢复、组建干部院校，加强干部的理论学习和文化业务教育。

---

① 冯俊．新中国 60 年干部教育培训工作的历程．红旗文稿，2009（18）．

这一阶段干部教育开始向着正规化、系统化和制度化迈进。第一，恢复、新建党校以及各类干部院校。全国省市以上的党校得到恢复、组建，各级党校和省市委党校的教学任务不断扩大，党校体系初步形成。为了培养财经、政法等方面的干部，我国学习苏联经验，组建了中国人民大学；为培养少数民族干部，成立了中央民族学院。第二，大规模开展干部轮训。为加强干部的理论教育，1954 年中共中央做出关于轮训全党高、中级干部和调整党校的计划，决定有计划、有步骤地把全党各方面的高中级干部调入党校轮训，以有效地提高全党干部的理论水准。第三，着力加强干部文化教育。为完成干部文化教育的任务，在全国范围内有计划、有步骤地举办工农速成中学和工农干部补习学校，吸收不同文化程度的工农干部，给予适当时间的文化教育，尽可能地使全国工农干部的文化程度在若干年内提高到相当于中学的水平。到 1953 年，全国已有 87 所工农速成中学，1 168 个班，在校学生达51 079人。第四，推进干部教育培训的正规化。为了促进干部教育的规范化，中共中央发布了一系列指示、决定、通知、规定等，比如 1950 年政务院下发的《关于举办工农速成中学和工农干部文化补习学校的指示》《培养少数民族干部试行方案》，1961 年中共中央下发的《关于轮训干部的决定》等。这些文件对这一时期干部教育的目标、内容、重点、对象等做了比较全面的规定。

2. 恢复重建时期（1977—1989 年）

“文革”结束后，中共中央采取一系列措施，恢复、重建和发展干部教育培训工作。第一，恢复、重建并逐步完善干部教育培训体系。1977 年 3 月，中央党校复校。同年 10 月，中共中央做出《关于办好各级党校的决定》。1988 年，中共中央决定筹建国家行政学院。这样，就在全国形成了干部教育主管机构、各级党校、各类干部管理院校和行政学院的更为完整的干部教育培训体系。第二，干部教育培训在全党工作中具有战略地位。1980 年 2 月，中共中央宣传部、中共中央组织部颁发了《关于加强干部教育工作的意见》，提出要把干部教育培训放在战略地位，对全面恢复和加强干部教育培训做出了明确的规定。第三，把加强学历教育作为干部教育的重要任务。中共中央宣传部、中共中央组织部《关于加强干部教育工作的意见》明确要求，文化程度较低的干部，主要应当学习文化，包括语文、数学、史地和自然常识，凡有条件的都应争取在 1982 年达到初中或高中水平。1984 年《中共中央转批〈关于加强干部培训工作的报告〉》要求，对于经济体制改革和国民经济发展急需的经营管理、法律、财会等方面的人才，要优先培养。对于 45 岁以下、不到中专文化程度的干部，要采取有力措施，加强培训速度。

3. 稳步发展时期（1989—2002 年）

以江泽民同志为核心的党的第三代中央领导集体坚持一手抓政治理论学习，有针对性地加强了对中青年干部的思想理论教育；一手抓业务知识培训，开展了以社会主义市场经济理论和科技知识为主要内容的普遍培训。

这一阶段的特征主要包括四个方面。第一，把干部教育培训摆上更加重要的战略地位。1990—2000 年，中央颁布了一系列关于加强党校工作的相关文件，并于 2001 年 5 月组织召开全国干部教育培训工作会议，干部教育培训工作得到前所未有的重视，干部教育培训的战略地位进一步凸显出来。第二，以政治理论培训和能力培养作为培训的重点。

1991—2001年，中央先后印发了三个关于全国干部培训规划的文件，以此为契机，兴起了干部理论学习的热潮。这一时期干部培训的主体内容，完整地转到学习建设有中国特色的社会主义理论上来。全党开展了以“讲学习、讲政治、讲正气”为主要内容的党性党风教育活动。第三，公务员培训成为干部培训工作的主体。1993年《国家公务员暂行条例》颁布实施，对公务员培训做出专章规定，公务员培训成为干部培训工作的主体，公务员培训大规模开展起来。1996年，人事部下发了《国家公务员培训暂行规定》，进一步细化和完善公务员培训制度，并通过下发培训规划、培训纲要来指导和推动培训工作。第四，初步形成干部教育培训多种渠道。中共中央组织部、宣传部联合下发了《关于建立县级以上党政领导干部理论学习考核制度的若干意见》《关于加强和改进党委（党组）中心组学习的意见》等文件，进一步健全了领导干部的学习制度，规范了脱产学习、中心组学习、在职自学等多种形式，初步形成了以需求为导向、计划调训与自主参训相结合的干部培训运行体系。为满足干部教育培训的多元化需求，在加强党校系统的教育培训职能外，建立了国家行政学院和地方行政学院，为公务员和专业干部培训开拓了更广泛的渠道。为了学习国外发展经验和先进的科技知识，党中央和国务院开始有计划地派遣一些干部到国外进行学习和培训。

4. 快速发展时期（2002—2012年）

党的十六大以来，党中央做出了大规模培训干部、大幅度提高干部素质的战略决策，使干部教育培训工作进入多层次、多渠道、大规模培训干部轨道的新时期，为推进科学发展、促进社会和谐提供了强大支撑。

这一阶段的特征主要包括三个方面。第一，坚持用发展的马克思主义武装各级干部的头脑。党的十六大以来，全党开展了以实践“三个代表”重要思想为主要内容的保持共产党员先进性教育活动。中央政治局率先垂范，建立集体学习制度，先后进行了50多次集体学习。我国对54万多名县处级以上领导干部进行了“三个代表”重要思想的集中轮训；对5 000名县委书记、县长进行了社会主义新农村建设的集中轮训。第二，不断提高干部教育培训的科学化、制度化、规范化水平。2003年，中央下发了《关于在全党兴起学习贯彻“三个代表”重要思想新高潮的通知》，要求5年内对县处级干部轮训一遍。《公务员法》对公务员培训进行了更细致的规定，进一步完善了我国公务员培训制度。2006年，中央颁布了《干部教育培训工作条例（试行）》。2007年，中央颁布《2006—2010年全国干部教育培训规划》，要求每年要有计划地组织培训省部级干部500名，地厅级干部8 800名，县处级干部10万名。为了贯彻党的十七大关于“继续大规模培训干部”“大幅度提高干部素质”的要求，2008年中央颁布了《公务员培训规定（试行）》《关于2008—2012年大规模培训干部工作的实施意见》《中国共产党党校工作条例》等文件。2010年8月，中央颁布《2010—2020年干部教育培训改革纲要》，对下一阶段的大规模培训干部工作进行全面部署，着力构建干部教育培训改革、开放、竞争、择优的大格局，将增强干部教育培训改革的针对性、实效性作为主要目标，为干部教育培训工作的健康快速发展提供了制度保障。第三，进一步优化干部教育培训机构的总体布局。这一时期，中央加大了干部教育培训基地建设的力度和教育资源整合力度，干部教育总体布局进一步得到优化。在继续办好中央党校、国家行政学院的同时，中央于2005年3

月创建了中国浦东干部学院、中国井冈山干部学院、中国延安干部学院。2008 年，中央又创办了中国大连高级经理学院，形成了干部教育“一校五院”的“国家队”，构建了改革、开放、竞争、择优的干部教育培训新格局。

5. 守正创新时期（2012 年至今）

党的十八大以来，以习近平同志为核心的党中央高度重视干部教育培训工作，在顶层设计上明确了干部教育培训是干部队伍建设的先导性、基础性、战略性工程。具体实践中，在充分继承干部教育培训优良传统的基础上，总结经验教训，干部教育培训全面推进改革创新，干部教育培训跃上新台阶。

这一阶段呈现三大鲜明特点。一是干部教育培训的内容“从实”。新时代干部教育培训，始终把学习贯彻习近平新时代中国特色社会主义思想作为头等大事，加强党性修养、理想信念和道德品行教育，把不忘初心、牢记使命作为终身课题，严守政治纪律和政治规矩，坚持理论联系实际，自觉加强思想淬炼、政治历练、党性锻炼，增强“四个意识”、坚定“四个自信”、做到“两个维护”。中组部先后印发了《关于在干部教育培训中加强理想信念和道德品行教育的通知》和《关于在干部教育培训中进一步加强和改进党性教育的意见》，对加强干部的理想信念、道德品行和党性教育提出了具体要求。社会主义核心价值观教育、群众路线教育实践活动、“三严三实”专题教育、“两学一做”学习教育、“不忘初心，牢记使命”专题教育以及正在开展的党史学习教育相继开展，极大地提高了干部科学执政、民主执政、依法执政的水平，密切了党与群众的血肉联系，提升了全党的政治理论水平。二是干部教育培训的纪律“从严”。2015 年 10 月，党中央发布修订后的《干部教育培训工作条例》，更加凸显了干部教育培训的地位和作用，强调“依法治教、从严管理”“全面提高质量和效益”，并对完善考核评估体制机制作出具体规定，为干部教育培训的发展指明了方向。2018 年 11 月，党中央印发了《2018—2022 年全国干部教育培训规划》，要求高质量教育培训干部，高水平服务党和国家事业发展。2019 年 11 月，中组部对《干部教育培训学员管理规定》进行了修订，要求加强学员管理，严肃培训纪律、切实改进学风。三是干部教育培训的形式“从活”。干部教育培训紧扣统筹推进“五位一体”总体布局和协调推进“四个全面”战略布局，坚持干什么训什么、缺什么补什么，精准化开展各类专题培训。各地区各部门着力加强培训机构、师资、课程教材等基础建设，干部教育培训资源不断整合优化。稳步推进市县党校办学体制改革，把基层党校建强办好。坚持开门开放办学，普遍形成“党校（行政学院、干部学院）＋高校基地＋现场教学基地”一主多元的办学格局，积极运用大数据、“互联网＋”技术手段建立中国干部网络学院等一大批网络培训平台，促进了优质培训资源互联互通、共建共享。

8.4.2　我国干部教育培训与开发工作的问题及对策

新中国成立以后，特别是党的十一届三中全会以来，各级政府部门按照干部“革命化、年轻化、专业化、知识化”的标准，多形式、多渠道、多层次地开展了干部培训工作，培养了一大批优秀干部和专门人才，为公务员培训制度的建立提供了宝贵的经验。

然而，随着社会形势的不断变化以及改革开放的不断深入，干部教育培训仍出现了一些问题。正如《2010—2020年干部教育培训改革纲要》中所指出的，我国干部教育培训在不同程度上存在针对性与实效性不强、党性教育比较薄弱，培训机构体系的开放度和竞争性不够、优质培训资源不足与资源相对过剩并存，干部学习内生动力不足、学用脱节、学风不正等问题。产生这些问题的根本原因在于，干部教育培训与政府的使命和战略脱节，忽视了政府战略的重要性，没有和政府的战略实现有机结合。

具体言之，传统的“非战略性培训”的问题主要表现在以下四个方面：一是认识不到位。许多组织对战略性培训认识不足，或知之甚少，或认为可搞可不搞，从而导致干部培训流于形式，缺乏实效。二是目的不正确。培训多是被动反应式的，仅以满足干部当前利益及工作需要为主，局限于“缺什么补什么”，为了培训而培训，导致干部仅获得一些与战略实现及职业生涯发展无关的能力，培训的“育人”与“留人”功能大打折扣。此外，培训缺乏统筹规划，不具有全局性、系统性与持续性，不能根据政府的长远规划与发展目标实施前瞻性的培训，致使培训不能为政府适应不断变化的环境与提升竞争力服务。三是过程不协调。许多机构各搞各的培训，没有很好地整合系统或部门内的其他资源，进而无法与整个系统或其他部门的工作协调一致。四是管理不规范。我国干部培训管理大体上是一种“粗线条式”的，缺乏科学规范的培训需求分析与评价。这种传统的做法虽然易于操作、成本低，但却是以牺牲培训的有效性为代价的。

上述问题彼此之间不是孤立的，而是存在着紧密的联系，共同制约着干部培训的发展。要解决这些问题，政府组织应该实施战略性培训，从长远的战略出发，用全局、系统的观点设计培训目标和内容等，应在组织使命及战略之下来通盘考虑干部培训，从而有利于提高干部战略性能力与实现政府战略目标。

第一，逐渐加大战略性培训比例，确保与政府使命及战略等相联结，并面向全体干部实施。作为一种以政府使命及战略为起点的系统性培训，战略性培训应该与政府的使命、战略及目标等相联结并协调一致，这样才能为实现政府战略服务。另外，战略性培训应该加大对“应激-反应”型公共管理实践具有方向指引的回应，强化复杂的公共管理实践的战略导向性。

第二，构建基于战略的素质模型，并依据素质模型实施有针对性的培训。政府机构可以构建基于战略的素质模型，并据此确定培训需求和重点，实施基于素质模型的战略性培训，有针对性地提高与整体绩效相关的战略性人力资源能力。例如，美国洛杉矶县培训学院按照“构建战略人力资源伙伴”的方针设计课程，并率先在美国政府中应用可靠的战略人力资源素质模型对现有人力资源能力进行评价。

第三，建立战略性培训标杆，以促进公务员战略性培训的逐步全面实施。相关部门可以建立公务员战略性培训标杆，总结优秀经验以供参照，“以点带面”，促进公务员战略性培训的逐步全面实施。我国可以借鉴国外成功经验，先选取若干政府机构作为实施公务员战略性培训的试点单位，建立一整套培训标杆，进而逐步推行，这必将推动公务员培训工作上一新台阶。比如美国国际人事管理协会标杆委员会（The IPMA HR Benchmarking Committee）曾推荐博洛沃德县与赫尼平县的公务员战略性培训作为政府培训实践的标杆，即“最佳实践”(the best practice)。

第四，强化培训需求分析，提高培训的针对性和实效性。一项有效培训的步骤包括培训需求分析、数据收集、培训方法设计与实施、培训效果评估等，而每一个环节都必须实现相应的目标，以保证整个培训项目达成既定的短期和长期目标。其中，培训需求分析是确保培训关注战略的首要步骤，它作为一个联结组织战略与培训管理步骤的关键性环节，起着承上启下的“桥梁”作用，是培训获得成功的基础。科学规范的培训需求分析，有利于组织目标的实现，有利于公务员个人职业发展，也有利于发现培训难点和查找绩效差距的原因。

8.4.3　新时代我国干部教育培训与开发工作的创新发展

党的十八大以来，干部教育培训工作深入贯彻习近平新时代中国特色社会主义思想，认真落实中央一系列决策部署，改革创新、稳中有进，呈现出勃勃生机。以培养造就“好干部”为主题，以服务党和国家工作大局为主线，以坚定理想信念为首要任务，着力加强干部理论武装、党性教育和专业化能力培训，大力弘扬马克思主义优良学风，干部队伍素质能力不断提升。

一是干部教育培训内容新变化。在战略性上，明确了新时代干部教育培训的战略地位，中国共产党人依靠学习走到今天，也必然要依靠学习走向未来；新时代坚持和发展中国特色社会主义，要求全党来一个大学习；要增强学习本领，在全党营造善于学习、勇于实践的浓厚氛围，建设马克思主义学习型政党，推动建设学习大国；要切实抓好成千上万各级干部的培训，越是重要岗位、关键岗位的干部越需要培训。在政治性上，坚持把习近平新时代中国特色社会主义思想作为理论武装的重中之重，列为各级党校、行政学院、干部学院必修课，组织干部原原本本研读《习近平谈治国理政》《习近平总书记系列重要讲话读本》等著作，读原著、学原文、悟原理，学而思、学而信、学而行。广大干部的“四个意识”不断增强，“四个自信”更加坚定，用马克思主义中国化的最新成果武装头脑、指导实践。在技术性上，突出抓好领导干部这个“关键少数”，中央每年举办省部级主要领导干部专题研讨班，各地区各部门层层抓好“一把手”教育培训，带动形成全党学习、全员参训的生动局面；加强顶层设计和制度建设，中共中央印发《2013—2017年全国干部教育培训规划》《2018—2022年全国干部教育培训规划》《中国共产党党校（行政学院）工作条例》《干部教育培训工作条例》，干部教育培训工作科学化、制度化、规范化跃上新台阶。在实践性上，在全党开展了以为民务实清廉为主要内容的党的群众路线教育实践活动，在全体党员中开展了“两学一做”学习教育，在县处级以上领导干部中开展了“三严三实”专题教育，在全党开展了“不忘初心、牢记使命”主题教育、党史学习教育，取得了显著成效。在历史性上，充分发挥党校、行政学院和干部院校主渠道主阵地作用，突出党章和新形势下党内政治生活若干准则、廉洁自律准则、纪律处分条例、党内监督条例等党规党纪学习教育，深入开展党的宗旨、党史国史、党的优良作风等教育。

二是干部教育培训力量新变化。党的十八届、十九届历次中央全会召开后，中央都及时举办省部级主要领导干部专题研讨班。中央有关部门连续举办多期专题研讨班，将省部级干部轮训一遍，分期分批对全国 1 500 多名高校书记、校长集中轮训，组织 2 800 多名县委书记进行理论研修。各地区各部门普遍开展了县处级以上干部集中轮训，不断深入加强习近平新时代中国特色社会主义思想教育培训。各地把学习贯彻习近平新时代中国特色社会主义思想与开展马克思主义基本原理、中国特色社会主义理论体系教学培训结合起来，切实加大理论武装力度。中央组织部于 2013 年 10 月印发相关文件，对加强和改进党性教育作出安排。每年依托中国井冈山、延安干部学院分期分批举办领导干部党性教育专题班。其他国家级培训机构主体班次都开设了党性教育单元，安排了专门课程。各地深挖红色资源内涵，打造了一批具有地方特色的党性教育教学点，增强吸引力、感染力。中央组织部举办换届后新任市委书记培训班；委托财政部、生态环境部、住房城乡建设部等 10 多个部委，每年举办财税改革、生态环保、城乡规划等 20 多个专题研究班；利用北京大学、清华大学等高校基地优质资源，每年举办中央和国家机关司局级干部金融、商贸、党建等 40 多期专题研修班。着眼加强和改进党对国有企业的领导、完善现代企业制度等重点任务，举办国有企业党的建设、国有企业兼并重组与混合所有制改革等一系列专题培训班。各地区各部门着力加强培训机构、师资、课程教材等基础建设，干部教育培训资源不断整合优化。

三是干部教育培训方式新变化。坚持开门开放办学，普遍形成了“党校（行政学院、干部学院）＋高校基地＋现场教学基地”一主多元的办学格局，积极运用大数据、“互联网＋”技术手段建立了中国干部网络学院等一大批网络培训平台，促进了优质培训资源互联互通、共建共享。坚持政治合格的首要标准，着力打造一支专兼结合的高素质师资队伍。实施骨干教师培训计划，组织开展讲课比赛和精品课评选，为青年教师搭建成长平台。推进领导干部上讲台，一大批实践经验丰富、理论水平较高的专家学者、先进模范人物等成为干部教育培训兼职教师。组织开展习近平总书记系列重要讲话精神课程体系建设课题研究。编写出版全国干部学习培训教材，习近平总书记亲自作序。开展全国干部教育培训好课程、好教材推荐工作。推动优质培训资源向欠发达地区和基层倾斜。坚持在国家级干部教育培训机构为西藏、新疆、宁夏、青海、云南、贵州和东北地区举办专题班次。每年组织开展送教下基层活动，把优质培训资源送到最需要的地方。

四是干部培训组织管理新变化。落实全面从严治党要求，中组部制定印发《关于在干部教育培训中进一步加强学员管理的规定》，针对干部教育培训中存在的公款宴请、秘书陪读、“小圈子”等不正之风，提出了 9 条具体规定并抓好落实。深入各级干部教育培训机构开展学风督查，严肃处理了一批违反培训纪律规定的问题。开展领导干部参加高收费社会化培训专项清理整顿，要求参加 EMBA 项目的干部退学，高收费项目停办。伴随着全面从严治党向纵深发展，干部教育培训学风正不断焕发新气象。

本章小结

本章主要介绍了公共部门教育培训与开发的内涵、类型和意义，论述了其程序与方法，并阐释了国内外公共部门教育培训与开发实践。公共部门教育培训与开发是为了达成组织的战略目标，有计划地通过各种项目改进员工的胜任素质，进而提升员工绩效和组织绩效的一种连续性的活动。公共部门必须遵循一定的原则，按照一定的程序和方法来开展教育培训与开发。西方主要国家公共部门教育培训与开发各有千秋。我国公共部门教育培训与开发工作硕果累累，但同时也存在一些问题，应该采取相应措施加以解决。

关键术语

教育培训与开发　岗前培训　在职培训　脱产培训　导师制　实习培训

讲授法　案例研究法　情境模拟法　角色扮演法　素质拓展训练　视听训练法　网络培训法　团队培训　挂职锻炼　战略性培训　培训需求分析

复习思考题

1. 公共部门教育培训与开发的含义是什么？它有哪些类型？
2. 公共部门教育培训与开发的意义是什么？
3. 公共部门教育培训与开发包括哪些程序？每个程序应该完成哪些任务？
4. 公共部门教育培训与开发常用的方法有哪些？各有什么优缺点？
5. 简述西方主要国家的公务员培训制度。
6. 简述我国公务员培训存在的问题及对策。
7. 简述新时代干部教育培养工作的创新性成果。

第9章

公共部门绩效管理

公共部门绩效管理作为公共管理过程中的一项重要举措，是包含绩效计划、绩效监控、绩效评价和绩效反馈四个环节的系统活动，对于提升公共部门绩效管理水平和实现公共部门发展目标具有重要意义。本章将从阐述公共部门绩效管理的基本概念和系统模型出发，分析公共部门绩效管理的四个主要环节，详细阐述目标管理、关键绩效指标和平衡计分卡等常用的绩效管理工具，并对国内外的公共部门绩效管理实践进行归纳总结。

重点问题

- 公共部门绩效管理的内涵
- 公共部门绩效管理系统模型
- 公共部门绩效管理流程
- 公共部门绩效管理工具
- 国内外公共部门绩效管理实践

9.1 公共部门绩效管理概述

9.1.1 公共部门绩效管理的内涵

1. 绩效与公共部门绩效

从一般的意义上看，绩效（performance）是指活动的结果和效率水平。对应于英文的 performance，中文词语除了“绩效”，相近的还有“业绩”“实绩”“效绩”等概念。

不过，这几个概念基本都是强调行为活动的结果，而忽视了行为活动的过程，因此意思表达不够完整或准确。而“绩效”这个概念不仅强调了工作活动的结果，也体现了导致结果的工作活动过程，因此得到了人们的普遍接受。绩效是指组织及个人的履职表现和工作任务完成情况，是组织期望的为实现其目标而展现在组织不同层面上的工作行为及其结果，它是组织的使命、核心价值观、愿景及战略的重要表现形式。根据被衡量行为主体的层次性，绩效可划分为组织绩效、群体绩效和个人绩效。

公共部门绩效的内涵非常复杂，涉及经济、政治和社会的方方面面。对公共部门绩效内涵的界定，比较具有代表性的观点主要有三类：一是“产出观”，将公共部门绩效界定为公共部门在管理过程中所取得的成绩；二是“能力观”，将公共部门绩效界定为公共管理能力；三是“综合观”，从综合性的视角界定公共部门绩效的内涵。本书认为公共部门绩效是指公共部门的履职表现和工作任务的完成情况，是公共部门依据其使命、核心价值观、愿景及战略，在履行公共管理职能和提供社会公共服务过程中展现在组织不同层面上的行为及其结果。

纵观公共部门绩效管理的相关研究和具体实践，从不同的角度对公共部门绩效的内涵进行归纳和划分的依据主要有管理层级、职能、组织界限、价值标准和运作流程等五个方面：第一，根据公共部门的管理层级，可分为组织绩效、部门和项目绩效以及员工绩效；第二，根据公共部门的职能，可分为经济绩效、政治绩效和社会绩效；第三，根据公共部门内外部的组织界限，可分为外部职能绩效和内部运营绩效；第四，根据公共管理的价值标准，可分为经济、效率和效果；第五，根据运作流程，可分为投入、过程、产出和结果。

2. 公共部门绩效管理

公共部门绩效管理是指公共部门及其管理者在本组织的使命、核心价值观的指引下，为达成其愿景和战略目标而进行的绩效计划、绩效监控、绩效评价以及绩效反馈的循环过程，其目的是确保公共部门组织成员的工作行为和工作结果与组织期望的目标保持一致，通过持续提升个人、部门以及组织的绩效水平，最终实现公共部门的战略目标。

公共部门绩效管理不同于企业绩效管理。第一，价值取向不同。企业绩效管理的价值取向就是追求自身利润的最大化，而公共部门绩效管理必须把公众的利益、国家的利益放在首位。第二，动力不同。企业绩效管理的动力更多地来源于自身对于利润的渴求，但公共部门绩效管理始终把公共责任放在第一位，努力满足公众需要和实现公共利益。第三，目标不同。企业的趋利性决定了企业绩效管理的目标几乎都是围绕经济效益进行设定的。而公共部门的价值取向和职责特点决定了其绩效管理目标具有多元性和多重性，既要关注经济绩效，又要重视政治绩效和社会绩效等。

公共部门绩效管理作为公共管理过程中的一项重要举措，是在社会政治经济发展以及新公共管理运动的推动下所采取的一种社会治理方式。它具有十分重要的意义，不仅有助于贯彻落实科学发展观和树立正确的政绩观，深化行政管理体制改革，提高政府公信力和建设人民满意政府，还有助于科学衡量和有效改善公共部门绩效。

9.1.2 公共部门绩效管理系统模型

公共部门绩效管理系统是公共部门基于其使命、核心价值观、愿景和战略建立的一个由绩效计划、绩效监控、绩效评价和绩效反馈四个环节共同组成的循环系统。同时，评价内容、评价主体、评价周期、评价方法以及结果应用五项关键决策始终贯穿于四个环节之中，对公共部门绩效管理的实施效果起决定性的作用，以促进公共部门绩效管理的战略目的、管理目的和开发目的的全面实现（见图 9-1）。

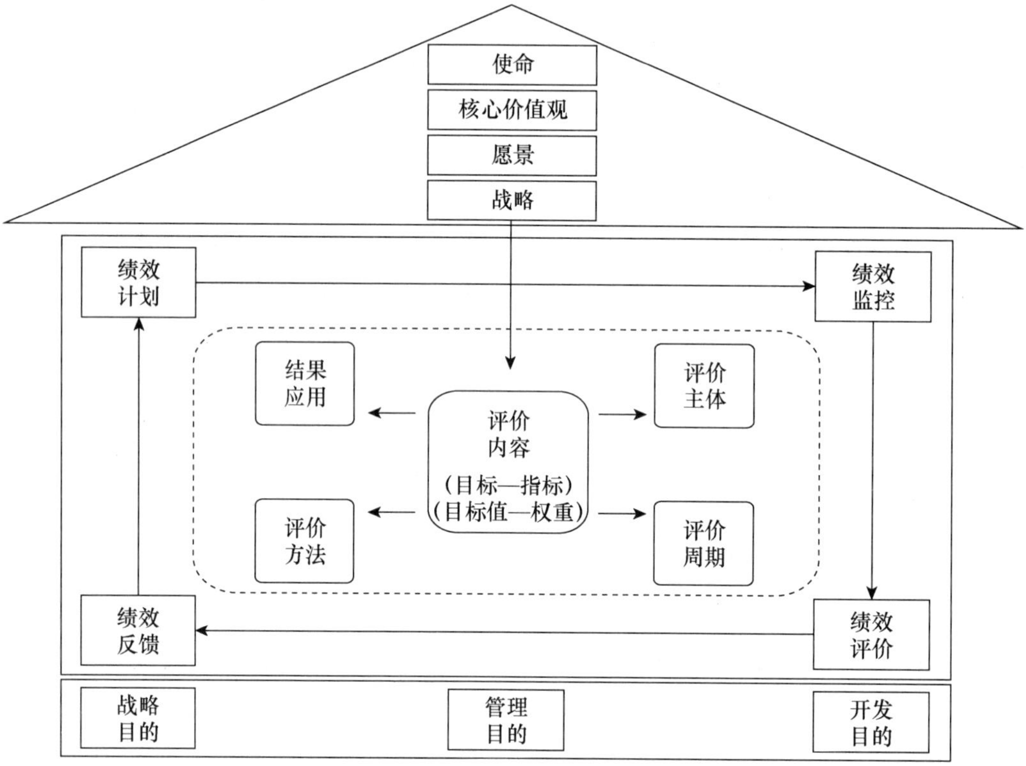

图 9-1 公共部门绩效管理系统模型

1. 公共部门绩效管理的三个目的

公共部门绩效管理的“三个目的”是检验政府绩效管理系统设计和实施有效性的三个方面。公共部门绩效管理活动都是围绕绩效管理的目的展开的，偏离了目的，公共部门绩效管理就失去了存在的价值和意义。

（1）战略目的。公共部门绩效管理系统必须与公共部门战略目标密切联系才具有实际意义。因此，推行绩效管理，公共部门应首先明晰战略规划和部署，通过战略目标的承接与分解，将战略目标逐层落实到各级部门及其员工身上，并在此基础上制定相应的绩效评价指标体系，设计相应的绩效评价和反馈系统，促使员工的努力与公共部门整体战略保持高度一致，促使公共部门战略目标顺利实现。

（2）管理目的。公共部门绩效管理的管理目的主要是通过评价员工的绩效表现并给予相应的奖惩，以激励和引导每位员工不断提高自身的工作绩效，从而最大限度地实现组织战略目标。

（3）开发目的。公共部门绩效管理的开发目的主要是管理者通过绩效管理过程来发现员工存在的不足，以便对其进行有针对性的培训或轮岗锻炼，从而使下属能够更加有效地完成工作。

2. 公共部门绩效管理的四个环节

为了确保管理的有效性，公共部门应该按照绩效计划、绩效监控、绩效评价和绩效反馈四个环节来展开绩效管理。

（1）绩效计划。绩效计划作为公共部门绩效管理系统闭环中的第一个环节，是指在新的绩效周期开始时，公共部门的管理者依据组织的战略规划和年度工作计划，通过与下属进行绩效计划面谈，共同确定组织、部门以及个人的工作任务，并签订绩效目标协议的过程。它是整个绩效管理过程的起点，也是化战略为行动的关键环节。

（2）绩效监控。绩效监控是整个绩效周期中历时最长的环节。它是指在绩效计划实施过程中，公共部门的管理者与下属通过持续的绩效沟通，采取有效的监控方式对下属的行为及绩效目标的实施情况进行监控，并提供必要的工作指导与工作支持的过程。其目的是确保公共部门组织、部门以及个人绩效目标的达成。

（3）绩效评价。绩效评价是相关评价主体依据公共部门既定的使命和目标，遵循一定的程序，综合运用多种评价方法和技术，对一定时期内公共部门的管理和服务情况进行评定和判断的过程，其最终目标是通过评价来提高公共部门的效率和效果，促使公共部门绩效的持续改进。绩效评价作为公共部门绩效管理过程中的核心环节，也是技术性最强的一个环节，需要管理者对其给予特别的关注。

（4）绩效反馈。绩效反馈是指在绩效评价结束后，公共部门的管理者与下属通过绩效反馈面谈，将评价结果反馈给下属，并共同分析绩效不佳的方面及原因，制定绩效改进计划的过程。

3. 公共部门绩效管理的五项关键决策

使命、核心价值观、愿景和战略共同决定了公共部门绩效评价内容的选择，而评价内容又是决定评价主体、评价周期、评价方法、结果应用的核心和关键。为了落实公共部门的使命、核心价值观、愿景和战略，最终达成绩效管理的三个目的，公共部门绩效管理必须把握好五项关键决策。

（1）评价内容。评价内容即“评价什么”，是指如何确定绩效评价的指标、权重及目标值。为了确保组织战略目标的实现，公共部门需要在绩效管理过程中，将组织的战略目标转化为可以衡量的绩效评价指标，从而将组织战略目标的实现具体落实到各个部门和每位员工身上。

（2）评价主体。评价主体即“谁来评价”，是指对评价对象做出评价的组织、部门及个人。通常来说，评价主体可分为内部评价主体和外部评价主体。内部评价主体包括上级、同级、下级；外部评价主体包括立法机关、审计机关、社会公众、大众传媒、专业评估机构等利益相关者。应该根据所要衡量的绩效目标以及具体的评价指标来选择评价主体。

（3）评价周期。评价周期所要回答的问题是“多长时间评价一次”。选择绩效评价周期时不宜一概而论、一刀切，应该根据管理的实际情况和工作的需要，综合考虑各种相关影响因素而定。

（4）评价方法。评价方法就是判断公共部门及员工工作绩效时所使用的具体方法。通常来说，评价方法可以划分为两大类：相对比较和绝对比较。每类又细分为若干具体的评价方法。评价方法并无绝对优劣之分，总的原则是根据所要评价的指标特点选择合适的评价方法。

（5）结果应用。公共部门绩效评价结果能否被有效利用，关系到整个绩效管理系统的成败。如果绩效评价结果没有得到相应的应用，就会产生绩效管理“空转”现象，评与不评一个样，评好评差一个样，绩效管理就会失去应有的作用。

从以上内容可以看出，一个有效的公共部门绩效管理系统应该将每位成员的工作活动与组织的整体战略联系在一起，为各级管理者决策提供有效信息，并向员工提供及时、准确的绩效反馈，从而实现公共部门绩效管理的战略目的、管理目的和开发目的。

9.2 公共部门绩效管理流程

9.2.1 公共部门绩效计划

1. 公共部门绩效计划的内涵

公共部门绩效计划是指在新的绩效周期开始时，公共部门的管理者依据组织的战略规划和年度工作计划，通过与下属进行绩效计划面谈，共同确定组织、部门以及个人的工作任务，并签订绩效目标协议的过程。绩效计划是公共部门绩效管理过程中的首要环节，在公共部门绩效管理体系中具有不可忽视的重要作用。

2. 公共部门绩效计划的步骤

公共部门绩效计划的制订包括以下步骤：

（1）准备阶段。

在新的绩效周期开始之前，需要由上级主管领导及绩效管理机构的相关成员组成一个绩效管理委员会，对组织的整体战略和具体目标进行讨论和规划。在公共部门绩效计划的准备阶段，主要工作包括分析组织的优势、劣势、机会、威胁，明确组织的使命、核心价值观、愿景和战略等。

（2）沟通阶段。

在此阶段中，绩效计划会议是最主要的沟通方式。召开这种会议首先要注意创造一个良好的环境和气氛，尽可能减少环境和气氛所带来的压力，同时减少来自外界的干扰，并要注意避免任何可能的中断。双方进行公共部门绩效计划沟通时的一个重要原则就是多问、少讲，采用引导的方法让评价对象为自己设立目标，而不是告诉他要做什么。

（3）制订阶段。

为了使绩效计划真正发挥作用，还需要对绩效计划进行审查和检验，确定以下内容是否达成：第一，每位员工的绩效目标都与组织的使命、核心价值观、愿景、战略和整体目标紧密相连，并且每位成员需要清楚地知道自己的绩效目标与整体目标之间的关系；

第二，绩效评价指标体系能够切实反映绩效管理周期内各部门及其成员的工作职责和职位要求，且没有缺失或溢出的情况；第三，评价双方都十分清楚在完成工作目标的过程中可能遇到的困难和障碍，并且明确相关单位及其人员所能提供的支持和帮助；第四，形成了一个经过双方协商讨论的绩效协议，该协议包括具体的绩效目标、绩效评价指标、绩效评价标准及权重，并且主管人员和评价对象双方都要在该协议上签字。

3. 公共部门绩效目标的确定

（1）公共部门绩效目标的内涵。

在公共部门绩效计划制订的过程中，设定绩效目标是最为重要的内容，绩效目标设置的好坏直接影响绩效管理的各个环节。公共部门绩效目标是指上级与下级在公共部门的使命和核心价值观的指引下，对愿景和战略进行分解和细化，具体体现为绩效主体在绩效周期内需要完成的各项工作。目前对公共部门绩效目标的理解主要有两种：一种是将公共部门绩效目标理解为“绩效指标加上目标值”，比如“中心城绿色出行比例达到75%”和“城镇登记失业率低于4%”等；另一种则是将绩效目标理解为绩效的行为对象，具体表现为一个动宾词组，比如“促进基本公共服务均等化”和“保障食品药品安全”等。

（2）公共部门绩效目标的制定原则。

在制定绩效目标时应遵循以下五条原则，通常我们将其简称为SMART原则：1）绩效目标应该是明确具体的（specific）。绩效目标应该尽可能明细化和具体化。例如，“尽可能使群众满意”这样的目标就不如“群众满意度达到80%”这样的目标明确具体。2）绩效目标应该是可衡量的（measurable）。所谓可衡量，就是可以将员工的实际绩效表现与绩效目标相比较，即绩效目标应该提供一种可供比较的标准和目标值。3）绩效目标应该是有行为导向的（action-oriented）。绩效目标不应该仅仅是一个能够衡量的最终结果，还应该包含对各个部门及其成员在实现绩效目标过程中行为的约束和引导。4）绩效目标应该是切实可行的（realistic）。政府绩效目标既不能过高也不能过低，应该刚好反映组织的绩效期望，又能够使各个部门及成员通过努力而达成。5）绩效目标应该是受时间和资源限制的（time and resource constrained）。绩效目标应带有时限要求和资源限制，比如“在A时间内，投入不超过10 000元使S指标增长30%”，而不是“在A时间内，在合理投入的情况下使S指标增长30%”。这种时间和资源限制实际上是对目标实现方式的一种引导。

值得注意的是，公共部门绩效计划的制订还需要注意以下几点：一是应该以客观事实为基础；二是让评价对象参与到政府绩效目标的设计过程中；三是在实践中不断完善绩效目标。

4. 公共部门绩效指标体系的设计

（1）公共部门绩效指标的内涵。

指标（indicator）是指衡量目标的单位或方法，是目标预期达到的指数、规格、标准。公共部门绩效指标是用来衡量公共部门绩效目标达成的标尺，即通过对公共部门绩效指标的具体评价来衡量公共部门绩效目标的实现程度。由于公共部门绩效指标是直接面向绩效评价，因此公共部门绩效指标也叫公共部门绩效评价指标或公共部门绩效考核指标。

（2）公共部门绩效指标体系设计的主要思路。

20 世纪 80 年代以来，随着政府组织战略思维的逐渐兴起及对科学化绩效管理的迫切需求，战略性绩效管理进入了政府组织的视野，并在管理实践和理论研究方面取得了迅速发展，逐渐成为帮助政府组织落实组织战略、强化绩效管理的有效途径。以战略管理导向为视角成为设计绩效评价指标的主流。

美国行政学会（American Society for Public Administration，ASPA）的绩效和责任中心（Center for Accountability and Performance，CAP）通过五年的研究探索，于 2000 年开发出了一个战略管理模型（见图 9－2）。这一模型的特点主要包括以下几个方面：一是系统性强，层次清晰，有较强的可操作性。由环境分析、明晰使命和愿景、设置目标体系、制定整合各种资源的行动方案、评价和测量结果、实施跟踪和监控这一逐级递进的过程所组成。二是这一模型的目的在于建立“以结果为导向”的公共服务提供体系。三是该模型强调绩效测量的目的在于落实责任和持续改进。四是这一模型可以整合并且提高组织各层面以及各领域的绩效水平，并使其保持相互之间的协调一致。每个部门和人员都可以通过这一框架提供的逻辑思路，清楚地了解自己未来工作的路线图：我们现在身处什么位置？我们将要到哪里？我们如何才能到达那里？为了到达那里，我们如何测定我们的进程？我们如何和何时能判断自己是否达到目标？在所有的管理模型中，对核心概念的界定是非常重要的一步。在 CAP 的战略管理模型中，核心概念包括：使命、愿景、目的、目标、产出和结果等。

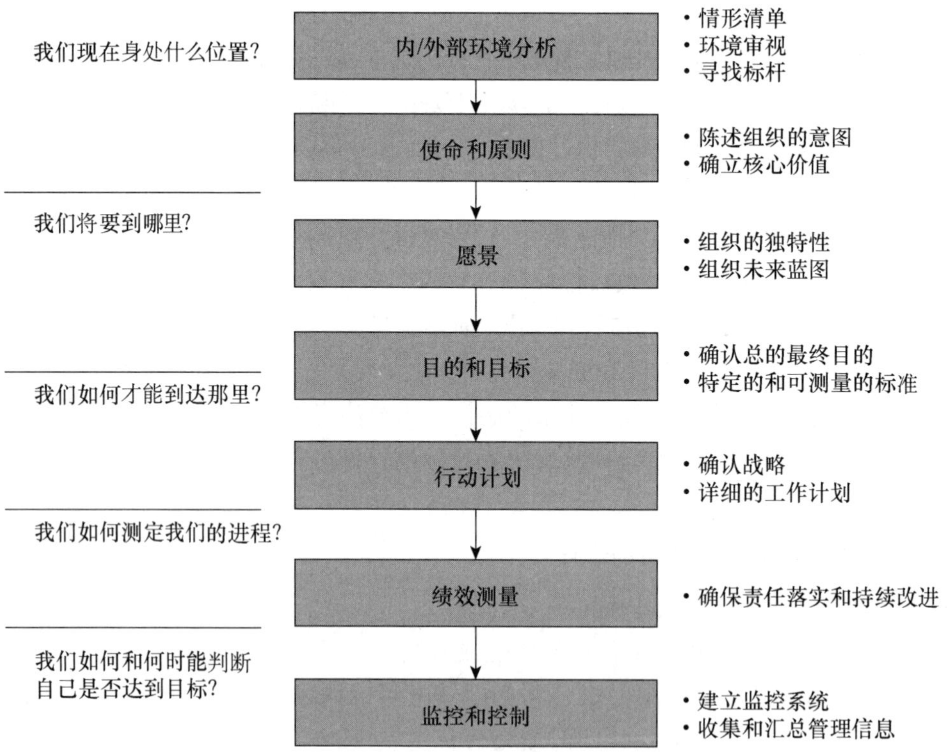

图 9－2　融入目的、目标和绩效测量的战略管理模型

资料来源：CAP. Performance measurement：concepts and techniques. Washington D. C.：ASPA，2000.

随着目标管理、关键绩效指标、平衡计分卡等绩效管理工具在企业组织中应用的日趋成熟，公共部门也开始逐步引进和导入先进的绩效管理工具来探索和构建有效的政府绩效评价指标体系，以确保政府组织使命、核心价值观、愿景和战略的全面落地。美国在尼克松政府时期曾举国推行目标管理，而源于目标管理思想的“目标责任制”也是我国最早应用于政府组织绩效管理实践的探索之一。关键绩效指标近些年在政府组织中的应用也日渐广泛，很多关于政府绩效评价指标体系设计的研究都借鉴了关键绩效指标的思想。平衡计分卡更是凭借其理念的先进性和设计的科学性，迅速被很多政府组织所关注，美国、英国、韩国以及日本等一些国家的政府组织和部门都引进并实施了平衡计分卡，我国的一些政府部门也于近些年开始了平衡计分卡的应用探索。

9.2.2　公共部门绩效监控

1. 公共部门绩效监控的主体

公共部门绩效监控是指在绩效计划实施过程中，公共部门的管理者与下属通过持续的绩效沟通，采取有效的监控方式对下属的行为及绩效目标的实施情况进行监控，并提供必要的工作指导与工作支持的过程。其目的是确保公共部门组织、部门以及员工个人绩效目标的达成。在政府组织中，绩效监控可以分为对组织和部门的绩效监控以及对公务员的绩效监控。组织和部门层面的政府绩效监控，从监控主体上可以分为外部绩效监控和内部绩效监控。外部政府绩效监控主体可以分为社会公众、中介机构以及大众传媒等；在实际的政府绩效监控实践中，政府内部绩效监控主体主要为上级主管部门、政府机关内设的监察部门和效能办（机关效能建设领导小组）等。公务员的绩效监控主体主要为政府组织内部的监察部门、效能办等政府绩效监控机构以及公务员个体的直接上级领导。其中，最为直接和有效的政府绩效监控主体无疑是上级领导。

2. 公共部门绩效沟通

（1）公共部门绩效沟通的内涵与类型。

公共部门绩效沟通贯穿于绩效管理的全过程，它是指将绩效信息传递给相关信息接收方（公共部门、各职能部门、员工、社会公众、中介机构和大众传媒等），使得绩效信息能够得以传达、理解和回应的过程（见图9-3）。根据公共部门绩效沟通的对象不同，可以将绩效沟通分为内部沟通和外部沟通。内部沟通是指在绩效管理过程中，公共部门内部即上下级之间与成员之间就相关绩效信息进行的沟通；外部沟通是指公共部门作为一个组织整体与社会各界之间就相关绩效信息进行的沟通互动活动。根据绩效沟通的方向，公共部门绩效沟通可以分为横向沟通和纵向沟通。横向沟通主要是指组织之间、部门之间、员工之间为了达成既定的绩效目标所进行的沟通协调的过程，同时还包括公共部门与社会公众、中介机构、大众传媒之间关于公共部门绩效信息的传递和理解过程；纵向沟通主要是指组织内部上级与下级之间就绩效相关信息所进行的沟通过程。

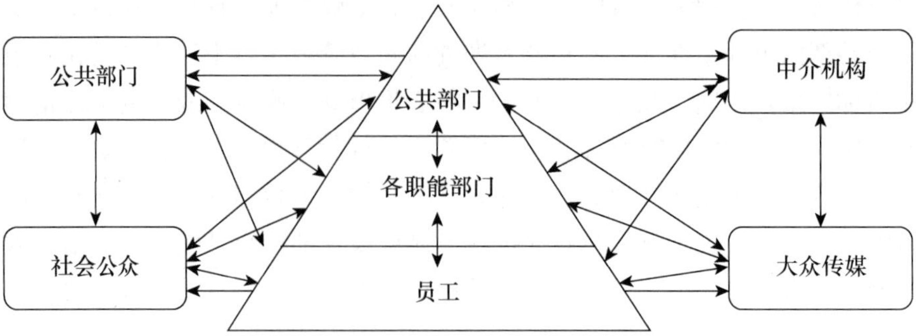

图 9-3 公共部门绩效沟通示意图

（2）公共部门绩效沟通的方式与技巧。

公共部门绩效沟通方式分为正式沟通与非正式沟通。正式沟通是指在组织或部门内部，依据一定的组织原则所进行的信息传递与交流，包括正式的书面报告、定期会面（上级与下属之间一对一的面谈和正式会议）、电子邮件沟通等方式。非正式沟通没有固定的模式，是正式沟通渠道以外的信息交流和传递，它不受组织的监督，不需要按照正规的组织程序、隶属关系和等级层次来进行沟通，其形式主要有走动式管理、开放式办公、各种聚会、工作间歇的沟通以及非正式会议等。

公共部门绩效沟通应该实施建设性沟通，即站在对方立场上思考问题，换位思考，以找到最佳的沟通方式。学会倾听是成功管理者的基本素质。建设性沟通中要采用积极的倾听技巧。建设性沟通应该遵循以下几个原则：一是完全性原则，即沟通中双方都提供了全部的必要信息；二是对称性原则，即提供的信息对沟通双方来说应该是准确、对称的；三是对事不对人原则，即沟通双方针对问题本身提出看法，充分维护他人的尊严，不轻易对人下结论；四是责任导向原则，即在沟通中引导对方承担责任；五是事实导向原则，即沟通中以描述事实为主要内容。

9.2.3 公共部门绩效评价

1. 公共部门绩效评价的内涵

公共部门绩效评价是指相关评价主体依据公共部门既定的使命和目标，遵循一定的程序，综合运用多种评价方法和技术，对一定时期内公共部门的管理和服务情况进行评定和判断的过程，其最终目标是通过评价来提高公共部门的效率和效果，促使公共部门绩效持续改进。

对于公共部门绩效评价，根据不同的划分原则有不同的划分方式。根据评价主体的特征可以将公共部门绩效评价划分为内部评价和外部评价，根据评价指标的属性可以将公共部门绩效评价划分为定性评价和定量评价，根据对象可以将公共部门绩效评价划分为组织和部门绩效评价、公共政策评价、项目绩效评价以及公务员个人绩效评价等类型。

2. 公共部门绩效评价主体

公共部门绩效评价主体是公共部门绩效评价的核心要素。绩效评价主体选择的合理与否，在很大程度上影响着公共部门绩效评价的结果和效果。由于公共部门绩效具有复杂性和宽泛性的特点，任何一个单独的评价主体都无法对公共部门绩效进行全面准确的判断，绩效评价主体多元化成为保证公共部门绩效评价的准确性、客观性和公平性的迫切要求。公共部门绩效评价主体是对公共部门绩效进行价值判断的组织、部门和个体。公共部门绩效评价主体类型及结构关系如图 9－4 所示。

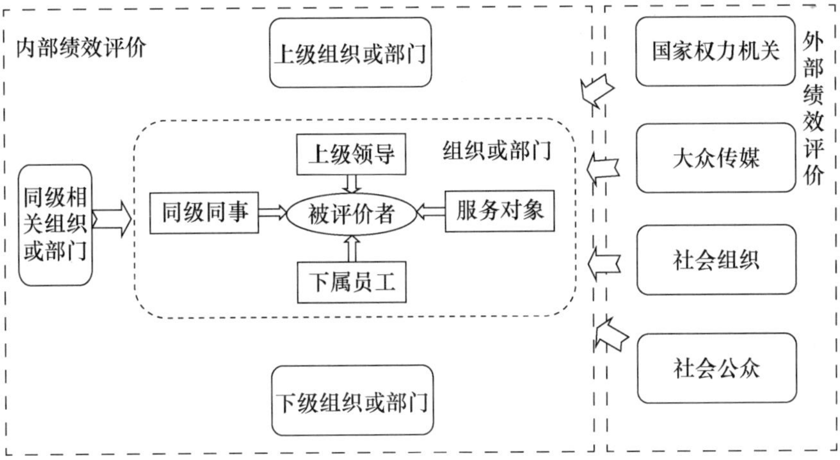

图 9－4　公共部门绩效评价主体类型及结构关系图

对于员工个体绩效而言，内部绩效评价主体分为上级领导、下属员工、同级同事、服务对象以及被评价者，外部绩效评价主体分为国家权力机关、大众传媒、社会组织以及社会公众；对于组织或部门绩效而言，内部绩效评价主体分为上级组织或部门、同级相关组织或部门、下级组织或部门以及组织或部门自身自我评价，外部绩效评价主体分为国家权力机关、大众传媒、社会组织以及社会公众。

3. 公共部门绩效评价方法

评价方法的分类与评价标准的分类密切相关。一般来说，评价标准可以分为两类：其一是绝对标准；其二是相对标准。与此相对应，我们可以将评价方法分为绝对评价和相对评价。

绝对评价是根据统一的标准尺度衡量相同职位的人，也就是将个人的工作情况与客观工作标准相比较，通常使用量表法来进行评价。

相对评价，又称比较法，不是事先统一制定评价标准，而是通过在部门或团队内对人员进行相互比较做出评价。

此外，还有一种比较特殊的评价方法，即描述法，又称事实记录法、叙述法、鉴定法等，就是指评价者用描述性的文字对评价对象的能力、态度、业绩、优缺点、发展的可能性、需要加以指导的事项和关键事件等做出评价，由此得到对评价对象的综合评价。通常来说，将这种方法作为其他评价方法的辅助方法，主要用于观察并记录评价所需的事实依据，以避免近因效应、溢出效应等评价误差的发生，并为绩效反馈提供必要的事实依据。

绩效评价方法的分类如表 9－1 所示。

表 9-1 绩效评价方法分类

比较法（相对评价）	排序法
	配对比较法
	人物比较法
量表法（绝对评价）	图尺度量表法
	等级择一法
	行为锚定量表法
	混合标准量表法
	综合尺度量表法
	行为对照表法
	行为观察量表法
描述法	态度记录法
	工作业绩记录法
	指导记录法
	关键事件法

（1）相对评价——比较法。

比较法（comparison method）就是对评价对象进行相互比较，以决定其工作绩效的相对水平。常见的比较法主要有以下三种：排序法、配对比较法和人物比较法。

1）排序法。

排序法（ranking method）就是根据评价对象的绩效水平按照一定的顺序进行排列，最终得出每一个评价对象相对等级和名次的评价方法。排序法是使用得比较早的一种方法，它易于设计和使用，实施成本较低，而且能够有效地避免宽大化倾向、中心化倾向以及严格化倾向，但是其评价依据不是客观的标准，无法通过绩效评价这一过程对评价对象的行为进行明确的引导，而且在评价过程中的主观性和随意性较强，容易发生晕轮效应。因此，在绩效评价实践中，不能单纯凭借排序法得出的评价结果作为各种人事及管理决策的依据。具体而言，排序法主要分为直接排序法和交替排序法两种类型。

第一，直接排序法。直接排序法是最简单的排序法。评价主体经过通盘考虑后，以自己对评价对象工作绩效的整体印象为依据，将所有被评价对象从绩效最高者到绩效最低者进行排序。表 9-2 是直接排序法的一个简单例子。

表 9-2 直接排序法示例

顺序	等级	评价对象
1	最好	A
2	较好	B
3	一般	C
4	较差	D
5	最差	E

第二，交替排序法。交替排序法与直接排序法类似，也是根据评价标准将评价对象从绩效最好的到绩效最差的进行排序，但是具体的操作方法与直接排序法略有不同。交替排序法需要评价主体先将所有评价对象的名单列出，去除不熟悉的评价对象；然后从余下的评价对象中选出绩效最好和绩效最差的评价对象，继而在剩下的评价对象中选出绩效最好的和绩效最差的评价对象，依此类推，直至将全部评价对象的顺序排定。表 9－3 是使用交替排序法进行评价时所使用的评价表格。

表 9－3　交替排序法示例

顺序	等级	评价对象
1	最好	C
2	较好	B
3	一般	E
3	差	D
2	较差	A
1	最差	F

2）配对比较法。

配对比较法（paired comparison method）亦称为平行比较法，是由排序法衍生出来的一种评价方法。配对比较法的操作程序是：评价主体按照所有的评价要素将每一个评价对象与其他评价对象一一进行比较，最后将各评价对象的得分相加，根据最终的得分排出评价对象的名次。举例来说，假定要对五个评价对象进行绩效评价。在运用配对比较法时，首先需设计出如表 9－4 所示的表格，在其中标明需要评价的对象。需要注意的是，当评价内容不是针对整体工作绩效而是特定的评价要素时，还要注明所要评价的要素。表中“0”表示两者绩效水平一致，“＋”表示横向上的评价对象比纵向上的评价对象绩效水平高，“－”的含义与“＋”的含义相反。统计每一个评价对象得到的“＋”的数量，得到的“＋”越多，绩效得分就越高。从表 9－4 中的例子可以看出 B 共得到了 4 个“＋”，绩效得分最高。A 和 C 的情况相同，共得到 2 个“＋”，处于中等水平。而 D 和 E 都是只得到 1 个“＋”，处于差的等级上。

表 9－4　配对比较法示例

评价对象	A	B	C	D	E
A	0	＋	＋	－	－
B	－	0	－	－	－
C	－	＋	0	＋	－
D	＋	＋	－	0	＋
E	＋	＋	＋	－	0
对比结果	2＋	4＋	2＋	1＋	1＋
	中	最好	中	差	差

3）人物比较法。

人物比较法亦称为标准人物比较法，是一种特殊的比较法。这种方法的评价标准与前两种比较法不同：前两种比较法都是人与人之间相互比较，而这种比较法则是所有的人与某一个特定的“标准人物”进行比较，在一定程度上能够使评价的依据更客观。

人物比较法的实施方法是：在评价之前，先选出一位成员，以他的各方面表现为标准，将其他人与之相比较，从而得出评价的结果。人物比较法可以使用如表9－5所示的表格。

表9－5　人物比较法示例

评价项目：业务知识　　　　　　　　　　　　标准人物：孙______

被评价人姓名	A 非常优秀	B 比较优秀	C 相同	D 比较差	E 非常差
赵______					
钱______					
李______					
王______					

人物比较法能够有效地避免宽大化倾向、中心化倾向以及严格化倾向，该方法设计和使用比较容易，成本很低，比其他方法更能提高成员的工作积极性。同时，它也存在一些难以克服的问题：标准人物的挑选困难，无法与组织的战略目标相联系，很难发现问题存在的领域，不便于提供反馈和指导，容易发生晕轮效应和武断的评价。

（2）绝对评价——量表法。

量表法（scaling method）就是将一定的分数或比重分配到各个评价指标上，使每项评价指标都有一个权重，然后由评价者根据评价对象在各个评价指标上的表现情况，对照标准对评价对象做出判断并打分，最后汇总计算出总分，得到最终的评价结果。常见的量表法包括图尺度量表法、等级择一法、行为锚定量表法、混合标准量表法、综合尺度量表法等。在这里我们主要对图尺度量表法、等级择一法、行为锚定量表法和综合尺度量表法进行介绍。

1）图尺度量表法。

图尺度量表法（graphic rating scale method）是最简单且应用最广泛的评价方法之一，它在图尺度的基础上使用非定义式的评价。表9－6是典型的图尺度量表。该表列举了一些评价要素，规定了从s（极优）到d（差）的等级标志，对每个等级标志都进行了说明并规定了不同的得分。另外，不同的评价指标被赋予了不同的权重。评价者在熟悉评价量表及各个评价要素的含义后，根据标准结合下属的日常表现给出每一个评价要素的得分。另外，图表中还留有空白供评价者填写评价结果和一般说明。

表 9-6 图尺度量表法样表

评价要素	评价尺度	权重	得分	事实依据及评语
专业知识：经验以及工作中的信息知识	30 24 18 12 6 s a√ b c d	30%	a	（略）
计划能力：对要完成工作的有效设计	15 12 9 6 3 s a b√ c d	15%	b	（略）
沟通能力：以书面和口头方式清晰、明确地表达思想、观念或者事实的能力	10 8 6 4 2 s a√ b c d	10%	a	（略）
……	……	……	……	……
s：极优 a：优 b：良 c：中 d：差	最终得分：62 分 最终档次：s a b√ c d	档次划分		s：80 分以上 a：65～79 分 b：49～64 分 c：33～48 分 d：16～32 分

2）等级择一法。

等级择一法的原理与图尺度量表法完全相同，只是在规定评价尺度时没有使用图示，而是采用了一些有等级含义的短语来表示，如表 9-7 所示。

表 9-7 等级择一法样表

评价对象： 部门： 评价者： 评价日期：

评价指标	评价尺度				
	优秀	良好	满意	尚可	不满意
专业知识	5	4	3	2	1
沟通能力	5	4	3	2	1
判断能力	5	4	3	2	1
管理技能	5	4	3	2	1
工作质量	5	4	3	2	1
团队合作能力	5	4	3	2	1
人际关系能力	5	4	3	2	1
主动性	5	4	3	2	1
创造性	5	4	3	2	1
解决问题能力	5	4	3	2	1

3）行为锚定量表法。

行为锚定量表法（behaviorally anchored rating scale method）是由美国学者帕特里夏·凯恩·史密斯（Patricia Cain Smith）和洛恩·肯德尔（Lorne Kendall）于 1963 年

在美国全国护士联合会的资助下研究提出的。它由传统的绩效评定表演变而来，是图尺度量表法与关键事件法的结合，是行为导向型量表法的典型代表。在这种评价方法中，每一个水平的绩效均用某一标准行为来加以界定，这种方法克服了其他评价方法的弱点。行为锚定量表法示例如表 9－8 所示。

表 9－8 行为锚定量表法：对宿舍管理员的评价

姓名： 工作部门： 评价者： 评价日期：

评价指标：关心学生		
指标定义：积极结识住宿学生，发现并满足他们的需要		
评价等级	（1）最好	当学生面有难色时上前询问是否有问题需要一起商量
	（2）较好	为住宿学生提供一些关于所修课程的学习方法上的建议
	（3）一般	发现住宿学生时上前打招呼
	（4）较差	友好地对待住宿学生，与他们讨论困难，但随后不能跟踪解决困难
	（5）最差	批评住宿学生不能解决自己遇到的困难
评价结果：		

4）综合尺度量表法。

所谓综合尺度量表法，是将结果导向量表法与行为导向量表法相结合的一种评价方法。在该方法中，评价指标的标度规定采用了行为与结果相结合的方式。这种方式既能够有效地引导个人的行为，又能够对结果进行直接的控制。运用综合尺度量表法最大的困难在于设计与职位相关的指标尺度，因此，使用这种评价方法需要较高的设计成本。表 9－9 是一个用于评价工作态度指标的例子。

表 9－9 综合尺度量表法示例

要素名称：协作性 职位等级：中层管理人员 职位类别：职能管理

要素定义：在工作中能否充分认识本部门在工作流程中所扮演的角色，考虑他人的处境，主动承担责任，协助上级、同事做好工作。

等级	定义	评分
S	正确认识本部门在流程中所扮演的角色，合作性很强，自发主动地配合其他部门的工作，积极地推动组织总体工作的顺利进行	20
A	愿意与其他部门进行合作，在其他部门需要的时候能够尽量配合工作，从而保证组织总体工作的正常进行	16
B	大体上能够按照规定配合其他部门的工作，基本上能够保证组织总体工作的正常进行	12
C	有时候有不配合其他部门工作的现象，存在部门本位主义倾向，从而导致组织的总体工作有时会遇到困难	8
D	根本不与其他部门进行沟通和协调，部门本位主义倾向明显，在工作中经常与其他部门发生冲突，导致组织总体工作陷入僵局	4

（3）描述法。

描述法（essay method）作为各类评价方法必要的补充，被视为一类特殊的评价方法。描述法在设计和使用上比较容易，实用性很强，因而适用于对任何人的单独评价。但是，描述法没有统一的标准，难以对多个评价对象进行客观、公正的比较，而且与评价者的文字写作水平关系较大，因而不适用于评价性评价，而比较适用于发展性评价。根据所记录事实的不同内容，描述法可以分为态度记录法、工作业绩记录法、指导记录法和关键事件法。这里我们选择关键事件法这一代表性的描述法来进行阐释。

所谓关键事件（critical incidents），是指那些会对部门的整体工作绩效产生积极或消极的重大影响的事件。关键事件一般分为有效行为和无效行为。关键事件法要求评价者通过平时观察，及时记录评价对象的各种有效行为和无效行为，是一种最为常见的典型的描述法。

关键事件法的优势体现在反馈绩效的环节中。评价者根据所记录的事实及各类评价标准进行评价，最后把评价结果反馈给评价对象。由于关键事件法是以事实而不是抽象的行为特征为依据的，评价者可以依据所记录的事实对评价对象说："某某先生，在'协作性'上，我给你的评价等级较低，这是因为在过去的3个月中，你至少有3次对同事或上级表现出不协作态度。"这名员工如果觉得事出有因，或误解了上司的意图，或有其他理由为其"不协作"做辩解，就可能在与上级协商和沟通之后达成共识。关键事件法帮助评价者实事求是地进行评价，不容易挫伤评价对象的积极性。因为对评价对象来说，低评价针对的不是他的人格，而是他的工作行为，而且是可以明确指出的特定行为，所以比较容易得到评价对象的认同。更重要的是，通过使用关键事件法，评价者在反馈绩效时能够更清晰地告诉评价对象，要想在下一次获得高评价，应该如何行动。需要着重指出的是，关键事件法往往是对其他评价方法，特别是各种量表法的补充。

（4）各种评价方法的比较和选择。

前面介绍了各种评价方法的具体内容和优缺点。不同的评价方法具有不同的特点，因而适用于不同的组织以及不同的评价对象。表9-10对几种常见的评价方法进行了简单的比较。

表9-10 几种常见评价方法的比较

评价方法	比较的维度			
	成本最小化	员工开发（提供反馈指导）	分配奖金和发展机会	有效性（避免评价错误）
描述法	一般	不确定	差	不确定
排序法	好	差	一般	一般
等级择一法	一般	不确定	差	不确定
行为锚定量表法	一般	好	好	好

从表9-10中可以看到，不同的绩效评价方法各有特点，在评价的有效性、结果的适用性以及使用成本上优劣不一。因此，只有选择合适的绩效评价方法才能在管理的成本和效用上做到有机的结合。一般而言，绩效评价指标是选择政府绩效评价方法的主要依据，需要根据不同类型指标的特性选择相应的政府绩效评价方法，从而形成一个基于指标的政府绩效评价方法组合。

9.2.4 公共部门绩效反馈

1. 公共部门绩效反馈的含义与意义

公共部门绩效反馈是指在绩效评价结束后，公共部门的管理者通过绩效反馈面谈，将评价结果反馈给下属，并与下属共同分析绩效不佳的方面及其原因，制订绩效改进计划的过程。在具体的管理实践中，绩效反馈常常被公共部门所忽视，认为获得绩效评价结果就是绩效管理过程的终结，花精力进行绩效反馈是一件浪费时间的事情。显然，这种想法是不可取的，因为绩效管理的目的不仅仅是获取评价结果，更重要的是实现目标、提升绩效。为了有效达成这一目的，管理者必须帮助下属认识到自己的实际绩效水平及其产生的主客观原因，在共同协商、全面分析之后，使下属了解并认可绩效评价结果，继而明确改进绩效的具体路径。另外，通过绩效反馈，评价对象可以拥有一定的话语权，就自己的实际情况、态度想法以及对绩效结果的质疑与管理人员进行面对面的沟通，避免双方因信息不对称而造成不必要的误会。绩效反馈为评价主体与评价对象之间搭建了一个必要的沟通渠道，是绩效沟通的主要形式，也是一种重要的激励手段。

2. 360 度反馈计划

360 度反馈计划是指帮助一个组织成员（主要是管理人员）从与自己发生工作关系的所有主体（管理者、同事、组织内外部的顾客及其他人）那里获得关于本人绩效信息反馈的过程。相比传统的单一式绩效反馈，360 度反馈计划具有以下优点：

第一，360 度反馈计划强调组织关心人们付出的行动甚于所获取的结果。360 度反馈计划能帮助人们通过各种“软性”的尺度对绩效做出全方位的评价。采用这种形式的反馈，一方面可以避免对“硬性”（量化的）绩效目标的过分依赖，另一方面也避免了只重视评价双方意见的危险做法。

第二，如果 360 度反馈出自熟悉和了解评价对象工作的评价主体，则能够向评价对象提供更为全面和有价值的绩效信息，从而对评价对象的绩效改进起到积极的促进作用。这种绩效反馈方式与只有上级和下属两人介入的反馈方法相比，在全方位、多视角地发现下属的优点和不足方面优势明显。

第三，360 度反馈计划有利于提高下属对绩效反馈信息的认同程度。在传统的反馈方法中，只有上级管理者的反馈，下属有可能对反馈的绩效信息持怀疑的态度，认为它可能带有个人的主观偏见。但是，在 360 度反馈计划中，如果评价对象从上级、同事、下级和服务对象等多个渠道都得到了类似的绩效反馈信息，那么评价对象对该绩效信息的认可程度就会较高，一般不会对其产生怀疑，这对于评价对象深入反思和综合考虑绩效改进的方法和途径十分有利。

当然，这种反馈方式还存在一些缺点。过分地依赖 360 度反馈计划，将会削弱绩效目标的意义，使人们更加习惯于“不是你做了什么，而是你做的方式”的说法。实际上，360 度反馈计划只有与其他反馈方法一起使用时，才能最大限度地发挥作用。另外，360 度反馈计划涉及的信息比单渠道反馈要多得多，这个优点同时也意味着收集和处理信息的成本相对较高。360 度反馈计划最重要的价值在于开发，而不是评价。任何方法的成败都是由人而不是由技术来决定的，从这种方法得到的并不是各方所填写的那些表格，而是通过这些信息所发现的评价对象的优点与不足，以帮助评价对象不断提高和改进绩效。因此，大多数专家认为采用 360 度反馈计划的结论来决定职务升降或薪酬发放是一种冒险的做法，谨慎的做法是将它作为一种为评价对象提供全面的绩效信息的有效方式，而不是据此做出最后管理决策的参考和依据。

3. 公共部门绩效评价结果的应用

在获取最终的绩效评价结果之后，我们还要面临如何应用评价结果的问题。合理应用绩效评价结果是公共部门开展绩效评价工作的真正意义所在。公共部门绩效评价结果重点应用于以下几个方面：

（1）用于绩效改进，提升公共部门绩效管理水平。

公共部门绩效改进是指采取一系列行动以提高绩效的过程。首先分析绩效的评价结果，找出绩效不佳的原因，然后再针对存在的问题制订合理的绩效改进计划。公共部门绩效改进计划是根据绩效评价结果着眼于改进绩效而制定的一系列具体行动方案，是绩效计划的有力补充，体现了绩效管理注重组织发展的核心思想。公共部门绩效改进计划通常包括以下几方面内容：一是有待发展的项目及原因；二是目前的水平和期望达到的水平；三是发展这些项目的方式；四是设定达到目标的期限。

（2）与其他管理措施相匹配，为管理决策提供基本依据。

公共部门绩效评价结果的另一个重要作用就是与其他管理措施建立匹配关系，根据绩效目标的达成情况，为管理者提供决策依据。其中，与绩效管理联系最密切的主要有战略管理、预算管理以及人力资源管理等。绩效管理信息可以为这几个方面的工作提供重要的依据。

（3）公示绩效评价结果，实现政府管理的透明化。

在当今以经济的市场化、政治的民主法治化、文化的多元化为时代标签以及整个世界日益信息化与全球化的现代社会里，政府信息公开已成为信息化时代与互联网时代背景下民主与法治建设的重要内容。公共部门绩效评价结果作为国家信息公开的重要组成部分，受到了日益广泛的关注。将组织绩效结果传递给主管单位、相关部门以及利益相关者群体，不仅有利于公共部门工作的公开化、透明化，实现社会对公共部门工作的有效监督，而且可以使各方能够针对公共部门绩效中的缺陷和不足提出宝贵意见，有利于绩效的改进以及服务水平的提高。

9.3 公共部门绩效管理工具

绩效管理工具的革命性创新始于 20 世纪 50—70 年代。在 20 世纪 50 年代之前，不论是绩效管理的理论还是工具，都仅限于表现性评价。之后的几十年，绩效管理逐渐发展成人力资源管理理论研究的重点。学者们先后提出了目标管理、关键绩效指标、平衡计分卡等绩效管理理论和工具。随着新公共管理运动在世界范围内的兴起，目标管理、关键绩效指标和平衡计分卡等绩效管理工具凭借其先进、适用和有效的特点迅速在公共部门“落地生根”，并在提升政府绩效管理水平上发挥了重要作用。

9.3.1 公共部门目标管理

1. 目标管理概述

目标管理（management by objectives，MBO）是 1954 年由著名管理学家彼得·德鲁克（Peter Drucker）在《管理的实践》（*The Practice of Management*）一书中提出的。由于以往古典管理学派偏重于以工作为中心，忽视了人性的一面，行为科学又偏重于以人为中心，忽视了同工作的结合，因此，德鲁克提出的目标管理是在科学管理和行为科学的基础上将对工作的关注和人的价值统一起来，使员工能够从工作中满足社会需求，同时又能够确保组织目标的顺利实现。目标管理和自我控制最大的优点就在于：以目标给人带来的自我控制力取代来自他人的支配式的管控方式，从而激发人的最大潜力，把事情办好。因此，目标管理是一种参与、民主和自我控制的管理思想，也是一种把个人需求与组织目标相结合的管理思想。在这一管理思想下，上级与下级的关系是平等、尊重和相互支持的，下级在承诺目标和被授权之后是自觉、自主和自治的。

在传统的绩效管理中，管理者的作用类似于法官的作用；而在目标管理中，管理者发挥着顾问和促进者的作用，员工也从消极的旁观者转换成了积极的参与者。在整个目标管理的过程中，管理者都要保持联系渠道的公开，其目的在于能够及时地与员工沟通，帮助员工持续进步，确保工作任务能够按照既定目标顺利实现。

目标管理包括以下两方面的重要内容：第一，必须与每一位员工共同制定一套便于衡量的工作目标；第二，定期与员工讨论他的目标完成情况。具体而言，公共部门目标管理主要包括计划目标、实施目标、评价结果和反馈四个步骤。

在实施的过程中，目标管理也暴露出一些弊端。20 世纪 70 年代末，目标管理开始遭到质疑：第一，忽视了组织中的本位主义及员工的惰性，对人性的假设过于乐观；第二，上下级为统一思想所进行的反复沟通需要耗费大量的时间和成本；第三，目标及绩效标准难以确定，公平性受到质疑；第四，目标管理使得员工倾向于选择短期目标，不利于组织的可持续发展。

2. 政府组织目标管理具体实施

20 世纪 70 年代，目标管理在企业中得到广泛推广之后，德鲁克又将这一管理方法引入政府管理领域，形成适用于政府组织等公共服务机构的目标管理理论。德鲁克认为，公共部门绩效管理是当代管理工作中“最重大、最主要的任务”，政府部门可以像企业一样应用和实施目标管理。

在美国，早在 20 世纪 70 年代尼克松总统在任时，就以备忘录的形式正式宣布对 21 个政府机构推行目标管理。1975 年，管理预算局发布 A－11 号传阅文件，要求各机构必须提交机构目标及财政年度预算。到了 1976 年，41％的政府报告指出至少在若干部门实施了目标管理，到 1987 年，大约有 62％的大城市在政府报告中表明实施了目标管理。但是，到了 20 世纪 90 年代，政府部门对目标管理的信心开始有所动摇，到 1993 年只有 47％的城市还在使用目标管理。值得注意的是，即使各城市实施目标管理的比例逐渐下降，目标管理的运用仍然十分普遍。地方政府从目标管理中获益匪浅，目标管理对于提高政府的行政能力、控制成本以及改进政府组织的管理水平做出了十分重要的贡献。

20 世纪 80 年代中期，针对传统政府管理方式中缺乏明确的方向和目标以及缺乏系统和完整的管理，我国在政府管理中逐步运用和推广目标管理，比如在人事考核创新、政府绩效创新和干部制度创新等方面实施目标管理，取得了显著的效果。许多城市如武汉、南京、宁波、苏州、青岛、天津、连云港等，通过借鉴和运用目标管理来创新政府绩效管理模式，在提高政府工作效能与管理水平的基础上形成了行之有效的管理方式。其中，武汉、连云港、青岛三市结合各自城市实际与特点，在总结政府以往管理经验的基础上大胆探索，推行政府目标管理。年初定目标，年底结硬账，“跳起来摘桃子”，为推进政府效能建设和城市跨越式发展探索出了一条值得各地借鉴的有效途径。

9.3.2　公共部门关键绩效指标

1. 关键绩效指标的含义与特点

进入 20 世纪 80 年代，随着管理实践的发展，管理学界开始注重将绩效管理与组织战略相结合，在这种背景下，关键绩效指标（key performance indicator，KPI）应运而生。所谓关键绩效指标，是指将组织战略目标经过层层分解而产生的用以衡量组织战略实施效果的具有可操作性的关键指标体系，其目的是建立一种机制，将组织战略转化为内部流程和活动，从而不断增强组织的核心竞争力，使组织持续发展。关键绩效指标的假设是组织战略的实现往往依赖于关键成功领域的某些关键绩效要素，其管理精髓就在于抓住关键、以少治多，是“二八”原理的生动体现。关键绩效指标体系有三个重要的关键词：关键成功领域（key result areas，KRA）、关键绩效要素（key performance factor，KPF）和关键绩效指标（key performance indicators，KPI）。三者关系如图 9－5 所示。

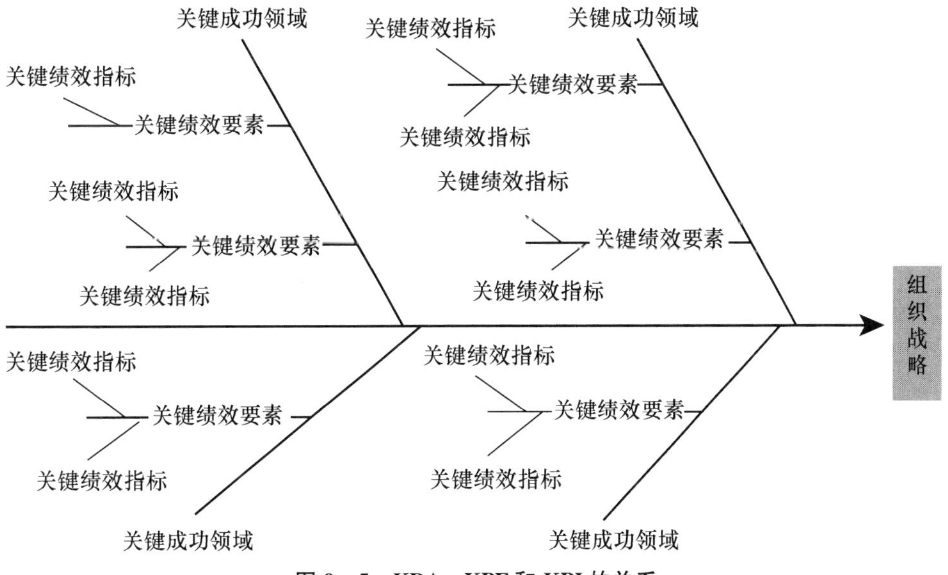

图 9－5　KRA、KPF 和 KPI 的关系

关键绩效指标既不是绩效目标，也不是一般的或全部的绩效指标，更不是能力或态度类指标，而是能够衡量组织战略实施效果的关键指标体系。关键绩效指标具有以下优点：（1）它是基于组织战略的指标体系，有利于组织战略目标的实现；（2）它是动态的指标体系，有利于绩效评价的科学性和合理性；（3）关键绩效指标的达成，有利于组织利益与个人利益的协调一致。

但是，关键绩效指标也存在以下不足：（1）它倾向于定量的绩效指标，而忽略定性的绩效指标；（2）它相对独立，缺少横向上明确清晰的逻辑关系；（3）它过于强调对结果的考察，而忽略了对过程的监控。

2. 基于 KPI 的公共部门绩效评价体系设计

设计良好的关键绩效指标是公共部门绩效管理成功的保障，它所提供的基础性数据是绩效评价的标准和绩效改进的依据。关键绩效指标体系通常是采用基于战略的成功关键因素分析法来建立的，关键绩效指标体系的建立过程应当遵循六个步骤（见图 9-6）。

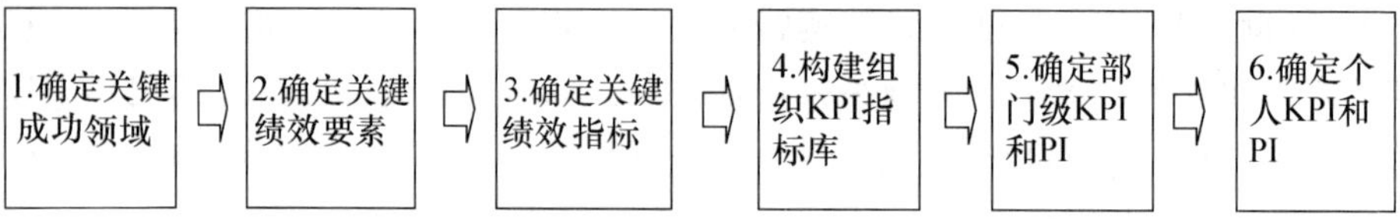

图 9-6　关键绩效指标体系建立的步骤

第一步，确定关键成功领域。建立有效的关键绩效指标体系之前，首先必须明确整个政府组织的战略是什么，然后根据组织的战略及战略目标，通过分析，寻找能够促使组织成功的关键成功领域，即对组织的战略目标有重大影响的领域。确定组织的关键成功领域，必须明确三个方面的问题：（1）这个组织为什么会取得成功，成功靠什么；（2）在过去那些成功因素中，哪些能够使组织在未来持续获得成功，哪些会成为组织成功的障碍；（3）组织未来追求的目标是什么，未来的成功关键因素是什么。这实质上是对组织的战略制定和规划过程进行审视，对所形成的战略目标进行反思，并以此为基础对组织的竞争优势进行剖析。为了能够更加生动形象地阐释关键绩效指标体系的建立过程，在此选用某铁路局的关键绩效指标体系为例（见图 9-7）。

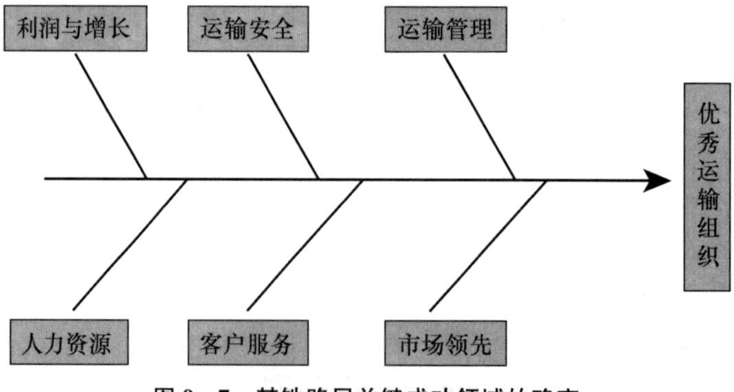

图 9-7　某铁路局关键成功领域的确定

第二步，确定关键绩效要素。关键绩效要素提供了一种“描述性”的工作要求，它是对关键成功领域的进一步解析和细化。它主要是要解决以下几个问题：(1) 每个关键成功领域包含的内容是什么；(2) 如何保证在该领域获得成功；(3) 达成该领域成功的关键措施和手段是什么；(4) 达成该领域成功的标准是什么。回答上述问题的有效方法就是采用头脑风暴法以集思广益，并利用鱼骨图由浅入深、由表及里地进行分析（见图9-8）。

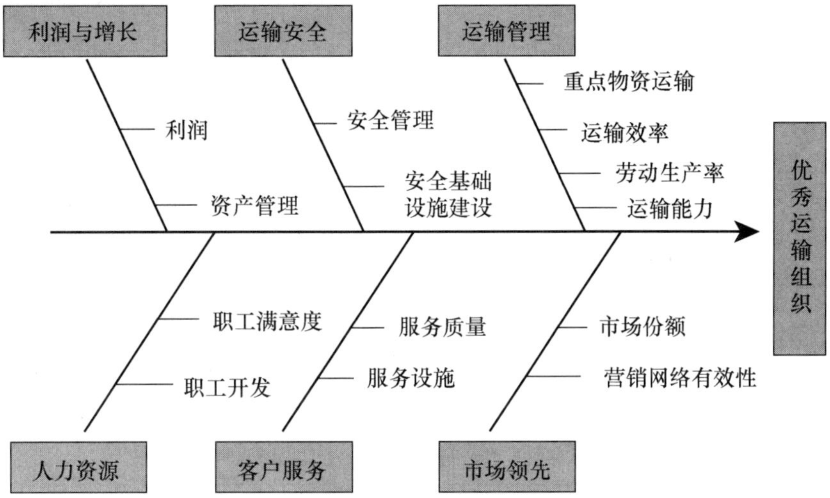

图9-8　某铁路局关键绩效要素的确定

第三步，确定关键绩效指标。确定关键绩效指标就是对关键绩效要素进行细化和甄选，首先将关键绩效要素细化为反映其特性的指标，其次按照具体的原则在众多指标中选择出关键绩效指标（见图9-9）。在确定关键绩效指标的过程中，一般需要遵循三个原则：(1) 指标的有效性，即所设计的指标能够客观地、集中地反映关键绩效要素的要求；(2) 指标的重要性，即通过对组织创造价值的流程分析，找出对其绩效影响最大的指标；(3) 指标的可操作性，即指标必须有明确的定义和计算方法，能够获取客观可靠的数据。

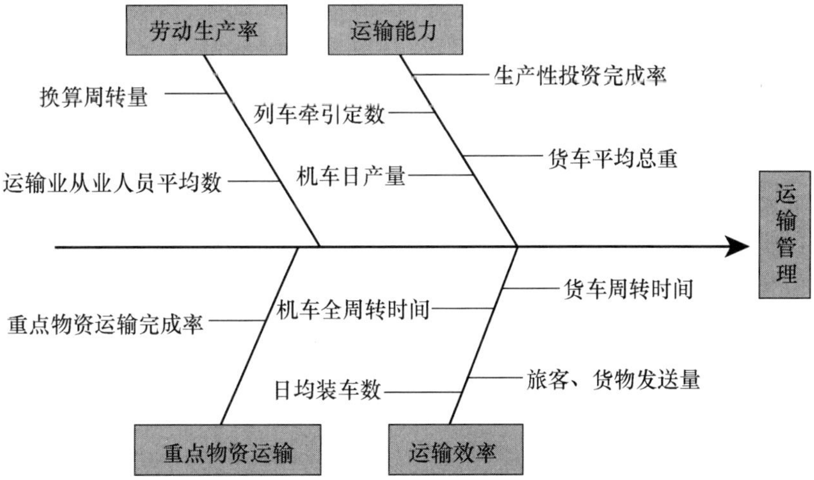

图9-9　某铁路局关键绩效指标的确定

第四步，构建组织 KPI 指标库。将前三个步骤分析所得出的关键成功领域、关键绩效要素和关键绩效指标汇总制表，作为整个政府组织绩效评价的依据（见表 9 - 11）。

表 9 - 11　某铁路局关键绩效指标汇总表

关键成功领域	关键绩效要素	关键绩效指标
运输管理	运输能力	生产性投资完成率
		列车牵引定数
		机车日产量
		货车平均总重
	运输效率	货车周转时间
		日均装车数
		旅客、货物发送量
		机车全周转时间
	劳动生产率	换算周转量
		运输业从业人员平均数
	重点物资运输	重点物资运输完成率
市场领先	市场份额	客货运市场占有率
		客货运收入增长率
	营销网络有效性	客运计划完成率
		货运计划完成率
运输安全	安全管理	行车事故率
	安全基础设施建设	安全设施投入
		线路病害率
客户服务	服务质量	旅客满意度
		货主满意度
		大客户满意度
		路风事件件数
	服务设施	车站评比达标率
		列车评比达标率
利润与增长	利润	运输总收入
		运输总支出
		非生产性支出
		每万换算吨公里综合能耗
	资产管理	净资产收益率
		固定资产利用率
		资产负债率

续表

关键成功领域	关键绩效要素	关键绩效指标
人力资源	职工满意度	职工满意度综合指数
	职工开发	优秀职工流失率
		绩效改进计划完成率

第五步，确定部门级 KPI 和 PI。政府组织目标的实现，需要各个政府部门的全力支持。因此，政府组织级的关键绩效指标需要被分配或分解到相应的政府部门，形成部门级的关键绩效指标。有些组织级的关键绩效指标可以直接被某政府部门承接，成为该部门的关键绩效指标。有些指标则不能被直接承担或由一个政府部门单独承担，这就需要对这些指标进行进一步的分解，指标的分解一般基于组织结构和内部流程两条主线进行（见图 9－10）。除此之外，为了全面地评价政府部门绩效，还应该根据政府部门的职责和流程等筛选出适应该部门的一般绩效指标（performance indicator，PI）作为补充，共同作为政府部门绩效评价的依据。

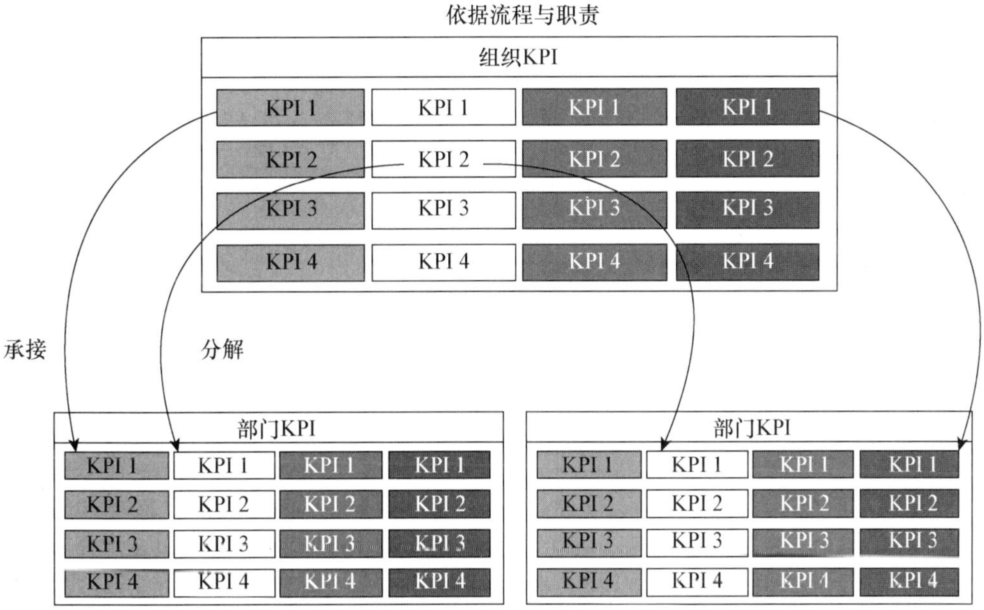

图 9－10　部门级关键绩效指标的确定

第六步，确定个人 KPI 和 PI。十公务员个人关键绩效指标和一般绩效指标的确定方式同政府部门绩效指标的设定过程一样（见图 9－11）。公务员个人关键绩效指标是通过对部门关键绩效指标的承接或分解得来，一般绩效指标则来自公务员个人的工作职责。

至此，组织、部门和个人三个层级的关键绩效指标得以建立。经过一段时间的发展，整个政府组织就可以建立一个比较完整的关键绩效指标库，根据不同的发展阶段、不同的战略和组织结构选取不同的关键绩效指标，并可以随着组织的发展和战略目标的改变对绩效指标进行及时的调整和补充。

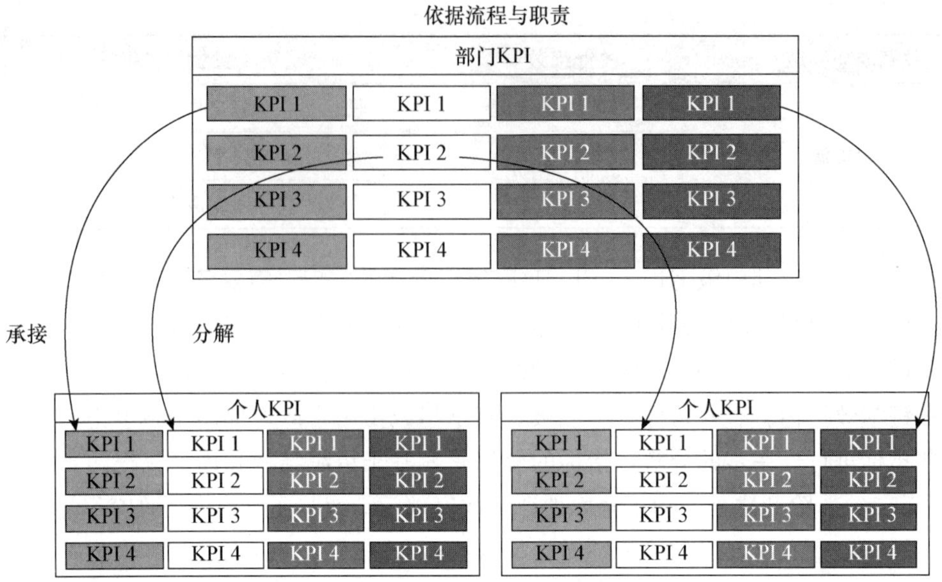

图 9-11　个人关键绩效指标的确定

9.3.3　公共部门平衡计分卡

20 世纪 90 年代，随着知识经济和信息技术的兴起，无形资产的重要性日益凸显，人们对以财务指标为主的传统企业绩效评价模式提出了疑问。在此背景下，美国哈佛大学商学院教授卡普兰（Kaplan）和复兴国际方案公司总裁诺顿（Norton）针对企业组织的绩效评价创建了平衡计分卡。经过两位创始人近 20 年锲而不舍的努力，平衡计分卡得以不断地推陈出新，逐渐发展成系统完善的战略及绩效管理工具，并被广泛应用于企业、政府、军队、非营利机构等各类组织的管理实践中。

1. 平衡计分卡的产生与发展

为了应对迅速变化的生存环境和市场需求，管理者需要全面掌握组织的经营业绩和运作情况，尤其是无形资产对组织价值创造的贡献。然而，传统财务绩效评价模式因其固有的滞后性，已无法满足管理实践的现实需要，平衡计分卡（balanced score card，BSC）应运而生。

1990 年，美国毕马威会计师事务所的研究机构诺兰诺顿（Nolan Norton Institute）资助了一个题为“未来的组织业绩衡量”的研究项目。该项目为期一年，共有 12 家单位参加，涉及了制造、服务、重工业和高科技等多个行业。项目结束后，卡普兰和诺顿总结了研究团队的成果，共同撰写了一篇论文《平衡计分卡——驱动业绩的衡量体系》（The Balanced Scorecard：Measures that Drive Performance），发表于 1992 年 1—2 月号的《哈佛商业评论》。该文的发表标志着最初用于衡量企业组织绩效的平衡计分卡正式问世。

平衡计分卡自问世以来，受到社会各界的广泛认可并迅速风靡全球，成为近百年来最具影响力的管理工具之一。据统计调查，在世界 500 强中有 80%的企业应用了平衡计分卡，《财富》杂志公布的世界前 1 000 位公司中，有 70%的公司采用了平衡计分卡。《哈佛商业评论》在庆祝创刊 75 周年和 80 周年之际，先后评选了“75 年来最伟大的 75

个管理工具”和“过去80来最具影响力的十大管理理念”，平衡计分卡均名列前茅。

2. 平衡计分卡的框架

对平衡计分卡的理解，有广义和狭义之分。广义的平衡计分卡指的是一种先进的战略及绩效管理工具；狭义的平衡计分卡是指与战略地图相并列的一种管理表格。战略地图的价值侧重于描述战略，而狭义的平衡计分卡则侧重于衡量战略，两者通过战略目标这一关键要素紧密连接在一起。运用狭义的平衡计分卡和战略地图来描述战略、衡量战略、管理战略、协同战略以及连接战略与运营，可确保组织战略的成功实施和组织绩效的全面提升。

战略地图是对组织战略要素之间因果关系的可视化表示方法，是一个有效诠释和沟通组织战略、说明价值创造过程和描述战略逻辑性的管理工具。为了便于读者理解和记忆，我们把通用的战略地图形象地比喻为一座四层的房子。位于楼房顶端的是组织的使命、核心价值观、愿景和战略；房子的主体部分为四个楼层，从上往下依次是：财务层面、客户层面、内部业务流程层面和学习与成长层面。使命和愿景为组织的发展制定了总的目标和方向，帮助股东、客户和员工正确理解组织的目的和期望。战略是平衡计分卡的核心，是组织在认识其经营环境和实现使命过程中所接受的显著优先权和优先发展方向。组织必须通过制定战略将使命和愿景落实到执行层面，把有限的资源集中到对组织目标的实现具有重要推动作用的行动计划上去。战略地图的通用模板如图9－12所示，这个模板是卡普兰和诺顿根据对营利性的企业组织的研究、分析凝练出来的，政府、事业单位、军事机关等公共组织的战略地图的基本模板则需根据组织属性及相应的运营实际进行必要的调整。

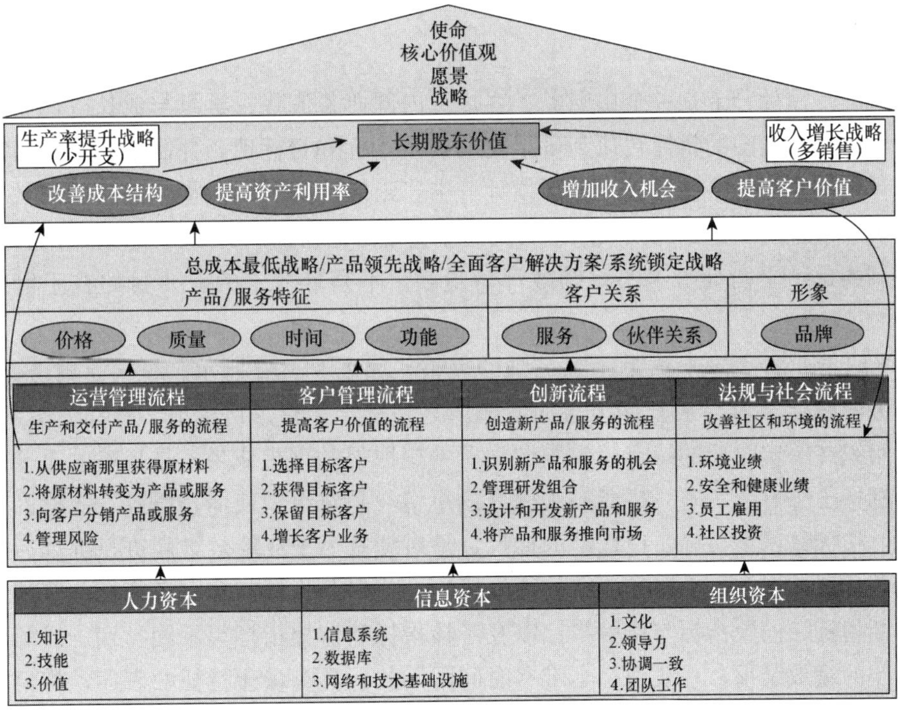

图9－12　战略地图的通用模板

资料来源：罗伯特·卡普兰，大卫·诺顿．战略地图：化无形资产为有形成果．广州：广东经济出版社，2005：269.

3. 平衡计分卡的特点与功能

作为一个新的战略及绩效管理工具，平衡计分卡具有自身的鲜明特点和功能定位。平衡计分卡的主要特点：一是始终以战略为核心。它通过描述战略、衡量战略、管理战略、协同战略以及连接战略与运营，来确保组织战略的有效落地和组织绩效的显著突破。二是重视协调一致。它从逻辑上明晰协同思路、从体系上整合协同主体、从机制上保障协同效果，从而形成一套严谨有效的协同机制以保障组织战略的成功执行。三是强调有效平衡。它强调财务指标与非财务指标的平衡，长期目标与短期目标的平衡，外部群体评价指标与内部群体评价指标的平衡，客观指标与主观判断指标的平衡，前置指标与滞后指标的平衡等，以此来确保组织战略的全面实现和组织绩效的整体提升。

平衡计分卡的功能：一是战略管理工具。通过战略地图和平衡计分卡建立了战略协同的机制，填补了传统战略管理过程中战略规划和战略实施之间的模糊地带；尝试通过战略地图、平衡计分卡以及仪表盘等工具将战略和运营进行有效连接。二是绩效管理工具。随着平衡计分卡理论的丰富和发展，绩效管理的计划、监控、评价和反馈环节都纳入平衡计分卡的理论范畴之中，涉及绩效目标的设置和评价指标的选择、绩效沟通和辅导、绩效监测和评估、绩效结果的反馈和应用等诸多内容，因此平衡计分卡也成为一个以战略为核心的绩效管理工具。三是管理沟通工具。平衡计分卡构建了一套良好的沟通机制，包括领导者的沟通责任、战略沟通的七七原则（采用七种不同的方式沟通七次）、员工培训、战略反馈、结构化会议等，从而对沟通的渠道、传播媒介、沟通方式等做出了明确界定。

4. 平衡计分卡的关键要素

狭义的平衡计分卡是一个由财务、客户、内部业务流程、学习与成长等四个层面构成，用以将战略地图的目标转化为可量化的衡量指标和目标值，并制定相应的行动方案和预算计划的管理表格。通过制作平衡计分卡，组织建立了用以衡量战略的绩效指标体系，明确了未来所要达到的绩效水平，确定了实现战略所需的行动方案以及相应的资源。需要强调的是，平衡计分卡不是绩效评价量表，平衡计分卡的首要目的在于管理而非评价。

平衡计分卡的表现形式是一张二维的表格，如表 9－12 所示。纵向是财务、客户、内部业务流程、学习与成长四个层面，横向是目标、指标、目标值、行动方案和预算。目标是组织在一定时期的特定绩效领域内所希望取得的理想成果，是战略的重要组成部分。目标指出了有效实施战略所必须做好的事情，是对组织使命、愿景、战略的展开和具体化。指标是衡量目标实现程度的标尺，是对绩效因子或绩效维度进行提炼后形成的评判绩效状况的媒介。平衡计分卡的指标可划分为财务指标与非财务指标、客观指标与主观判断指标、前置指标与滞后指标以及考核指标和监控指标等不同类别。目标值是组织所期望的绩效结果，一般用一个带有时间限制的、具有量化特征的表述，将目标和指标转变成在今后一段时期内所期望达成的状态，其作用在于确立既定目标在相应指标上的期望标准。行动方案是指有时间限制的、自主决定的项目或计划，旨在确定达成战略目标的途径，从而帮助组织实现目标绩效。与行动方案密切相关的是预算和责任制，其中预算要解决的问题是为战略行动方案提供资金支持，责任制的目的则是明确战略行动方案管理和执行的责任人及其职责。

表9－12 平衡计分卡（样表）

层面	目标	指标	目标值	行动方案	预算
财务					
客户					
内部业务流程					
学习与成长					

5. 公共部门平衡计分卡框架

平衡计分卡作为一种致力于促进组织战略执行的管理理论和绩效管理工具，其所倡导的以战略为核心、有效平衡、协同一致的管理理念，契合非营利组织及公共部门的特点和需求，近年来受到了越来越多的关注和认可，在全球范围内得到了广泛传播和应用。研究表明，2004年美国约8%的地方议会、11个州政府以及10个联邦政府机构已采用平衡计分卡[①]；2007年澳大利亚约11%的地方政府已推行平衡计分卡，约44%的地方政府正考虑采用该工具[②]。美国的夏洛特市、美国商务部经济发展管理司、美国能源部、英国国防部、伦敦自治区、奥地利维也纳财政部、日本姬路市、韩国富川市和新加坡地方法院等都成功应用了这一先进的绩效管理工具。我国台湾地区公共行政部门及香港特别行政区、黑龙江省海林市的一些部门也都采用了平衡计分卡。现在，已经有越来越多的公共部门开始着手实施平衡计分卡，平衡计分卡对于公共部门绩效管理来说，是一个必然的发展趋势。

平衡计分卡中国化模式的研究和实践探索始于中组部于2006年启动的中澳政府合作项目“中国领导人才绩效评估体系研究”。黑龙江省海林市是该项目的唯一政府组织试点单位，借此该市建立了一套完整的基于平衡计分卡的政府绩效管理体系，取得了宝贵的经验和良好的试点效果。平衡计分卡成为推动海林市经济社会实现跨越式发展的有力工具。

在适用于公共部门的平衡计分卡总体模式中，使命、核心价值观、愿景与战略仍然处于顶层，它们是牵引整个战略诠释过程的指针；该模式的主体框架包括利益相关者、实现路径和保障措施三个层面（见图9－13）。利益相关者层面是由平衡计分卡通用框架

① HOLMES J S，PINERES S A G，KIEL L D. Reforming government agencies internationally：is there a role for the balanced scorecard?. International Journal of Public Administration，2006（29）：1125－1145.

② PERERA S，SCHOCH H P，SABARATNAM S. Adoption of the balanced scorecard in local government organizations：an exploratory study. Asia-Pacific Management Accounting Journal，2007（1）：53－70.

的财务层面与客户层面改造而成，作为地方政府平衡计分卡总体模式中的绩效结果层面。实现路径层面由原内部业务流程层面改造而成。之所以命名为实现路径层面，一是由于这一层面所描述的是驱动结果层面目标得以实现的因素，二是“内部业务流程”一词多为企业用语，与公共部门的沟通风格相悖。保障措施层面处于最底层，与原来的学习与成长层面相对应。由于原有的人力资本、组织资本与信息资本不能完整描述公共部门的无形资产内容，为了提高无形资产的周延性，在保障措施层面设置了“政府自身建设”和“党的建设”两个战略主题。同时，还辅以“财政资金”这一有形资产方面的战略主题。

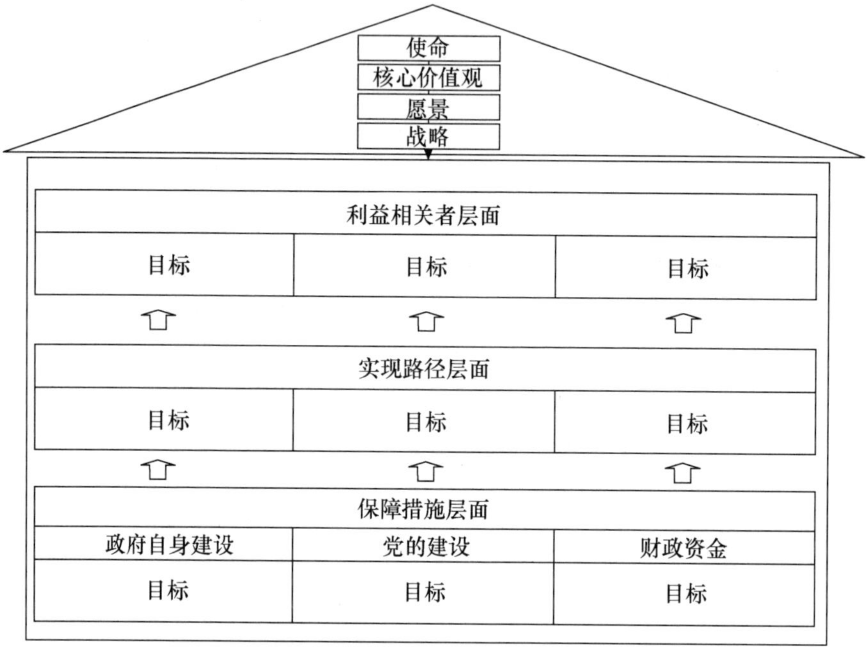

图 9-13　地方政府平衡计分卡总体模式

限于篇幅，关于平衡计分卡中国化模式的实践探索可以参考本系列教材中的《公共部门绩效管理》一书，该书以附录形式系统展示了平衡计分卡在北京市延庆区和黑龙江省海林市的实践应用。

9.3.4　公共部门目标与关键成果法

1. 目标与关键成果法的含义和特点

目标与关键成果法（objectives and key result，OKR）是由目标（objective）和关键成果（key result）两部分组成，是一套明确和跟踪目标及完成情况的管理工具和方法。OKR 的主要目标是明确公司和团队的“目标”以及明确每个目标达成的可衡量的“关键成果”，旨在确保员工共同工作，并集中精力做出可衡量的贡献，其核心在于目标驱动而非命令驱动，认为由自我控制的管理比由别人统治的管理更有激励效果。这种新型的管理工具背后的管理理论可以追溯到管理大师彼得·德鲁克于 1954 年在《管理的实践》一书中提出的目标管理。1976年，德鲁克的忠实实践者格鲁夫（Grove）将OKR首次应用于英特尔（Intel）公司，格鲁夫在其著作《高产出管理》中阐述了他通过回答两个简单的问题引进了OKR思想：我们的目标是什么？我们怎么知道我们完成了目标？正是对第二个问题的回答掀起了一场变革，使“关键成果”被附加到“目标”中，成为整个OKR框架的一部分，这标志着OKR成功登上了历史舞台。1999年，硅谷风险投资公司凯鹏华盈合伙人约翰·杜威（John Dewey）首次将OKR引入谷歌（Google），自此之后，OKR成了谷歌绩效管理的首选工具，随后在脸书（Facebook）等企业中广泛使用，逐渐风靡全球并一直延续至今。

OKR的特点与优势：一是目标统一，上下一致。组织核心目标已达成统一而明确的共识，同时具备一定的挑战性。虽然OKR的目标是一致的，但个人与组织OKR却又有所不同。个人OKR是对个人的要求；组织的OKR并非个人KR的简单累加，而是组织重点要做的事。组织的OKR的目标统一是从下层员工到各个团队、组织整体的目标都是一致的。统一的目标不仅能够更好地增进团队成员之间的关系，促进协作，当目标成为组织的每个层次、每个成员对自己或组织内部未来想要达到的一种结果，且实现的可能性较大时，就形成了更好的目标激励机制。二是指标简单，公开透明。OKR的设定不超过4个目标，每个目标不超过4个关键行动结果。简单的指标设计，更利于聚焦主要目标，并有效执行。同时，KR的指标及执行情况都是公开的，组织成员可相互查看、监督。公开且透明的OKR，有利于员工增进理解，体现了较高的透明度和责任感。在增强协作效率与协同创新能力的同时，也能为绩效评估提供参考依据，促使绩效评估更加公平公正。三是沟通精准，敏捷高效。OKR一般以季度为周期进行设置，KR每个季度都在变化，企业内部一直要保持持续沟通，每个人都清楚主要目标和关键点，这就把绩效管理的重点从“考核”转变为“沟通与辅导”以及帮助员工寻找目标。有效的沟通和反馈不仅有利于跟踪目标及任务进度，提高组织工作效率，也有利于帮助员工更好地成长。同时，周期较短、更具弹性的OKR设定，更能适应多变的外部环境，使得组织的管理更加敏捷高效。

2. 目标与关键成果法的实施流程

OKR的制定基本应遵循：设定一个“目标”，这个目标是确切的、可衡量的；同时，设定若干可以量化的“关键成果”用来帮助自己实现目标；关键成果要求可量化，比如在时间和数量上进行规定限制；目标要兼顾可行性和激励性；目标与关键成果在整个组织内都是公开透明的。其具体的实施流程如下：

第一步，设定目标。首先从战略出发确定合理的年度目标、季度目标等，目标需是具体的、可衡量的，例如不能笼统地说“我想让我的网站更好”，而是要提出“网站要在明年1月之前有100万用户”这样具体的目标；组织制定的目标不能太过繁杂，目标太多会造成效率低下等问题，也不能太过简单，否则就会给员工造成错误的导向，一般来说，1为总分，达到0.6～0.7分即为较理想的状态，这样员工可以完成大部分目标，收获一定的成就感，增强对工作的信心和兴趣；目标必须是在管理者与员工直接充分沟通后达成的共识。

部门目标的设定：部门OKR首先需要以过往的数据为基础确定目标。目标的确定首先应让基本员工讨论自己的目标、部门目标，再汇总公司目标，这是一个自下而上的过程；随后再进行自上而下的目标的分解。在OKR的具体实践中，部门目标还能进行横向协同分析补充目标，还可以从部门职责来推导补充目标。

员工目标的设定：对于员工目标，一般将部门目标分解到各岗位，根据部门目标由员工与部门领导共同协商来设置目标。无论是部门目标还是员工目标，都需要遵循OKR设置的基本原则。

第二步，确定关键成果。这一步是季度目标到“关键成果”的分解，所谓的KR就是为了完成这个目标需要的关键成果。科学有效的KR必须具备以下特点：（1）直接实现目标；（2）具有进取心、创新性；（3）以产出或者结果为基础，可衡量，设定评分标准，和时间相联系；（4）不能太多，一般每个目标的KR不超过4个；（5）和时间相联系。目标既要有年度KR，也要有季度KR：年度KR统领全年，但并非一直固定不变，可以及时调整，但调整需要经过批准；季度KR则是一旦确定就不能改变的。KR是可以调整和改变的，而目标不能调整。

第三步，定期回顾。到了季度末，员工需要给自己的KR的完成情况和完成质量打分，每个员工在每个季度初需要确定自己本季度的OKR，在一个季度结束后需要根据自己这个季度的工作完成情况给OKR打分。评分的依据是根据已设定的评分标准，分数的范围在0～1分，而最理想的得分是在0.6～0.7分。如果达到1分，说明目标定得太低；如果低于0.4分，则说明可能存在问题。

3. 目标与关键成果法的实践

OKR在谷歌得到了全面应用。谷歌的内部员工考核系统OKR由英特尔公司制定，在谷歌成立不到一年的时间被引入并一直沿用。谷歌OKR体系中，目标通常被分为四个层级：企业、团队、部门和个人，其中企业OKR是指企业核心发展战略目标及关键成果；团队OKR是指企业各服务/产品线目标及关键成果；部门OKR是指企业各部门目标及关键成果；个人OKR是指企业员工目标及关键成果。各层级的目标与关键成果需定期回顾，并对目标进行打分。

谷歌的OKR机制包括：（1）使命：我们存在的意义是什么？（2）愿景：用文字勾勒出未来蓝图。（3）战略：重点和优先处理的事项。（4）目标：量化近期聚焦达成的事项。（5）关键成果：如何得知我们朝目标推进了多少？（6）任务：把关键成果分解为一个个具体的行动和量化的任务。

谷歌能根据OKR清晰透明的设定目标，量化成果。通过“70—20—10”原则来实施OKR。该原则规定了企业内70%的活动应集中在主要目标上，20%的活动应分配在次要目标上，10%的活动则用在其他不受限制的任意目标上。“70—20—10”原则能快速确定目标的优先级，优化企业的资源分配，提升企业的工作效率。

谷歌的OKR绩效评估主要包括六个方面：（1）（半）年度绩效评估。以半年或一年为周期对员工的OKR进行评估与总结。（2）员工自评。通过员工自我评价、自我控制来驱动员工设定目标、追求目标的积极性。（3）同事反馈。通过同事、合作伙伴、客户等对员工的OKR进行评价，更好地反馈目标成果。(4) 上级评估。上级通过员工的季度表现、员工自评和同事反馈的综合情况，为员工的综合绩效进行打分。(5) 绩效校准。参与打分的上级、管理层，阐述打分理由，公开、透明、公正的进行绩效评估。(6) 绩效面谈。通过上述步骤，上层与员工进行面谈，主要传递奖励分配情况与职业发展情况两方面的信息。

约翰·杜威认为，谷歌要在运行中实践OKR系统，还应遵循以下原则：(1) 目标应兼具挑战性与激励性。谷歌员工每季度通常会设定4～6个OKR，让企业和员工都更好地聚焦。(2) 目标的设定应该是由下至上的。(3) 关键成果必须是可衡量的、具体的，具有明确的截止期限。(4) 目标与关键成果的评估、总结、回顾最好以季度或半年为周期，对目标进行打分。谷歌衡量OKR是否设置理想取决于其挑战性，其中，0.8分及以上说明目标挑战性不足；0.6～0.7分代表目标设置恰到好处；0.4分及以下代表挑战性较高或者工作方法可能存在问题，需要重新判断该目标是否需要继续达成。(5) 目标与关键成果在每个管理层级及员工间是公开透明的。在谷歌，所有员工的OKR都是公开的，可以在员工资料库查看自己或同事的OKR。OKR的公开不仅有利于员工清晰地了解自己对公司的贡献，也有助于了解同事的工作，促进团队协商。

4. 目标与关键成果法的应用与推广

伴随着人类社会发展从传统经济模式转变到互联网经济模式，当今动态变化和多元任务需求交织的内外部环境给政府工作带来了新的挑战，这势必要求政府要及时转变传统的管理思想和管理手段，运用能适应互联网经济时代组织日益灵活化、扁平化的新绩效管理工具。在中国，OKR已经在矿业、电信、出版、互联网、软件开发等行业得到应用；医院、大学、国有企业工会等公共部门也开始尝试引入并应用OKR。以下以我国某公安机关的OKR应用为例，来介绍一个完整的OKR周期，包括制定OKR、评估OKR和复盘OKR三个阶段。

(1) 制定OKR阶段。在制定目标时，应根据公安机关实际情况设定兼具挑战性和激励性的目标，并将设定的关键目标与重要任务层层分解到民警个人，民警结合自身岗位的需求将个人目标与组织目标结合起来，共同达成组织愿景。首先，结合当地公安机关业务与上级重大部署设定目标。其次，在各区公安分局召开OKR共识会，将总体目标向下分解至各个分局、各个民警。最后，在市公安机关与市大数据局联合发布的“公安OKR”软件内上传OKR事项清单，设定关键的时间节点，持续追踪各层级OKR的完成进度，辅助项目落地与实施。

(2) 评估OKR阶段。在对目标进行确定后，要对达成目标需要完成的关键成果进行追踪、评价和调整，并定期梳理产生的问题、问题来源、解决措施等。在进行评估时，公安机关根据每位民警的岗位职能设置了评分标准与区间。以0～1分为区间，不超过0.4分的则说明任务未完成，需考虑是否目标太高或方法不当；达到1分则说明目标太低，需调整目标难度；0.4～1分则说明目标合适，达到0.6～0.7分为最佳状态（见表9-13)。根据评估结果，上级领导可以与民警及时沟通交流，为动态OKR提供改进方法。

表 9-13　某公安机关 OKR 评分表

评分	水平
≥1	目标太低
0.4～1	目标合适
≤0.4	目标太高/方法不当

（3）复盘 OKR 阶段。单位领导对分管部门开展多元主体参与的检查与反馈，进行月度、季度、年度总结，对表现突出的民警或部门及时嘉奖，对发现的不足敦促改进并及时公开改进结果，并将评估阶段的考核结果以及全市公安各团队、个人的 OKR 管理情况公开、清晰、直观地进行展示。某公安机关 OKR 管理方法流程如图 9-14 所示。

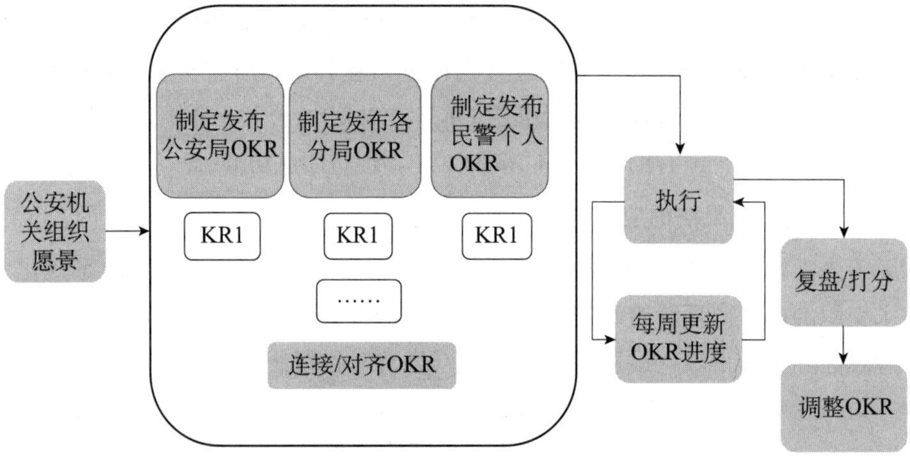

图 9-14　某公安机关 OKR 管理方法流程

9.4　国外公共部门绩效管理实践

9.4.1　美国公共部门绩效管理实践

作为世界上最先探索政府绩效管理的国家政府之一，美国联邦政府及其各级地方政府经过逐步的实践和立法，形成了一套较为完善的政府绩效管理体系。这不仅使美国的社会秩序得以良好维护，也使政府的服务效率得到了快速提升，与此同时还增强了政府的号召力与凝聚力。本章主要对美国联邦政府的绩效管理情况进行介绍。

1993 年 7 月，美国国会通过了著名的《政府绩效与结果法案》，它全面规定了实施政府绩效评价的目的、内容及实施进程，使得美国联邦政府绩效管理有法可依。根据其规定，美国政府绩效管理的过程由以下环节构成：各部门编制战略规划、年度绩效计划；根据执行情况编制年度项目绩效报告；管理与预算办公室和审计总署对各部门提交的年度规划和年度项目绩效报告进行评价。

1. 战略规划

《政府绩效与结果法案》对战略规划的内容要求十分具体，要求部门负责人将五年内的战略规划提交给管理与预算办公室主任和国会，并每三年更新和修订一次。联邦各部门的战略规划主要由以下内容组成：

（1）一个涵盖了机构主要职能和运作方式的全面任务描述；

（2）关于机构主要职能和运作方式的总体目标，包括与产出相关的目标；

（3）一个关于目标如何达成的描述，包括为达到目标所需的运作程序、技能和技术、人才、资本、信息和其他资源的描述；

（4）关于后面所要求的绩效计划的绩效目标如何与战略规划中的目标挂钩的说明；

（5）指出能对总目标的实现产生重大影响的部门外部的或无法控制的关键因素；

（6）说明为制定和修改总目标而进行的项目评价和未来项目评价的时间表。

2. 年度绩效计划

年度绩效计划是《政府绩效与结果法案》的核心组成部分，一般在年初提交给总统和国会。与战略规划相比，年度绩效计划内容更为详尽，主要由管理与预算办公室主任监督实施。其内容主要有：

（1）设定绩效目标并确定完成项目行动所要达到的绩效水平；

（2）将这些目标用客观的、量化的、可衡量的方式来表达，若得到授权可使用其他替代方式表达；

（3）简要说明为达到绩效目标所需的运作程序、技能和技术、人才、资本、信息和其他资源；

（4）制定在衡量或评价各项目的产出、服务水平和成果时所使用的绩效指标；

（5）提出一个可以与所制定的绩效目标进行比较的标准；

（6）说明用于检验和验证衡量绩效价值的手段。

3. 年度绩效报告

《政府绩效与结果法案》要求每一个机构在一个财政年度后向总统和国会提交一份前一财政年度的绩效报告。每一个绩效报告应该陈述已经在该机构绩效计划中确立的绩效指标，报告特定工作项目的完成情况，并将绩效目标的实际完成情况与计划中的绩效目标相比较，分析、评价、解释绩效目标未能实现的原因等。具体而言，主要涵盖了以下内容：

（1）陈述绩效计划中确立的绩效指标，同时要将实际达成的绩效目标完成情况与绩效计划中表达的绩效目标相比较；

（2）如果绩效目标是用替代的形式加以说明，则这一计划的结果应依据这种特殊要求加以描述，包括绩效是否满足最低限度要求的，以及有效的或成功的计划标准；

（3）评价财政年度绩效目标的实现程度，根据达标的绩效来评价本财政年度的绩效计划，解释和描述绩效目标未能实现的原因，并根据这种绩效评价，确定本财政年度的绩效计划。

《政府绩效与结果法案》对战略规划、年度绩效计划、年度绩效报告的制定与提交等内容做出了明确规定。

4. 机构及其权责

《政府绩效与结果法案》明确了法案与国会、审计总署以及人事管理局的关系以及它们各自的职责，具体内容如下：

（1）国会：该法案授予国会高度的权力，包括可以建立、修正、延迟和废除绩效目标；

（2）审计总署：审计总署的负责人需要向国会报告法案的执行情况；

（3）人事管理局：该法案要求人事管理局制定一个战略计划和针对绩效评价的培训项目，并由人事管理局负责对实施该法案的管理人员进行培训，从而有助于管理人员有效地实施战略计划和开展项目绩效评价。

《政府绩效与结果法案》奠定了美国政府绩效管理的制度基础，但随着制度的实施不断深入，一些重大的缺陷逐渐开始暴露，例如《政府绩效与结果法案》过度重视为遵循报告要求而产生的绩效信息，但对于信息的分析利用远远不够。2021 年奥巴马总统对其进行了修订，通过了《政府绩效与结果现代法案》，继续通过法律形式对政府绩效管理予以固化。

《政府绩效与结果现代法案》标志着绩效运动进入了制度化阶段，它纳入了《政府绩效与结果法案》实施以来的多项绩效管理经验，包括新定义的治理结构、更稳定的机构运营框架，以及促使各机构就共同问题开展协作的机制。此外，法案也建立了新的绩效治理框架：指派机构首席运营官，通常由副秘书或同等职位的人员担任；指派机构绩效改进负责人，向首席运营官汇报工作；建立由各机构绩效改进负责人组成的跨机构绩效改进委员会，以协调工作。

新法案也设置了新的要求，对于涉及多机构的公共目标，新法案明确规定，各机构可以超越职责边界开展工作，并指派跨机构目标的负责人。同时规定每季度要对跨机构目标的进展情况进行评估，并将评估结果向社会公布，以实现公众问责的目的。此外，法案新增加了三方面绩效目标，即联邦政府优先目标、联邦政府年度绩效目标和机构优先目标。优先目标顾名思义是最为重要、最优先解决的事项，联邦政府的优先目标应该是长期的，需要至少每四年更新或修订，机构有明确的目标指向，需要在两年的时限内实现。

《政府绩效与结果现代法案》的目标在于通过建立一系列新的绩效管理流程来增加机构对绩效信息的使用，其主要关注具有优先级别的跨机构目标的实现、机构目标的先后顺序，以及数据驱动的绩效审查。除此之外，美国政府采取其他措施来提高绩效信息使用的制度化水平，具体包括建立一个总的联邦绩效管理框架和绩效管理周期，并对机构战略规划中提出的各项战略目标进行年度审查，以便为长期战略的制定和预算的编制提供参考。

9.4.2 英国公共部门绩效管理实践

英国是政府绩效评价应用得最持久、最广泛，也是技术上比较成熟的国家，很多国家都不同程度地借鉴了英国政府绩效的评价与管理模式。本书主要对英国中央政府的绩效管理情况进行介绍。

英国中央政府绩效评价的内容主要由公共服务协议、服务改进协议、“资金价值”目标、部门战略性目标及能力评价等组成。

1. 公共服务协议（public service agreement，PSA）

英国中共政府绩效评价的内容中最重要的就是公共服务协议。自1998年的全面支出审查推出公共服务协议后，它在促进公共服务传递和改进政府绩效水平方面起到了重要的作用。近年来，英国政府一直与一线公务员、内外部专家合作，致力于不断改进和完善英国政府绩效管理体系。英国财政部的《2007年全面支出审查》（Comprehensive Spending Review 2007，CSR07）就是这项工作的最高成果，它涵盖了30个新的公共服务协议，明晰了2008—2011年度的政府工作目标和计划，并在公共服务协议体系中加入了一个新的全局性目标，即“帮助人民和企业更快更好地渡过危机，以支持长期的经济发展和繁荣”，从而更好地反映英国社会和经济发展的关键和重点。

2. 服务改进协议（service transformation agreement，STA）

英国政府要求各个部门签订服务改进协议，其目标是改进公共服务使它们能够更好地满足公众和企业的需要，减少公众和企业获得服务时不必要的困难。内阁总理和财政部的常务秘书会敦促各个部门为服务改进协议承担责任，各部部长也会负责本部门服务转型任务的达成情况。同时，各个部门和相关服务组织联合组成的实施委员会，具体负责各部门服务改进协议执行情况的日常监控、进展评价和项目管理等工作。实施委员会下属的地方政府实施委员会，则负责地方政府服务的改善、监控和评价。

3. “资金价值”（value for money，VFM）目标

英国政府一直致力于提高重要公共服务领域的投资及其效益水平，即“资金价值”，以保证资金使用的效率和效果，为人民谋取更多的福利。英国财政部在全面支出审查中会给各个中央政府部门设定接下来三个年度的“资金价值”目标，并每年进行更新。国家审计局负责对各部门的“资金价值”进行监控和审计，审计的目的是保证公共资源的经济性、效率性和效果性。审计结果将汇报给公共账目委员会（Public Accounts Committee）。公共账目委员会是下议院的高级特别委员会，其任务是确保议会下拨的资金能够被正确使用。公共账目委员会需就国家审计局提交的报告展开听证会，并于听证会之后发布独立报告。政府部门则需要对该报告做出正式回应，说明它将为贯彻执行委员会的建议而采取的具体改进措施。经过多年的审计实践，在2003年政府发布的《“资金价值”审计手册》（Value for Money Handbook）中，英国国家审计局提出了“资金价值”审计的9个循环性步骤（见图9-15）。

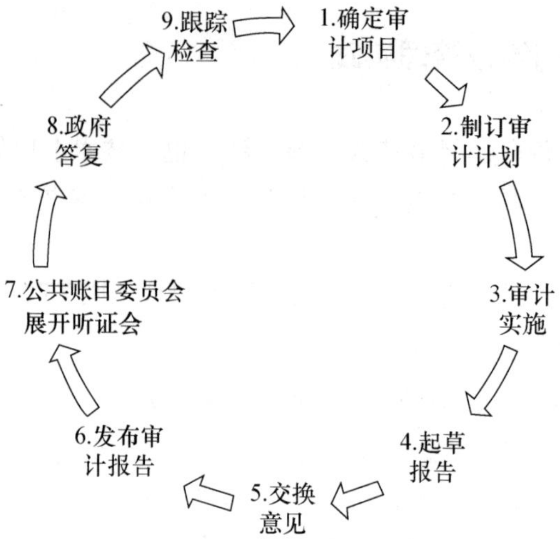

图 9－15 “资金价值”审计的循环性步骤

4. 部门战略性目标（departmental strategic objective，DSO）

在 2007 年全面支出审查中，所有重要的政府部门都制定了不同数量的部门战略性目标，在体现政府全局工作重点的同时，涵盖了更加广泛的包括日常业务活动在内的部门性活动。每个部门战略性目标都有其相应的绩效评价指标体系。例如，英国国际发展部（Department for International Development，DFID）的公共服务协议和部门战略性目标，具体如表 9－14 所示。

表 9－14 DFID 的公共服务协议和部门战略性目标

公共服务协议（PSA）		
（DFID 作为实施合作伙伴）PSA 27：领导全球，避免危险的气候变化	（DFID 作为领导性部门）PSA 29：在贫困国家消除贫穷，更快地朝千年发展目标（the millennium development goals）前进	（DFID 作为实施合作伙伴）PSA 30：通过英国与国际社会共同努力来减少冲突带来的影响
⇧		
部门战略性目标（DSO）		
DSO 2：积极应对气候变化，确保环境的可持续性	DSO 1：促进良好的治理、经济增长、贸易以及基础服务的易获性	DSO 3：消除贫困，有效地回应冲突和人道主义危机，促进和平
DSO 4：开发全球合作伙伴关系以促进援助之外的发展		
DSO 5：使所有双边的/多边的捐赠机构更加有效		
DSO 6：支持双边发展		
DSO 7：提高本部门工作的效率和效果		
通过“金钱、人、体制、沟通、结果”来实施		
⇧		
部门绩效框架		

5. 能力评价（capability review）

能力评价是由内阁秘书古斯·奥多内尔（Gus O'Donnell）于2005年发起的，该项目将部门能力分为三类——实施能力、领导力和战略能力，并且每类能力下面又细化为若干种能力（见表9-15）。内阁专门成立了能力评价小组，负责召集外部的评价主体，以两年为一个周期对各个中央部门的能力进行全面评价。

表9-15 能力评价的模式

实施能力	• 有效管理绩效，提高“资金价值” • 创新，改进实施效果 • 有重点地计划和利用资源 • 明晰角色、职责和实施计划
领导力	• 引导方向 • 点燃激情，加快脚步 • 开发员工
战略能力	• 制定战略，注重结果 • 基于详尽的信息进行抉择，关注客户 • 通力合作，建立共同愿景

资料来源：Civil service reform.（2010）. http：//www.civilservice.gov.uk/about/improving/capability/index.aspx，2010.

在对部门能力进行评价时，内阁评价小组给出的评价等级如表9-16所示。

表9-16 能力评价项目的评价尺度

绿色	符合能力模型的要求，能力突出，能够完成未来的各项行动
绿色条纹	与能力模型的要求有差距，但是已有清醒的认识。为了应对现在和未来的实施计划，正在逐渐提高自己的能力，并完全有条件达成既定要求
红色条纹	对于现在和未来的实施计划，在能力上有一定欠缺，且没有完全认识到自身缺点，也没有清晰的改进计划
红色	对于现在和未来的实施计划，在能力上有明显欠缺，须立刻采取相应措施；短期或中期内并没有条件解决这些缺陷，需要额外的努力和帮助来保证有效的实施

注：本书为单色印刷，此处绿色和红色显示为灰色。

6. 各地方政府的差异性绩效管理

在推进政府绩效管理时，如何处理中央与地方各级政府之间的关系是一个重要问题。英国由于特殊的政治体制，地方政府整体上有较高的自主权，但不同的地方政府最终可能形成不同的绩效管理制度。在英格兰，绩效管理制度主要由中央负责，中央直接邀请地方当局参加试点，采用更加关注地方情景、更加关注过程报告等方式展示各地绩效效果。而在地方分权程度相对较低的威尔士，绩效管理制度经历了中央负责向地方自治的过渡，地方当局自评和制定指标占据重要地位，从仅在指标上赋予其自由转变为地方自评为主的绩效管理，中央推出的《地方政府法案》通过不断地调整，逐步与威尔士的绩效管理法案相契合，赋予威尔士绩效管理制度和机构法定地位。苏格兰地方分权程度相对较高，绩效管理一直由地方政府负责，注重各级政府间的合作，尊重地方当局的自身情景，通过叙述性报告展示机构绩效结果。三个地方政府绩效管理的核心是围绕公共服务的供给来评估资金使用是否实现价值最大化，但不会影响资源分配，只是将考评结果作为上级政府进一步检查和介入的依据，目的在于帮助地方当局提高绩效。

9.4.3 美、英两国政府绩效管理经验启示

美国、英国等国家在吸收先进绩效管理理念和方法的基础上，以法律形式对行之有效的绩效管理方案进行规范，建立了完善的政府绩效管理法律体系、评价体系和支撑体系。值得借鉴的是，这些国家在政府绩效管理中均突出了战略性、平衡性和协同性的基本导向。

1. 绩效管理体系设计突出战略性

与企业相比，公共部门的战略更具多元性，需要兼顾多重利益主体的诉求。在现实中，公共部门容易陷入“事务性泥淖”，难以集中精力办大事，导致逐渐偏离组织发展的既定方向。因此，政府部门应该将有限的资源聚焦于特定时期的组织战略目标，以组织整体绩效的改善来满足不同利益相关者的需求。实践中，为确保有效执行政府组织战略，美、英两国绩效管理体系的设计通常从明晰组织使命、愿景和战略开始，通过计划绩效逐层制定政府组织、部门和公务员个人的绩效目标，使组织的战略目标能够沿着管理层级得到逐层落实，确保政府组织的战略能够切实转化为每个公务员的具体行动。

2. 绩效考核内容制定体现平衡性

对于政府组织而言，在长期发展和短期利益、经济增长和改善民生等目标之间取得有效平衡，是政府价值取向的根本要义，也是提高政府公信力的基本要求。美、英两国政府在绩效目标和考核指标设计上坚持平衡性，使短期工作任务与长期战略目标、目前利益与潜在利益、经济绩效与社会责任、实现过程与最终结果等不同目标较好地融入绩效考核体系，有利于科学引领和全面衡量高级公务员的决策和行为，防止出现顾此失彼和短视行为等现象。

3. 目标实现过程紧扣协同性

自20世纪90年代“协同型政府”的概念提出后，以美国、英国为代表的西方国家致力于寻求政府横向部门间、纵向决策与执行部门间以及部门内的整合、兼容与联合行动，以顺利实现政府所追求的共同目标。[①] 卡普兰和诺顿也明确指出，“协同是组织设计的最高目标。组织是由很多机构、业务单元和专业部门组成的，它们各自拥有自己的战略。为了使组织整体绩效超过各部门绩效的总和，各部门战略相互之间必须关联

① 解亚红．“协同政府”：新公共管理改革的新阶段．中国行政管理，2004（5）．

和协同”[①]。政府绩效管理应当立足战略、着眼全局，敏锐地识别协同来源，创造合作机会，并将协同来源和机会转化为具体的绩效目标。在纵向上，通过目标承接与分解的方式，将组织战略依次全部转化为部门绩效目标和公务员个人绩效目标，实现目标的上下贯通；在横向上，根据不同职位的职责权限和工作关系，以目标共享和分享的方式合理设置公务员个人绩效目标，实现目标的左右衔接。

9.5 我国公共部门绩效管理实践

作为人力资源管理的一个重要职能，由于绩效管理在帮助政府部门提高行政效率、改善服务水平和促进工作落实等方面具有显著功效，所以其在20世纪80年代起逐渐走上中国政府管理的舞台。纵观几十年来的探索与实践历程，我国公共部门绩效管理走过了一条持续的自我发展和自我完善之路，并在各个阶段摸索并创立了一系列特色鲜明、行之有效的管理模式。

9.5.1 绩效管理实践发展的阶段性特征

1. 以行政效率为核心的绩效管理实践

一直以来，尤其是改革开放以后，我国各级政府对政府行政效率和治理水平都给予了高度关注。1980年，邓小平在关于《党和国家领导制度的改革》等一系列讲话中指出了官僚主义所留下的“机构臃肿、办事拖拉、不讲效率”等弊病，强调通过开展机构改革和行政管理体制改革解决“活力、效率、积极性”等问题。为此，我国于1982年进行了改革开放以后的第一次政府机构改革，试图通过大幅度精简政府机构和人员编制来提高政府部门的工作效率。此时，政府绩效管理刚刚起步，受当时社会背景和宏观政策的影响，主要以提高行政效率为导向。

为了配合机构改革并巩固改革成果，劳动人事部于1982年下发了《关于建立国家行政机关工作人员岗位责任制的通知》，1984年中共中央组织部与劳动人事部联合下发了《关于逐步推行机关工作岗位责任制的通知》。这两个通知的出台与贯彻实施，促使岗位责任制在政府机关中逐步建立。随后，在“目标管理”思想的影响下，我国政府部门的岗位责任制逐渐发展为目标责任制，并迅速在全国范围内推广开来。1988年，中国城市目标管理研究会成立，当时共有13个大中城市参加。据不完全统计，截至1998年，全国已有23个省的省级机关推行目标管理，90%以上的地市级机关推行目标责任制，100多个城市采用城市目标管理。

除了目标责任制，效能监察是这一时期另一种具有代表性的绩效管理方式。1989年12月举行的第二次全国监察工作会议明确提出，行政监察机关的基本职能“既包括效能

---

① 罗伯特·卡普兰，戴维·诺顿．战略中心型组织：平衡计分卡的致胜方略．北京：中国人民大学出版社，2008：9.

监察，又包括廉政监察”。效能监察是我国首次通过外部主体对政府内部管理效能进行监督检查的方式，从效能监察入手，目的在于把监督的关口前移，加强事前、事中监督，做到防范在先，使纪检监察工作紧贴改革和经济建设中心，更好地为经济建设服务。到1999年，全国已有23个省（自治区、直辖市）不同程度地开展了效能监察工作。

以提高行政效率为导向的公共部门绩效管理模式，促使公共部门关注自身的管理方式和行政效率，对于公共部门更新观念、转变职能等方面具有深远的意义。但是这种绩效管理模式实际上是一种组织内部的管理模式，忽视了政府行为的结果和社会影响，难以兼顾政府的“公共性”这一根本属性。

2. 以服务质量为核心的绩效管理实践

20世纪90年代是我国行政管理体制改革的深入阶段，各级政府在不断提高行政效率的同时，也开始注重服务质量的提升。这一时期，许多政府组织和部门的管理者逐步形成绩效管理的意识，将绩效管理作为改善内部管理水平、提高外部服务质量的重要手段。同时，受西方管理理念的影响，我国公共部门绩效管理的关注点也逐渐从内部转向外部、从效率转向结果，并将服务质量作为衡量自身绩效的重要内容。

在1991年英国“公民宪章运动”的启发下，我国一些地方政府组织和部门于20世纪90年代初期开始对社会服务承诺制进行探索。1994年6月，山东省烟台市政府借鉴英国公民宪章运动和香港地区公共服务承诺制的经验，率先在烟台市建委系统试行社会服务承诺制。1996年7月，基于烟台市社会服务承诺制度的成功经验，中宣部和国务院纠风办决定，把宣传和推广社会服务承诺制度作为加强行业作风和职业道德建设、推进社会主义精神文明建设的一项重要举措。随后，建设部、电力部等八个部委相继实行了社会服务承诺制度。随着社会服务承诺制在全国范围普遍推开，我国的公共部门绩效管理水平迈上了一个新台阶。

20世纪90年代末期，伴随着公民参与观念的日益成熟，我国政府更加重视服务意识与服务质量，“公民评议政府”作为一种新的政府绩效管理形式广泛应用于我国各级政府组织。1998年沈阳市的“市民评议政府”，1999年珠海市的“万人评政府”，2000年邯郸市的“市民评议政府及政府部门问卷调查活动”、广州市的“市民评政府形象”，2001年南京市的“万人评议政府”、辽源市的“万名市民评议政府活动”、杭州市的“满意不满意评选活动”，2002年温州市的市民对“48个市级机关部门满意度测评调查”、邵阳市的“优化经济环境综合测评”，2003年北京市的“市民评议政府”、锦州市的“市民评议政府机关”和“评选人们满意公务员”等，都是“公民评议政府”的生动实践。

20世纪90年代的以服务质量为导向的公共部门绩效管理模式，不仅有助于政府改善与公民的关系、树立良好的形象，还能增加政府行为的透明度、强化行政监督，对于政府提高工作绩效、建立责任意识以及改善服务水平等都具有重要意义。但是，这种方式也存在着评价内容片面、评价主体单一、定量评价缺失等问题，需要加以改进和完善。

3. 以科学方法为核心的绩效管理实践

进入21世纪，我国政府的施政理念出现了新的变化，科学发展观、正确政绩观等全新理念成为政府绩效管理研究与实践的指导思想，“构建科学的政府绩效评价体系”成为新时期公共部门绩效管理的迫切要求。这一时期公共部门绩效管理的最大特征是理论研究与实际应用相结合，一些先进的绩效管理理念、工具和方法的引进使我国公共部门的绩效管理工作逐渐进入科学化、规范化的轨道。

这一时期，我国一些学者开始借鉴国外先进的模式和方法，探索适用于中国政府的通用绩效评价指标体系。例如国家行政学院以欧盟成员国使用的通用绩效评价模型为基础，结合我国国情，创造性地构建了中国特色的通用绩效评价框架；人事部《中国政府绩效评价研究》课题组在总结了国内外指标体系的设计思想和方法技术的基础上，经过深入的调查和广泛的论证，提出了一套由3个一级指标、11个二级指标及33个三级指标构成的“地方政府绩效评价指标体系”。对通用绩效评价指标体系的探索表明我国政府绩效评价体系正逐步走向成熟。

此外，随着国外先进绩效管理理念的引入，平衡计分卡、全面质量管理、关键绩效指标等绩效管理工具不断为我国公共部门的绩效管理注入新鲜血液，使我国公共部门绩效管理研究呈现出百花齐放的局面。值得一提的是，从2006年初开始，由中共中央组织部领导干部考试与测评中心牵头，以黑龙江省海林市、广西壮族自治区贵港市平南县平山镇、四川省乐山市五通桥区等地区为试点，开始了平衡计分卡在中国政府绩效管理中的本土化实践与探索。

随着新时期各级政府对绩效管理的高度重视和迫切需要以及理论研究的不断深入，我国公共部门绩效管理水平进入了一个新的阶段，在评价模式、实施机制、关注重点和覆盖范围等诸多方面较以往都取得了重大进步，形成了各具特色的绩效管理模式。尽管这些模式与方法还存在不少问题，但在很大程度上为今后我国公共部门绩效管理工作的科学化和规范化奠定了更为坚实的基础。

9.5.2 我国政府绩效管理实践的具体模式

1. 预算视角下的绩效管理

预算绩效管理不仅是评估支出效率的工具，更是我国政治改革的重要分支。自2003年党的十六届三中全会提出“建立预算绩效评价体系”起，中国预算绩效管理改革的推动与发展都源于中央的要求。同时，我国的预算绩效管理改革是自上而下的政策推行与自下而上的政策执行联合推动的过程。

2011年，财政部印发了《关于推进预算绩效管理的指导意见》，逐步建立了全过程的预算绩效管理机制。随后，党的十八大明确提出“创新行政管理方式，提高政府公信力和执行力，推进政府绩效管理”，为实施预算绩效管理奠定了理论基础。2014年，国务院为全面推进预算绩效管理工作，强化支出责任和效率意识，将绩效评价重点由项目支出拓展到部门整体支出和政策、管理等多个方面，并提出加强绩效评价结果应用的要求，进一步健全了预算绩效管理机制。2017年，中国共产党第十九次全国代表大会提出加快建立现代财政制度，标志着预算绩效管理机制的全面实施。2018年，中共中央、国务院颁布了《关于全面实施预算绩效管理的意见》，力争用三至五年的时间基本建成全方位、全过程、全覆盖的预算绩效管理体系。2020年，修订后的《中华人民共和国预算法实施条例》正式实施，明确界定了财政部门、预算部门和单位之间预算绩效评价的权责定位。同年，财政部修订出台了《项目支出绩效评价管理办法》，进一步明确了绩效评价的政策依据、使用规范等，并规范了评价指标、第三方机构合作等管理办法。2021 年，财政部发布了《中央部门项目支出核心绩效目标和指标设置及取值指引（试行）》，明确了核心绩效目标的构成与设置要求。这些顶层设计的制度要求为我国预算绩效管理改革指明了方向，给我国地方政府执行预算绩效管理改革提供了政策启发。

随着预算绩效管理改革的稳步推进，地方政府紧跟中央步伐进行了预算绩效管理的实践。在 2011 年、2014—2015 年、2018—2019 年等多个阶段，各省级财政部门进入了预算绩效管理政策的高密期，全面预算管理在各省范围内全方位推进。广东模式、河北模式等预算绩效管理实践皆有突出表现，两省建立了科学的绩效目标指标体系、规范的新型预算管理结构和新型预算审核方式，实现了全过程绩效监督和全过程绩效预算管理新机制。地方政府在完成财政管理模式升级的同时，构建了一套促进政府职能转变和治理能力提升的运行机制。

2. 政务督查下的绩效管理

政务督查随着国家行政管理活动的开展而出现，是国务院办公厅的一项基本职能，也是推动决策落实、改进工作作风、提高办事效率、确保政令畅通的重要途径和手段。党的十八大以来，国家治理体系和治理能力现代化建设为政府职能的转变提出了更高的要求，督查成了提高政府执行力、保障政府权威及公共决策有效落实的必然选择。党中央高度重视和充分发挥督查工作推动党的理论路线方针政策和决策部署落实的重要作用，并于每年定期开展国务院大督查行动，由督查组遵循“先地方后部门”的顺序开展实地督查，并根据督查结果开展相应的督查问责与督查激励工作。随着互联网经济的发展，2019 年，国务院“互联网＋督查”平台正式开通运行，各级地方政府也随之开通了自己的“互联网＋督查”平台，比如浙江省政府推出的“浙里督”平台，青海省政府在线上运行“710”政务督办系统平台的基础上开通了“青海政务督查”微信公众号，实行“开门搞督查”。线上分类处理、云端智能分析等目标的实现，有效整合了互联网技术和政务督查体系。2021 年，《政府督查工作条例》正式开始实施，内容对政府的督察程序和督察方式作了规定，对于力戒形式主义、官僚主义避免督查的泛化提出了要求。经过多年的实践探索，我国逐渐形成了一套兼具中国特色和科学有效的政务督导体系。

3. 人事管理视角下的绩效管理

干部考核评价一直都受到中央和地方各级党委的高度重视，特别是十一届三中全会以来，从中央到地方都对干部的实绩进行了有益的探索和研究。1979 年，《关于实行干部考核制度的意见》要求每年或者每两年对干部考核一次。该意见首次提出了考绩的概念，并要求各级政府对干部的工作成绩进行考核。2006 年，中组部印发实施了《体现科学发展观要求的地方党政领导班子和领导干部综合考核评价试行办法》，这是中央着眼于选准用好干部，充分发挥考核评价的导向作用和监督作用，为建设一支政治上靠得住、工作上有本事、作风上过得硬、人民群众信得过的高素质干部队伍的重要举措。2007 年，中组部和人事部共同印发了《公务员考核规定（试行）》，规定了对非领导成员公务员的考核，强调了公务员考核坚持客观公正、注重实绩的原则，实行领导与群众相结合，平时与定期相结合，定性与定量相结合的方法，按照规定的权限、条件、标准和程序进行。2009年，中共中央办公厅出台了《关于建立促进科学发展的党政领导班子和领导干部考核评价机制的意见》。2019年，中共中央办公厅印发了《党政领导干部考核工作条例》，以习近平新时代中国特色社会主义思想为指导，落实新时代党的建设总要求和新时代党的组织路线，为做好新时代干部考核工作提供了基本遵循。

4. 巡视监察视角下的绩效管理

巡视制度是中国共产党党内的一项新制度，是指中央和省、自治区、直辖市党委，通过建立专门巡视机构，按照有关规定对下级党组织领导班子及其成员进行监督的制度。巡视制度作为强化监督、遏制腐败的重要方式，对于政府部门提升工作效率、保证公共服务质量、转变工作作风具有重要意义。早在1931年，中国共产党就颁布了《中央巡视条例》，建立了巡视制度，并且成立了专门的巡视机构，定期对有关党组织进行巡视。党的十八大以来，在推进全面从严治党的过程中，中央先后开展十多轮巡视工作，将权力关进制度的笼子里，实现标本兼治，在深化国家监察体制改革中推动反腐法治化和国家治理现代化。党中央立足于深刻变化的国情党情，深入推进巡视定位、巡视主体、巡视对象、巡视内容、巡视方式、巡视范围等方面的创新发展，使巡视制度焕发出强大生机和活力。巡视制度化建设有了长足的进步，实际效果也得到了很大的提升，推动了党的纪律检查工作双重领导具体化、程序化、制度化，在价值目标、评估体系、控制系统和组织保障等各个层面进行了统筹建构，有效运用绩效管理方法，在我国既定制度框架内推动政府督促检查工作的顺利落实，进一步提升了政府执行力和政府效能。

5. 专项评价视角下的绩效管理

专项评价由公共部门中各专项评价责任部门按照相关要求设定考核的具体内容与指标，在组织并实施相关专项的考评工作后提交专项评价报告，进行专项工作的绩效监管和绩效激励。比如，在《普通高等学校本科教育教学审核评估指标体系（试行）》中，在二级评价指标下增加了思政教育、党的领导等二级评价指标，更增加了“立德树人”“师德考核”等相关内容。考评内容与指标的更新为我国人才的教育与培养提供了制度保障，也体现了我国重视教育与德治对上层建筑的重要推动作用。2018年，南宁市为了构建城市管理长效机制，推行了《南宁市“美丽南宁·整洁畅通有序大行动”暨扬尘污染治理工作目标专项评价办法》，并根据PM10与PM2.5任一数值浓度、数字城管系统内月度案件按期结案率等具体指标开展严格的城市管理评价工作，提升城市宜居环境。专项评价更具细分性和针对性，评估对象可能是具体的教育制度、环境资源、财政绩效等，它能定期对各地、各部门的不同专项工作的进展或结果进行评估考核，从而实施更具体有效的绩效监督或激励措施，提升公共部门的工作效率。

本章小结

本章主要介绍了公共部门绩效管理的概念和系统模型，详细论述了公共部门绩效管理的基本流程和关键决策，系统展示了目标管理、关键绩效指标、目标与关键成果法以及平衡计分卡等绩效管理工具的基本原理，并对国内外公共部门绩效管理实践进行了阐述。公共部门绩效管理在整个公共部门人力资源管理系统中处于核心地位。一个完整的战略性绩效管理系统由三个目的、四个环节和五项关键决策构成。伴随着管理思想及理论的发展，绩效管理的工具与技术也不断地发展完善，产生了目标管理、关键绩效指标和平衡计分卡等绩效管理工具。西方主要国家公共部门大力开展战略性绩效管理实践，我国公共部门也开展了卓有成效的绩效管理实践与探索。

关键术语

绩效　公共部门绩效　公共部门绩效管理　绩效计划　绩效监控　绩效评价　绩效反馈　目标管理　关键绩效指标　平衡计分卡　战略地图　绩效沟通　相对评价　绝对评价

复习思考题

1. 公共部门绩效管理的含义是什么？
2. 请简述公共部门绩效管理系统模型。
3. 什么是目标管理？它的优点、缺点是什么？有哪些操作程序？
4. 什么是关键绩效指标？请举例说明它的操作程序。
5. 什么是平衡计分卡？它有何意义？请简述平衡计分卡理论的产生与发展。
6. 什么是战略地图？请阐述如何利用战略地图来规划战略。
7. 什么是目标与关键成果法？请简述其实施流程。
8. 请阐述绩效管理四个环节的含义、目的与操作步骤。
9. 绩效评价有哪些常用方法？请阐述每种方法的含义及特点。
10. 简述我国政府绩效管理的发展实践。

第 10 章

公共部门薪酬管理

薪酬管理是公共部门人力资源管理的核心环节之一，主要包括确立组织的薪酬体系、薪酬水平、薪酬等级结构、薪酬构成以及薪酬管理政策等内容。有效的薪酬管理可以激发公共部门组织成员的工作动力，促进公共部门组织战略的顺利达成。本章主要介绍公共部门薪酬以及薪酬管理的内涵、薪酬管理的关键决策、公共部门的福利与保险等内容，并对国内外公共部门薪酬管理的具体实践进行阐述。

重点问题

- 薪酬的内涵
- 公共部门薪酬管理的内容
- 公共部门薪酬管理关键决策
- 公共部门的福利与保险制度
- 国内外公共部门薪酬管理实践

10.1 公共部门薪酬管理概述

10.1.1 薪酬的内涵

在了解薪酬（compensation）之前，首先介绍一下报酬的概念。报酬（rewards）是指员工从组织那里得到的作为个人贡献回报的对价，一般分为内在报酬（intrinsic rewards）和外在报酬（extrinsic rewards）。内在报酬通常指员工由工作本身所获得的心理满足和心理收益，如决策的参与、工作的自主权、个人的发展、活动的多元化以及挑战性的工作等。外在报酬通常指员工所得到的各种货币收入和实物，包括财务报酬（financial rewards）和非财务报酬（non-financial rewards）两种类型。非财务报酬包括宽大的办公室、动听的头衔以及特定的停车位等。财务报酬又可以分为两类：一是直接报酬（direct rewards），如工资、绩效奖金、股票期权和利润分享等；二是间接报酬（indirect rewards），如保险、带薪休假和住房补贴等福利（见图 10－1）。

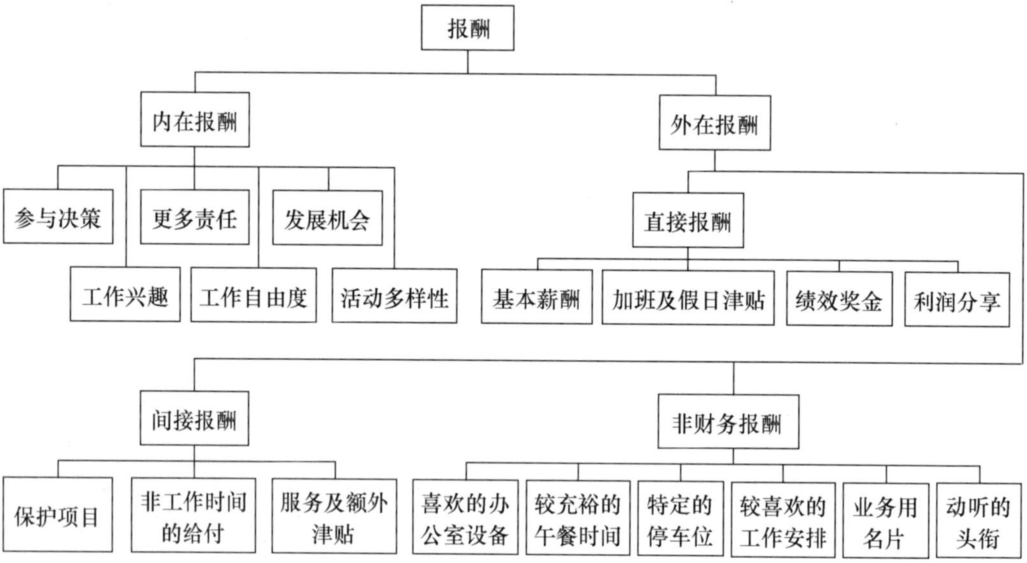

图 10－1　报酬的构成

薪酬是报酬体系的一部分，是指组织为认可员工的工作与服务而支付给员工的各种直接和间接的经济收入。美国薪酬管理专家乔治·米尔科维奇（George Milkovich）将薪酬定义为：雇员作为雇佣关系中的一方，因为工作和劳动，而从雇主那里所得到的各种货币收入以及各种特定的服务和福利之和。薪酬一般分为基本薪酬、绩效薪酬以及福利三种类型。

1. 基本薪酬

它是指根据劳动者所提供的劳动的数量和质量，按事先规定的标准和时间周期性付给劳动者的相对稳定的劳动报酬，又分为职位薪酬、技能薪酬与能力薪酬。基本薪酬主要反映员工所承担职位（或岗位）的价值或者员工所具备的技能、知识或能力的价值。在国外，基本工资往往有时薪、周薪、月薪、年薪等形式。

2. 绩效薪酬

绩效薪酬是将员工的收入与员工、团队或者组织的绩效水平相挂钩的一种薪酬体系。绩效薪酬体系的目的在于，通过将员工的薪酬水平与绩效挂钩的做法，鼓励员工像考虑个人利益一样考虑组织的战略目标，从而促进组织战略目标的实现。按照不同的划分方式，绩效薪酬可分为不同类型，如根据支付对象，可分为个体绩效薪酬和群体绩效薪酬；根据支付期限，可分为短期绩效薪酬和长期绩效薪酬；根据支付原则，可分为绩效加薪和绩效奖金；等等。

3. 福利

福利是指组织为了提高员工的满意度，向员工提供的旨在提高其生活质量的间接薪酬。福利是对劳动的间接回报，一般不是按工作时间和员工的个人贡献给付的，只要是组织的正式员工基本都可以均等地获得福利，其目的是为员工提供各种必需的保障，使员工能安心工作。福利分为各种保险及福利津贴等。

10.1.2 公共部门薪酬管理的内容及特点

公共部门薪酬管理是指公共部门根据组织战略和发展规划，结合相关法规政策，确定组织薪酬总额、薪酬结构以及薪酬形式，并根据员工的岗位职责、能力水平及工作表现等来确定其所得到的各种直接和间接财务性报酬的过程。在这一过程中，组织应该就薪酬水平、薪酬体系、薪酬结构以及特殊员工群体的薪酬等做出决策；同时还要持续不断地制订薪酬计划，拟定薪酬预算，就薪酬管理问题与员工进行沟通，对薪酬系统本身的有效性做出评价，并不断予以完善。

1. 薪酬管理的内容

为达到薪酬管理的目标，组织在薪酬管理的过程中必须做出一些重要的决策，主要包括薪酬体系、薪酬构成、薪酬等级结构、薪酬水平以及薪酬管理政策五项重大决策。

（1）薪酬体系。薪酬体系概念有狭义与广义之分。广义的薪酬体系是指薪酬中相互联系、相互制约、相互补充的各个构成要素形成的有机统一体，包括薪酬构成、薪酬等级、薪酬水平等一系列内容。狭义薪酬体系的主要任务是确定薪酬支付的基础是什么，具体包括基本薪酬是基于职位还是个人（技能、知识及能力）、绩效薪酬如何与员工绩效相挂钩等。

（2）薪酬构成。薪酬构成是指在总体薪酬中不同类型的薪酬组合方式，通常情况下分为直接薪酬和间接薪酬。前者是直接以货币形式支付给员工，并且与员工所提供的工作时间和业绩质量有关的薪酬；后者则包括福利、服务等一些有经济价值，但是以非货币形式提供给员工的报酬，往往与员工的工作时间、业绩质量等没有直接关系。

（3）薪酬等级结构。薪酬等级结构指的是同一组织内部的薪酬等级数量以及不同薪酬等级之间的薪酬差距大小。薪酬等级结构包括针对每一个职位或者职位等级的薪酬范围，包括最高工资、最低工资、中位工资和工资范围系数。组织据此建立起对薪酬进行管理的结构，为不同职级、不同职位以及同一职位上不同能力及工作表现的员工提供差异化的薪酬，这有助于保证组织中薪酬的内部公平性。

（4）薪酬水平。薪酬水平是指组织总体及内部各类职位和人员的平均薪酬的高低，薪酬水平决定了薪酬的外部竞争力。

（5）薪酬管理政策。薪酬管理政策主要涉及薪酬成本与预算控制方式、薪酬制度、薪酬规定以及员工的薪酬是否保密等问题。薪酬管理政策必须确保员工对于薪酬系统的公平性看法，必须有助于组织以及员工个人目标的实现。

2. 公共部门薪酬管理的特点

尽管公共部门薪酬管理的内容与私营部门基本一致，但是由于组织性质方面的差异，公共部门薪酬管理也具有自身的特点。

（1）薪酬体系方面，公共部门大都以“职位”因素作为基本薪酬的支付依据，这是因为公共部门的工作绩效主要取决于岗位职责的履行情况而非个人能力的创造性发挥，因此薪酬设计的基本导向是鼓励员工做好岗位基本职责，根据岗位的贡献大小来确定薪酬标准。但是一些技术类岗位例外，这类职位相对而言更加关注个人所掌握的技能、知识和能力，因此往往采用技术工资制。

（2）薪酬构成方面，公共部门主要采用短期的以固定薪酬为主、可变薪酬为辅的薪酬模式，更强调薪酬的稳定性，保障员工的安全感。这是由于很多公共部门是以职位薪酬为主，工作的稳定性和一致性相对较高，加之公共部门中的工作绩效不易衡量，难以为绩效薪酬设计提供科学依据，因而可变薪酬在薪酬构成中的占比相对较低。

（3）薪酬等级结构方面，公共部门职位等级之间的薪酬差距较小，薪酬级别多、幅度小，以窄带薪酬为主。这种薪酬设计与公共部门的组织架构设计息息相关，与很多私营部门采用扁平化组织结构不同，公共部门大多是采用高耸性组织结构，而在薪酬以岗位为主要依据的前提下，公共部门的薪级要与职级有一定的对应关系，因此薪酬的级别会比较多，薪级差距也不宜拉得过大。当前一些公共部门已尝试引入宽带薪酬，本章在后面会进行介绍。

（4）薪酬水平方面，公共部门的薪酬水平很难具备较强的外部竞争力。薪酬水平决定了薪酬的外部竞争力，是能否吸引优秀人才的重要决定依据。对于公共部门而言，尽管也会考虑薪酬水平在市场中的竞争力，但很难采取领先型的薪酬水平。由于公共部门的薪酬支付来源主要是财政资金，薪酬水平的确定和调整受法规政策的约束，同时接受社会的监督，薪酬水平的确定不能像私营部门那样自主、灵活；并且公共部门特别是政府部门要强调部门间薪酬的一致性，因此“同行业”之间很少存在竞争性的问题。

（5）薪酬管理政策方面，公共部门薪酬管理比较固定和刻板，而企业薪酬管理则具有灵活性、多样性和权变性。由于公共部门薪酬政策都是以法律或者法规等形式固定下来的，不会轻易发生变化，所以公共部门薪酬管理比较固定和刻板。例如，由于有国家或地区相关政策明文规定，公共部门的薪酬信息总体上是公开的，薪酬管理政策受法律保护。对此，公共部门的员工只能接受，他们既难以参与到薪酬管理政策制定过程中，也无法修改自己认为不合适的政策规定。因此，公共部门薪酬管理属于集权式管理。在企业，诸如薪酬信息公开与否，薪酬决策模式倾向于民主型还是集权型，以及采用宽带薪酬还是窄带薪酬等问题，没有固定的答案，因为这些问题与企业的组织战略、组织文化、组织规模、组织发展阶段等都有着密切的关联，其答案视情况而定。因此，企业薪酬管理更具有灵活性、多样性和权变性。

虽然公共部门薪酬管理表现出一些不同于企业薪酬管理的特点，但这并不意味两者互不兼容。事实上，随着新公共管理运动的推进，越来越多的政府组织积极学习和应用企业薪酬管理的优秀经验，包括推行绩效薪酬制度、应用宽带薪酬结构以及提高可变薪酬比重等，以优化自身薪酬管理体系，提升组织绩效水平。

10.2　公共部门薪酬管理关键决策

10.2.1　薪酬管理的导向及原则

1. 战略导向的薪酬管理

薪酬管理必须以战略为导向，公共部门也是如此，特别是在新公共管理运动的推动下，战略性思维逐渐被公共部门所重视，战略导向的薪酬管理也成为大势所趋。战略导向是指公共部门薪酬体系的构建应该从公共部门战略的角度进行分析，与公共部门发展战略有机结合并体现其发展方向，使薪酬成为实现公共部门发展战略的重要支撑工具。合理的薪酬战略可以驱动组织发展战略有效实现。公共部门薪酬管理必须从战略的角度分析哪些要素重要、哪些要素次要，并通过一定的价值标准，赋予这些要素一定的权重，同时确定它们的价值分配。根据学者对薪酬战略的定义，薪酬战略是企业管理人员根据具体的经营环境可以选择的全部支付方式，这些支付方式对企业绩效和有效使用人力资源产生很大的影响，它包括薪酬的决定标准、薪酬的支付结构以及薪酬的管理机制等内容。

形成一个薪酬战略需要做好以下几个方面的工作：

(1) 评价组织文化、价值观、员工需求和组织战略对薪酬的影响；

(2) 使薪酬决策与组织战略、环境相适应；

(3) 设计一个把薪酬战略具体化的体系；

(4) 重新评估薪酬战略与组织战略、环境之间的适应性。

有效的薪酬战略需要重点明确几个方面的内容：

(1) 组织所确立的薪酬方向和目标，是否能够在未来的五年甚至更长的时期内，吸引并留住组织所需要的具有良好的职业品质、经验丰富、技艺娴熟的业务骨干和专门人才。

(2) 薪酬战略政策和策略，是否能最大限度地激发员工的积极性，是否有利于提高个体和总体的劳动效率。

(3) 员工是否感受到薪酬制度体系的公平性和合理合法性；他们对薪酬决策的形成过程是否有所了解；薪酬支付依据是否合理；劳动成本是高了还是低了。

2. 薪酬管理的原则

薪酬管理原则是组织价值观的体现，向员工展示了如下信息：为什么提供薪酬，员工的什么行为或结果是组织非常关注的，员工的薪酬构成是为了对员工的什么行为或结果产生影响，员工的哪些方面提高时才能获得更高的薪酬等。有效的薪酬管理应遵循以下原则：

(1) 有效性原则。

有效性，即薪酬管理系统能在多大程度上帮助公共部门实现预定的目标，是各类组织制定整体性薪酬战略优先考虑的原则。因此，公共部门在薪酬体系设计时，必须充分体现员工的贡献和价值，使员工的职业发展与公共部门的组织发展充分协调起来，保持员工价值创造与薪酬待遇（即价值创造与价值分配）之间的动态平衡。这就要求组织在确定薪酬结构和薪酬水平时要根据薪酬体系的类型，根据岗位、绩效或能力差别适当拉开差距，按照贡献大小进行分配。另外，薪酬管理要注意人工成本的控制，不能无限制地提高薪酬标准，在保证薪酬体系激励性的同时，也要注意薪酬的经济性。

（2）公平性原则。

按照亚当斯（Adams）的公平理论，当员工取得了一定的成绩并获得报酬以后，他不仅关心报酬的绝对量，而且还关心报酬的相对量。因此，他要进行种种比较来确定自己所获报酬是否公平合理，而比较的结果将直接影响到他今后工作的积极性。比较分为两种：

一种是横向比较，即员工将自己所获得的报酬（包括金钱、工作安排以及获得的赏识等）与自己的投入（包括教育、努力以及耗用在工作上的时间等）的比值与组织内其他人做比较，即将 O_p/I_p 与 O_c/I_c 做比较。其中：O_p 代表对自己所获报酬的感觉；O_c 代表对他人所获报酬的感觉；I_p 代表对自己所做投入的感觉；I_c 代表对他人所做投入的感觉。

若是 $O_p/I_p<O_c/I_c$，那么报酬不足的不公平性就产生了；如果 $O_p/I_p\geqslant O_c/I_c$，那么报酬高的不公平性就不会产生。

另一种是纵向比较，即员工将自己目前所获得的报酬与目前投入的努力的比值，同自己过去所获得的报酬与过去投入的努力的比值进行比较，只有前者大于或等于后者时，他才感觉到得到了公平的对待。如果员工认为自己得到了公平的对待，那么他的态度或者行为不会发生什么变化；但是如果员工认为自己受到了不公平的对待，那么他就可能会想办法去恢复公平，而有些办法对于组织而言是不利的，比如员工减少自己的工作投入、采取消极的工作态度、怠工或者离开等。若是想避免上述情况的发生，就必须重视薪酬管理的公平性原则。事实上，如何合理拉开从事不同岗位工作的员工之间的收入差距，是管理者所面临的重大挑战。组织内部薪酬差距决定着员工是否愿意承担更大的工作责任，以及是否愿意额外地进行培训以提高自己的工作适应性。

（3）外部竞争性原则。

外部竞争性是将薪酬收入水平与外部单位相比较，强调薪酬的竞争性。与企业相比，公共部门大都属于非营利性组织，其工作人员更加看重稳定性、责任、发展机会等内在报酬，对财务性报酬的偏好相对较低，这也是为何很多优秀人才放弃企业高收入而进入公共部门工作的重要原因。但不可否认，薪酬仍是公共部门引才、用才和留才的一个重要因素，特别是近些年来，很多公职人员跳槽进入企业，薪酬因素在其中起到了非常重要的作用。因此，公共部门在进行薪酬设计时，同样要考虑到薪酬收入水平的竞争力，确保薪酬具备一定的外部竞争性。

（4）合法性原则。

合法是企业薪酬战略决策的目标之一。为保障劳工权益，各个国家纷纷出台相关法律法规，如最低工资立法、同工同酬立法、反歧视立法等，这些强制性规定为薪酬制度设计提供了基本规范，各类单位都需要遵守。除了关于薪酬的一些基本法律，很多国家都出台了公共部门薪酬管理法规，如美国《联邦雇员工资法》、德国《联邦公务员工资法》、日本《一般职公务员工资法》与《特别职公务员工资法》等，都成了公共部门薪酬设计的依据。因此对于公共部门而言，薪酬管理的合法性原则非常重要。

10. 2. 2　薪酬体系

1. 基本薪酬

基本薪酬是组织根据员工所承担或完成的工作本身或者是员工所具备的工作所需的技能或能力而向员工支付薪酬，是薪酬构成中的相对稳定部分。根据支付依据，基本薪酬主要包括基于职位（pay for job）和基于个人（pay for person）两种类型，前者是根据员工所在的职位来确定基本薪酬，而后者则是根据员工所具备的与工作相关的技能、知识和能力来确定基本薪酬。其中，基于职位的薪酬体系的运用最为广泛，对于公共部门而言尤为如此。

（1）基于职位的薪酬。

基于职位的薪酬又称职位薪酬，是指员工的薪酬或工资是按照员工在组织中所占据的特定职位来发放的。员工薪酬的高低取决于职位的价值。这种薪酬设计的最大特点是对岗不对人，即每个职位的工资高低完全由工作本身的价值决定，不受个人技能与业绩水平的影响，体现以工作为中心。

（2）基于个人的薪酬。

基于个人的薪酬是根据员工所掌握的与工作有关的技能、知识和能力的深度和广度来支付基本薪酬，是以人而不是职位为基础来确定基本薪酬。换言之，组织更多的是依据员工所拥有的工作相关技能、知识和能力，而不是其承担的具体职位的价值来给他们支付薪酬。

与职位薪酬相比，基于个人的薪酬体系相对复杂，并且比较灵活，成本不易控制，而很多公共部门在薪酬管理方面刚性较强，操作起来比较困难，因此这种薪酬体系在公共部门中的应用较少，或仅作为职位薪酬体系的补充。但是在一些组织中也有所尝试，如针对高级专业人才提供特别的薪酬，或是基于员工获取职业资格证书情况给予薪酬方面的奖励等。

2. 绩效薪酬

绩效薪酬是一种将员工的薪酬收入与绩效水平挂钩的薪酬制度，主要形式包括绩效奖金、绩效调薪和绩效工资等。绩效奖金与绩效调薪都是在基本薪酬体系的基础上，根据员工绩效考核结果来调整薪酬水平的薪酬制度。绩效奖金是在基本薪酬之外，根据员工绩效水平给予的一次性奖励，虽然它也与员工的绩效水平相关，但它不改变基本的薪酬水平。绩效调薪是指根据员工绩效评价的结果，相应调整员工未来薪酬的基本水平的一种薪酬管理方案。绩效工资则是员工薪酬构成中的一种激励薪酬方案。

（1）绩效奖金。

最常见的绩效奖金制度是计件制和工时制，这是出现较早的薪酬支付形式。计件制是根据员工的产出水平和工资率来支付相应的薪酬，其计算公式为：工资水平=合格产品数量×工资率。工时制是根据员工完成工作的时间来支付相应的薪酬。计件制和工时制对于绩效的界定相对简单，并且只适用于特殊的群体。随着绩效管理的不断发展，绩效奖金的计算方法更加复杂，也更加科学。在实施绩效奖金的组织中，员工绩效奖金一般取决于两方面因素：一个是由个人的（有时还包括组织的或集体的）绩效评价等级决定的绩效评价系数；另一个是由职位等级决定的计算基数。在后一个因素中，不同组织往往有不同的具体做法：有的组织根据职位的级别确定一个最高奖励比例，以现有基本工资或年度薪酬总额和与职位相对应的最高绩效工资比例的乘积为计算基数；有的组织则根据现有基本工资所处的等级确定一个绩效工资的基数，甚至直接以原基本工资为计算基数。

最简单的绩效奖金计算方法会用到表 10-1 所示的员工绩效评价等级及绩效评价系数。

表 10-1　员工绩效评价等级及绩效评价系数表

绩效评价等级	S	A	B	C	D
绩效评价系数	2	1.5	1	0.5	0.2

计算公式为：

员工本期应得绩效奖金额=现有基本工资额×员工个人的绩效评价系数

假设某员工是某部门的业务主管人员，他的基本工资位于 10 级，基数为 1 041 元。本期他的绩效评价等级为 A 等。根据上面的公式，本期该员工应得的绩效奖金额为：

员工本期应得绩效奖金额=现有基本工资额×员工个人的绩效评价系数

=1 041×1.5=1 561.5（元）

值得提出的是，绩效奖金制度似乎并不复杂。但在实践中，如果大部分员工处于 S 等级或“杰出”类的最高评价等级，组织应支付的工资总额可能很快就会超出其能够承受的范围。为了避免这种情况的出现，组织可以实行带有一定程度强制规定的绩效评价方法，为应有多大比例的员工落入某一绩效评价等级提供指导性规定。这些指导性规定的强制力度各不相同，有的是真正的强制分布评价法，有的并不具备强制性，只是一种指导性的规定。

（2）绩效调薪。

调薪是指对基本工资的调整。这种调整是对工资基数的调整，是一种累计性的调整。决定调薪的基本因素一般包括：市场因素（包括市场薪资水平变动、物价变动等）、员工绩效因素、组织绩效因素等。根据调薪依据的不同，调薪一般分为普通调薪和绩效调薪两类。普通调薪是指组织根据发展情况、市场薪资水平变动和物价变动情况，以年为周期对员工的月基本工资进行调整。绩效调薪是绩效薪酬制度的一种。组织根据员工的年度绩效评价等级，每年分别确定不同的调薪比例。与绩效评价相关的调薪就是绩效调薪。与绩效奖金的情况类似，绩效调薪也有一些不同的具体实施方式。

例如，某组织对于绩效调薪的比例做出如表10－2所示的规定。

表10－2 绩效调薪的比例（%）

绩效评价等级	S	A	B	C	D
处级	8	4	2	0	－10
科级	9	5	3	0	－10
普通员工级	10	6	4	0	－10

（3）绩效工资。

绩效工资（performance related pay，PRP）是建立在科学化、标准化和规范化管理程序基础上的工资分配体系，分为广义绩效工资和狭义绩效工资。广义绩效工资又称为绩效加薪、奖励工资或与评估挂钩的工资，是根据职工所处岗位工作任务的难易程度、责任大小、任职资格、环境以及劳动成果作为劳动报酬支付依据的现代分配制度。绩效工资以对员工绩效的有效考核为基础，实现将工资与考核结果相挂钩，它的理论基础就是"以绩取酬"。利用绩效工资对员工进行合理调控，通过对绩优者和绩劣者收入的调节，鼓励员工追求符合企业要求的行为，激发每个员工的积极性，努力实现企业目标。绩效工资主要是根据员工的第三种劳动即凝固劳动来支付工资，是以实际的、最终的劳动成果确定员工薪酬的工资制度。在我国，绩效工资制度在公共部门和企业都得到了广泛的应用与实施。

10.2.3 薪酬等级结构

1. 薪酬等级结构的确定

在确定薪酬等级结构时，需要对以下几个方面进行设计：

（1）薪酬等级。薪酬等级主要反映不同岗位之间在薪酬结构中的差别，它以岗位评价和岗位分级的结果为依据，根据岗位评价得到的每个岗位的最终点数，划分岗位等级，并使薪酬等级与岗位等级一一对应。

（2）薪酬档次。由于同一个薪酬等级上的员工在能力上有差别，在实际薪酬管理中组织可根据员工的能力、绩效等情况，将薪酬等级进一步细分，即将同一个薪酬等级划分成若干个档次。

（3）薪酬级差。薪酬级差是指不同等级之间薪酬相差的幅度，即组织内最高等级与最低等级的薪酬比例关系以及其他各等级之间的薪酬比例关系。其中，最高等级与最低等级的薪酬比例关系，决定了组织内部的薪酬差距。另外，在确定等级之间的薪酬比例关系时，要充分考虑等级之间在劳动强度、复杂程度、责任大小等方面的差别，以达到激励的目的。薪酬级差反映了岗位之间的差别。由于岗位级别越高，岗位之间的劳动差别越大，工作价值差别越大，因此随着职位等级的升高，薪酬级差逐渐增加。同等级中档次之间的薪酬差别反映了员工能力之间的差别。在同一个薪酬等级中，高档次之间的薪酬级差大一些，低档次之间的薪酬级差小一些。薪酬级差的大小与薪酬等级的划分方式、等级数量有直接关系。如果是分层式薪酬等级类型，由于等级较多，所以薪酬级差一般小一些；如果是宽泛式薪酬等级类型，由于等级较少，所以薪酬级差要大一些。

（4）浮动幅度。浮动幅度是指在同一个薪酬等级中，最高档次的薪酬水平与最低档次之间的薪酬差距，也可以指中点档次的薪酬水平与最低档次或最高档次之间的薪酬差距。显而易见，分层式薪酬等级类型，由于等级较多，所以每个等级的薪酬浮动幅度一般小一些；而宽泛式薪酬等级类型，由于等级较少，所以每个等级的薪酬浮动幅度要大一些。另外，由于高薪酬等级的内部劳动差别大于低薪酬等级的内部劳动差别，所以高薪酬等级的薪酬浮动幅度要大于低薪酬等级的薪酬浮动幅度。

（5）等级重叠。等级重叠是指各个相邻的薪酬等级浮动幅度在数值上的交叉程度。一般来说，各个薪酬等级薪酬浮动的幅度越大，等级重叠度越高；反之亦然。从严格的意义上说，分层式薪酬等级设计，各个薪酬等级之间几乎没有重叠，而宽泛式薪酬等级设计，各个薪酬等级之间存在等级重叠问题，如图 10－2 所示。

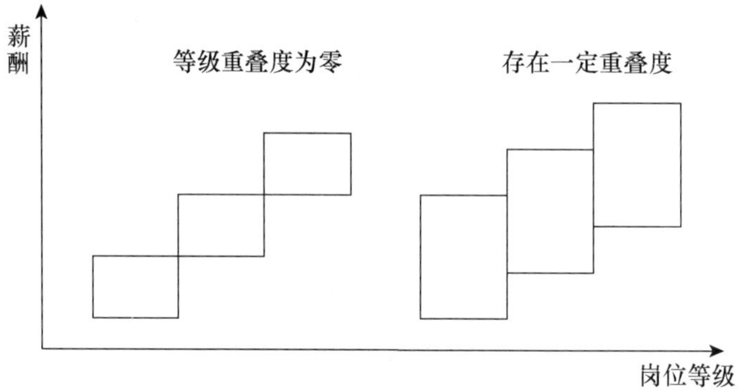

图 10－2　薪酬等级重叠度比较图

典型的两种薪酬等级结构的设计是窄带薪酬和宽带薪酬。窄带薪酬等级多，每一个等级的薪酬幅度相对较小，员工往往只能通过职位的提升来增加薪酬；宽带薪酬的等级少，每一个等级的薪酬幅度大，员工不需要为了薪酬的增长而去斤斤计较职位的晋升，只要注意发展企业所需要的技术和能力就可以获得相应的报酬。

2. 宽带薪酬结构

宽带薪酬（broad banding）始于 20 世纪 80 年代，是作为一种与组织扁平化、流程再造、团队导向、能力导向等新的管理战略与理念相配套的新型薪酬结构而出现的。它是对传统上那种带有大量等级层次的垂直薪酬结构的一种改进或替代。根据美国薪酬管理学会的定义，宽带薪酬结构就是指对多个薪酬等级以及薪酬变动范围进行重新组合，从而使其变成只有相对较少的薪酬等级以及相应的较宽薪酬变动范围（见图 10－3）。

一般来说，每个薪酬等级的最高值与最低值之间的区间变动比率要达到 100%及以上。一种典型的宽带薪酬结构可能只有不超过 4 个等级的薪酬级别，每个薪酬等级的最高值与最低值之间的薪酬变动比率则可能达到 200%～300%。而在传统薪酬结构中，这种薪酬区间的变动比率通常只有 40%～50%。宽带薪酬最大的特点是压缩级别，将原来十几甚至二十、三十个级别压缩成几个级别，并将每个级别对应的薪酬范围拉大，从而形成一个新的薪酬管理系统及操作流程，以便适应新的竞争环境和业务发展需要。

与传统的薪酬结构相比，宽带薪酬结构的特征及优势在于：支持扁平型组织结构；

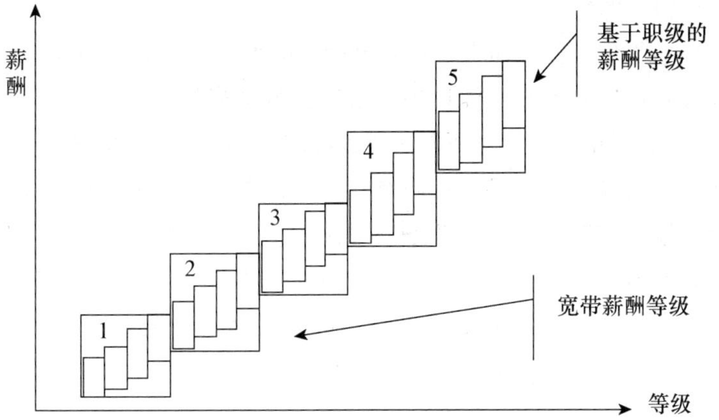

图 10-3 宽带薪酬结构示意图

能引导员工重视个人技能的增长和能力的提高；有利于工作轮换和培育员工在组织中跨职能成长的能力；有利于提升组织核心竞争优势和整体绩效。但是宽带薪酬结构也存在一些缺陷，如导致员工晋升困难；增加组织的管理成本；有可能增加组织的绩效管理压力等。

10.2.4 薪酬水平

1. 薪酬调查

薪酬水平决定了薪酬的外部竞争性。对组织薪酬水平决策产生影响的主要因素包括市场薪酬水平、组织的支付能力和薪酬战略、社会生活成本指数等。薪酬调查（compensation survey）是帮助各类组织确定薪酬水平的有效途径，具体指通过各种渠道获得相关组织各个职位的薪酬水平及相关信息的过程。薪酬调查的目的是保证薪酬设计的内部公平性和外部竞争性，进而吸引和留住人才。

我国《公务员法》第八十一条规定："公务员的工资水平应当与国民经济发展相协调、与社会进步相适应。国家实行工资调查制度，定期进行公务员和企业相当人员工资水平的调查比较，并将工资调查比较结果作为调整公务员工资水平的依据。"要完善工资调查制度，加强公务员工资外部平衡比较，参照劳动力市场确定工资率，以增强公务员工资的外部竞争性。美国、英国、日本、加拿大、澳大利亚等国家重视公务员的工资调查。工资调查是美国行政机构、联邦人事管理机构"就工资结构向立法机构提出建议并获得批准的基础"。

薪酬调查主要按以下步骤进行：

第一，确定薪酬调查的职位。此环节最重要的任务在于确定基准职位，即选择那些具有代表性的职位进行调查。

第二，确定薪酬调查的对象及范围。在选择薪酬调查的对象时，要坚持可比性原则，最好选择与本组织有竞争关系或者同行业的类似组织，重点考察员工的流失去向和招聘来源，组织薪酬增长状况，不同职位不同级别的薪酬水平、奖金和福利状况，长期激励措施以及未来薪酬的发展趋势等。

第三，确定薪酬调查的渠道和方式。薪酬调查的渠道通常有：组织之间的互相调查，委托专业机构进行调查，从公开的信息中了解等。普遍采用的具体调查方式是问卷法和座谈法（也称面谈法），此外还可使用电话调查和网络调查等作为补充手段。

第四，设计薪酬调查表并开展实际调查。无论采取何种薪酬调查方式，都需要采用一个薪酬调查表记录所获取的信息。薪酬调查表应包括以下内容：（1）调查职位的基本信息（包括职位名称和基本工作特征）；（2）调查对象的组织信息（包括规模、行业、地域、组织性质等）；（3）调查职位的职位描述（包括工作职责和内容）；（4）调查职位的任职者的个人信息（包括性别、年龄、学历、专业和资历等）；（5）调查职位的总体薪酬构成和薪酬水平（包括基本薪酬、奖金和福利等）。

第五，分析薪酬调查结果。在结束薪酬调查之后，就需要分析薪酬调查的结果，形成薪酬调查报告。分析薪酬调查的结果主要是针对薪酬的统计数据进行分析，一般包括频度分析、居中趋势分析、离散趋势分析、回归分析等。

根据薪酬调查结果，可以适当对薪酬水平进行调整。薪酬水平比较是利用薪酬水平调查搜集到的薪酬数据，在按照统计标准进行整理与评价之后，将公共部门工作人员薪酬与其相当人员薪酬进行科学比较，并评价两者“基本平衡”的程度。将公共部门工作人员的薪酬水平与私营企业中从事相似工作、相近职位、同等年龄、同等学历人员的薪酬水平进行比较，每年对企业各类人员的薪酬状况进行抽查，并与公共部门工作人员的薪酬水平进行比较，找出二者差距，从而提出修订公共部门工作人员薪酬的建议，这种办法能够及时补偿公共部门工作人员与企业人员的薪酬差距，以保证薪酬收入分配的公平性。在进行公共部门工作人员和企业人员薪酬调查后，取得了相应的数据，同时考虑物价指数，这时将调查结果进行比较，从而提出合适的公共部门工作人员薪酬调整幅度。这一调整幅度要广泛征求社会各界的意见。因为，公共部门工作人员的薪酬是来自纳税人，公共部门工作人员的薪酬水平的调整属于公共行为，在确定公共部门工作人员的薪酬水平时有必要广泛听取社会各界纳税人的意见，吸收各利益相关群体的意见对于公共部门工作人员薪酬水平的调整是非常必要的，最终将征求意见用于修正薪酬水平的调整。

2. 薪酬调整

薪酬调整是保证薪酬正常运行和调整的一个重要组成部分，也是薪酬能增能减的调整机制的具体体现。从具体内容来看，薪酬调整又可以分为：

（1）定级性调整。薪酬定级是对那些原本没有薪酬等级的员工进行薪酬等级的确定，包括对试用期满或没有试用期但办完入职手续的新员工进行薪酬定级；对原来没有的岗位或没有在组织中聘任的军队转业人员进行薪酬定级；对已工作过但新调入组织的员工进行薪酬定级等。

（2）物价性调整。物价性调整是为了补偿因物价上涨给员工造成的经济损失而实施的一种薪酬调整方法。公共部门需要关注物价的变化情况，合理调整员工的薪酬水平。

(3) 工龄性调整。公共部门薪酬构成中一般含有工龄工资或年功工资，随着时间的推移和员工在本单位连续工龄的增加，要对员工进行提薪奖励。工龄性调整是把员工的资历和经验当作一种能力和效率予以奖励的薪酬调整方法。

(4) 考核性调整。考核性调整是根据员工的绩效考核结果，每达到一定的合格次数即可以提升一个薪酬档次的调整薪酬的方法。

(5) 奖励性调整。奖励性调整一般用在当一些员工做出了突出的成绩或重大的贡献后，为了使他们保持这种良好的工作状态，并激励其他员工积极努力，向他们学习而采取的薪酬调整方式。奖励的办法和形式多种多样，有货币性的，也有非货币性的；有立即给予的，也有将来兑现的；有一次性支付的，也有分批享用和终身享用的。

10.3 公共部门福利与保险

10.3.1 福利

员工福利（benefit）是组织支付给员工的间接薪酬。福利与直接薪酬不同，一般不以员工的劳动情况作为支付依据，而以组织成员的身份为支付依据，并且可以采取实物支付和延期支付的方式。根据赫茨伯格（Herzberg）的双因素理论，福利属于保健因素，不具有激励功能。但福利具有一些独特的优势：(1) 有利于组织文化建设，福利可以传递组织对员工的关怀，创造一个大家庭式的工作氛围和组织环境；(2) 能够满足员工多方面的需求，有利于留住员工，保持员工队伍的稳定；(3) 可以让员工和组织合理避税，进而在相同的支付成本下提高员工的实际收益。

现代社会福利的内容和形式非常繁多，国外已经设计和使用的就不下百种。一般而言，根据福利的强制力及来源，常见的福利类型包括：法定福利与补充福利、集体福利与个人福利、经济性福利与非经济性福利、弹性福利计划、津贴补贴等。

1. 法定福利与补充福利

(1) 法定福利。

法定福利是指法律法规规定的组织必须为员工提供的具体配套福利，用以保障或改善员工的安全和健康、维持家庭收入等。国家法定福利具有强制性，任何组织都必须执行。国家法定福利保障对象主要是全体劳动者，目的是保障基本生活，保障与补偿功能明显。社会保险的资金来源主要是用人单位和劳动者本人按规定缴纳的社会保险费，政府给予资助并承担最终责任。我国目前的法定福利主要包括以下内容：

1) 法定社会保险。其包括基本养老保险、基本医疗保险、失业保险、工伤保险和生育保险，组织必须按照员工工资的一定比例为员工缴纳保险费。目前我国公共部门已全面建立社会保险制度，并正在不断改革完善。

2) 公休假日和法定假日。目前我国实行每周休息两天公休日制度，同时规定了元旦、春节、国际劳动节、国庆节等为法定休息日。在公休日和法定节假日加班的员工应享受相当于基本工资 2 倍或 3 倍的津贴补助。

3）带薪休假。带薪休假是指员工工作满一定的时期后，可以带薪休假一定的时间。我国《劳动法》第四十五条规定，“国家实行带薪年休假制度。劳动者连续工作一年以上的，享受带薪年休假”。

4）地方政府规定的其他福利项目。在中央政府的法定福利项目之外，各地地方政府根据本地区特殊情况相应规定的福利项目。

（2）补充福利。

补充福利是组织在国家法定福利之外向员工提供的其他福利项目，由于不具有强制性，因此没有统一的标准，各组织往往根据自己的具体情况灵活决定。大体来说，包括以下形式：

1）国家法定社会保险之外的各类保险和福利。其包括退休福利（退休金、公积金）；医疗保健福利（免费定期体检、免费防疫注射、药费和营养费补贴、职业病免费防护、免费疗养等）；意外伤害福利（意外工伤补偿、伤残生活补助、死亡抚恤金等）；带薪休假（对特殊贡献的员工给予一定时间的带薪旅游休假和疗养休假等）。

2）各种津贴。津贴一般是组织自主向员工提供的，不具有强制性，也没有具体标准。津贴有很多种，包括交通津贴、洗理津贴、服装津贴、节假日津贴或实物、住房津贴、购物补助、子女入托补助、困难补助等。

3）加班补助。在国家规定的加班补助之外，组织还可以额外提供免费的加班伙食、饮料等。

4）教育培训福利。组织内部免费脱产培训，公费进修、报刊订阅补助等。

5）文体活动和旅游福利。有组织的集体文体活动（晚会、舞会、郊游）、自建文体设施（运动场、游泳馆、健身房、阅览室等）等。

2. 集体福利与个人福利

（1）集体福利是指全部员工可以享受的公共福利设施，包括：员工集体生活设施，如员工食堂、托儿所、幼儿园等；集体文化体育设施，如图书馆、阅览室、健身房、浴池、体育场（馆）；医疗设施，如医院、医疗室等。

（2）个人福利是指在个人具备国家及所在单位规定的条件时可以享受的福利，如探亲假、冬季取暖补贴、子女医疗补助、生活困难补助、房租补贴等。

3. 经济性福利与非经济性福利

（1）经济性福利。

1）住房性福利：以成本价向员工出售住房，房租补贴等。

2）交通性福利：为员工免费购买电、汽车月票或地铁月票，用班车接送员工上下班。

3）饮食性福利：免费供应午餐、慰问性的水果等。

4）教育培训性福利：员工的脱产进修、短期培训等。

5）医疗保健性福利：免费为员工进行例行体检，或者打预防针等。

6）有薪节假：节日、假日以及事假、探亲假、带薪休假等。

7）文化旅游性福利：为员工过生日而举办的活动、集体的旅游、体育设施的购置。

8）金融性福利：为员工购买住房提供的低息贷款。

9）其他生活性福利：直接提供的工作服。

（2）非经济性福利。

1）咨询性服务：免费提供法律咨询和员工心理健康咨询等。

2）保护性服务：平等就业权利保护（反性别、年龄歧视等）、隐私权保护等。

3）工作环境保护：实行弹性工作时间，缩短工作时间，员工参与民主化管理等。

4. 弹性福利计划

传统的福利项目是“千人一面”，没有选择性，不管员工需不需要，全部统一配给，这样难以发挥福利的作用。当今，越来越多的组织已经放弃这种传统的“大一统”式的福利计划，开始实施弹性福利计划，并取得了很好的效果。

弹性福利计划（flexible benefit plan），又称自助餐式福利计划（cafeteria benefit plan），是指在国家法定福利项目必选的基础上，根据员工的特点和具体需求，列出一些福利项目，在一定的金额限制内，员工按照自己的需求和偏好自由选择和组合。这种方式区别于传统的整齐划一的福利计划，具有很强的灵活性、可选性，不仅可以满足员工多样化的需要，增强其工作满意度，还有利于组织控制成本、吸引人才、激励员工。

弹性福利计划在实际的操作过程中逐渐演化为以下几种类型①：

（1）附加型弹性福利计划。这是最普遍的一种弹性福利计划，具体做法是在现有的福利计划之外，再提供其他不同的福利措施或扩大原有福利项目的水准，让员工去选择。附加型弹性福利计划的优点是，除了维持现行福利水平之外，还提供额外福利，因此可以增加员工的选择范围，满足员工的需求。该计划的缺点是会导致福利管理程序繁杂，而且成本增加。

（2）核心加选择型的弹性福利计划。该福利计划是由“核心福利”和“弹性选择福利”所组成。“核心福利”是每个员工都可以享有的基本福利，不能自由选择；可以随意选择的福利项目则全部放在“弹性选择福利”之中，这部分的福利项目都附有价格，可以让员工选购。核心加选择型的弹性福利计划和附加型弹性福利计划最大的不同在于核心福利部分。后者的核心福利完全取自原有的福利项目，附加的选择福利项目则是新增的；前者等于是重新设计一套福利制度。这种福利计划既有稳定性，又不乏灵活性，但是管理起来比较烦琐。

（3）弹性支用账户。员工每一年可以从其税前总收入中支取一定数额的款项作为自己的“支用账户”，并以此账户去选择购买雇主所提供的各种福利措施。拨入支用账户的金额无须扣缴所得税，不过账户中的金额如未能在年度内用完，余额就归组织所有。各种福利项目的认购款项如经确定就不能留用。此制度的优点是福利账户的钱免缴税，相对地增加净收入，对员工极有吸引力，缺点是管理手续较为烦琐，每一个员工的支用账户必须随时登记造册，以保持其正确性。

（4）福利“套餐”。由组织同时推出不同的“福利组合”，每一个组合所包含的福利

① 欧明臣．自助餐式的员工福利：弹性福利制．中国人力资源开发，2003（7）．

项目或优惠水准都不一样，员工只能选择其中一个“组合”的弹性福利制。在规划此种弹性福利制时，组织可依据员工背景（如婚姻状况、年龄、有无眷属、住宅需求等）来设计。此种福利计划的优点是行政作业比较简单，缺点为选择弹性较小。

（5）选择型弹性福利计划。这种福利计划一般会提供几种项目不等、程度不一的“福利组合”给员工做选择，以组织现有的固定福利计划为基础，再据以规划数种不同的福利组合。这些组合的价值和原有的固定福利相比，有的高，有的低。如果员工选择的福利高于原有的固定福利，则需从其薪酬中扣除一定的金额来补足；如果员工选择的福利低于原有的固定福利，员工就可获得现金补助的差额，而且唯有该项现金补助必须纳税。很明显，与福利“套餐”相比，选择型弹性福利对员工较为有利，不过人力资源部门的相关管理程序将大为增加。

从以上分析可以看出，实行弹性福利计划，并不是对员工所选择的福利种类和福利数量没有丝毫的限制，只不过是在遵循一定的规则下，赋予员工更多的自主选择权。

5. 津贴补贴

国家统计局发布的《关于工资总额组成的规定》第八条指出，津贴和补贴是指为了补偿职工特殊或额外的劳动消耗和因其他特殊原因支付给职工的津贴，以及为了保证职工工资水平不受物价影响支付给职工的物价补贴。公务员工资由基本工资、津贴补贴组成。基本工资全国统一，公务员职务高，相应级别高，基本工资也高。公务员工资的差距主要体现在津贴补贴部分。

为了确保规范公务员津贴补贴工作顺利进行，逐步规范公务员收入分配秩序，为实施地区附加津贴制度奠定基础，国家发布了《关于规范公务员津贴补贴问题的通知》来规范公务员津贴补贴工作，规范遵循以下原则：保持稳定有序、缩小地区差距、消除部门差距和体现合理公平。该通知规定了津贴补贴的资金来源和发放办法：第一，收支脱钩，严格实行“收支两条线管理”，实现个人收入与单位占有的国有资产和掌握的行政权力脱钩。同时由财政部门对行政事业单位国有资产实行统一管理。第二，规范来源，各部门、各单位原通过合法合规渠道筹集的、由各单位发放津贴补贴的资金，全部上缴财政，作为发放津贴补贴的资金来源。第三，专户发放，津贴补贴通过财政部门集中统一发放。所有单位都必须按照文件的规定，设立津贴补贴专门科目，用于统一核算本单位发放给在职职工和离退休人员的津贴补贴，其他科目一律不得再核算发放个人津贴补贴。

为实现工资分配的科学化、规范化和法制化，国家发布了《公务员工资制度改革方案》，提出了公务员工资制度的改革，包括对津贴补贴制度的完善。该方案在原有的津贴补贴制度上增加了“实施地区附加津贴制度”“完善艰苦边远地区津贴制度”“完善岗位津贴制度”。实施地区附加津贴制度主要是由于地区经济发展水平、物价水平等方面的差异，对不同地区的公务员的工资进行协调；艰苦边远地区津贴主要是根据自然地理环境、社会发展等方面的差异，对艰苦边远地区工作生活的工作人员给予适当补偿，通过建立科学的评估指标体系合理体现地区之间艰苦边远程度的差异；岗位津贴制度的完善主要是强调任何地区、部门和单位不得自行建立岗位津贴项目或调整津贴实施范围和标准。

不同地区津贴补贴水平不同。各省之间由于公务员的津贴补贴标准不一致，最高与最低省份之间的津贴补贴有 3～4 倍的差距，甚至不同县市的公务员津贴补贴差距也很大，有的省内公务员津贴补贴标准最多达 32 个，最低和最高相差 1.5 万元/年。不同地区的经济发展状况不同导致不同地区的财政保障水平不同，津贴补贴高的地区大大超过了中央考虑的津贴补贴调控线。

同城不同层级的津贴补贴水平不同。同城不同层级指的是同一城市中的不同层级的政府，一般情况下同一个城市的环境相同，物价水平相同，同样的职务应当接受同等水平的津贴补贴。然而市直单位的津贴补贴水平往往比省直单位的水平低，北京市直单位事务的津贴补贴水平往往比中央单位的水平低，主要是由于升级政府的直属单位水平提得太高，对全省各地市的水平有直接联系，导致同城不同待遇的问题。

同级政府的不同职能的津贴补贴水平不同。在同一政府的不同部门和不同单位，因职能和权力不一样，能支配的财力不一样，发放的津贴补贴水平高低悬殊。比如，同样是处长，负同样的责任，仅是因为所在的部门不同，津贴补贴的标准不一样。正是因为差距的悬殊，各地也制定了相应的规范，保证津贴补贴要按职务适当拉开差距，但要控制垂直压缩率，实现公平分配。

改革开放以来，地区不断地冲破国家的规定发放工资、奖金和津贴补贴，国家则不断予以制止。1985 年到 1993 年针对擅自调整工资和发放津贴的情况，国家一直严厉规范，发布相关通知进行整顿。1993 年历史上持续时间最久，造成问题最严重的普遍自行发放补贴的现象开始出现，直到 2005 年，中央开始清理规范，整顿收入分配秩序。清理规范津贴补贴成本十分昂贵，因此清理规范后需要严格监督维持治理的成果。首先，明确地方和部门、单位自行发放的津贴补贴性质的差别，地方的发放通常具有合理性和公正性，不能与单位发放混为一谈，而治理这种分配秩序混乱的关键和重点就在地方政府，需要各级政府严格监督、认真管理。其次，问题的核心是使得公务员工资和地方经济发展、物价及消费水平相适应，在这种背景下，给予地方一定的工资分配权能够使公务员的工资更好地与当地的经济社会发展挂钩。总的来说，出现工资分配秩序混乱的根本原因是工资管理体制不适应改革开放后的社会环境。从改革开放的实践看，把一定的工资确定权赋予地方，是市场经济的要求，是大势所趋，但前提是形成工资决策的制衡机制，这需要地方人大的参与审议，以便从某种程度上获得社会各方面的意见。

10.3.2　保险

我国现行的社会保障体系包括社会保险、社会救济、社会福利、社会优抚安置及国有企业下岗员工基本生活保障和再就业等方面，其中社会保险包括养老保险、医疗保险、失业保险、工伤保险和生育保险五个项目。

1. 养老保险

基本养老保险是社会保障制度的重要组成部分，是社会保险五大险种中最重要的险种之一。所谓养老保险是国家和社会根据一定的法律和法规，为解决劳动者在达到国家规定的解除劳动义务的劳动年龄界限，或因年老丧失劳动能力退出劳动岗位后的基本生活问题而建立的一种社会保险制度。目前，世界各国实行的养老保险制度可分为三种类型，即投保资助型（也称传统型）养老保险、强制储蓄型养老保险（也称公积金模式）

和国家统筹型养老保险。我国根据具体国情，创造性地实施了“社会统筹与个人账户相结合”的基本养老保险制度，即由国家、单位和个人共同负担；基本养老保险基金实行社会互济；在基本养老金的计发上采用结构式的计发办法，强调个人账户养老金的激励因素和劳动贡献差别。该制度既吸收了传统型养老保险制度的优点，体现了传统意义上的社会保险的社会互济、分散风险、保障性强的特点；又借鉴了个人账户模式的长处，强调了员工的自我保障意识和激励机制。

一直以来，我国机关事业单位都是实行退休金制度。2015 年 1 月，国务院发布《关于机关事业单位工作人员养老保险制度改革的决定》。该决定规定，基本养老保险费由单位和个人共同负担。单位缴纳基本养老保险费（以下简称单位缴费）的比例为本单位工资总额的 20％，个人缴纳基本养老保险费（以下简称个人缴费）的比例为本人缴费工资的 8％，由单位代扣。按本人缴费工资 8％的数额建立基本养老保险个人账户，全部由个人缴费形成。个人工资超过当地上年度在岗职工平均工资 300％以上的部分，不计入个人缴费工资基数；低于当地上年度在岗职工平均工资 60％的，按当地在岗职工平均工资的 60％计算个人缴费工资基数。

2. 医疗保险

医疗保险是当人们生病或受到伤害后，由国家或社会给予的一种物质帮助，即提供医疗服务或经济补偿的一种社会保障制度。医疗保险制度通常由国家立法，强制实施，建立基金制度，费用由用人单位和个人共同缴纳，医疗保险费由医疗保险机构支付，以解决劳动者因患病或受伤害带来的医疗风险。我国基本医疗保险由城镇职工基本医疗保险、城乡居民基本医疗保险构成，分别从制度上覆盖城镇就业人口、城镇非就业人口和农村人口。我国中央机关实行公费医疗制度，地方机关公务员在参加基本医疗保险的基础上，享受医疗补助政策。

3. 失业保险

失业保险是指国家通过立法强制实行的，由社会集中建立基金，对因失业而暂时中断生活来源的劳动者提供物质帮助的制度。它是社会保障体系的重要组成部分，是社会保险的主要项目之一。失业保险具有普遍性、强制性、互济性等基本特点。事业单位按照《失业保险条例》参加失业保险，单位按照本单位工资总额的 2％缴纳失业保险费，职工按照本人工资的 1％缴纳失业保险费。

4. 工伤保险

工伤保险是国家为了保障劳动者在工作中遭受事故伤害和患职业病后获得医疗救治、经济补偿和职业康复的权利，分散工伤风险，促进工伤预防的一种社会保障手段。工伤保险要与事故预防、职业病防治相结合。工伤保险实行社会统筹，设立工伤保险基金，对工伤员工提供经济补偿和实行社会化管理服务。工伤保险费由单位按照员工工资总额的一定比例缴纳，员工个人不缴纳工伤保险费。工伤保险费根据各行业的伤亡事故风险和职业危害程度的类别实行差别费率。

5. 生育保险

生育保险是国家通过立法，对怀孕、分娩女员工给予生活保障和物质帮助的一项社会政策。其宗旨是通过向职业妇女提供生育津贴、医疗服务和产假，帮助她们恢复劳动能力，重返工作岗位。

10.4　国外公共部门薪酬管理实践

10.4.1　美国公共部门薪酬管理实践

美国联邦政府公务员工资制度比较完善，其主要特点是严格依法支薪、决策程序严谨明确、工资构成较为合理。美国是实行联邦制的国家，公务员分为联邦政府公务员和地方政府公务员。联邦政府公务员由国家统一管理，地方政府公务员由各地政府根据各自的法律自行管理。

1. 美国联邦政府公务员薪酬概况

美国联邦政府共有三十多个工资系统。公务员工资制度包括法定工资制度和其他工资制度。一是法定工资制度，适用于白领雇员，包括普通公务员工资序列、外交人员工资序列、退伍军人健康管理人员工资序列。二是其他工资制度，主要包括适用于高级公务员的工资序列、适用于蓝领工人的联邦工资序列、行政法规决定的工资序列。

（1）公务员基本工资。

美国已形成以常规工资体系为主、以弹性工资体系为辅的多元化工资框架。

1）常规工资体系。常规工资体系适用于普通公务员职位系列。它是美国政府覆盖面最广、涉及人数最多的工资制度。该系列增资适用于永久性职位公务员，增资需符合的条件是：绩效能力应该达到基本要求，即绩效评定至少达到第三等次“良好”；达到规定的任职年限；在规定的任职年限内没有获得过其他增资。

2）弹性工资体系。一是最高工资标准规则，是指允许行政机构给予普通职位序列公务员高于常规工资标准的特殊工资规则，适用于普通序列雇员的再雇用、调任、重新安排工作、晋升、降级以及其他职位变动。二是雇用高资格条件者和特别需要者的弹性工资。联邦政府各行政机构在雇用具备高资格条件的申请者和特别需要的职位人员时，可以给予他们高于招募职位工资等级标准的工资。三是高级公务员弹性工资。对联邦政府中的高级公务员、高层雇员、科学或专家职位雇员等高级雇员实行具有宽带结构的弹性工资。联邦行政机构可以根据高级雇员所具有的资格条件和实际工作绩效，在最低标准与最高标准之间决定他们的年薪报酬。

3）津贴、补贴。美国公务员津贴和补贴主要包括以下内容：一是住宅津贴和生活津贴。依据《美国法典》，对派往合众国、波多黎各自由邦、运河区及合众国领地和属地以外的其他地区的公务员，给予临时住宅津贴，以及租金、取暖、采光、燃料、煤气、电和水等生活津贴；对派驻的国外公务员，给予调任津贴、分居生活供养津贴、教育津贴和交通费等。二是岗位津贴。根据工作环境，给予驻国外地区工作雇员的津贴，岗位差额不得超过其基本薪金率的25%。此外，美国公务员还享受制服津贴、危险津贴以及加班费、假期补助、购房补助等补贴。

4）奖金。联邦政府奖励包括各种现金奖、工作成绩奖、政府推荐奖、高绩效提薪、荣誉与正式赞扬、休假奖励等。《美国法典》详细规定了工作成绩奖、现金奖等措施。其中，工作成绩奖金额不得多于基本薪金的10%，也不得少于基本薪金的2%。但是，经机关首长确认可以给予超过基本薪金的10%但不超过20%的成绩奖。现金奖金额不超过1万美元，但经人事管理局批准，可授予超过1万美元但不超过2.5万美元的现金奖。为了吸引、安置、稳定优秀公共管理人才，联邦政府推出了包括“雇佣奖金”“安置奖金”“留人津贴”的3Rs奖励措施。如“雇佣奖金”旨在吸引稀缺人才，包括一般职序列职位和高层职位、科学或专家职位、高级公务员职位等职位类别的人才，只要其与政府行政机构签订6个月以上的雇佣合同，就可以获得一笔相当于任职后基本年薪25%的一次性“雇佣奖金”。

（2）公务员福利保险。

1）公务员福利。美国公务员福利制度包括年休假、家庭与医疗假，以及出庭假、骨髓与器官捐赠假、紧急事件假、应征入伍假和无工资假等。公务员可以享受带薪年休假，假期与其服务期紧密相关。普通公务员最长年休假不超过30天，高级公务员最长年休假不超过90天。未休假或未修满假的公务员可以依据未修的时间计算累积的补偿津贴。按照美国1993年《家庭与休假法案》，联邦政府公务员的直系家庭成员因患癌症、心脏病等严重疾病，或负重伤、怀孕或分娩需要长期照顾时，可以申请最长12周的无薪假期。此外，联邦政府公务员每年可以获得不超过13天的病假，以看病或照顾家庭成员和患病家属，以及处理与收养有关的事宜。

2）公务员保险。美国联邦公务员保险主要包括健康保险、集体人寿保险、养老金。第一，健康保险。联邦雇员健康保险计划于1960年实施。联邦政府公务员既可以自选医院、医生看病，也可以在指定医院由特定医生看病。加入健康保险计划后，个人依法支付25%的医疗费用，并享受税收减免；联邦政府依法支付75%的医疗费用。联邦公务员的健康保险包括以下产品：住院和医疗费用保险；处方药保险；牙科、眼科保险；短期和长期失能保险；长期看护保险；意外险。第二，集体人寿保险。联邦雇员集体人寿保险计划于1954年8月实施，是美国最大的人寿保险计划，包括基本人寿保险和三个可选险种。其中，基本人寿保险为强制性保险计划，所缴费用直接从联邦雇员的基本工资中扣除。寿险计划包括定期寿险、万能寿险和终生寿险等形式。第三，养老金。养老金是美国雇员退休计划的重要形式。美国雇员退休计划主要包括养老金计划、利润分享计划、合格退休金储蓄计划。

2. 美国公务员工资确定原则与调整程序

（1）公务员工资确定基本原则。美国国会规定，联邦普通公务员工资确定的基本原则如下：在每一个工资区域内实行同工同酬；在每一个工资区域内，工资差别水平应基于工作与表现的差别；联邦工资标准应与同一工资区域内同一工作性质的非联邦工资标准相比较；任何联邦与非联邦公务员间的工资不平衡现象都应消除。

（2）公务员工资增长机制。《联邦雇员工资法》规定，工资水平依据对非联邦政府雇员的工资调查结果而定，每年增长5%左右，一般不由财政预算规定。当然也有例外，在国家遇到紧急情况或严重经济危机时，总统有权下调工资总量。工资调整分为两类：一是普调。根据每年“雇佣成本指数”的变化减去0.5个百分点（每年9月至次年9月）

来确定调整比例。二是地方工资调整。当一个地方的非联邦工资高于联邦雇员工资 5%时，可以进行调整。

（3）公务员工资调整程序。美国公务员工资调整一般由美国劳工统计局、美国联邦人事管理局、联邦薪金委员会、总统工资管理办公室、总统、国会等来共同完成。其调整程序如下：第一步，美国劳工统计局实施薪酬调查，薪酬调查采用概率抽样法，样本具有典型性和代表性；第二步，美国联邦人事管理局计算地区内工资差距和地区工资支付额；第三步，联邦薪金委员会向总统工资管理办公室提出工资调整建议；第四步，总统工资管理办公室全面审核工资调整建议并向总统提交报告；第五步，总统审核和发布工资调整数额；第六步，国会立法。

3. 美国公务员工资制度改革

（1）公务员绩效工资制度改革。

自 20 世纪 70 年代，为缓解公共部门的财政危机、信任危机以及合法性危机，西方国家掀起了一场新公共管理运动，其中一项重要举措，就是通过绩效工资、雇佣合同等市场激励机制的引入，力图对公共部门的激励制度安排进行改革和重构。

1978 年，美国颁布了《文官制度改革法》，拉开了公务员绩效工资制度改革序幕。该项改革首先从联邦政府的高级官员着手，包括过去在文官序列中位于 13～15 级以及通过聘用制招录的官员。联邦政府分别以绩效奖励、杰出贡献奖励和高级文官绩效待遇奖励三种方式为高级官员们设计绩效薪酬，杰出贡献奖的一次性奖金为 10 000 美元，而高级文官绩效待遇是总统奖金，高达 20 000 美元。所有奖励都建立在标准化的绩效评估结果之上。但是，在绩效薪酬制度执行一年后，美国国会决定将有资格获得奖励的人员比例从 50%削减到 25%，随后美国联邦人事管理局再次将该比例减少到 20%，这些举措极大地挫伤了高级官员对刚刚诞生的绩效薪酬制度的信任和配合改革的积极性。在高级文官的绩效薪酬制度改革实施 3 年以后，各项奖励机制已经逐步完善，联邦政府开始对中级文官的绩效薪酬体系实施改革。1984 年，美国国会针对中级文官实施绩效管理认可制度，最大的革新在于取消基于个人绩效薪酬的奖励，创建广泛覆盖于整个政府部门的“绩效-奖金”关联公式，并沿用至今。中级文官的绩效薪酬体系主要由三个部分组成：一是参考私营部门的薪资增长率做年度参照调整；二是绩效加薪；三是绩效奖金，该项奖励为一次性奖励，并且与个人的基本薪酬无关。每年一次的绩效评估结果会将官员的绩效按照杰出、优秀、良好、合格和不及格进行排序，只要绩效评估为良好及以上的官员都可以获得绩效加薪。由于实施效果显著，绩效薪酬制度在美国公共部门迅速推广。

（2）公务员宽带薪酬制度改革。

鉴于薪资系统存在大量的问题，美国联邦政府于 1980 年率先开始进行宽带薪资试验。这次宽带薪资试验主要包括三个试验：一是于 1980 年在美国两个海军研究开发实验室进行的人事管理改革试点（简称“海军项目”），历时 14 年。其他两个后续试验是于 1988 年开始在美国国家标准与技术研究院（位于马里兰州）展开的试点项目（简称“研究院项目”），以及在麦克里兰空军基地的后勤中心所开展的宽带薪资试点项目（简称“空军项目”），分别历时 7 年和 5 年。空军项目在法定试验期结束之后被美国国会终止了，而海军项目和研究院项目则分别在 1994 年和 1990 年被国会批准成为永久实施的薪资计划。在海军项目和研究院项目中，一共划分了 5 个薪资宽带，而在空军项目中则只划分了 4 个薪资宽带。由于在所有三个试点项目中的职业发展通道都包括 4～5 个薪资宽带，而每一个薪资宽带的区间跨度为 53%～123%，这极大地简化了美国联邦政府薪资系统。试点组织通过实施宽带薪酬，不仅提高了管理者和员工的满意度，还降低了管理成本、改善了组织绩效。美国联邦政府于 20 世纪 80 年代开始静悄悄地进行的这场宽带薪资试验，到 20 世纪 90 年代在私营部门得到了普遍的认可和运用。

10.4.2 英国公共部门薪酬管理实践

英国是现代国家公务员制度的发源地，公务员薪酬管理制度较为完善。英国国家公务员划分为工业系统公务员和非工业系统公务员，分别实行不同的薪酬制度。同时，英国对高级公务员与低级公务员的薪酬管理也有所区别，分别实行年薪制和周薪制。英国公务员虽然也有中央政府公务员和地方政府公务员之分，但在薪酬管理上却是统一的。

1. 英国公务员工资概况

英国公务员的工资包括基本工资和附加收入两大部分，附加部分一般包括津贴和福利。

（1）基本工资。一般职员工资由文官事务委员会同国家惠特利委员会（这个机构不是权力机关，而是属于讨论、研究、协商性的组织，其职能是解决行政当局与公务员的争议与纠纷，并对人事管理与人事立法提出建议）协商，决定一个原则意见后，再与公务员工会会谈确定。各部文职人员的工资，要与该部公务员工会谈判后确定。可见，英国国家公务员实行的是协商决定工资制度。

英国工业系统公务员和非工业系统公务员采取不同的薪酬制度。非工业系统公务员实行等级工资制。具体做法是：根据公务员的职务和工作性质，将工资分为若干等，每一等设最高工资和最低工资两档，两档之间保持一个幅度，国家依据每年公务员的考核成绩在此幅度内为其增加工资。工业系统公务员的工资分两种情况：一类人员的工资和非工业系统公务员一样实行统一的工资标准，这类人员占该系统人员的绝大部分；另一类人员的工资和政府外部类似的私营部门保持一致或接近，若要改变，必须与有关的工会协商。英国对不同类别文官分别实行年薪制或周薪制。对高级公务员实行年薪制，对低级公务员实行周薪制。

从 2004 年起，英国的高级公务员均实行新的薪酬管理制度，即一个单一的、不容许协商的薪酬制度。中央政府通过设置薪级“上限”统一制约各部门的薪酬管理。薪级上限每年由独立的高级公务员薪酬评估机构以报告形式提出建议，由政府根据每年新情况结合该评估机构的建议确定每年的薪级上限标准，而后颁布实施。它取消了每年自动增薪制，实行三级薪级制，采用增薪与绩效挂钩的办法，从而使同一等级内的最高工资与最低工资相差 70%。

（2）津贴。英国公务员津贴主要包括：一是伦敦地区津贴。凡在伦敦地区工作的司局长以下工作人员每年都能获得一定数量的津贴。二是超时工作津贴。对于超过规定工作时间的公务员，按超时长短发给一定数额的津贴。三是假日值勤津贴。公务员在节假日值班的，按本人日工资加倍发给津贴。四是夜间勤务津贴。对在下午 8 点后和上午 6

点前工作的公务员，按小时付给津贴。五是责任津贴。它分监督津贴和秘书津贴两种，对象是卫生监督员、电话交接员、部长及高级主管的秘书，按定额发放。六是技能津贴。发放对象是打字员和电子资料员，按技能熟练程度定额发放。

（3）福利。英国公务员可以享受各种休假福利，如病假、事假、年休假、产假等，各种假期在规定的范围内都不影响工资待遇。比如，公务员休病假在6个月内有全额工资，超过6个月只有半额工资，但是可以另外享受国家保险救济金，国家规定二者加在一起不能超过公务员在职时的全额工资。公务员可以享受各种社会保障和保险，如养老、失业、医疗、生育、伤残和丧葬等社会保障和保险。

2. 英国公务员绩效工资制度改革

英国公务员绩效工资制度几经周折和试点，终于在2001年开始在高级公务员中实施。自2002年4月起，英国高级公务员由九级薪级制改为三级，简化了复杂的薪酬分级程序，突出了绩效因素在薪酬评估中的核心地位。在新的薪酬体系中，高级公务员的薪级不与官位、品级挂钩，而是由其所在职位的工作量和能力来决定。职位的工作量由高级职位评估（job evaluation for senior posts，JESP）程序决定，评估因素包括该职位可能占用的资金、可能需要的人力资源、时间要素、工作贡献、影响力以及能力等。JESP一般为22分制，在JESP的评分基础上，职位与JESP分值挂钩形成不同级别，不同分值范围对应相应的薪级。三级薪级对应的JESP分值范围分别是7～12分、13～18分和19～22分。各薪级之中又划分为四个区域，以使薪酬增长能够与绩效挂钩。同薪级内的四个区域是低区、高区、奖金区、高级奖金区。在同薪级职位工作的高级公务员的薪酬会处于四个薪酬区域的其中一个区域。无论是哪一级薪酬，不同的薪酬区域就有不同的薪酬增长率。一般情况下，低区的增长率要高于高区的，由此能够产生有效的激励。对高级公务员的激励来自高级公务员薪酬的增量。影响薪酬增长的因素有两个：一个是薪级内所处的薪酬区域；另一个是高级公务员所属的绩效组。每年4月，高级公务员所在部门的直接领导会比较每个高级公务员在组织中所做出的贡献，提出绩效分组建议。绩效等级分为高等级、中等级和低等级。按规定，高等级的人数应占该部门高级公务员总数的25%，低等级的人数占5%～10%，中等级为65%～70%（见表10-3）。[①]

表10-3 2003年英国高级公务员薪酬增长率计算表

绩效等级	低区	高区	奖金区	高级奖金区
高等级（25%）	9%	8%	5%	4%
中等级（65%～70%）	5%	4%	2.25%	2.25%
低等级（5%～10%）	0～2.25%	0～2.25%	0～2.25%	0～2.25%

分组后，高级公务员薪酬委员会（SCS Pay Committee）根据直接领导的分组建议确定该公务员所属的绩效组，并结合其薪酬区域计算其薪酬增长率。高绩效组的高级公务员一般都能得到奖金，中绩效组的高级公务员必须在完成年终工作目标的情况下才有可能得到奖金。各部门有权利自行分配奖金，但不能超出每年薪酬管理机构规定的最高奖

① 胡卫．英国高级公务员薪酬管理制度改革的最新进展．外国经济与管理，2004（3）．

金和最低奖金上限。个人的奖金数目由直接领导提出建议，最后由薪酬委员会确定。

英国实施公务员绩效工资制度改革取得了显著成效。高级公务员的薪酬制度采用宽幅度的三级薪级制，以职位评级制度代替原先公务员按官位、品级定薪的制度，将薪级制与职位工作量和绩效挂钩，使薪酬制度更加公平。简化后的薪级制更易掌握和操作，大大降低了评定成本。同薪级最高薪酬额与最低薪酬额相差达 70%，拉开了薪酬差距，突出了薪酬管理的效率原则，对高级公务员的激励作用更加明显。在三级宽幅薪级制度的框架内，各部门有更多的自主权确定高级公务员的薪酬，薪酬管理更具灵活性。更重要的是，该管理制度还采用了增薪与绩效挂钩的方法，绩效水平越高，薪酬档次越低，增薪幅度就越大。这种做法通过灵活薪幅、额外奖金，加强了个人绩效与部门效率增量之间的联系，使得绩效成为薪酬增长的核心要素，有利于提高公务员的绩效意识，培育组织绩效文化。

10.5 我国公共部门薪酬管理实践

10.5.1 我国公共部门薪酬制度改革与发展

新中国成立至今，我国机关事业单位薪酬制度经历了多次改革，工资制度和工资幅度不断调整，并且每次改革都与当时的经济政治体制相适应，呈现出不同的时代特征。

1. 第一次改革

我国的分配关系是从供给制基础上逐步形成和发展起来的。新中国成立初期，由于当时职工的工资情况非常复杂，没有统一的工资制度，在国家干部中只能一部分施行供给制，一部分施行薪金制。为了争取提前和超额完成第一个五年计划，国务院在 1956 年召开了全国工资会议，通过了《国务院关于工资改革的决定》，决定对国家机关、事业单位和企业的工资制度进行统一改革。这次改革奠定了我国货币工资制度的基础，实现了多种工资形式向单一工资制度的转变，使得全国工作人员的工资形式趋向统一。在机关和事业单位建立了职务等级工资制，工资标准分 30 个等级。由于一些客观原因和具体措施不健全，工资改革并没有完全按照《国务院关于工资改革的决定》实行。

2. 第二次改革

1985 年，中共中央和国务院公布了《国家机关和事业单位工作人员工资制度改革方案》，开启了第二次全国工资制度改革。该方案规定机关和事业单位人员的工资由四个部分组成：（1）基础工资，是保障工作人员基本生活的工资项目。发放的金额不分职务等级和工作年限，所有人一样。（2）职务工资，主要根据工作人员的职务来定，职务高的得到的物质回报就多。（3）工龄津贴，主要根据工作人员的工作年限来定，不分职务高低。（4）奖励工资，来自所在单位行政经费的节余，用于奖励工作绩效较好的员工。1985 年的全国工资改革是我国分配关系历史上的重大转折，实现了企业工资制度与机关事业单位工资制度的脱钩。企业有机会摆脱计划经济下的固有分配模式，开始建立能较好体现按劳分配原则的工资制度。废除了等级工资制，基本上解决了职级不符的问题，使得机关事业单位工作人员的工资纳入了新的工资轨道。同时提出建立正常晋级增资制度的设想，规定以后每年根据国民经济计划完成情况，适当安排机关事业单位和企业工作人员工资增长指标。但是，这次改革也存在一些问题：（1）奖金原则上是给绩效较好的员工，实际执行中则是人人有份；（2）过度强调职务对工资的决定作用，诱发了高职位不当扩张的问题。

3. 第三次改革

为了建立社会主义市场经济体制框架，针对 1985 年工资制度改革存在的问题，我国在 1993 年进行了第三次大的工资制度改革。首先，建立了职务级别工资制（简称职级工资制）。在工资构成上，将基本工资按不同职能分为职务工资、级别工资、基础工资和工龄工资四个部分，其中职务工资和级别工资是主体。职务工资按职务高低、责任轻重和工作难易程度确定，在职务工资标准上，对每一职务层次设若干工资档次，最少为 3 档，最多为 8 档；级别工资则按资历和能力确定，共分为 15 级，每个级别大都只设置一个工资标准。强调新工资制度要防止高定级别、高套职务工资等现象发生。其次，引入了地区津贴制度。地区津贴包括艰苦边远地区津贴和地区附加津贴。前者主要体现地区间在自然地理环境等方面的差异，后者则体现机关工作人员在各地生活成本的不同，各地方政府可根据地方自有财力来发放此类津贴。最后，强调在条件成熟时，对考核优秀和称职的工作人员发放年终一次性奖金。这次改革有三个进步：（1）鉴于机关工作人员的工作是管理性质，属于非生产领域的劳动，因而其工资收入来源于国民收入的再分配，由国家根据统筹兼顾、按劳分配的原则，安排工作人员的工资分配，机关工作人员的工资水平随着国民经济效益的增长而提高。（2）增强对纳税人负责的意识，明确机关工资制度由国家统一制定、统一管理。（3）提出机关工作人员的工资受法律、法规保障，除有国家法律和政策明文规定之外，任何单位和个人不能以任何形式随意增加或扣减，尤其是行政机关实施了与公务员制度配套的职级工资制，这对公务员制度的推广起到了较好的推动作用。但是，地区津贴制度的出台之时恰是我国地方政府预算外资金急剧扩张的时期。因此，地区之间、部门之间的巨大工资差成为 1993 年工资制度的硬伤，也是 2006 年工资改革启动的主要原因。

4. 第四次改革

2006 年 6 月，《国务院关于改革公务员工资制度的通知》及《事业单位工作人员收入分配制度改革方案》的相继颁布，标志着我国第四次工资制度改革的全面启动。本次改革的目的在于贯彻落实《公务员法》，规范公务员收入分配秩序，有效调控地区工资差距，建立新的公务员工资制度框架；同时，适应深化事业单位改革的要求，建立符合事业单位特点、体现岗位绩效和分级分类管理的收入分配制度。这次改革成果主要表现为以下几个方面：（1）完善并规范了公务员的津贴和补贴，确保了不同部门以及不同地区公务员之间的薪酬公平。由北京、广东发起的“阳光工资”改革，实行统一的公务员工资标准，清理整顿机关津贴、补贴、奖金，从而调整公务员收入中的地区差、部门差等问题。（2）扩大了公务员工资的最高水平和最低水平之间的差别。原来的公务员最高工资水平和最低工资水平之间的比例为 6.6∶1，现在调整为 12∶1。（3）调整基本工资结构，基础工资和工龄工资不再保留，级别工资的权重有所加大。将公务员的职务晋升和工资级别晋升分别独立进行，在设置 12 个职务等级工资之外，还将适用于全体公务员的 15 个级别工资扩大到 27 个，其中重点增加了县以下基层公务员所对应的级别工资数量。（4）完善了奖金发放办法。只要是年度考核称职或以上的工作人员，都有权享受年终一次性奖金，奖金的数额等于本人当年 12 月份的基本工资。这有点类似于有些发达国家的公务员 13 个月薪水制。而且，如果公务员考核称职或以上，每两年可在所任职务对应的级别内升一个工资档，每五年升一个工资级别。（5）完善事业单位工资制度。建立岗位绩效工资制，包括岗位工资、薪级工资、绩效工资和津贴补贴四项内容；而且，实行工资分类管理、正常调整机制，并完善高层次人才分配激励机制与收入分配宏观调控机制。

5. 第五次改革

根据 2013 年 2 月国务院转发的《关于深化收入分配制度改革的若干意见》，人力资源社会保障部研究制定公务员薪酬体系改革方案，重点是提高基层公务员待遇，其中包括两个主要任务：一是规范公务员地区附加津贴制度；二是完善职务和职级并行的薪酬制度。新一轮公务员薪酬体系改革将延续兼顾效率与公平的导向，更加注重公平正义，而且注重从制度设计上找出路。2015 年，根据《国务院办公厅转发人力资源社会保障部财政部关于调整机关事业单位工作人员基本工资标准和增加机关事业单位离退休人员离退休费三个实施方案的通知》，从 2014 年 10 月 1 日起调整机关、事业单位工作人员基本工资标准、增加机关事业单位离退休人员离退休费。改革的重点主要有：（1）调整公务员基本工资标准，同时将部分规范津贴补贴纳入基本工资；（2）调整事业单位工作人员基本工资标准，同时将部分绩效工资纳入基本工资。

为推动建立更加公平、可持续的社会保障体系，促进形成合理有序的工资收入分配秩序，党中央、国务院近年来相继出台了推进工资收入分配制度改革的相关政策文件，主要举措是：实施调整机关、事业单位基本工资标准和优化工资结构；在县以下机关建立公务员职务与职级并行制度；对乡镇机关、事业单位工作人员实行乡镇工作补贴。2016 年，中共中央办公厅、国务院办公厅印发《关于实行以增加知识价值为导向分配政策的若干意见》，国务院发布《关于改进加强中央财政科研项目和资金管理的若干意见》，2018 年科技部等发布《关于扩大高校和科研院所科研相关自主权的若干意见》，2021 年国务院办公厅印发《关于改革完善中央财政科研经费管理的若干意见》等，扩大了高校和科研院所在科研经费使用、科研人员管理方面的自主权，进一步发挥了科研项目资金的激励引导作用，加强科技成果产权对科研人员的长期激励作用，并允许科研人员和教师依法依规适度兼职兼薪等。2023 年，中央全面深化改革委员会第二次会议审议通过了《关于高等学校、科研院所薪酬制度改革试点的意见》。开展高等学校、科研院所薪酬制度改革试点，要根据薪酬管理需要和实际，优化和规范分配制度，树立正确分配导向，坚持人才为本，突出创新优先，坚持薪酬分配要同绩效紧密挂钩，向扎根教学科研一线、承担急难险重任务、作出突出贡献的人员倾斜，向从事基础学科教学和基础前沿研究、承担国家关键核心技术攻关任务、取得重大创新成果的人员倾斜。

10.5.2　公务员工资制度

1. 工资体系

我国《公务员法》规定，公务员工资包括基本工资、津贴补贴和奖金。

（1）基本工资。

公务员基本工资。《公务员法》第七十九条规定，公务员实行国家统一规定的工资制度。职务工资是指按照职务高低、责任大小、工作繁重和业务技术水平等因素确定的工资额。职务工资主要体现公务员的工作职责的大小，一个职务对应一个工资标准。

级别工资主要体现工作实绩和资历。每一职务层次对应若干个级别，每一级别设若干个工资档次。根据所任职务、德才表现、工作实绩和资历确定级别和级别工资档次，执行相应的级别工资标准。现行公务员共设 27 个级别，一个级别设置一个工资标准。职务与级别有一定的对应关系：职务越高，对应的级别越少；职务越低，对应的级别越多。上下职务对应的级别有所交叉，使低职务级别的公务员能够通过级别的上升提升工资。

机关工人基本工资。技术工人实行岗位技术等级工资制，基本工资由岗位工资和技术等级（职务）工资构成。岗位工资根据工作难易程度和工作质量确定，按照初级工、中级工、高级工三个技术等级和技师、高级技师两个技术职务设置，分别设若干工资档次。技术等级（职务）工资根据技术水平高低确定，一个技术等级（职务）对应一个工资标准。普通工人仍实行岗位工资制，基本工资为岗位工资。

（2）津贴补贴。

我国《公务员法》规定，公务员按照国家规定享受地区附加津贴、艰苦边远地区津贴、岗位津贴等津贴。《国务院关于改革公务员工资制度的通知》对地区附加津贴、艰苦边远地区津贴和岗位津贴进行了明确的解释。其中，地区附加津贴主要反映地区经济发展水平、物价消费水平等方面的差异；艰苦边远地区津贴主要是根据自然地理环境、社会发展等方面的差异，对在艰苦边远地区工作生活的工作人员给予适当补偿；岗位津贴是针对特殊岗位的工作人员设置的。《公务员法》中还规定，公务员按照国家规定享受住房、医疗等补贴、补助。公务员的津贴补贴主要是根据当地或单位具体情况来制定或申请的，因此不一定是统一的，不同的地方、单位在公务员津贴补贴方面具有一定的差异性，虽然这在一定程度上体现了不同地区和岗位的差异，但也由于没有具体的标准而出现了一定的无序性，目前正在不断规范和完善之中。

（3）奖金。

实行年终一次性奖金。对年度考核称职（合格）及以上的工作人员，发放年终一次性奖金，奖金标准为本人当年 12 月份的基本工资。

2. 工资调整机制

建立工资调查制度，定期进行公务员和企业相当人员工资收入水平的调查比较。国家根据工资调查比较的结果，结合国民经济发展、财政状况、物价水平等情况，适时调整机关工作人员基本工资标准。工资调查制度建立前，国家根据国民经济发展、财政状况和物价水平等因素，确定调整基本工资标准的幅度。

10.5.3 事业单位工作人员工资制度

1. 工资体系

根据人事部、财政部印发的《关于印发事业单位工作人员收入分配制度改革方案的通知》，事业单位实行岗位绩效工资制度。岗位绩效工资由岗位工资、薪级工资、绩效工资和津贴补贴四部分组成，其中岗位工资和薪级工资为基本工资。

（1）基本工资。岗位工资主要体现工作人员所聘岗位的职责和要求。事业单位岗位分为专业技术岗位、管理岗位和工勤技能岗位。专业技术岗位设置 13 个等级，管理岗位设置 10 个等级，工勤技能岗位分为技术工岗位和普通工岗位，技术工岗位设置 5 个等级，普通工岗位不分等级。不同等级的岗位对应不同的工资标准。工作人员按所聘岗位执行相应的岗位工资标准。薪级工资主要体现工作人员的工作表现和资历。对专业技术人员和管理人员设置 65 个薪级；对工人设置 40 个薪级，每个薪级对应一个工资标准。对不同岗位规定不同的起点薪级。工作人员根据工作表现、资历和所聘岗位等因素确定薪级，执行相应的薪级工资标准。

（2）绩效工资。绩效工资主要体现工作人员的实绩和贡献。国家对事业单位绩效工资分配进行总量调控和政策指导。事业单位在核定的绩效工资总量内，按照规范的程序和要求，自主分配。

（3）津贴补贴。事业单位津贴补贴，分为艰苦边远地区津贴和特殊岗位津贴补贴。艰苦边远地区津贴主要是根据自然地理环境、社会发展等方面的差异，对在艰苦边远地区工作生活的工作人员给予适当补偿。艰苦边远地区的事业单位工作人员，执行国家统一规定的艰苦边远地区津贴制度。执行艰苦边远地区津贴制度所需经费，属于财政支付，由中央财政负担。特殊岗位津贴补贴主要体现对事业单位苦、脏、累、险及其他特殊岗位工作人员的政策倾斜。国家对特殊岗位津贴补贴实行统一管理。

2. 工资调整机制

《关于印发事业单位工作人员收入分配制度改革方案的通知》中规定，事业单位工资调整主要有以下几种形式：

（1）正常增加薪级工资。在年度考核的基础上，对考核合格及以上等次的工作人员每年正常增加一级薪级工资。

（2）岗位变动调整工资。工作人员岗位变动后，按新聘岗位执行相应的工资标准。

（3）调整基本工资标准。国家根据经济发展、财政状况、企业相当人员工资水平和物价变动等因素，适时调整工作人员基本工资标准。

（4）调整津贴补贴标准。国家根据经济发展、财政状况及调控收入分配关系的需要，适时调整艰苦边远地区津贴标准和特殊岗位津贴补贴标准。

10.5.4　我国公共部门薪酬制度存在的问题及对策

1. 我国公共部门薪酬制度存在的问题

考察我国公共部门薪酬制度的改革和发展，可以发现政府机关公务员与事业单位工作人员工资制度日趋完善。但是，公共部门薪酬制度存在的问题也是显而易见的，突出表现在以下几个方面：

（1）薪酬体系难以体现绩效水平。我国公务员工资制度是建立在传统干部制度基础之上的，是一种典型的职位薪酬体系。在职位薪酬体系下，公务员的一切工资待遇都与其职务与级别挂钩，一旦晋升到某一职务或级别，就能获得相应的工资、津贴、住房、养老、医疗等工资福利待遇水平，具有“终身制”的色彩，而与本人在该职务或级别上工作所做出的贡献没多大关系，公务员工资收入水平难以体现公务员绩效高低。由于我国薪酬体系中绩效考核制度的不完善，所以个人职责担当和自我价值往往无法得到体现。例如，事业单位的考核分为优秀、合格、基本合格、不合格四个等级，但大多数员工的评价集中在一个等级上，导致员工薪酬普遍一致，难以对员工的实际工作成果进行考核，员工的积极性无法充分的得到发挥。

（2）薪酬结构不能反映职位差别。长期以来，我国公务员薪酬结构一直采用单一的窄带结构，不同级别之间的工资标准相差不大，尤其是低层公务员之间的工资级差更小，从而不能反映公务员所任职位的差别。处于同一职务或级别的不同种类的公务员虽然从事不同的具体工作，但由于他们处于同一工资等级范围内，因此工资收入雷同。这种忽略职位差异的看似“公平”、简单化的工资结构直接引发政府机关收入分配上的“大锅饭”和平均主义，不仅激励功能有限，而且还导致事实上的不公平。

（3）薪酬构成无法落实公平原则。其一，长期以来，我国形成了“低工资、多补贴、泛福利”的公务员薪酬格局。虽然《公务员法》对基本工资有统一的相关规定，但事实上，在津贴、补贴、福利及“隐形收入”上，国家还缺乏有效、统一的法律规范和监管手段。各地、各部门津贴、补贴、福利自行发放，称谓不一、名目繁多、数量迥异；各种“隐形收入”或“灰色收入”形态各异、不一而足。一些经济状况好的部门，随意增发员工津贴、补贴和福利等，那些发达地区、重要行业、实权部门的员工工资增速明显更快，这样导致不同地区、行业与部门之间员工收入差距无限制地扩大，无法真正落实公务员工资管理的公平性原则。其二，虽然我国同工同酬原则在立法上已明确规定，特别是《劳动合同法》实施后同工同酬已逐渐呈现规则化倾向。但随着社会的发展和生产方式的转变，我国同工同酬原则并未真正实现规则化，在实践中仍缺乏实操性和适用性。我国用人单位数量庞大、差异众多，其不同的劳动用工体制、历史沉淀和社会责任影响着大部分国有企业很难实行同工同酬原则。同时，各类岗位逐渐趋向复杂化、专业化、精细化，劳动者之间的业绩与贡献难以精确量化，对于公务员、事业人员、劳务派遣工等是否皆应贯彻同工同酬原则也存在很大争议。在很多机关单位内部，公务员与事业人员同工不同酬的现象频频发生，同一个乡政府工作的公务员和事业编制，其津贴差距可能有 2 倍之多。除了许多部门存在用人性别歧视之外，甚至同等地区、性别、工作、级别下，后到几个月的员工待遇与先到几个月的员工工资也有不同。可以说，贯彻和实施同工同酬原则仍困难重重。

（4）薪酬调整不能紧跟实际需要。我国《公务员法》规定，公务员的工资水平应当与国民经济发展相协调、与社会进步相适应。国家实行工资调查制度，定期进行公务员和企业相当人员工资水平的调查比较，并将工资调查比较结果作为调整公务员工资水平的依据。但是，缺乏科学、有效的工资调查制度，导致公务员薪酬调节机制滞后于实际工作需要。现有公务员工资增长机制与市场机制相脱节，没有与经济增长建立合理的比例关系，没有真正建立起与企业相当人员的平衡比较调整机制，更没有考虑市场的人才价位，不能充分发挥工资分配的激励作用。

（5）忽略精神激励。在公共部门中，由于员工对于荣誉感的错误认知和荣誉追求动机的减弱导致了荣誉激励未能发挥良好的效果。除此之外，我国公共部门的荣誉评选方法缺乏科学性与公正性，具有很强的主观色彩，在市场经济的环境下，物质功利主义的盛行也削弱了荣誉激励的地位和作用。同时，由于我国公务员晋升渠道不顺畅，“长官意志”往往在晋升中扮演着重要作用，职务晋升缺乏有效的法律保障和民主监督，因此当代公务员激励手段过于重视物质激励，忽视了更高层级的精神激励。

（6）地方基层压力较大。由于新冠疫情和延长减税降费的冲击，地方政府尤其是基层政府面临的是财政收入收缩、工作内容增多增难以及薪酬水平缺乏激励性的情境。近年来，经济复苏的缓慢与国家对行业实施的战略调整使得许多地方政府出现财政赤字，不仅奖励性绩效工资无法实现，实际发放的奖励性绩效工资难以达到以往水平，部分县级或乡级政府甚至无法按时发放基层公务员的基本工资。地方政府面临着沉重的负担，公务员也面临着巨大的经济困难。同时，基层公务员最贴近群众，面临着复杂艰苦的环境和艰巨的任务，加之我国频繁发生的压力层层加码、基层首要问责等现象，基层公务员无法从物质与精神的任何一个层面得到满足与激励，经常萌生“不求有功，但求无过”的懈怠思想。

2. 我国公共部门薪酬制度完善对策

完善我国公共部门薪酬制度，可以从以下几个方面入手：

（1）完善薪酬管理相关法律法规。健全的薪酬法律法规是公共部门薪酬管理的重要保证。我国公共部门薪酬法制化建设滞后，仅出台了与公务员薪酬相关的条例、方案或规章制度，如《公务员工资制度改革方案》（2006 年）、《完善艰苦边远地区津贴制度实施方案》（2006 年）、《机关事业单位工作人员带薪年休假实施办法》（2008 年）、《公务员奖励规定》（2020 年）等。我国现在对于公务员的薪酬管理，依然主要依据《公务员法》。在实施《公务员法》的过程中，有必要结合中国国情，整合相关配套法规，详细规定公务员薪酬的形式、结构、设计依据、薪酬变动、管理程序、管理责任等；进一步完善职务工资与级别工资，清理、规范公务员津贴、补贴、奖金；按照公务员福利市场化、社会化、货币化原则，健全福利管理制度，开发内容丰富、形式多样的公务员福利；健全公务员保险制度，保障公务员在退休、患病、工伤、生育、失业等情况下获得帮助和补偿；规范公务员退休程序，适时建立公务员养老金制度，不断提高退休待遇。

（2）切实推行干部财产公开与申报制度。财产公开与申报制度是现代公务员制度的重要组成部分，也是对领导干部实施有效监督的重要手段。近年来，我国干部财产公开与申报制度的内容逐渐趋于完善，例如，对报告义务主体职级的规定、对报告主体的问责等。报告义务主体大多由最初的省部、县处级拓宽至现在的副县处级。对报告义务主体的关联主体以及报告财产内容的规定，从最初的报告本人工资、奖金、津贴、补贴、福利费以及劳务所得等，发展到如今的既报告本人财产所得又报告配偶及共同生活子女的财产情况。此外，领导干部如不按规定进行财产公开与申报的，根据情节轻重，给予批评教育、限期改正、责令作出检查、诫勉谈话、通报批评或者调整工作岗位、免职等处理；构成违纪的，依照有关规定给予纪律处分。但我国立法机关经过多年努力仍未能完成财产申报的专项立法工作，财产申报制度还没有以法律的形式固定下来，导致各地财产申报制度无法形成合力。我国必须制定并实施“阳光工资法案”，切实推行干部财产公开与申报制度，确保干部岗位工资、职级工资、津贴标准、福利项目及家庭财产等公开、透明，便于立法机构和公众舆论进行监督，从而杜绝“隐形收入”和“灰色收入”。鼓励地方和部门进行改革探索和试点，切实加强引导，在认真总结地方和部门改革经验的基础上，逐步在全国范围推行。

（3）逐步实施绩效工资制度。政府部门要提高公务员工作积极性和工作效率，就应该发挥公务员基本工资之外的绩效工资的激励作用。现阶段，越来越多的西方发达国家重视将公务员（尤其是高级公务员）的工资与其工作绩效挂钩，大力推行绩效工资制度。我国《公务员法》提出“公务员工资制度贯彻按劳分配的原则”，将工作实绩作为公务员薪酬决定的重要依据。国务院又决定在事业单位分步推行绩效工资制。事业单位建立并完善评价体系，引入竞争机制，消除不可测算的绩效，并对绩效工资总量进行控制。对工资的支付方式进行规范，设立工资专户；在资金的入口方面，对可分配的工资进行控制；通过经济手段以及行政手段进行干预，从而使事业单位职工的收入差距逐渐缩小。另外，对绩效工资进行规范管理，实行科学绩效分配，坚决遏制腐败现象的发生。同时，在绩效工资发放过程中更多地采取了灵活政策，对绩效评估采取规范的评价体系以杜绝不公平分配的现象。但是，绩效工资制在我国公共部门的实施效果并不理想。究其原因，主要存在诸多障碍和难点。其中，绩效评价体系不完善与宽带薪酬结构匮乏是两个重要的现实难题。为此，我国公共部门应该全面推行绩效管理制度，完善科学的绩效评价体系，健全绩效评价结果与工资收入紧密结合的分配机制；同时，改革单一的窄带薪酬结构，逐步导入并推行宽带薪酬结构，为保证绩效工资的有效实施提供有力的支撑。

（4）建立科学的薪酬调节机制。我国应针对不同地区、部门公务员工资差距建立地区、部门工资调整系数，并针对不同层级公务员工资差异确立工资差距比例系数，促使公务员工资政策适当向基层与艰苦边远地区或部门倾斜，以消除公共部门收入分配差距过大的矛盾。将基层工作与疫情防控工作纳入公务员专项考核内容，对在基层工作或疫情防控一线做出突出贡献的机关单位与公务员个人及时给予嘉奖或记功，按照规定对受到奖励的个人发放一次性奖金、在年度考核时优先确定为优秀等次，并加大对长期扎根基层、实绩突出的公务员的表彰奖励力度。同时，完善公务员工资调查制度，以健全公务员工资水平与企事业单位工作人员工资水平协调机制。增强工资调查制度的透明度，将调查的目的、时间、程序、样本选择以及如何使用等及时公之于众，加强调查结果使用的制度建设，保证调查结果的正确运用。

（5）完善保险制度。近年来，随着机关事业单位养老保险改革向纵深发展，参保单位和退休人员的诉求也日趋复杂多元。《人力资源和社会保障事业发展“十四五”规划》提出，要提高经办队伍服务能力和专业化水平，加快推动社保经办数字化转型，提升社保数据分析应用能力，提升社会保险经办精确管理和精细化服务水平。事业单位的养老保险制度自1978年成型后，受制于当时各地经济发展严重不均衡、政策措施差别较大等影响，社会保障体系需要进一步完善。坚持社会保险和商业保险相结合，自愿保险和强制保险相结合，充分利用市场手段，完善公务员医疗、失业、生育、工伤保险制度，适时构建公务员养老保险制度。根据公共部门的岗位特点和工作性质，依法设计灵活的险种，以满足公职人员多元化的需要。

本章小结

本章介绍了薪酬的内涵、公共部门薪酬管理的内容及特点、薪酬管理的关键决策、公共部门福利与保险的主要内容，以及国内外公共部门薪酬管理的具体实践。公共部门薪酬管理是指公共部门根据组织战略和发展规划，结合相关法规政策，确定组织薪酬总额、薪酬结构以及薪酬形式，并根据员工的岗位职责、能力水平及工作表现等来确定其所得各种直接和间接财务性报酬的过程。在具体操作过程中，公共部门薪酬管理应以战略为导向，注重有效性、公平性、外部竞争性以及合法性等原则，选择科学的薪酬体系，构建合理的薪酬等级结构，确定适当的薪酬水平，并根据实际情况不断予以调整和完善。公共部门福利与保险是组织支付给员工的间接薪酬，对公共部门的员工具有保健功能，需要科学设计。西方各国公共部门薪酬管理制度与管理体制息息相关，对我国具有一定的借鉴作用。我国公共部门薪酬制度不断完善，但还存在一些问题，需要通过加强法制建设、实施绩效工资与宽带薪酬结构等，不断推进薪酬管理改革与优化薪酬管理制度。

关键术语

薪酬　报酬　公共部门薪酬管理　直接薪酬　间接薪酬　基本薪酬　绩效薪酬　薪酬体系　薪酬构成　薪酬等级结构　薪酬水平　福利　社会保险　职位薪酬　技能薪酬　知识薪酬　能力薪酬　宽带薪酬　薪酬调查　绩效奖金　绩效调薪　弹性福利计划　职务级别工资制　岗位绩效工资

复习思考题

1. 简述薪酬的概念及主要内容。
2. 简述公共部门薪酬管理的内容及特点。
3. 简述公共部门薪酬管理的导向及原则。
4. 常见的基本薪酬体系有哪些？

5. 比较绩效奖金与绩效调薪的异同。
6. 宽带薪酬的含义是什么？它有哪些优缺点？
7. 如何开展薪酬调查？
8. 公共部门员工福利包含哪些具体内容？
9. 简述美国联邦政府公务员工资体系的主要内容。
10. 简述英国公务员工资体系的主要内容。
11. 简述我国公共部门薪酬管理制度的改革与发展。
12. 简述我国公共部门薪酬制度现存的问题及完善对策。

第 11 章

交流、回避与退出

交流、回避与退出是公共部门人力资源配置与流动的主要方式，也是公共部门人力资源管理的重要环节。交流、回避与退出制度有助于保障公职人员的基本权利，提高公职人员的自身素质，优化公共部门人力资源的配置。本章将主要对公共部门人力资源的交流、回避和退出制度进行介绍。

重点问题

- 交流的含义与类型
- 回避的含义与类型
- 退出的含义与类型
- 交流、回避和退出实践

11.1 交流制度

11.1.1 交流概述

1. 交流的含义

交流是指依据相关法律、法规，对公共部门系统内部的公职人员流动以及系统之间的公职人员流动所进行的规划、控制、协调等管理活动。交流主要包括调任、转任和挂职锻炼等三种基本形式。

《公务员法》第六十九条规定："国家实行公务员交流制度。公务员可以在公务员和参照本法管理的工作人员队伍内部交流，也可以与国有企业和不参照本法管理的事业单位中从事公务的人员交流。交流的方式包括调任、转任。”2006 年 8 月，中共中央办公厅颁布的《党政领导干部交流工作规定》对领导干部交流的对象、范围、方式、组织实施和保障措施做了详尽的规定。2019 年，中共中央印发的《干部任用条例》第五十一条规定了党政领导干部的交流制度。

2. 交流的特点

交流具有如下特点：

（1）交流的形式具有法定性。《公务员法》第七十条和第七十一条对调任、转任的形式、内容、范围、条件、程序等做了规定。《公务员法》第七十二条第一款规定：“根据工作需要，机关可以采取挂职方式选派公务员承担重大工程、重大项目、重点任务或者其他专项工作。”交流是一种管理手段，无论哪一种形式的交流，都必须经过有关机关的决定或者批准，个人不得私自进行工作交流。

（2）交流的目的具有公共性。交流需要考虑两方面的因素，一是工作需要，二是个人需要。工作需要是第一位的，个人需要是第二位的。《公务员法》第七十三条规定：“公务员应当服从机关的交流决定。公务员本人申请交流的，按照管理权限审批。”国家机关在确定交流职位和人选时，主要考虑工作安排、部门计划，但仍然需要考虑公务员个人的意见，在不与工作冲突的前提下，适当照顾个人愿望。《党政领导干部交流工作规定》第二十一条明确规定，“任何地方和单位必须执行上级党委（党组）关于干部交流的决定，不得以任何理由拒绝执行”，“干部应当服从组织的交流决定。接到交流通知后，须尽快办理工作交接手续，在限定的时间内报到。跨地区跨部门交流的，应当同时迁转行政关系和党的组织关系。无正当理由拒不服从组织安排的，就地免职或者降职使用”。

（3）交流的范围，既包括内部交流，又包括外部交流。内部交流是指在公务员队伍内跨地区、跨部门、跨职位交流，不涉及公务员身份的改变；外部交流一般是指国有企业、高等院校和科研院所以及其他不参照《公务员法》管理的事业单位中从事公务的人员调入机关内部担任公务员，调任者获得公务员身份，有时也包括机关内部的公务员到国有企事业单位中任职等。《党政领导干部交流工作规定》第十六条规定：“实行党政机关与国有企业事业单位之间的干部交流。选调国有企业事业单位领导人才到党政机关任职，推荐党政领导干部到国有企业事业单位任职。”在我国近几年对于国有企业和政府推行交叉任职的实践中，坚持以“双向进入，交叉任职”为基本原则。

（4）交流属于平级的职务调动，一般不涉及职务的升降，即使是上下级机关之间的公职人员交流也是如此。因此，不能以交流作为变相晋升、降低职务或级别的手段。《党政领导干部交流工作规定》第二十一条明确规定，“不得借干部交流突击提拔干部。任何人不得借干部交流对干部进行打击报复”。

3. 交流的意义

交流的意义主要体现在以下几方面：

（1）交流有助于提高公职人员的自身素质。通过交流，可以完善公职人员的知识结构，开阔公职人员的视野，丰富公职人员的实践经验，开发公职人员处理各方面事务的能力，同时为公共部门储备优秀人才。

（2）交流有助于优化公共部门人力资源的配置。公职人员通过统一招考进入公共部门工作后，工作岗位往往是相对固定的，然而，公职人员的个人能力在较短的招聘环节很难得到充分体现，可能存在人岗不匹配的情况。通过交流，可以发挥公职人员的专长，提高公职人员与工作岗位的匹配程度，提高公共部门的绩效。

（3）交流有助于公职人员队伍的廉政建设。公职人员长期在同一岗位任职，往往会形成关系网，容易导致封闭僵化的思想、因循守旧的做法和贪污腐败的行为。通过交流，可以防止关系网的形成，为公职人员队伍注入新的思想，带来创新的做法，并从制度层面降低公职人员因长期在某一岗位任职而产生腐败的可能性。

（4）交流有助于公职人员队伍稳定。合理的交流能够解决个人的实际困难，如夫妻长期两地分居、交通出行不便、家庭有需要特殊关照人员等。通过交流解决个人的实际困难，可以稳定公职人员队伍，彰显人性关怀，使他们全身心地投入日常工作，充分发挥自身兴趣爱好和技术专长。

11.1.2 调任

1. 调任的含义与特点

调任有狭义和广义之分。从狭义上讲，2019 年，中共中央组织部发布的《公务员调任规定》规定，调任“是指国有企业、高等院校和科研院所以及其他不参照公务员法管理的事业单位中从事公务的人员调入机关担任领导职务或者四级调研员以上及其他相当层次的职级”。公务员调任制度只包含调入，不包含公务员的调出。从广义上讲，公务员调任制度既包含调入，又包含将公务员调出机关担任其他公职，如《党政领导干部交流工作规定》第十六条规定：“实行党政机关与国有企业事业单位之间的干部交流。选调国有企业事业单位领导人才到党政机关任职，推荐党政领导干部到国有企业事业单位任职。”

调任主要具有以下特点：

（1）调任涉及身份的转变。

（2）调任是一种跨系统的交流，主要是将国有企业事业单位、人民团体和群众团体中从事公务的人员调入机关。

（3）调任主要针对在原单位担任一定职务或有一定职称、资历的人员。这些人员调任后在机关担任领导职务或者副调研员以上及其他相当职务层次的非领导职务。主任科员以下及其他相当职务层次的非领导职务公务员一般通过公务员考试录用，而不能采用调任的方式。

在我国实践中，2020 年浙江省 100 名年轻干部奔赴基层一线，担任县委副书记、县委常委、副县长等职务。此次交流任职干部平均年龄为 38.5 岁，具有研究生（硕士）以上学历 43 人，整体呈现规模大和年轻化的特点。推动年轻干部交流，有利于优化领导班子和干部队伍结构，有利于打破壁垒、盘活干部资源，同时也为年轻干部创造条件、搭建平台，为建设科学能干的干部队伍储备优秀新鲜血液。表 11－1 是 2020 年浙江省百名年轻干部集中交流任职情况。

表 11－1　2020 年浙江省百名年轻干部集中交流任职情况

2020 年浙江百名年轻干部集中交流任职情况			
去向	来源	人数	总计
县委副书记、县委常委、副县长等职务	省直机关单位	38	46
	省属国企	3	
	高校	3	
	中央驻浙单位	2	
省直机关中层职务	市县	37	54
	省属国企	7	
	高校	7	
	中央驻浙单位	3	

同时，在交流任职的实践中坚持有进有出，不仅有一定数量的省直机关领导干部、省属国企高校领导人员到市县任职，也有一批市县干部、乡镇（街道）党政正职和省属国企高校领导人员到省直机关任职。这不仅打通了省市县干部交流的闭环，也让一批有专业背景的复合型领导干部进入了公务员队伍，为年轻干部的成长提供了更大平台、拓展了更多空间。

2. 调任的条件

根据《公务员法》和《公务员调任规定》，调任需要满足以下条件：

（1）调任必须在规定的编制限额内和规定的职数内进行，并有相应的职位空缺，不能出现超编等情况。

（2）拟调入者必须为国有企业事业单位、人民团体和群众团体中从事公务的人员。

（3）拟调入者应需要满足公务员应当具备的七项基本条件。根据《公务员法》第十三条，公务员应当具备下列条件：1）具有中华人民共和国国籍；2）年满十八周岁；3）拥护中华人民共和国宪法，拥护中国共产党领导和社会主义制度；4）具有良好的政治素质和道德品行；5）具有正常履行职责的身体条件和心理素质；6）具有符合职位要求的文化程度和工作能力；7）法律规定的其他条件。

（4）拟调入者需要满足调任部门的资格条件和能力要求。根据《公务员调任规定》第六条的规定，调任人选还应当具备下列七项资格条件：1）政治立场坚定、政治素质过硬，增强“四个意识”、坚定“四个自信”、做到“两个维护”。2）具有胜任工作的能力素质、文化水平和专业素养，勤奋敬业、实绩突出。3）具有与拟调任职位要求相当的工作经历和任职资历。4）具备公务员法及其配套法规规定的晋升至拟任职务职级累计所需的最低工作年限。专业技术人员调入机关任职的，应当担任副高级专业技术职务 2 年以上，或者已担任正高级专业技术职务。5）调入中央机关、省级机关任职的，应当具有大学本科以上文化程度；调入市（地）级以下机关任职的，应当具有大学专科以上文化程度。6）调任厅局级领导职务或者一级、二级巡视员及其他相当层次职级的，原则上不超过 55 周岁；调任县处级领导职务、县级和乡镇机关乡科级领导职务或者一级至四级调研员及其他相当层次职级的，原则上不超过50周岁；调任其他乡科级领导职务的，原则上不超过45周岁。7）符合法律、法规、章程规定的其他条件。

（5）公务员调出机关后拟再调入机关担任高于调出机关时所任职务的，应当满足《公务员调任规定》第七条的规定，具备从调出机关时所任职务职级晋升至拟调任职务职级所需的任职资格年限。

3. 调任的程序

根据《公务员调任规定》的规定，调任的程序为：

（1）根据工作和队伍建设需要确定调任职位及调任条件。

（2）提出调任人选。根据调任职位的要求，调任人选通过组织推荐方式产生。必要时，可以对调任人选进行考试。

（3）征求调出单位意见。

（4）组织考察。对调任人选应当进行严格考察，并形成书面考察材料。考察内容包括调任人选的德、能、勤、绩、廉等方面的表现。考察时，应听取调任人选所在单位有关领导、群众和组织（人事）部门、纪检监察机关、机关党组织的意见。所在单位应予积极配合，并提供客观、真实反映调任人选现实表现和廉政情况的材料。

（5）集体讨论决定。

（6）调任公示。根据考察情况集体讨论决定拟调任人员，并按照任前公示制有关规定在调出、调入单位予以公示。

（7）报批或者备案。公示期满，对没有反映问题或者反映问题不影响调任的，按规定程序进行审批或备案；对反映有严重问题未经查实的，待查实并做出结论后再决定是否调任。按照干部管理权限确定拟调任人员后，调入机关按照规定的权限办理审批或者备案。地方省级以下机关调任公务员应当报市（地）级以上公务员主管部门审批。呈报审批、备案的材料应当包括请示、公务员调任审批（备案）表、考察材料、调出单位意见和纪检监察机关提供的廉政情况；按规定需要进行经济责任审计的人员，应当对其进行审计，并提供审计机关的审计结论。

（8）办理调动、任职和公务员登记手续。调任人员审批、备案后，办理调动手续，并按有关规定进行公务员登记。调任人员的级别和有关待遇，根据其调任职务，结合本人原任职务、工作经历、文化程度等条件，比照调入机关同等条件人员确定。调任人员除由国家权力机关依法任命职务的以外，一般实行任职试用期制，试用期为一年。试用期满考核合格的，正式任职；考核不合格的，另行安排工作。

11.1.3 转任

1. 转任的含义与特点

转任是指公务员因工作需要或者其他正当理由在机关系统内转换任职，包括跨地区、跨部门的调动，或者在同一部门内的不同职位之间的调动。转任主要具有以下特点：

（1）转任是在国家机关内转换任职，不涉及国家机关与非国家机关之间的交流，不发生公务员身份的变更。

(2) 转任属于平级交流，不涉及级别的升降。转任只是工作岗位、行政隶属关系、工作环境发生变化。

(3) 转任在对象上具有广泛性，适用于所有公务员。

2. 转任的条件

根据《公务员法》，转任需要满足一定的条件：

(1) 转任必须在规定的编制限额和职数内进行。国家通过确定各机关的编制限额对岗位和人员进行宏观调控。用人单位必须有相应的职位空缺才能接收拟转任者，不能在满编、超编或者违反职数比例的情况下接收拟转任者。《公务员法》第七十一条强调了两类重要转任情况，“对省部级正职以下的领导成员应当有计划、有重点地实行跨地区、跨部门转任。对担任机关内设机构领导职务和其他工作性质特殊的公务员，应当有计划地在本机关内转任”。

(2) 拟转任者应具备拟任职位所要求的资格条件。我国公务员实行职位分类管理制度，不同岗位、职务要求的资格条件不同。拟转任者如果不具备相应的资格条件，将很难胜任新的工作。因此，我国明确规定需要按照相应的任职资格条件进行转任。

(3) 转任需要遵循规定程序。转任虽然不涉及公务员身份的改变，但仍然会发生公务员行政隶属关系的变化，因此，要按照规定程序办理相关人事调动手续。

11.1.4 挂职锻炼

1. 挂职锻炼的含义与特点

《公务员法》第七十二条第一款规定：“根据工作需要，机关可以采取挂职方式选派公务员承担重大工程、重大项目、重点任务或者其他专项工作。”《中共中央组织部关于干部挂职锻炼工作有关问题的通知》明确了干部挂职锻炼工作的指导思想，“选派干部挂职锻炼，要继续认真贯彻执行中央决定的精神，按照干部队伍革命化、年轻化、知识化、专业化的方针和德才兼备的原则，选派优秀的中青年干部到适合的地区、单位挂职。通过挂职锻炼，使干部进一步开阔视野，解放思想，磨炼意志，转变作风，积累经验，增长才干，提高在建立社会主义市场经济体制条件下的组织领导能力，以适应改革开放和经济建设发展的需要”。挂职锻炼在支持国家“老少边穷”地区发展的工作中有着丰富的实践形态，包括中组部、统战部和国家民委组织的中央机关与西部地区和其他民族地区的专项挂职，高等院校与地方政府间的“博士挂职”，地方政府与发达地区民营企业间“取经＋招商”式挂职等形式。

挂职锻炼具有以下特点：

(1) 挂职锻炼不涉及公职人员身份和人事关系的变动。挂职锻炼这种交流形式只改变挂职人员的工作关系，不改变其行政隶属关系，挂职人员在人事行政上仍受原单位管理。《公务员法》第七十二条第二款规定：“公务员在挂职期间，不改变与原机关的人事关系。”《中共中央组织部关于干部挂职锻炼工作有关问题的通知》规定，“干部在挂职锻炼期间，只转党员组织关系，派出单位要保留其原职务”，挂职干部“不占当地领导班子的职数”。

（2）挂职人员在业务上受接收单位管理。《中共中央组织部关于干部挂职锻炼工作有关问题的通知》规定，“对挂职干部的管理，以派出单位为主，干部挂职所在地区或单位也要加强管理，每年要向派出单位反馈一次挂职干部的思想和工作表现情况。干部挂职期间，派出单位对其在职级晋升和住房分配等福利待遇上要同本单位同级干部一视同仁。干部挂职期满后，派出单位要会同干部挂职所在地区或单位对干部进行认真、全面的考核，写出考核材料，存入本人档案。干部挂职期间的表现应作为今后选拔任用干部的参考”。

（3）挂职锻炼时间期限一般为1～3年。挂职锻炼是一种临时性的交流，而不是长期调动，时间期限一般为1～3年。《中共中央组织部关于干部挂职锻炼工作有关问题的通知》规定，“挂职锻炼的时间一般定为两年左右”。以援疆干部和人才为例，援疆干部和人才在新疆担任党政职务的，在疆工作时间一般为3年，任县市委书记的，在疆工作时间为5年；专业技术干部和人才在疆工作时间可根据实际情况灵活掌握，一般为一年半左右。

（4）挂职锻炼是一种内外混合型交流形式。挂职锻炼既可以在上级机关、下级机关和其他地区机关进行，也可以在国有企业、事业单位进行。

2. 挂职锻炼的对象和条件

《中共中央组织部关于干部挂职锻炼工作有关问题的通知》对选派挂职锻炼干部的对象和条件做了规定，各地区、各部门要根据工作需要和干部培养规划，本着缺什么补什么的原则，选派德才素质较好、有培养前途和发展潜力的中青年干部挂职锻炼。选派的干部应具备的基本条件是：坚决拥护和贯彻执行党的基本路线、方针、政策，具有强烈的事业心和责任感，思想作风端正，有一定的组织领导能力、文化水平和专业知识，身体健康，厅局级干部的年龄一般在50岁以下，县处级干部的年龄一般在45岁以下。各级组织人事部门要按照上述条件确定挂职锻炼的对象。同时要结合本地区本部门的实际情况和领导班子建设的需要，注意选派一定数量的妇女干部、少数民族干部和非党干部挂职锻炼。2022年，包含承担选派任务的中央单位和17个省市共选派了2 114名援藏干部人才进藏，接力第九批援藏干部人才，开启为期3年的援藏工作。与第九批选派情况相比，第十批援藏干部人才的总体规模保持稳定，结构功能不断优化。同时，根据西藏所需医疗、教育等方面专业技术人才的实际情况，精准选派“组团式”医疗人才292名，选派“组团式”教育人才400名，更好地从第九批援藏干部人才手中接过棒，在其帮扶建设的成果之上，全方位助力西藏民生改善（见表11－2）。

表11－2 第九批援藏干部人才的援助成就和第十批援藏干部人才情况

第九批援藏干部人才的援助成就		第十批援藏干部人才情况	
援藏资金	206.31亿元	援藏干部人才	2 114人
援藏项目	2 712个	专业技术人才占比	63.40%
引进全国各地企业	1 141家	大学本科以上学历占比	99.30%
新增的县人民医院	13家	“组团式”医疗人才	292人
受援学校	21所	“组团式”教育人才	400人
乡村振兴项目	627个		
结对帮扶群众	3 215户		
为群众办实事好事	4 200余件		

3. 挂职锻炼的程序

《中共中央组织部关于干部挂职锻炼工作有关问题的通知》对挂职锻炼的程序做了规定，“中央国家机关选派干部到省（区、市）挂职锻炼，处级以下干部由派出单位组织人事部门与有关省（区、市）委组织部直接联系办理；司局级干部由派出单位在每年的第四季度内将下一年的选派计划、方案或实施意见报中央组织部，经统一协调后组织实施。成批组织的两地互派干部挂职，由有关省（区、市）委组织部协商，报中央组织部备案。联系干部挂职锻炼，派出单位的组织人事部门要认真负责地向挂职地区、单位组织人事部门提供挂职干部的简历、现实表现，接收挂职干部的地区、单位要认真审核，其任免要严格按组织程序办理。涉及依法任免的，要履行有关法律程序”。

11.2　回避制度

11.2.1　回避概述

1. 回避的含义

回避是指为了减少因亲属关系等因素对工作产生的不良影响，而对公职人员所任职务、任职地区和执行公务等方面做出限制性规定的管理制度。我国公职人员回避制度主要有四种情形：任职回避、公务回避、地域回避和卸任回避。

我国《公务员法》和 2020 年 12 月中共中央组织部发布的《公务员回避规定》对公务员回避做出了具体规定，《干部任用条例》和《党政领导干部任职回避暂行规定》对党政领导干部任职和选拔任用工作的回避制度做出了规定。《事业单位人事管理条例》《事业单位领导人员管理规定》《关于在事业单位试行人员聘用制度的意见》对事业单位工作人员回避做出了具体规定。

2. 回避的特点

（1）强制性。实行回避制度是法律法规的强制要求，无论公职人员本人是否愿意，必须执行。根据《公务员回避规定》第十七条的规定，“公务员应当服从回避决定。无正当理由拒不服从的，应当予以免职或者降职使用，直至不再形成回避关系”。根据《党政领导干部任职回避暂行规定》第十四条的规定，“领导干部必须服从回避决定。无正当理由拒不服从的，就地免职或者降职使用”。

（2）预防性。回避制度是一种预防性的保障措施，在录用人员、调整人员工作之前，需要考察是否存在回避关系。根据《公务员回避规定》第十六条的规定，“对拟进入机关的人员和拟晋升、转任等的人员，应当依据本规定加强事前提醒、严格审查把关，根据需要提前调整，避免形成回避关系”。

（3）动态调整性。在录用、交流、晋升公务员的过程中，需要实时动态监测是否形成回避关系。根据《公务员回避规定》第十六条的规定，“对因婚姻、职位变化等新形成的回避关系，应当及时予以调整”。

3. 回避申请的方式

根据提出回避申请的主体不同，可将公职人员回避分为三种不同的方式：自行回避、申请回避、决定回避。

（1）自行回避。自行回避是指公职人员自己主动提出回避申请。法律法规要求公职人员自觉、主动地申报，遵守有关回避的规定。根据《公务员法》第七十七条的规定，公务员有应当回避情形的，本人应当申请回避。根据《公务员回避规定》第十七条的规定，公务员应当及时主动报告需要回避的情形。有需要回避的情形不及时报告或者故意隐瞒的，应当区分不同情况，予以批评教育、责令检查、诫勉、组织调整或者组织处理；影响公正执行公务，造成不良后果的，应当给予相应处分。根据《党政领导干部任职回避暂行规定》第十三条的规定，领导干部有需要回避的情况不及时报告或者有意隐瞒的，应当予以批评，情节严重的进行组织处理。《事业单位工作人员处分规定》第二十八条规定，参与事业单位工作人员案件调查、处理的人员应当回避的，执行《事业单位人事管理回避规定》等有关规定。

（2）申请回避。申请回避是指利害关系人及其他人员提出回避申请。法律法规要求有关机关要对利害关系人及其他人员提出的回避申请及时处理。根据《公务员法》第七十七条的规定，利害关系人有权申请公务员回避，其他人员可以向机关提供公务员需要回避的情况。根据《公务员回避规定》第十八条的规定，对个人、组织反映公务员需要回避的，有关机关应当按照管理权限及时处理。

（3）决定回避。决定回避是指在没有公职人员自行申请或者利害关系人提出回避的情况下，有关机关根据所掌握的情况，认为存在回避关系，直接做出回避决定。根据《公务员法》第七十七条的规定，机关根据公务员本人或者利害关系人的申请，经审查后作出是否回避的决定，也可以不经申请直接作出回避决定。

4. 回避的意义

回避制度具有重要的意义：

（1）回避有助于提高公职人员队伍的素质水平。实行回避规定，可以从制度上避免任人唯亲、裙带关系导致的不良影响，为选拔德才兼备的公职人员、客观公正地任用干部提供保障。

（2）回避有助于提高工作效率。回避制度降低了公职人员受到复杂关系网干扰的可能性，有利于提高公职人员工作的积极性、主动性和创造性，使公职人员能够按照规定顺利、客观、公正地执行公务，保证工作的正常运转，进而提高机关事业单位的工作效率。

（3）回避有助于加强廉政建设。回避制度通过减少或消除亲属在某一部门、单位聚集的可能性，避免徇私情、谋私利等不正当行为，降低腐败的可能，为公职人员依法执行公务、廉洁奉公创造条件。

（4）回避有助于完善公众监督，促进社会稳定。社会公众往往对任人唯亲、裙带关系深恶痛绝，并因此对政府不满。《公务员法》和《公务员回避规定》等对公务员回避制度进一步规范，《事业单位领导人员管理规定》等对事业单位工作人员回避制度具体说明，使公众对公职人员的监督有法可依，有助于完善公众监督，促进社会稳定。

11.2.2　任职回避

1. 任职回避的含义

任职回避是指依照法律法规规定，对具有法定亲属关系的公职人员，限制担任某些关系比较密切的职务。具体来讲，具有夫妻关系、直系血亲关系、三代以内旁系血亲关系和近姻亲关系的公职人员，不得在同一机关双方直接隶属于同一领导人员的职位或者有直接上下级领导关系的职位工作，也不得在其中一方担任领导职务的机关从事组织、人事、纪检、监察、审计和财务工作。公务员不得在其配偶、子女及其配偶经营的企业、营利性组织的行业监管或者主管部门担任领导成员。

实践中，一般是低职回避，即调整职务相对较低和承担责任相对较小的公职人员。根据《党政领导干部任职回避暂行规定》第九条的规定，职务层次不同的，一般由职务层次较低的一方回避；职务层次相当的，根据工作需要和实际情况决定其中一方回避。

《公务员法》《公务员回避规定》《干部任用条例》《党政领导干部任职回避暂行规定》对公务员任职回避做出了具体规定。《事业单位领导人员管理规定》和《关于在事业单位试行人员聘用制度的意见》对事业单位工作人员任职回避做出了具体规定。

2. 任职回避的情况

（1）公务员任职回避的情况。

《公务员法》第七十四条规定："公务员之间有夫妻关系、直系血亲关系、三代以内旁系血亲关系以及近姻亲关系的，不得在同一机关双方直接隶属于同一领导人员的职位或者有直接上下级领导关系的职位工作，也不得在其中一方担任领导职务的机关从事组织、人事、纪检、监察、审计和财务工作。公务员不得在其配偶、子女及其配偶经营的企业、营利性组织的行业监管或者主管部门担任领导成员。因地域或者工作性质特殊，需要变通执行任职回避的，由省级以上公务员主管部门规定。"

根据《公务员回避规定》第五条的规定，公务员凡有下列亲属关系的，不得在同一机关双方直接隶属于同一领导人员的职位或者有直接上下级领导关系的职位工作，也不得在其中一方担任领导职务的机关从事组织、人事、纪检、监察、审计和财务工作：1）夫妻关系；2）直系血亲关系，包括祖父母、外祖父母、父母、子女、孙子女、外孙子女；3）三代以内旁系血亲关系，包括伯叔姑舅姨、兄弟姐妹、堂兄弟姐妹、表兄弟姐妹、侄子女、甥子女；4）近姻亲关系，包括配偶的父母、配偶的兄弟姐妹及其配偶、子女的配偶及子女配偶的父母、三代以内旁系血亲的配偶。其中，直接隶属是指具有直接上下级领导关系；同一领导人员，包括同一级领导班子成员；直接上下级领导关系，包括上一级正副职与下一级正副职之间的领导关系。

《党政领导干部任职回避暂行规定》第四条规定，"领导干部的配偶、子女及其配偶以独资、合伙或者较大份额参股的方式，经营企业或者举办经营性民办非企业单位的，该领导干部不得在上述企业或者单位的行业监管或者业务主管部门担任领导成员"。

（2）事业单位工作人员任职回避的情况。

根据《事业单位领导人员管理规定》的规定，实行事业单位领导人员任职回避制度和履职回避制度。《关于在事业单位试行人员聘用制度的意见》规定，“人员聘用实行回避制度。受聘人员凡与聘用单位负责人员有夫妻关系、直系血亲关系、三代以内旁系血亲或者近姻亲关系的，不得被聘用从事该单位负责人员的秘书或者人事、财务、纪律检查岗位的工作，也不得在有直接上下级领导关系的岗位工作”。

3. 任职回避的程序

根据《公务员回避规定》第八条的规定，公务员任职回避按照以下程序办理：

（1）本人提出回避申请或者所在机关提出回避建议。

（2）组织人事部门按照管理权限进行审核，并提出回避意见报任免机关。在报任免机关决定前，应当听取公务员本人及相关人员的意见。

（3）任免机关作出决定。需要回避的，原则上在组织人事部门提出回避意见之日起30日内予以调整。一般由领导职务层次较低或者不担任领导职务的一方回避；领导职务层次相同或者均不担任领导职务的，根据工作需要和实际情况决定其中一方回避。特殊情况下，任免机关可以直接作出回避决定。

4. 任职回避的变通

根据《公务员法》第七十四条的规定，因地域或者工作性质特殊，需要变通执行任职回避的，由省级以上公务员主管部门规定。实践中，由于一些工作地点或工作性质特殊，存在具有亲属关系的公务员在同一单位工作的情况。比如，在外交部的一些派出机构，出于工作需要，国家机关允许公务员与其配偶在同一单位工作。

11.2.3 公务回避

1. 公务回避的含义

公务回避是指公职人员在执行公务的过程中，因所受理或处理的事物涉及本人或法定亲属的利害关系，而避开该公务，不以任何方式参与该公务的处理或施加影响。

《公务员法》《公务员回避规定》《干部任用条例》对公务员公务回避做出了具体规定。《事业单位人事管理条例》对事业单位工作人员公务回避做出了具体规定。

2. 公务回避的内容

根据《公务员回避规定》第十三条的规定，公务员应当回避的公务活动包括：

（1）考试录用、聘任、调任、领导职务与职级升降任免、考核、考察、奖惩、转任、出国（境）审批；

（2）巡视、巡察、纪检、监察、审计、仲裁、案件侦办、审判、检察、信访举报处理；

（3）税费稽征、项目和资金审批、招标采购、行政许可、行政处罚，

（4）其他应当回避的公务活动。

3. 公务回避的情况

《公务员法》第七十六条对公务员公务回避的情况做出了规定。公务员执行公务时，有下列情形之一的，应当回避：

（1）涉及本人利害关系的；

（2）涉及与本人有本法第七十四条第一款所列亲属关系人员的利害关系的；

（3）其他可能影响公正执行公务的。

《事业单位人事管理条例》第三十九条对事业单位工作人员的公务回避问题做出了规定。负有事业单位聘用、考核、奖励、处分、人事争议处理等职责的人员履行职责，有下列情形之一的，应当回避：

（1）与本人有利害关系的；

（2）与本人近亲属有利害关系的；

（3）其他可能影响公正履行职责的。

4. 公务回避的特点

公务回避具有以下特点：

（1）公务回避具有时间限制。公务回避仅仅针对公职人员执行公务时可能遇到的几种特定情境，相关的公务回避只限于执行特定公务的一定时间内，是暂时的，并且回避期间公职人员的任职关系不发生改变。

（2）公务回避范围广泛。只要涉及与本人或法定亲属有利害关系，或其他可能影响公正执行公务的情况，就需要回避。每一位公职人员在执行公务活动期间，都难免遇到公务回避情形。

5. 公务回避的程序

根据《公务员回避规定》第十五条的规定，公务员公务回避按照以下程序办理：

（1）本人或者利害关系人及时提出回避申请，或者主管领导提出回避要求。

（2）所在机关及时进行审查作出是否回避的决定，并告知申请人。

（3）对需要回避的，由所在机关调整公务安排。

特殊情况下，所在机关可以直接作出回避决定。

11.2.4 地域回避

1. 地域回避的含义

地域回避，亦称地区回避、籍贯回避，是指公务员不得在本人成长地担任主要领导职务，避免亲属关系等因素对公务员执行公务产生不利影响。

我国《公务员法》《公务员回避规定》《干部任用条例》《党政领导干部任职回避暂行规定》等均对地域回避做出了具体规定。

2. 地域回避的情况

《公务员法》第七十五条规定："公务员担任乡级机关、县级机关、设区的市级机关及其有关部门主要领导职务的，应当按照有关规定实行地域回避。"

《公务员回避规定》第十一条规定："公务员担任乡（镇）党委和政府主要领导职务的，应当实行地域回避；公务员不得在本人成长地担任县（市）党委和政府主要领导职务，一般不得在本人成长地担任市（地、盟）党委和政府主要领导职务。公务员不得在本人成长地担任县（市）纪委监委、组织部门、法院、检察院、公安部门主要领导职务，一般不得在本人成长地担任市（地、盟）纪委监委、组织部门、法院、检察院、公安部门主要领导职务。民族自治地方的少数民族领导干部的地域回避按照有关法律规定并结合本地实际执行。”

《干部任用条例》对党政领导干部任职的地域回避制度做出了规定，“领导干部不得在本人成长地担任县（市）党委和政府以及纪委监委、组织部门、法院、检察院、公安部门主要领导成员，一般不得在本人成长地担任市（地、盟）党委和政府以及纪委监委、组织部门、法院、检察院、公安部门主要领导成员”。

3. 地域回避的程序

根据《公务员回避规定》第十二条，公务员地域回避的程序按照本规定第八条的规定办理。

11.2.5 卸任回避

1. 卸任回避的含义

卸任回避是指公务员在辞职、退休后，不得到与原工作业务直接相关的企业或者其他营利性组织任职，不得从事与原工作业务直接相关的营利性活动，不得利用任职期间的关系或影响力为亲属和朋友谋取利益，不得干预原单位的工作，以防其利用余权，损害国家利益。

2. 卸任回避的情况

《公务员法》第一百零七条规定：“公务员辞去公职或者退休的，原系领导成员、县处级以上领导职务的公务员在离职三年内，其他公务员在离职两年内，不得到与原工作业务直接相关的企业或者其他营利性组织任职，不得从事与原工作业务直接相关的营利性活动。公务员辞去公职或者退休后有违反前款规定行为的，由其原所在机关的同级公务员主管部门责令限期改正；逾期不改正的，由县级以上市场监管部门没收该人员从业期间的违法所得，责令接收单位将该人员予以清退，并根据情节轻重，对接收单位处以被处罚人员违法所得一倍以上五倍以下的罚款。”

11.3 退出制度

11.3.1 退出概述

1. 退出的含义

退出是指公职人员依照法律、法规的相关规定退出公共部门，不再保留公职人员身份，也不再履行相应职责和享有相应权利的管理制度。我国现行的公务员退出机制主要包括辞职、辞退和退休，《公务员法》《公务员辞去公职规定》《推进领导干部能上能下规定》《行政机关公务员处分条例》等对公务员的退出机制做出了规定。

我国现行的事业单位工作人员退出机制主要包括辞聘、解聘和退休，《事业单位人事管理条例》《事业单位领导人员管理规定》《关于在事业单位试行人员聘用制度的意见》《事业单位工作人员处分规定》等对事业单位工作人员的退出机制做出了规定。

2. 退出的意义

（1）退出机制保障了公职人员的权利。对于因年龄或身体原因不适合继续工作的公职人员，退出制度保障了其得到妥善安排、安享晚年或者休养康复的权利；对于想退出机关事业单位重新择业的公职人员，退出制度保障了其对职业进行再次选择的权利。同时，明确的退出制度可以使机关事业单位依照法律法规办理公职人员退出的相关事宜，正确行使权力，防止权力的滥用。

（2）退出机制保障了公共部门人力资源的流动。退出机制是机关事业单位的“出口”，既能允许公职人员根据个人、市场和社会的需求重新选择职业或者退出劳动力市场，又能空出编制允许其他系统的优秀人才进入机关事业单位，空出领导职位使优秀的骨干人员得以提拔。这种有进有出、能上能下的制度，为公共部门甚至全社会人力资源流动渠道的畅通提供了有力保障。

（3）退出机制有利于优化公职人员队伍，提高工作效率。一方面，公职人员因年龄或身体原因退休后安度晚年或休养康复，有利于免除在职工作人员的后顾之忧，进而提高其工作的积极性和创造性；而不能胜任工作或具有违纪行为的公职人员退出机关事业单位，可以激励在职工作人员严于律己、积极进取。另一方面，部分人员退出可以空出编制、腾出领导职位，有利于吸纳优秀的年轻人进入公职人员队伍，提拔表现突出的骨干人员，对在职工作人员是一种激励。因此，退出制度有利于公职人员队伍结构的优化，能够激励在职公职人员努力进取，进而提高公共部门的工作效率。

11.3.2　辞职

1. 辞职的含义

辞职是指公务员根据本人意愿，依照法律、法规规定，申请终止与任免机关的任用关系的行为。公务员辞去公职后，不再具有公务员身份；担任领导职务的公务员辞去领导职务后，依然具有公务员身份，只涉及在机关系统内的职务选择。《公务员辞去公职规定》规定，“辞去公职，是指公务员依照法律法规规定，申请终止与任免机关的任用关系”，“公务员辞去公职后，不再具有公务员身份”。

2. 辞职的特点

公务员辞去公职具有如下特点：

（1）辞职是公务员的一项基本权利。辞职必须由本人提出，一般是出于本人的意愿。根据《公务员法》第十五条，公务员享有申请辞职的权利。根据《公务员法》第八十五条的规定，任免机关应当自接到公务员辞去公职申请之日起 30 日内予以审批，其中对领导成员辞去公职的申请，应当自接到申请之日起 90 日内予以审批。根据《公务员法》第九十五条的规定，公务员申请辞去公职未予批准的，可以按照规定申请复核或者提出申诉。

（2）辞职必须经过一定的法律程序。《公务员辞去公职规定》第五条规定，“公务员辞去公职，应当依照法定的情形、权限和程序办理”。根据《公务员辞去公职规定》第七条的规定，公务员辞去公职，按照下列程序办理：1）本人向任免机关提出书面申请，填写《公务员辞去公职申请表》。担任县处级副职以上领导职务或者二级调研员及相当层次以上职级的，应当一并报告个人有关事项。2）组织人事部门审核，重点审核公务员是否具有不得辞去公职或者辞去公职后的从业限制情形，并征求其所在单位和纪检监察机关、保密等部门的意见。同时，提醒其严格遵守从业限制规定，告知违规从业须承担的法律责任。3）任免机关审批，作出同意或者不同意辞去公职的批复。同意辞去公职的，应当同时免去其所任领导职务、职级。其中，对需要进行经济责任审计的，应当事先按照有关规定进行审计。4）任免机关将批复送公务员所在单位和申请辞去公职的公务员。5）同意辞去公职的，办理公务交接手续。6）将同意辞去公职的批复和《公务员辞去公职申请表》等存入本人人事档案，同时将批复送同级公务员主管部门备案。

（3）辞职受到一定的法律法规限制。《公务员法》第八十六条规定，公务员有下列情形之一的，不得辞去公职：1）未满国家规定的最低服务年限的；2）在涉及国家秘密等特殊职位任职或者离开上述职位不满国家规定的脱密期限的；3）重要公务尚未处理完毕，且须由本人继续处理的；4）正在接受审计、纪律审查、监察调查，或者涉嫌犯罪，司法程序尚未终结的；5）法律、行政法规规定的其他不得辞去公职的情形。

《公务员法》第一百零七条规定：“公务员辞去公职或者退休的，原系领导成员、县处级以上领导职务的公务员在离职三年内，其他公务员在离职两年内，不得到与原工作业务直接相关的企业或者其他营利性组织任职，不得从事与原工作业务直接相关的营利性活动。公务员辞去公职或者退休后有违反前款规定行为的，由其原所在机关的同级公务员主管部门责令限期改正；逾期不改正的，由县级以上市场监管部门没收该人员从业期间的违法所得，责令接收单位将该人员予以清退，并根据情节轻重，对接收单位处以被处罚人员违法所得一倍以上五倍以下的罚款。”

《公务员辞去公职规定》第十一条规定：“公务员在辞去公职审批期间不得擅自离职。对擅自离职的，给予开除处分。”《公务员辞去公职规定》第九条规定：“经批准辞去公职的公务员办理公务交接手续，应当自批准之日起 10 个工作日内完成。对拒不办理公务交接手续的，撤销同意辞去公职的决定，给予开除处分。”《公务员辞去公职规定》第十二条第一款规定：“公务员与所在机关因专项培训等订立协议约定工作期限的，在未满约定工作期限内一般不得申请辞去公职。申请辞去公职的，应当向所在机关支付违约金或者履行相应义务。”

（4）辞职具有利益保障。《公务员辞去公职规定》对公务员辞去公职后的工资、社会保险、转递档案、工作年限做了规定。公务员辞去公职后，自批准之日的次月起停发工资，社会保险按照有关规定执行。公务员辞去公职后，应当按照有关规定转递档案。在 90 日内重新就业的，应当在就业单位报到后 30 日内，按照干部人事档案转递的有关规定，将档案转至有关的组织人事部门保管；在 90 日内未就业或者重新就业单位不具备保管条件的，按照流动人员人事档案管理的有关规定转递档案。公务员辞去公职后重新就业的，其辞去公职前在机关的工作年限合并计算。

3. 党政领导干部辞职

《公务员法》第十七条规定："国家实行公务员职务与职级并行制度，根据公务员职位类别和职责设置公务员领导职务、职级序列。"担任领导职务的公务员辞去领导职务，依然具有公务员身份，只涉及在机关系统内的职务选择；辞去公职后，不再具有公务员身份。《党政领导干部辞职暂行规定》规定："党政领导干部辞职包括因公辞职、自愿辞职、引咎辞职和责令辞职。"《干部任用条例》强调，实行党政领导干部辞职制度，辞职应当符合有关规定，手续依照法律或者有关规定程序办理。党政领导干部在辞职审批期间或者组织决定其暂缓辞职期间不得擅自离职。对擅自离职的，按照有关规定给予相应的党纪政纪处分。

（1）因公辞职。担任领导职务的公务员，因工作变动依照法律规定需要辞去现任职务的，应当履行辞职手续。《党政领导干部辞职暂行规定》规定，"领导干部担任由人大、政协选举产生的领导职务，任期未满因工作需要变动职务，依照法律或者政协章程规定应当辞去现任领导职务的，向本级人民代表大会、人大常委会或者政协提出辞去现任领导职务"，"领导干部因公辞职，应当在接到党委（党组）通知后 7 日内，向任免机关提出辞去现任职务的书面申请"，"因公辞职的领导干部另有任用，按照有关法律规定拟任职务与现任职务不能同时担任的，应当在任免机关批准其辞职后，再对外公布其新任职务"。

（2）自愿辞职。担任领导职务的公务员，因个人或者其他原因，可以自愿提出辞去领导职务或者公职。根据《党政领导干部辞职暂行规定》第十一条的规定，党政领导干部有下列情形之一的，不得辞去领导职务：1）有重要公务尚未处理完毕，而且须由本人继续处理的；2）由人大、政协选举、任命、决定任命的领导干部任职不满一年的；3）正在接受纪检机关（监察部门）、司法机关调查或者审计机关审计的；4）有其他特殊原因的。

（3）引咎辞职。领导成员因工作严重失误、失职造成重大损失或者恶劣社会影响的，或者对重大事故负有领导责任的，应当引咎辞去领导职务。根据《干部任用条例》，引咎辞职的党政领导干部，一年内不安排职务，两年内不得担任高于原任职务层次的职务。

根据《党政领导干部辞职暂行规定》第十五条的规定，党政领导干部有下列情形之一的，应当引咎辞职：1）因工作失职，引发严重的群体性事件，或者对群体性、突发性事件处置失当，造成严重后果或者恶劣影响，负主要领导责任的。2）决策严重失误，造成巨大经济损失或者恶劣影响，负主要领导责任的。3）在抗灾救灾、防治疫情等方面严重失职，造成重大损失或者恶劣影响，负主要领导责任的。4）在安全工作方面严重失职，连续或者多次发生重大责任事故，或者发生特大责任事故，负主要领导责任的；连续或者多次发生特大责任事故，或者发生特别重大责任事故，负主要领导责任、重要领导责任的。5）在市场监管、环境保护、社会管理等方面管理、监督严重失职，连续或者多次发生重大事故、重大案件，造成巨大损失或者恶劣影响，负主要领导责任的。6）执行《干部任用条例》不力，造成用人严重失察、失误，影响恶劣，负主要领导责任的。7）疏于管理监督，致使班子成员或者下属连续或多次出现严重违纪违法行为，造成恶劣影响，负主要领导责任的。8）对配偶、子女、身边工作人员严重违纪违法知情不管，造成恶劣影响的。9）有其他应当引咎辞职情形的。

（4）责令辞职。领导成员应当引咎辞职或者因其他原因不再适合担任现任领导职务，本人不提出辞职的，应当责令其辞去领导职务。根据《干部任用条例》，责令辞职的党政领导干部，一年内不安排职务，两年内不得担任高于原任职务层次的职务。

根据《党政领导干部辞职暂行规定》，被责令辞职的干部若对组织决定不服，可以在接到责令辞职通知后15日内，向做出决定的党委（党组）提出书面申诉。党委（党组）接到申诉后，应当及时组织人员进行核查，并在1个月内做出复议决定。复议决定以书面形式通知干部本人。复议决定仍维持原决定的，干部本人应当在接到复议决定后3日内向任免机关提出书面辞职申请。对复议决定仍有不同意见的，可以向上级党委（党组）反映，但应当执行复议决定。被责令辞职的领导干部不服从组织决定、拒不辞职的，予以免职或者提请任免机关予以罢免。

11.3.3 辞退

1. 辞退的含义

辞退是指各级机关依照法律、法规规定，通过一定的法律程序，解除与公务员的任用关系的行为。公务员被辞退后，不再具有公务员身份。辞退无须事先征得公务员的同意，不是一种行政处分。《公务员法》和《公务员辞退规定》对公务员辞退做了具体规定。

2. 辞退的特点

（1）辞退公务员是机关的法定权利。机关依照法律、法规规定，可以单方面决定解除与公务员的任用关系，无须事先征得公务员的同意。根据《公务员辞退规定》的规定，“任免机关根据有关规定可以直接作出辞退决定”。

（2）辞退公务员必须经过一定的法律程序。《公务员辞退规定》第五条规定：“辞退公务员，应当依照法定的情形、权限和程序办理。”根据《公务员辞退规定》第八条的规定，辞退公务员，按照下列程序办理：1）所在单位在核准事实的基础上，提出建议并填写《辞退公务员审批表》报任免机关。2）组织人事部门审核。3）任免机关集体讨论，审批并作出辞退决定。对拟辞退且按照规定需要进行经济责任审计的，应当事先对其进行审计。任免机关根据有关规定可以直接作出辞退决定。县级以下机关辞退公务员，由县级公务员主管部门审核并报县级党委审批后作出决定。4）作出辞退决定的，应当向被辞退公务员送达《辞退公务员通知书》，告知辞退依据和理由，同时将辞退决定送呈报单位。5）办理公务交接手续。6）将《辞退公务员审批表》和辞退决定等存入本人人事档案，同时将辞退决定送同级公务员主管部门备案。

（3）辞退公务员受到一定的法律法规限制。《公务员辞退规定》第六条规定了辞退的肯定性条件：1）在年度考核中，连续2年被确定为不称职的；2）不胜任现职工作，又不接受其他安排的；3）因所在机关调整、撤销、合并或者缩减编制员额需要调整工作，本人拒绝合理安排的；4）不履行公务员义务，不遵守法律和公务员纪律，经教育仍无转变，不适合继续在机关工作，又不宜给予开除处分的；5）旷工或者因公外出、请假期满无正当理由逾期不归连续超过 15 个工作日，或者 1 年内累计超过 30 个工作日的。

《公务员辞退规定》第七条规定了辞退的否定性条件。对有下列情形之一的公务员，不得辞退：1）因公致残，被确认丧失或者部分丧失工作能力的；2）患病或者负伤，在规定的医疗期内的；3）女性公务员在孕期、产期、哺乳期内的；4）法律、行政法规规定的其他不得辞退的情形。

《公务员辞退规定》第十条规定了辞退通知的形式。辞退决定应当以书面形式通知被辞退的公务员，并应当告知辞退依据和理由。《辞退公务员通知书》应当直接送达被辞退公务员本人。

（4）被辞退的公务员具有利益保障。

1）被辞退公务员可以提出申诉。根据《公务员法》的规定，公务员对辞退决定不服的，可以按照规定申请复核或者提出申诉。复核、申诉期间不停止辞退决定的执行。

2）被辞退后，公务员享有一定的待遇。《公务员法》第九十条规定，"被辞退的公务员，可以领取辞退费或者根据国家有关规定享受失业保险"。《公务员辞退规定》对公务员被辞退后的工资停发、辞退费、社会保险、转递档案、工作年限做了具体规定。

3. 辞退与开除的区别

辞退与开除具有较大的区别。辞退不是一种行政处分，适用于存在不能胜任工作、不接受合理调整工作、违纪但达不到开除的程度等情况的公务员，即自由散漫、"大错不犯，小错不断"的公务员。被辞退的公务员享有辞退费、失业保险等待遇。根据《公务员法》和《行政机关公务员处分条例》的规定，开除是一种处分。

11.3.4　解聘

1. 解聘的含义和情形

解聘是指事业单位按照聘用制的有关规定单方面解除聘用合同。《关于在事业单位试行人员聘用制度的意见》和《事业单位试行人员聘用制度有关问题的解释》规定了解聘的情形。

（1）随时解聘情形。

《关于在事业单位试行人员聘用制度的意见》规定，受聘人员有下列情形之一的，聘用单位可以随时单方面解除聘用合同：1）连续旷工超过 10 个工作日或者 1 年内累计旷工超过 20 个工作日的；2）未经聘用单位同意，擅自出国或者出国逾期不归的；3）违反工作规定或者操作规程，发生责任事故，或者失职、渎职，造成严重后果的；4）严重扰乱工作秩序，致使聘用单位、其他单位工作不能正常进行的；5）被判处有期徒刑以上刑罚收监执行的，或者被劳动教养的。

对在试用期内被证明不符合本岗位要求又不同意单位调整其工作岗位的，聘用单位也可以随时单方面解除聘用合同。

《事业单位试行人员聘用制度有关问题的解释》进一步规定，"被人民法院判处拘役、有期徒刑缓刑的，单位可以解除聘用合同"。

（2）提前通知解聘情形。

受聘人员有下列情形之一的，聘用单位可以单方面解除聘用合同，但是应当提前 30 日以书面形式通知拟被解聘的受聘人员：1）受聘人员患病或者非因工负伤，医疗期满后，不能从事原工作也不能从事由聘用单位安排的其他工作的；2）受聘人员年度考核或者聘期考核不合格，又不同意聘用单位调整其工作岗位的，或者虽同意调整工作岗位，但到新岗位后考核仍不合格的。

（3）不得解聘情形。

《关于在事业单位试行人员聘用制度的意见》同时规定了聘用单位不得解除聘用合同的情形。受聘人员有下列情形之一的，聘用单位不得解除聘用合同：1）受聘人员患病或者负伤，在规定的医疗期内的；2）女职工在孕期、产期和哺乳期内的；3）因工负伤，治疗终结后经劳动能力鉴定机构鉴定为 1 至 4 级丧失劳动能力的；4）患职业病以及现有医疗条件下难以治愈的严重疾病或者精神病的；5）受聘人员正在接受纪律审查尚未做出结论的；6）属于国家规定的不得解除聘用合同的其他情形的。

《事业单位试行人员聘用制度有关问题的解释》进一步规定，《关于在事业单位试行人员聘用制度的意见》中事业单位职工医疗期的确定可暂时参照企业职工患病或非因工负伤医疗期的规定执行。

2. 解聘的保障

（1）解聘争议处理。根据《关于在事业单位试行人员聘用制度的意见》，受聘人员与聘用单位在解聘辞聘等问题上发生争议的，当事人可以申请当地人事争议仲裁委员会仲裁。仲裁结果对争议双方具有约束力。

（2）解聘的经济补偿。根据《关于在事业单位试行人员聘用制度的意见》，有下列解除聘用合同情形之一的，聘用单位应当根据被解聘人员在本单位的实际工作年限向其支付经济补偿：1）聘用单位提出解除聘用合同，受聘人员同意解除的；2）受聘人员患病或者非因工负伤，医疗期满后，不能从事原工作也不能从事由聘用单位安排的其他工作，聘用单位单方面解除聘用合同的；3）受聘人员年度考核不合格或者聘期考核不合格，又不同意聘用单位调整其工作岗位的，或者虽同意调整工作岗位，但到新岗位后考核仍不合格，聘用单位单方面解除聘用合同的。

经济补偿以被解聘人员在该聘用单位每工作 1 年，支付其本人 1 个月的上年月平均工资为标准；月平均工资高于当地月平均工资 3 倍以上的，按当地月平均工资的 3 倍计算。聘用单位分立、合并、撤销的，应当妥善安置人员；不能安置受聘人员到相应单位就业而解除聘用合同的，应当按照上述规定给予经济补偿。《事业单位试行人员聘用制度有关问题的解释》进一步规定，关于解除聘用合同的经济补偿是按职工在本单位工作的工龄核定补偿标准，不是对其在本单位工作的工龄补偿。

（3）社会保险。《关于在事业单位试行人员聘用制度的意见》规定，“受聘人员与所在聘用单位的聘用关系解除后，聘用单位要按照国家有关规定及时为职工办理社会保险关系调转手续，做好各项社会保险的衔接工作”。

（4）人事档案。《事业单位试行人员聘用制度有关问题的解释》进一步规定，“聘用合同解除后，单位和个人应当在 3 个月内办理人事档案转移手续。单位不得以任何理由扣留无聘用关系职工的人事档案；个人不得无故不办理档案转移手续”。

11.3.5　辞聘

1. 辞聘的含义

辞聘是指事业单位受聘人员按照聘用制的有关规定单方面解除聘用合同。根据《关于在事业单位试行人员聘用制度的意见》的规定，有下列情形之一的，受聘人员可以随时单方面解除聘用合同：

（1）在试用期内的；

（2）考入普通高等院校的；

（3）被录用或者选调到国家机关工作的；

（4）依法服兵役的。

除上述情形外，受聘人员提出解除聘用合同未能与聘用单位协商一致的，受聘人员应当坚持正常工作，继续履行聘用合同；6 个月后再次提出解除聘用合同仍未能与聘用单位协商一致的，即可单方面解除聘用合同。

《事业单位试行人员聘用制度有关问题的解释》进一步规定，“但对在涉及国家秘密岗位上工作，承担国家和地方重点项目的主要技术负责人和技术骨干不适用此项规定”。

2. 辞聘人员的责任

（1）补偿培训费用。《关于在事业单位试行人员聘用制度的意见》规定，“受聘人员经聘用单位出资培训后解除聘用合同，对培训费用的补偿在聘用合同中有约定的，按照合同的约定补偿”。《事业单位试行人员聘用制度有关问题的解释》进一步规定，“在聘用合同中对培训费用没有约定的，受聘人员提出解除聘用合同后，单位不得收取培训费用；有约定的，按约定收取培训费，但不得超过培训的实际支出，并按培训结束后每服务一年递减 20％执行”。

（2）知识产权和技术秘密。《关于在事业单位试行人员聘用制度的意见》规定，“受聘人员解除聘用合同后违反规定使用或者允许他人使用原所在聘用单位的知识产权、技术秘密的，依法承担法律责任”。

（3）涉密岗位的特殊性。《关于在事业单位试行人员聘用制度的意见》规定，“涉密岗位受聘人员的解聘或者工作调动，应当遵守国家有关涉密人员管理的规定”。

11.3.6　退休

1. 退休的含义

退休是指公务员或事业单位工作人员因符合规定的一定条件，按照法律法规办理手续，离开工作职位并享受相关待遇。退休分为强制退休和自愿退休。

《公务员法》《推进领导干部能上能下规定》《行政机关公务员处分条例》等对公务员退休做了规定，《事业单位人事管理条例》和《事业单位工作人员处分规定》等对事业单位工作人员退休做了规定。

2. 强制退休

（1）强制退休的含义。

强制退休是指公务员或事业单位工作人员达到规定的退休条件必须退休。

《公务员法》第九十二条规定："公务员达到国家规定的退休年龄或者完全丧失工作能力的，应当退休。"根据《公务员法》第一百零六条的规定，对不按规定条件办理退休的，由县级以上领导机关或者公务员主管部门按照管理权限，区别不同情况，分别予以责令纠正或者宣布无效；对负有责任的领导人员和直接责任人员，根据情节轻重，给予批评教育、责令检查、诫勉、组织调整、处分；构成犯罪的，依法追究刑事责任。

（2）强制退休的条件。

强制退休的条件是达到国家规定的退休年龄，或者完全丧失工作能力。

1）达到国家规定的退休年龄。《公务员法》并没有对公务员退休年龄做出明确规定，目前沿用原《国家公务员暂行条例》（已于 2006 年 1 月 1 日废止）规定的退休年龄，即男年满 60 周岁，女年满 55 周岁。根据中共中央组织部和人力资源社会保障部联合下发的《关于机关事业单位县处级女干部和具有高级职称的女性专业技术人员退休年龄问题的通知》，"党政机关、人民团体中的正、副县处级及相应职务层次的女干部，事业单位中担任党务、行政管理工作的相当于正、副处级的女干部和具有高级职称的女性专业技术人员，年满六十周岁退休"，"上述女干部和具有高级职称的女性专业技术人员如本人申请，可以在年满五十五周岁时自愿退休"。

2）完全丧失工作能力。对于完全丧失工作能力而无法正常工作的公务员，退休既能保证其进行休养和康复，也有利于机关工作正常展开。

3. 自愿退休

（1）自愿退休的含义。

自愿退休是指公务员或事业单位工作人员符合规定的最低条件自愿申请提前退休。

（2）自愿退休的条件。

根据《公务员法》第九十三条的规定，公务员符合下列条件之一的，本人自愿提出申请，经任免机关批准，可以提前退休：1）工作年限满三十年的；2）距国家规定的退休年龄不足五年，且工作年限满二十年的；3）符合国家规定的可以提前退休的其他情形的。

（3）自愿退休的保障。

根据《公务员法》第九十五条的规定，公务员申请提前退休未予批准，可以自知道该人事处理之日起 30 日内向原处理机关申请复核；对复核结果不服的，可以自接到复核决定之日起 15 日内，按照规定向同级公务员主管部门或者作出该人事处理的机关的上一级机关提出申诉；也可以不经复核，自知道该人事处理之日起 30 日内直接提出申诉；对省级以下机关作出的申诉处理决定不服的，可以向作出处理决定的上一级机关提出再申诉。

根据《公务员法》第一百零六条的规定，对不按规定条件办理退休的，由县级以上领导机关或者公务员主管部门按照管理权限，区别不同情况，分别予以责令纠正或者宣布无效；对负有责任的领导人员和直接责任人员，根据情节轻重，给予批评教育、责令检查、诫勉、组织调整、处分；构成犯罪的，依法追究刑事责任。

（4）不得退休的情形。

公职人员在违法违纪案件立案调查期间，不得退休。《行政机关公务员处分条例》第三十八条规定，“被调查的公务员在违法违纪案件立案调查期间，不得交流、出境、辞去公职或者办理退休手续”。《事业单位工作人员处分规定》第二十六条规定，“被调查的事业单位工作人员在案件立案调查期间，不得解除聘用合同、出境，所在单位不得对其交流、晋升、奖励或者办理退休手续”。

4. 退休的待遇

（1）公职人员退休后的待遇。

1）政治待遇。我国非常重视退休公职人员的政治待遇。退休老干部可以同在职干部一样看文件、听报告、参加重要会议和活动等。《中共中央组织部关于加强老干部工作的几点意见的通知》明确规定：“老干部因年龄和身体关系不继续担任实职性工作的时候，其原有的政治待遇不变。要按照规定，组织他们看文件，听报告，参加必要的会议和节日活动。”《中共中央关于建立老干部退休制度的决定》规定：“对于一切离休退休的老干部，他们的政治待遇，包括阅读文件、听重要报告、参加某些重要会议和重要政治活动等等，应当一律不变。”

2）养老保险。2015 年以前我国退休公职人员的主要经济来源为退休金，退休费用由财政或单位承担。根据《公务员法》第九十四条的规定，公务员退休后，享受国家规定的养老金和其他待遇，国家为其生活和健康提供必要的服务和帮助。根据《公务员法》第八十三条的规定，公务员依法参加社会保险，按照国家规定享受保险待遇。2015 年，国务院决定改革机关事业单位工作人员养老保险制度。根据《国务院关于机关事业单位工作人员养老保险制度改革的决定》的规定，自 2014 年 10 月 1 日起，机关事业单位实行社会统筹与个人账户相结合的基本养老保险制度，基本养老保险费由单位和个人共同负担；改革基本养老金计发办法，建立基本养老金正常调整机制；建立职业年金制度等。

3）其他待遇。退休公职人员除享有政治待遇、养老保险之外，还享有其他物质待遇，如公费医疗、医疗保险、特殊贡献补助费、异地安家补助费、护理费和车旅费等。

（2）公职人员退休后待遇降低的情形。

《行政机关公务员处分条例》第五十二条规定，“有违法违纪行为应当受到处分的行政机关公务员，在处分决定机关作出处分决定前已经退休的，不再给予处分；但是，依法应当给予降级、撤职、开除处分的，应当按照规定相应降低或者取消其享受的待遇”。

5. 退休公职人员的从业限制

国家鼓励退休公职人员发挥个人专长，继续参与社会发展。根据《公务员法》第九十四条的规定，国家鼓励退休公务员发挥个人专长，参与社会发展。然而，公务员退休后有一定的从业限制。《公务员法》第一百零七条规定：“公务员辞去公职或者退休的，原系领导成员、县处级以上领导职务的公务员在离职三年内，其他公务员在离职两年内，不得到与原工作业务直接相关的企业或者其他营利性组织任职，不得从事与原工作业务直接相关的营利性活动。公务员辞去公职或者退休后有违反前款规定行为的，由其原所在机关的同级公务员主管部门责令限期改正；逾期不改正的，由县级以上市场监管部门没收该人员从业期间的违法所得，责令接收单位将该人员予以清退，并根据情节轻重，对接收单位处以被处罚人员违法所得一倍以上五倍以下的罚款。”

11.4 交流、回避与退出实践

11.4.1 干部交流的变化趋势及挑战

党的十八大以来，领导干部交流呈现出新的趋势和挑战。其中干部异地交流逐渐成为主要趋势，呈现出层次高、数量多、地域跨度大的特点。许多省委书记和省长都是异地交流任职，中央部委到省级地方党委交流的人数也逐渐增多。这一结构性变化有利于坚定维护党中央权威和集中统一领导，推动全党增强“四个意识”、坚定“四个自信”、做到“两个维护”，进一步改善党内政治生态；有利于消除“地域干部”观念，体现了公平公正的干部政策和形成一支“五湖四海”局面的执政骨干队伍。干部交流在我国的实践中存在多样化的制度安排和灵活多变的运行层次，并且在当下的实践背景中呈现不断调整和丰富的动态变化。面对多样发展和多面变化的趋势，我国的干部交流实践中，除了调任、转任和挂职锻炼，还存在更为广泛丰富的创新实践，诸如干部轮岗交流、对口支援中的援藏援疆、精准扶贫中的驻村帮扶工作以及领导干部在不同组织中的交错任职等。

以对口支援为例。对口支援是指由中央政府主导、地方政府为主体的经济发达或实力较强的一方对经济不发达或实力较弱的一方实施援助的政策性行为。自 20 世纪 70 年代末正式提出后，对口支援在实践中不断完善细化，包括对边疆和民族地区的对口支援、对重大工程的对口支援、对重大灾害地区的对口支援三种模式，分别对应的典型例子为援藏援疆、对口支援三峡工程和对口支援汶川地震灾区。对口支援在干部（人事）交流方面包括干部支援和人才支援。对口支援作为具有中国特色的资源横向转移与跨界合作治理机制，不仅仅是资金、政策、科技和具体项目等方面的扶持合作，也是党政干部、专业技术干部和企业经营管理人员等面向受援地交流工作的支撑。根据受援方的实际情况与需求，相关干部群体得以跨越常规性的管理权限和交流范围进行定期轮换。参与对口支援工作的干部通过交流不仅缓解了受援项目及地区的人才紧缺问题，也为其发展提供了直接支持，还通过“管、帮、带”等形式提升受援对象的整体人才水平，其自身也可通过“基层”工作获得更全面的历练。与之对应，中央组织部、中央统战部、国家民委也组织选派西部地区和其他民族地区干部到中央国家机关和经济相对发达地区挂职锻炼，从 1990 年开始至今，参加挂职锻炼的干部已超过 1 万名。

干部交流在党的十八大以来的实践中出现了许多值得深入探讨的新趋势，也面对着动态变化背景所带来的新挑战。

1. 干部交流的新趋势

（1）干部交流与经济发展息息相关。干部交流可能导致一定的社会经济效应，诸如推动经济发展和影响公共物品提供等，有研究指出省长交流能够使流入地的经济增长速度提高 1 个百分点左右。干部交流以优化领导班子组织结构为出发点，推动创新党政系统管理方式，从而提升党政系统执政效率，因此干部交流有助于推动地区经济增长，最终实现地区民生保障的加强。

（2）干部交流能够抑制地方主义和腐败问题。中央下放了大量权力给地方政府，为了平衡这种下放，国家用市长轮换的方法来避免地方利益的根深蒂固。通过研究党的十八大以来纪检干部“空降”的情况，中央向地方派出纪检干部，优化了地方的政治生态，对解决地方“塌方式腐败”有良好效果。

（3）干部的异地交流能够带动政策扩散。干部的异地交流对政策扩散具有重要的作用，政策过程中的行动者是否具有支配性权威，影响政策扩散的可能性，政策的绩效合法性与技术可行性是影响政策扩散的关键因素。

2. 干部交流的新挑战

（1）我国对党政领导干部的交流缺少统一规划，缺少必要的科学方法，需要从科学机制、流程、岗位关联技术等多个角度设计科学合理的方案，提升交流效果，并处理好党政领导干部交流和资源统筹的关系。

（2）城乡干部交流制度作为引导党政领导干部资源下乡、凝聚多方人才助力乡村振兴的重要政策措施，很大程度上解决了乡村干部资源匮乏的问题，但在实行过程中仍存在被动交流、趋利交流、形式交流等现象。应从科学规划、激励保障以及跟踪培养等方面着手，为激发干部的内生动力提供制度支持。

（3）基层干部交流尚存在观念狭隘、渠道不畅、平台隐蔽以及流动运转机制不完善等问题。因此，要更新交流观念、完善交流制度、公开交流信息、注重后续管理、创新考评规则，从而实现基层干部交流的规范化。

11.4.2　干部回避管理的新经验及问题

党的十八大以来，在干部回避管理的实践中，通过多年的探索与反思并吸收借鉴了成熟的管理经验，逐渐形成了具有中国特色的新经验。面对复杂多变的管理环境，以及未来发展所面临的诸多问题，干部回避管理需应对新挑战。

1. 干部回避管理的经验做法

（1）地域回避制度体现了我国法治思想中的原始正义理论和事先排除理论，并且在预防公务员腐败上发挥着独特的作用。地域回避有利于摆脱传统社会中的人情关系的束缚，顺利开展工作；也有助于地方领导观念的改变，为工作注入新的作风和思维方式，给改革带来新动力，从而大大推动改革进程。

（2）合理安排公务员任职地域回避的转任。公务员在一定地区任职达到一定期限后需要转任，需要对异地任职的期限做一定的规定，总结长期实践经验，转任时间规定为 10 年左右较为合适，这是因为我国目前强调干部年轻化，很多公务员在 30 岁左右就担任了乡级或县级的一些重要领导岗位职务。如果在一个地方工作 10 年以上，会形成相当紧密的关系网，不利于公正执法。

（3）任职地域回避制度需要根据职务影响力来确定回避区域。由于职务影响力的不同，需要实行回避的情况自然也有所区别。实行任职地域回避，确定与变换公务员任职地区是一件相当复杂的工作，它需要有关部门和地区的综合协调，需要其他人事管理和人才流通制度的配合。这样既可以防止干部队伍的超速流动，又能减少干部调动中的消极情绪。

2. 干部回避管理的主要问题

（1）在实践中，县级党政主要领导任职回避制度在抑制地方主官腐败、锻炼干部等方面预期并未得到实现。在制度层面，地方主官异地化所带来的一系列问题日益凸显，亟待制度重构的系统性回应。因此，应当从中央-地方关系合理化以及地方治理基本原则的角度，反思长期以来地方主官异地任职制度，构建与完善以利益回避为基础的任职回避制度，推动地方治理人-事关系的合法化、合理化、有效化。

（2）在公务员的任职回避制度执行过程中出现了轻视回避制度、回避的范围过窄、相关法律制度不完善，缺乏监督与救济等问题，因而亟须完善任职回避制度。因此，应当从思想上重视、扩大回避的范围，健全相应的法律规范，完善救济与监督等解决方法，使公务员任职回避制度得到完善。

（3）在立法方面，地域回避制度原有的立法理念亟须改进，由于立法的滞后性导致与相关法律规定存在一定的冲突，使部分程序规定形式化；在执法方面，与执行相补充的制度不是很健全、完善，执行过程中仍然缺乏有效的监督；在责任追究方面，行政责任追究机制执行不严格，举证责任分配规定不合理，强制性的约束机制缺失。

11.4.3 干部退出管理的新做法及困境

随着人口结构的快速变化与经济社会的日益发展，干部退出管理面对着制度的更新、队伍结构的变化以及新时代推动的创新发展，因此需要不断推出新做法来解决层出不穷的新问题。

1. 干部退出管理的经验做法

（1）结合目前的实际情况，我国提出了通过建立健全“届龄型”退出机制、“问责型”退出机制、“自愿型”退出机制等几种退出形式来进一步加强我国干部退出制度的建设。

（2）结合目前退休制度的执行情况，加快事业单位分类改革、建立合理的退休金增长机制、建立职业年金、提高养老保险统筹层次、优化退休金筹资方式是我国事业单位退休制度的改革路径。

（3）合理构建“双肩挑”干部的退出机制，实行学术恢复期制度，对于调动“双肩挑”干部的工作积极性是一项有益的尝试。“双肩挑”模式在我国高校普遍存在，这是由我国的国情和高等教育管理的内在规律及特性所决定的，在教学、科研、社会服务中发挥了重要作用，为我国高等教育事业发展做出了积极贡献。“双肩挑”干部退出机制拓宽了干部“能上能下”“能进能出”的现实渠道，又能“及时止损”，避免因人岗不匹配、不适应带来的人力资源浪费，同时也为“双肩挑”干部解决后顾之忧提供了制度保障。通过实践发现，除了健全、完善干部任期制度外，科学合理的学术恢复期制度也是构建“双肩挑”干部退出机制的一个有效路径。

2. 干部退出管理的主要问题

（1）公务员退出机制存在再就业困难、考核形式化、退休渠道单一、激励与强制模式欠缺等问题。对此有学者提出完善我国公务员退出机制的建议，如继续推进公务员聘任制，提供再就业保障，创新考核内容与方法，严格依法落实辞退制度，鼓励提前退休，完善强制退出的路径。

（2）退出机制不灵是我国公务员制度中的突出问题之一。部分配套制度不完善，也会使退出机制难以有效运作。公务员保障制度与其他职业群体社会保障体系的分裂，是辞职、辞退、开除等退出机制不易执行的一大主因。此外，考核指标过于粗线条、考核主体单一、考核过程和结果缺少社会参与和监督等问题，也会导致公务员考核在实际操作中流于形式。

（3）现阶段，我国推行公务员延迟退休遇到的主要障碍是缺乏信息上下公开交流和意见征询机制、提前退休现象逐渐增多、缺乏延迟退休的激励机制等。围绕上述问题，应该完善政策制定的信息公开和意见征询机制，严格控制提前退休的条件，并完善公务员延迟退休的激励机制。弹性退休制度是适合我国实际情况的公务员延迟退休方式。

本章小结

本章主要介绍了公职人员的交流、回避及退出。其中，交流是指依据相关法律、法规，对公共部门系统内部的公职人员流动以及系统之间的公职人员流动所进行的规划、控制、协调等管理活动。交流有助于提高公职人员的自身素质、优化公共部门人力资源的配置等。回避是指为了减少因亲属关系等因素对工作产生的不良影响，而对公职人员所任职务、任职地区和执行公务等方面做出限制性规定的管理制度。回避具有强制性、预防性和动态调整性。回避有助于提高公职人员队伍的素质水平、提高工作效率、加强廉政建设和完善公众监督，促进社会稳定。退出是指公职人员依照法律、法规的相关规定退出公共部门，不再保留公职人员身份，也不再履行相应职责和享有相应权利的管理制度。退出机制保障了公职人员的权利，保障了公共部门人力资源的流动，有利于优化公职人员队伍。党的十八大以来，公职人员的交流、回避与退出在实践中面对层出不穷的新环境与新问题所带来的挑战，也产生了新的经验为动态发展添砖加瓦。

关键术语

交流　调任　转任　挂职锻炼　回避　任职回避　公务回避　地域回避　卸任回避　辞职　辞退　解聘　辞聘　退休

复习思考题

1. 交流的内涵是什么？它包括哪些类型，有何意义？
2. 回避的内涵是什么？它包括哪些类型？申请回避的方式有哪些？
3. 退出的内涵是什么？我国现行的公务员退出机制有哪些？
4. 请阐述公务员辞去领导职务的四种情况。
5. 辞退与开除的区别是什么？
6. 请阐述退休的内涵及类型。
7. 新时代干部交流、回避与退出的新变化有哪些？

第12章

奖惩与权益保障

奖励与惩戒是公共部门激励中不可或缺的一部分，合理的奖惩制度设计有利于激发公共部门工作人员的工作动机，提高公共部门的服务效能。权益保障则有助于保障组织成员的合法权益，提高其工作满意度，从而促进公共部门的长远发展。本章主要介绍公共部门的奖励制度、惩戒制度以及权益保障制度等内容。

重点问题

- 奖励的含义及意义
- 奖励制度
- 惩戒的含义及意义
- 惩戒制度
- 权益保障的含义及意义
- 权益救济制度

12.1　奖励

12.1.1　奖励概述

1. 奖励的含义

奖励是指公共部门依据相关法律法规、政策和制度，对做出优异成绩或突出贡献的公职人员或集体给予物质或精神鼓励。

我国《公务员法》和《公务员奖励规定》对公务员奖励制度做了规定。对参照公务员法管理的事业单位工作人员和集体，除工勤人员以外，参照《公务员奖励规定》进行奖励；《事业单位人事管理条例》《事业单位领导人员管理规定》对事业单位工作人员的奖励做出了说明；事业单位各行业、单位和部门也会制定不同的奖励规定。国有企业的奖励制度，主要是企业依据《劳动法》和《劳动合同法》制定的奖励措施；此外，国家机关也会出台一些考核奖励办法，如 2019 年 4 月 1 日，国务院国有资产监督管理委员会审议通过的《中央企业负责人经营业绩考核办法》等。

2. 奖励的原则

（1）坚持公开、公平和公正的原则。公开、公平和公正是公共部门奖励的基本原则。只有按照规定的条件、种类、标准、权限和程序进行奖励，才能做到公开、公平和公正，以保证奖励的有效性和权威性，从而更好地发挥奖励的作用。

（2）坚持精神奖励与物质奖励相结合、以精神奖励为主的原则。奖励是指通过满足公职人员的某种需要来激励其努力工作。物质奖励主要是奖金、奖品等，可以满足公职人员的物质需要，进而激发公职人员的工作动力。精神奖励主要是嘉奖、记功、授予荣誉称号等，可以满足公职人员被尊重的需求和自我实现的需求，进而调动公职人员工作的积极性。对公职人员的奖励要兼顾精神奖励与物质奖励，合理搭配，以满足公职人员不同层面的需求，进而达到激励的目的。公共部门的奖励具有特殊性，奖励经费多来自财政预算，因此以精神奖励为主。

（3）坚持定期奖励与及时奖励相结合的原则。定期奖励是指按照一定的周期进行奖励，可以结合年度考核进行，也可以定期专门进行评选。及时奖励是指对在处理突发事件和承担专项重要工作中做出显著成绩和贡献的公职人员，及时给予奖励。定期奖励具有常规性，可以激励公职人员努力做好本职工作；及时奖励具有时效性，可以激励公职人员积极应对突发事件、主动承担重要专项工作。因此，要坚持定期奖励与及时奖励相结合，既能够激励公职人员做好本职工作，又能够激励其积极应对突发事件和承担重要专项工作，保证奖励的时效性，避免对其做出的显著成绩和贡献视而不见或反应过慢，影响公职人员工作的积极性。

3. 奖励的意义

（1）奖励可以激励公职人员或集体，提高工作效率。对于工作绩效较高的公职人员或集体，奖励是对其成绩的肯定和表扬，可以使他们受到鼓励，保持工作的积极性，继续努力，保证公共部门的高效运转。

（2）奖励具有引导和示范作用。通过奖励工作绩效高的公职人员或集体，可以为工作绩效一般的公职人员或集体提供一个标杆、模范。通过奖励的引导和示范，树立榜样，可以使较为抽象的工作要求化为形象具体的人和事，目标清晰明确，更具有操作性。

（3）奖励可以促进公职人员或集体之间的竞争。通过奖励可以引入竞争，使大家努力工作，争当先进，提高公职人员和集体的工作效率，进而提高公共部门绩效。

12.1.2　奖励制度

1. 公务员奖励制度

（1）奖励的依据。

根据《公务员法》和《公务员奖励规定》，公务员奖励是指对政治素质过硬，工作表现突出，有显著成绩和贡献，或者有其他突出事迹的公务员、公务员集体，给予奖励。公务员集体的奖励适用于按照编制序列设置的机构或者为完成专项任务组成的工作集体。公务员奖励所需经费，应当列入财政预算，予以保障。奖励的目的是激励公务员忠于职守，勤政廉政，提高工作效能，充分调动公务员工作的积极性。

《公务员奖励规定》第四条规定："中央公务员主管部门负责全国公务员奖励的综合管理工作。县级以上地方各级公务员主管部门负责本辖区内公务员奖励的综合管理工作。上级公务员主管部门指导下级公务员主管部门的公务员奖励工作。各级公务员主管部门指导同级各机关的公务员奖励工作。"

（2）奖励的原则。

根据《公务员奖励规定》第三条，公务员奖励工作坚持以下原则："（一）以德为先，突出功绩导向；（二）依法依规，做到公开、公平、公正；（三）发扬民主，注重群众公认；（四）定期奖励与及时奖励相结合，精神奖励与物质奖励相结合、以精神奖励为主"。

（3）奖励的条件。

公务员奖励必须按照规定的条件进行。根据《公务员法》第一百零六条的规定，对不按规定条件进行公务员奖惩的，由县级以上领导机关或者公务员主管部门按照管理权限，区别不同情况，分别予以责令纠正或者宣布无效；对负有责任的领导人员和直接责任人员，根据情节轻重，给予批评教育、责令检查、诫勉、组织调整、处分；构成犯罪的，依法追究刑事责任。

《公务员法》第五十二条规定了公务员奖励的十种条件。公务员或者公务员集体有下列情形之一的，给予奖励：1）忠于职守，积极工作，勇于担当，工作实绩显著的；2）遵纪守法，廉洁奉公，作风正派，办事公道，模范作用突出的；3）在工作中有发明创造或者提出合理化建议，取得显著经济效益或者社会效益的；4）为增进民族团结、维护社会稳定做出突出贡献的；5）爱护公共财产，节约国家资财有突出成绩的；6）防止或者消除事故有功，使国家和人民群众利益免受或者减少损失的；7）在抢险、救灾等特定环境中做出突出贡献的；8）同违纪违法行为作斗争有功绩的；9）在对外交往中为国家争得荣誉和利益的；10）有其他突出功绩的。

（4）奖励的种类。

根据《公务员奖励规定》第六条的规定，对公务员、公务员集体的奖励分为嘉奖、记三等功、记二等功、记一等功、授予称号。《公务员奖励规定》第十八条规定："各地区各部门不得自行设立本规定之外的其他种类的公务员奖励，不得违反规定标准发放奖金，不得重复发放奖金。"

1）嘉奖。对表现突出的，给予嘉奖。给予嘉奖一般结合年度考核进行，年度考核被确定为优秀等次的，予以嘉奖。

2）三等功。对做出较大贡献的，记三等功。连续三年年度考核被确定为优秀等次的，记三等功。

3）二等功。对做出重大贡献的，记二等功。

4）一等功。对做出杰出贡献的，记一等功。

5）称号。对功绩卓著的，授予“人民满意的公务员”“人民满意的公务员集体”等称号。授予称号，一般每 3 至 5 年开展一次。

对在处理突发事件和承担专项重要工作中做出显著成绩的，应当及时给予奖励。奖励种类和数量根据相关工作重要程度和成效、参与工作人员贡献和数量等因素确定。对符合奖励条件的已故人员，可以追授奖励。

（5）奖励的方式。

《公务员奖励规定》对奖励的方式做出了规定：

1）奖励证书、奖章和奖牌。对获得奖励的公务员、公务员集体，由审批机关颁布奖励决定，颁发奖励证书。同时对获得记三等功以上奖励的公务员颁发奖章、公务员集体颁发奖牌。公务员、公务员集体的奖励证书、奖章和奖牌，按照规定的式样、规格、质地，由省级以上公务员主管部门统一制作或者监制。

2）奖金和待遇。对获得奖励的公务员，按照规定标准给予一次性奖金。中央公务员主管部门会同国务院财政部门，根据国家经济社会发展水平，适时调整公务员奖金标准。对受奖励的公务员集体酌情给予一次性奖金，作为工作经费由集体使用，原则上不得向公务员个人发放。公务员奖励所需经费，应当列入各部门预算，予以保障。

同时，公务员奖励作为公务员考核和晋升职务职级的重要参考。对在处理突发事件和承担专项重要工作中做出显著成绩、获得记三等功以上奖励的公务员，当年年度考核确定优秀等次时予以倾斜。获得记三等功以上奖励的公务员集体，按照有关规定可以适当提高当年年度考核优秀等次比例。对获得记二等功以上奖励的公务员、公务员集体所属工作人员，可以由公务员主管部门或者所在机关组织开展休假疗养、学习培训、参观考察等活动。获得“人民满意的公务员”称号的公务员，按照有关规定享受省部级以上表彰奖励获得者待遇。

3）宣传与表彰。采取多种形式，广泛宣传获得奖励的公务员、公务员集体先进事迹。重大典型事迹编入公务员培训教材，列入公务员培训内容。对获得奖励的公务员、公务员集体，可以采取适当形式予以表彰。授予公务员、公务员集体称号，一般应当召开表彰大会。表彰形式应当庄重、节俭。按照国家规定，可以向参与特定时期、特定领域重大工作的公务员颁发纪念证书或者纪念章。

（6）奖励的程序。

《公务员法》第五十四条规定：“给予公务员或者公务员集体奖励，按照规定的权限和程序决定或者审批。”根据《公务员奖励规定》第八条的规定，给予公务员、公务员集体奖励，一般按下列程序进行：1）公务员、公务员集体做出显著成绩和贡献需要奖励的，由所在机关（部门）在征求群众意见的基础上，提出奖励建议。2）按照规定的奖励审批权限上报。3）审核机关（部门）审核后，在一定范围内公示不少于 5 个工作日。如涉及国家秘密不宜公示的，按照有关规定不予公示。4）审批机关批准，并予以公布。《公务员奖励审批表》存入公务员本人干部人事档案；《公务员集体奖励审批表》存入获奖集体所在机关文书档案。开展及时奖励可以适当简化程序，必要时由审批机关直接确定奖励对象。

（7）奖励的权限。

《公务员奖励规定》第七条规定："给予公务员、公务员集体的奖励，经同级公务员主管部门或者市（地）级以上机关干部人事部门审核后，按照下列权限审批：（一）嘉奖、记三等功，由县级以上党委和政府或者市（地）级以上机关批准。（二）记二等功，由市（地）级以上党委和政府或者省级以上机关批准。（三）记一等功，由省级党委和政府或者中央和国家机关批准。经省委同意，副省级城市党委和政府可以对本地区公务员、公务员集体给予记一等功奖励。（四）授予称号，由省级以上党委和政府批准。对下级单位实行垂直管理或者实行双重领导并以上级单位领导为主的机关，可以按照奖励权限，对本系统公务员、公务员集体给予奖励。市（地）级以上机关可以按照奖励权限，对本系统公务员、公务员集体开展及时奖励。由市（地）级以上机关审批的奖励，应当事先将奖励实施方案报同级公务员主管部门审核。"

《公务员奖励规定》第九条规定："审批机关给予公务员、公务员集体奖励，必要时，应当按照干部管理权限，征得主管机关同意，并征求纪检监察机关和有关部门意见。"

（8）奖励的监督。

《公务员奖励规定》第十九条规定："公务员、公务员集体因涉嫌违纪违法正在接受组织调查的，暂停实施奖励。具有下列情形之一的，应当撤销奖励：（一）弄虚作假，骗取奖励的；（二）申报奖励时隐瞒严重错误或者严重违反规定程序的；（三）有严重违纪违法等行为，影响称号声誉的；（四）有法律、法规规定应当撤销奖励的其他情形的。"

撤销奖励，由原申报机关按程序报审批机关批准，由审批机关作出撤销决定，并在一定范围内通报。必要时，审批机关可以直接撤销奖励。

公务员、公务员集体获得的奖励被撤销后，审批机关应当收回并注销奖励证书、奖章或者奖牌，停止其享受的有关待遇。撤销奖励的决定存入公务员本人干部人事档案或者公务员集体所在机关文书档案。

2. 事业单位奖励制度

（1）奖励的依据。

我国事业单位涉及领域广泛，种类繁多，因此，事业单位的奖励具有多样性。对参照公务员法管理的事业单位工作人员和集体，除工勤人员以外，参照《公务员奖励规定》进行奖励。《事业单位人事管理条例》对事业单位工作人员或集体的奖励做了规定；《事业单位领导人员管理规定》对单位领导人员的奖励做出了说明。另外，事业单位各行业、单位和部门也会颁发奖励，其规定各有不同。

（2）奖励的原则。

《事业单位人事管理条例》第二十六条规定："奖励坚持精神奖励与物质奖励相结合、以精神奖励为主的原则。"

（3）奖励的条件。

根据《事业单位人事管理条例》第二十五条的规定，事业单位工作人员或者集体有下列情形之一的，给予奖励：1）长期服务基层，爱岗敬业，表现突出的；2）在执行国家重要任务、应对重大突发事件中表现突出的；3）在工作中有重大发明创造、技术革新的；4）在培养人才、传播先进文化中做出突出贡献的；5）有其他突出贡献的。

《事业单位领导人员管理规定》第三十六条规定："事业单位领导人员在本职工作中表现突出、有显著成绩和贡献的，在处理突发事件和承担专项重要工作中作出显著成绩和贡献的，或者有其他突出事迹的，按照有关规定给予表彰奖励。注意引导和促进领导人员在推动加快科技自立自强、服务保障民生等方面担当作为、履职尽责。"

（4）奖励的种类。

《事业单位人事管理条例》第二十七条规定："奖励分为嘉奖、记功、记大功、授予荣誉称号。"

3. 国有企业奖励制度

我国国有企业的奖励制度，主要是企业依据《劳动法》和《劳动合同法》制定的奖励措施。除此之外，国务院国资委等也会出台一些考核奖励办法。2019 年 4 月 1 日，国务院国资委审议通过了《中央企业负责人经营业绩考核办法》，该办法规定，对企业负责人实行物质激励与精神激励。物质激励主要包括与经营业绩考核结果挂钩的绩效年薪和任期激励收入。精神激励主要包括给予任期通报表扬等方式。国务院国资委依据年度和任期经营业绩考核结果对企业负责人实施奖惩。

4. 功勋荣誉表彰制度

（1）奖励的依据。

为了充分发挥先进典型表率示范作用，激励广大党员和党组织奋发进取、创先争优，增强党的创造力、凝聚力、战斗力，2015 年 12 月，中共中央印发了《关于建立健全党和国家功勋荣誉表彰制度的意见》，对党和国家功勋荣誉表彰制度进行了整体设计，同年，全国人大常委会第十八次会议通过了《中华人民共和国国家勋章和国家荣誉称号法》。2017 年，由中国共产党中央委员会制定的《中国共产党党内功勋荣誉表彰条例》和《国家功勋荣誉表彰条例》经中共中央批准实施。2022 年 2 月，中共中央、国务院、中央军委印发了《军队功勋荣誉表彰条例》。我国建立党、国家、军队功勋簿，确立以"五章一簿"为主干的统一、规范、权威的中国特色功勋荣誉表彰制度体系。

（2）奖励的原则。

1）加强统筹规划。

坚持党的领导，从党和国家工作大局出发，牢牢把握正确方向，加强科学谋划，确保功勋荣誉表彰制度有效管用、稳定持久。

2）突出功绩导向。

坚持以德为先，以功绩为重要衡量标准，树起旗帜、立起标杆，综合考虑先进性、代表性和时代性，做到荣誉与业绩相称、褒奖与贡献相当，经得起实践、历史和人民的检验。

3）坚持依法依规。

建立健全国家法律法规和党内法规，严格按照规定的标准和程序开展工作，坚持群众路线，组织各方面广泛参与，维护功勋荣誉表彰的公正性和权威性。

4）注重精神激励。

准确把握功勋荣誉表彰的价值导向，坚持以精神奖励为主，充分发挥其精神引领、典型示范作用，推动全党全社会形成崇尚先进、尊爱英雄，为党、国家和人民建功立业的良好风尚。

（3）奖励的类别。

1）勋章。

勋章是党、国家、军队的至高荣誉，主要有“共和国勋章”“七一勋章”“八一勋章”“友谊勋章”。勋章只授予个人不授予集体，可追授给勋章设立后去世的人。

国家设立“共和国勋章”，授予为党、国家和人民的事业作出巨大贡献、功勋卓著的杰出人士。这是根据宪法法律规定，由全国人大常委会决定、国家主席签发证书并颁授的国家勋章，是国家最高荣誉，一般定期授予，也可视情及时授予。

中国共产党设立“七一勋章”，授予在中国特色社会主义伟大事业和党的建设新的伟大工程中作出杰出贡献、创造宝贵精神财富的党员。这是由中共中央决定、中共中央总书记签发证书并颁授的党内最高荣誉，一般每 5 年授予一次。

军队设立“八一勋章”，授予在维护国家主权、安全、发展利益，推进国防和军队现代化建设中建立卓越功勋的军队人员。这是由中央军委决定、中央军委主席签发证书并颁授的军队最高荣誉，一般每 5 年授予一次。

国家设立“友谊勋章”，授予在我国社会主义现代化建设和促进中外交流合作、维护世界和平中作出杰出贡献的外国人。国家主席可举行专门的颁授仪式，可在国事活动中将“友谊勋章”直接授予外国政要、国际友人、海外华人，可视情委托其他领导同志或驻外使节等代为授予。

2）荣誉称号。

荣誉称号是对个人和集体突出功绩的褒奖形式，主要有国家荣誉称号和党中央、国务院、中央军委授予的荣誉称号。

国家设立国家荣誉称号，授予在经济、社会、国防、外交、教育、科技、文化、卫生、体育等各领域各行业作出重大贡献、享有崇高声誉的杰出人士。一般冠以“人民”等称谓，例如“人民英雄”“人民卫士”“人民科学家”“人民艺术家”“人民教育家”等。国家荣誉称号根据宪法法律规定，由全国人大常委会决定、国家主席签发证书并颁授奖章，一般定期授予，也可视情及时授予。

党中央、国务院、中央军委授予的荣誉称号，授予在协调推进“四个全面”战略布局、建设和捍卫中国特色社会主义中作出突出贡献、具有崇高精神风范，以及在抢险救灾、处置突发事件或完成重大专项任务等工作中表现特别突出、事迹特别感人的个人和集体。荣誉称号采取不定期授予的方式，具体名称根据被授予对象的事迹特点确定，授予荣誉称号的同时颁授奖章或奖牌。

3）表彰奖励。

党中央、国务院、中央军委可单独或联合开展表彰奖励，主要有“全国优秀共产党员”“全国优秀党务工作者”“全国先进党组织”等党内表彰，全国劳动模范和先进工作者表彰，国家科学技术奖，全国民族团结进步模范表彰等，以及中央军委奖励表彰。

完善中国共产党党内表彰项目设置，扩大表彰对象覆盖范围，发挥表彰对象的表率示范作用。合理确定全国劳动模范和先进工作者表彰数量，坚持面向基层、面向一线、面向普通劳动者，简化程序、强化监督、保证质量。完善国家科学技术奖评审机制，提高权威性和公信力。增强全国民族团结进步模范表彰影响力，使其在促进民族团结进步事业发展中发挥更大的作用。

根据需要，可以适当增设其他表彰奖励项目，开展及时性表彰奖励。

4）纪念章。

除勋章、荣誉称号、表彰奖励外，党中央、国务院、中央军委可向参与特定时期、特定领域重大工作的个人颁发纪念章。纪念章是荣誉性纪念。

（4）奖励的程序。

1）评选。

勋章和荣誉称号获得者的人选，一般采取提名方式产生。其中，需经全国人大常委会决定的国家勋章和国家荣誉称号，有关方面要在广泛听取意见的基础上提出人选，报请党中央同意后，再按照法定程序确定。党中央、国务院、中央军委表彰奖励的人选，一般采取推荐方式产生。

2）颁授。

功勋荣誉的颁授应体现其庄重性和严肃性。颁授国家勋章和国家荣誉称号举行专门的颁授仪式，一般安排在庆祝日、纪念日等重大节日举行，必要时也可在其他时间举行。“七一勋章”“八一勋章”的颁授仪式一般安排在建党、建军纪念日前夕。表彰奖励一般以召开表彰大会的形式举行。

3）待遇。

功勋荣誉和表彰奖励获得者应当受到国家和社会的尊重。勋章和荣誉称号获得者的待遇大体相当，突出精神激励，享受相关政治待遇、生活待遇等。受到党中央、国务院、中央军委表彰奖励的，其待遇根据具体情况确定。建立困难帮扶机制，设立专项基金，对生活确有困难的功勋荣誉和表彰奖励获得者，及时予以救助。

12.2 惩戒

12.2.1 惩戒概述

1. 惩戒的含义

惩戒是指公共部门依据有关法律法规、政策和制度，对工作不力或违反纪律的公职人员进行行政处罚或行政制裁。

我国《公务员法》和《行政机关公务员处分条例》对公务员的惩戒做出了规定。《事业单位人事管理条例》对事业单位工作人员的处分做出了具体的规定。国有企业惩戒制度的主要依据是《劳动法》和《劳动合同法》。此外，国家机关也会出台一些考核处分办法，如中共中央办公厅、国务院办公厅印发的《国有企业领导人员廉洁从业若干规定》，国务院修订的《企业国有资产监督管理暂行条例》和国务院国资委印发的《中央企业负责人经营业绩考核办法》等。

2. 惩戒的原则

（1）坚持实事求是的原则。

对公职人员惩戒，应当事实清楚、证据确凿。不能随意听信他人，必须认真进行调查，并听取被调查人员的陈述和申辩，按照法律法规和相关条例，依法、客观、公正、一视同仁地处理公职人员的违法违纪行为。

（2）坚持程序合法的原则。

对公职人员惩戒，应当程序合法、手续完备。只有按照规定条件、程序进行惩戒，才能最大限度地保证公平、客观，保障被处分公职人员的权益。

（3）坚持过罚相当的原则。

对公职人员惩戒，应当定性准确、处理恰当。惩戒必须与公职人员违法违纪行为的性质、情节、危害程度相适应。如果惩戒与违法违纪行为的性质、情节、危害程度不符，会影响公共部门的公信力。

（4）坚持教育与惩处相结合的原则。

对公职人员惩戒，应当坚持教育与惩处相结合的原则。在坚持有错必纠、违法必惩、保证惩戒的公正性的基础上，要坚持惩前毖后、治病救人的方针。对违法违纪的行为区别情况处理，对主动交代违法违纪行为，并主动采取措施有效避免或者挽回损失的公职人员减轻处分；对违纪行为情节轻微，经过批评教育后改正的公职人员适当免予处分。通过对公职人员加强教育，提高公职人员的认识，使其吸取教训，努力工作。

3. 惩戒的意义

（1）惩戒可以约束公职人员。通过惩戒，可以明确公职人员不应当有的违法违纪行为，使其以错误为警戒，规范自己的行为，预防违法违纪行为的发生。

（2）惩戒可以教育和引导公职人员。对公职人员违法违纪行为的惩戒，强调对公职人员加强教育，适度惩戒，使其提高认识，吸取教训，努力工作，进而达到惩前毖后、治病救人的目的。

（3）惩戒可以维护公共部门的公信力。对公职人员有错必纠，违法必惩，可以树立公共部门的威信，维护公共部门的公信力，有利于公共部门开展工作。

12.2.2　惩戒制度

1. 公务员惩戒制度

（1）惩戒的依据。

我国《公务员法》对公务员的惩戒做出了简要的规定。2007 年，由国务院发布的

《行政机关公务员处分条例》对公务员违法违纪行为的处分做出了具体的规定。2017 年由中共中央办公厅、国务院办公厅印发的《领导干部报告个人有关事项规定》对领导干部的惩戒做出了具体的规定。此外，《中华人民共和国监察法》是监察机关对违法违纪的行政机关公务员进行调查、处理的主要依据。

根据《行政机关公务员处分条例》，对公务员的处分主要有如下依据：

1）行政机关公务员违反法律、法规、规章以及行政机关的决定和命令，应当承担纪律责任的，依照《行政机关公务员处分条例》给予处分。

2）法律、其他行政法规、国务院决定对行政机关公务员处分有规定的，依照该法律、行政法规、国务院决定的规定执行；法律、其他行政法规、国务院决定对行政机关公务员应当受到处分的违法违纪行为做了规定，但是未对处分幅度做规定的，适用《行政机关公务员处分条例》与其最相类似的条款有关处分幅度的规定。

3）地方性法规、部门规章、地方政府规章可以补充规定《行政机关公务员处分条例》未做规定的应当给予处分的违法违纪行为以及相应的处分幅度。除国务院监察机关、国务院人事部门外，国务院其他部门制定处分规章，应当与国务院监察机关、国务院人事部门联合制定。

4）监察机关对违法违纪的行政机关公务员的调查、处理，依照《行政监察法》规定的程序办理。

5）行政机关公务员违法违纪涉嫌犯罪的，应当移送司法机关依法追究刑事责任。

（2）处分的种类。

《公务员法》和《行政机关公务员处分条例》均对处分的种类做出了规定。处分的种类包括警告、记过、记大过、降级、撤职、开除。根据具体情形可以从轻或从重处分。

1）警告。期限 6 个月。行政机关公务员受警告处分的，受处分期间不得晋升职务和级别。

2）记过。期限 12 个月。行政机关公务员受记过处分的，受处分期间不得晋升职务和级别，不得晋升工资档次。

3）记大过。期限 18 个月。行政机关公务员受记大过处分的，受处分期间不得晋升职务和级别，不得晋升工资档次。

4）降级。期限 24 个月。行政机关公务员受降级处分的，受处分期间不得晋升职务和级别，不得晋升工资档次。

5）撤职。期限 24 个月。行政机关公务员受撤职处分的，受处分期间不得晋升职务和级别，不得晋升工资档次，并应当按照规定降低级别。

6）开除。行政机关公务员受开除处分的，自处分决定生效之日起，解除其与单位的人事关系，不得再担任公务员职务。行政机关公务员依法被判处刑罚的，给予开除处分。

《行政机关公务员处分条例》第十条规定：“行政机关公务员同时有两种以上需要给予处分的行为的，应当分别确定其处分。应当给予的处分种类不同的，执行其中最重的处分；应当给予撤职以下多个相同种类处分的，执行该处分，并在一个处分期以上、多个处分期之和以下，决定处分期。行政机关公务员在受处分期间受到新的处分的，其处分期为原处分期尚未执行的期限与新处分期限之和。处分期最长不得超过 48 个月。”

（3）应受处分的违法违纪行为。

《公务员法》第五十九条规定了公务员应受惩戒的违法违纪行为，共有 18 项：1）散布有损宪法权威、中国共产党和国家声誉的言论，组织或者参加旨在反对宪法、中国共产党领导和国家的集会、游行、示威等活动；2）组织或者参加非法组织，组织或者参加罢工；3）挑拨、破坏民族关系，参加民族分裂活动或者组织、利用宗教活动破坏民族团结和社会稳定；4）不担当，不作为，玩忽职守，贻误工作；5）拒绝执行上级依法作出的决定和命令；6）对批评、申诉、控告、检举进行压制或者打击报复；7）弄虚作假，误导、欺骗领导和公众；8）贪污贿赂，利用职务之便为自己或者他人谋取私利；9）违反财经纪律，浪费国家资财；10）滥用职权，侵害公民、法人或者其他组织的合法权益；11）泄露国家秘密或者工作秘密；12）在对外交往中损害国家荣誉和利益；13）参与或者支持色情、吸毒、赌博、迷信等活动；14）违反职业道德、社会公德和家庭美德；15）违反有关规定参与禁止的网络传播行为或者网络活动；16）违反有关规定从事或者参与营利性活动，在企业或者其他营利性组织中兼任职务；17）旷工或者因公外出、请假期满无正当理由逾期不归；18）违纪违法的其他行为。

《行政机关公务员处分条例》对公务员的违法违纪行为做出了具体规定：

1）违反政治纪律的行为。主要包括散布有损国家声誉的言论，组织或者参加旨在反对国家的集会、游行、示威等活动的；组织或者参加非法组织，组织或者参加罢工的；违反国家的民族宗教政策，造成不良后果的；以暴力、威胁、贿赂、欺骗等手段，破坏选举的；在对外交往中损害国家荣誉和利益的；非法出境，或者违反规定滞留境外不归的；未经批准获取境外永久居留资格，或者取得外国国籍的；其他违反政治纪律的行为。

2）违反组织纪律的行为。主要包括负有领导责任的公务员违反议事规则，个人或者少数人决定重大事项，或者改变集体做出的重大决定的；拒绝执行上级依法做出的决定、命令的；拒不执行机关的交流决定的；拒不执行人民法院对行政案件的判决、裁定或者监察机关、审计机关、行政复议机关做出的决定的；违反规定应当回避而不回避，影响公正执行公务，造成不良后果的；离任、辞职或者被辞退时，拒不办理公务交接手续或者拒不接受审计的；旷工或者因公外出、请假期满无正当理由逾期不归，造成不良影响的；其他违反组织纪律的行为。

3）玩忽职守、贻误工作的行为。主要包括不依法履行职责，致使可以避免的爆炸、火灾、传染病传播流行、严重环境污染、严重人员伤亡等重大事故或者群体性事件发生的；发生重大事故、灾害、事件或者重大刑事案件、治安案件，不按规定报告、处理的；对救灾、抢险、防汛、防疫、优抚、扶贫、移民、救济、社会保险、征地补偿等专项款物疏于管理，致使款物被贪污、挪用，或者毁损、灭失的；其他玩忽职守、贻误工作的行为。

4）在行政许可工作中违反法定权限、条件和程序设定或者实施行政许可的；违法设定或者实施行政强制措施的；违法设定或者实施行政处罚的；违反法律、法规规定进行行政委托的；对需要政府、政府部门决定的招标投标、征收征用、城市房屋拆迁、拍卖等事项违反规定办理的行为。

5）弄虚作假，误导、欺骗领导和公众的行为。

6）违反廉政纪律的行为。主要包括贪污、索贿、受贿、行贿、介绍贿赂、挪用公款、利用职务之便为自己或者他人谋取私利、巨额财产来源不明等行为。

7）违反财经纪律，挥霍浪费国家资财的行为。

8）滥用职权，侵害公民、法人或者其他组织合法权益的行为。主要包括以殴打、体罚、非法拘禁等方式侵犯公民人身权利的；压制批评，打击报复，扣压、销毁举报信件，或者向被举报人透露举报情况的；违反规定向公民、法人或者其他组织摊派或者收取财物的；妨碍执行公务或者违反规定干预执行公务的；其他滥用职权，侵害公民、法人或者其他组织合法权益的行为。

9）泄露国家秘密、工作秘密，或者泄露因履行职责掌握的商业秘密、个人隐私的行为。

10）从事或者参与营利性活动，在企业或者其他营利性组织中兼任职务的行为。

11）严重违反公务员职业道德，工作作风懈怠、工作态度恶劣的行为。

12）拒不承担赡养、抚养、扶养义务的；虐待、遗弃家庭成员的；包养情人的；严重违反社会公德的行为。

13）参与迷信活动的行为。

14）吸食、注射毒品或者组织、支持、参与卖淫、嫖娼、色情淫乱活动的行为。

15）参与赌博，为赌博活动提供场所或者其他便利条件的行为。

16）违反规定超计划生育的行为。

《领导干部报告个人有关事项规定》规定了各级党的机关、人大机关、行政机关、政协机关、审判机关、检察机关、民主党派机关中县处级副职以上的干部（含非领导职务干部）等应当报告的事项，主要包括：1）本人的婚姻情况；2）本人持有普通护照以及因私出国的情况；3）本人持有往来港澳通行证、因私持有大陆居民往来台湾通行证以及因私往来港澳、台湾的情况；4）子女与外国人、无国籍人通婚的情况；5）子女与港澳以及台湾居民通婚的情况；6）配偶、子女移居国（境）外的情况，或者虽未移居国（境）外，但连续在国（境）外工作、生活一年以上的情况；7）配偶、子女及其配偶的从业情况，含受聘担任私营企业的高级职务，在外商独资企业、中外合资企业、境外非政府组织在境内设立的代表机构中担任由外方委派、聘任的高级职务，以及在国（境）外的从业情况和职务情况；8）配偶、子女及其配偶被司法机关追究刑事责任的情况；9）本人的工资及各类奖金、津贴、补贴等；10）本人从事讲学、写作、咨询、审稿、书画等劳务所得；11）本人、配偶、共同生活的子女为所有权人或者共有人的房产情况，含有单独产权证书的车库、车位、储藏间等（已登记的房产，面积以不动产权证、房屋所有权证记载的为准，未登记的房产，面积以经备案的房屋买卖合同记载的为准）；12）本人、配偶、共同生活的子女投资或者以其他方式持有股票、基金、投资型保险等的情况；13）配偶、子女及其配偶经商办企业的情况，包括投资非上市股份有限公司、有限责任公司，注册个体工商户、个人独资企业、合伙企业等，以及在国（境）外注册公司或者投资入股等的情况；14）本人、配偶、共同生活的子女在国（境）外的存款和投资情况。领导干部有下列情形之一的，根据情节轻重，给予批评教育、组织调整或者组织处理、纪律处分：1）无正当理由不按时报告的；2）漏报、少报的；3）隐瞒不报的；4）查核发现有其他违规违纪问题的。

（4）处分的权限。

根据《行政机关公务员处分条例》，对行政机关公务员给予处分，由任免机关或者监察机关按照管理权限决定。

1）对经全国人民代表大会及其常务委员会决定任命的国务院组成人员给予处分，由国务院决定。其中，拟给予撤职、开除处分的，由国务院向全国人民代表大会提出罢免建议，或者向全国人民代表大会常务委员会提出免职建议。罢免或者免职前，国务院可以决定暂停其履行职务。

2）对经地方各级人民代表大会及其常务委员会选举或者决定任命的地方各级人民政府领导人员给予处分，由上一级人民政府决定。拟给予经县级以上地方人民代表大会及其常务委员会选举或者决定任命的县级以上地方人民政府领导人员撤职、开除处分的，应当先由本级人民政府向同级人民代表大会提出罢免建议。其中，拟给予县级以上地方人民政府副职领导人员撤职、开除处分的，也可以向同级人民代表大会常务委员会提出撤销职务的建议。拟给予乡镇人民政府领导人员撤职、开除处分的，应当先由本级人民政府向同级人民代表大会提出罢免建议。罢免或者撤销职务前，上级人民政府可以决定暂停其履行职务；遇有特殊紧急情况，省级以上人民政府认为必要时，也可以对其做出撤职或者开除的处分，同时报告同级人民代表大会常务委员会，并通报下级人民代表大会常务委员会。

3）对地方各级人民政府工作部门正职领导人员给予处分，由本级人民政府决定。其中，拟给予撤职、开除处分的，由本级人民政府向同级人民代表大会常务委员会提出免职建议。免去职务前，本级人民政府或者上级人民政府可以决定暂停其履行职务。

监察机关可依法对违法违纪的行政机关公务员调查、处理。根据《中华人民共和国监察法》，监察机关可以对涉嫌贪污贿赂、滥用职权、玩忽职守、权力寻租、利益输送、徇私舞弊以及浪费国家资财等职务违法和职务犯罪进行调查；对违法的公职人员依法做出政务处分决定；对履行职责不力、失职失责的领导人员进行问责；对涉嫌职务犯罪的，将调查结果移送人民检察院依法审查、提起公诉；向监察对象所在单位提出监察建议等。

另外，《行政机关公务员处分条例》规定，行政机关公务员违法违纪，已经被立案调查，不宜继续履行职责的，任免机关可以决定暂停其履行职务。被调查的公务员在违法违纪案件立案调查期间，不得交流、出境、辞去公职或者办理退休手续。

（5）处分的程序。

任免机关对涉嫌违法违纪的行政机关公务员的调查、处理，按照下列程序办理：

1）经任免机关负责人同意，由任免机关有关部门对需要调查处理的事项进行初步调查。

2）任免机关有关部门经初步调查认为该公务员涉嫌违法违纪，需要进一步查证的，报任免机关负责人批准后立案。

3）任免机关有关部门负责对该公务员违法违纪事实做进一步调查，包括收集、查证有关证据材料，听取被调查的公务员所在单位的领导成员、有关工作人员以及所在单位监察机构的意见，向其他有关单位和人员了解情况，并形成书面调查材料，向任免机关负责人报告。

4）任免机关有关部门将调查认定的事实及拟给予处分的依据告知被调查的公务员本人，听取其陈述和申辩，并对其所提出的事实、理由和证据进行复核，记录在案。被调查的公务员提出的事实、理由和证据成立的，应予采信。

5）经任免机关领导成员集体讨论，做出对该公务员给予处分、免予处分或者撤销案件的决定。

6）任免机关应当将处分决定以书面形式通知受处分的公务员本人，并在一定范围内宣布。

7）任免机关有关部门应当将处分决定归入受处分的公务员本人档案，同时汇集有关材料形成该处分案件的工作档案。

8）任免机关应当按照管理权限，及时将处分决定报公务员主管部门备案。

监察机关对违法违纪的行政机关公务员的调查、处理，依照《中华人民共和国监察法》规定的程序办理。

（6）处分的决定。

《行政机关公务员处分条例》规定，处分决定应当包括下列内容：被处分人员的姓名、职务、级别、工作单位等基本情况；经查证的违法违纪事实；处分的种类和依据；不服处分决定的申诉途径和期限；处分决定机关的名称、印章和做出决定的日期。处分决定自做出之日起生效。

（7）处分的解除。

根据《公务员法》和《行政机关公务员处分条例》，公务员受开除以外的处分，在受处分期间有悔改表现，并且没有再发生违纪违法行为的，处分期满后自动解除。

解除处分后，晋升工资档次、级别和职务、职级不再受原处分的影响。但是，解除降级、撤职处分的，不视为恢复原级别、原职务、原职级。

（8）相关权益保障。

1）规定的条件、程序。根据《公务员法》第六十三条的规定，对公务员的处分，应当事实清楚、证据确凿、定性准确、处理恰当、程序合法、手续完备。《行政机关公务员处分条例》第三条规定："行政机关公务员依法履行职务的行为受法律保护，非因法定事由，非经法定程序，不受处分。"根据《公务员法》第一百零六条的规定，对不按规定条件、程序进行公务员奖惩的，由县级以上领导机关或者公务员主管部门按照管理权限，区别不同情况，分别予以责令纠正或者宣布无效；对负有责任的领导人员和直接责任人员，根据情节轻重，给予批评教育、责令检查、诫勉、组织调整、处分；构成犯罪的，依法追究刑事责任。

2）调查、证据和回避。对行政机关公务员违法违纪案件进行调查，应当由 2 名以上办案人员进行；接受调查的单位和个人应当如实提供情况。严禁以暴力、威胁、引诱、欺骗等非法方式收集证据；非法收集的证据不得作为定案的依据。

参与行政机关公务员违法违纪案件调查、处理的人员有下列情形之一的，应当提出回避申请；被调查的公务员以及与案件有利害关系的公民、法人或者其他组织有权要求其回避：与被调查的公务员是近亲属关系的；与被调查的案件有利害关系的；与被调查的公务员有其他关系，可能影响案件公正处理的。处分决定机关负责人的回避，由处分决定机关的上一级行政机关负责人决定；其他违法违纪案件调查、处理人员的回避，由处分决定机关负责人决定。处分决定机关或者处分决定机关的上一级行政机关，发现违法违纪案件调查、处理人员有应当回避的情形，可以直接决定该人员回避。

3）陈述和申辩。根据《公务员法》和《行政机关公务员处分条例》，对涉嫌违法违纪的行政机关公务员的调查、处理程序中，任免机关有关部门要将调查认定的事实及拟给予处分的依据告知被调查的公务员本人，听取其陈述和申辩，并对其所提出的事实、理由和证据进行复核，记录在案。被调查的公务员提出的事实、理由和证据成立的，应予采信。

4）复核和申诉。受到处分的行政机关公务员对处分决定不服的，依照《公务员法》和《中华人民共和国监察法》的有关规定，可以申请复核或者申诉。复核、申诉期间不停止处分的执行。行政机关公务员不因提出复核、申诉而被加重处分。

行政机关公务员的处分决定被变更，需要调整该公务员的职务、级别或者工资档次的，应当按照规定予以调整；行政机关公务员的处分决定被撤销的，应当恢复该公务员的级别、工资档次，按照原职务安排相应的职务，并在适当范围内为其恢复名誉。被撤销处分或者被减轻处分的行政机关公务员工资福利受到损失的，应当予以补偿。

5）档案和社会保险关系。行政机关公务员受到开除处分后，有新工作单位的，其本人档案转由新工作单位管理；没有新工作单位的，其本人档案转由其户籍所在地人事部门所属的人才服务机构管理。

6）执行上级的错误决定或者命令的免责情形。《公务员法》第六十条规定："公务员执行公务时，认为上级的决定或者命令有错误的，可以向上级提出改正或者撤销该决定或者命令的意见；上级不改变该决定或者命令，或者要求立即执行的，公务员应当执行该决定或者命令，执行的后果由上级负责，公务员不承担责任；但是，公务员执行明显违法的决定或者命令的，应当依法承担相应的责任。"

2. 事业单位惩戒制度

（1）惩戒的依据。

我国事业单位种类繁多，其惩戒依据也具有多样性。《事业单位人事管理条例》对事业单位工作人员或集体的处分做了简要规定。2020 年 6 月，第十三届全国人民代表大会常务委员会第十九次会议通过《中华人民共和国公职人员政务处分法》。2023 年 11 月，中共中央组织部、人力资源社会保障部印发《事业单位工作人员处分规定》，对事业单位工作人员的处分做出了具体的规定。

（2）处分的种类及处分内容。

《事业单位工作人员处分规定》对处分的种类做出了规定。处分的种类包括警告、记过、降低岗位等级、开除。根据具体情形可以从轻或从重处分。

1）警告。期限为 6 个月。事业单位工作人员受到警告处分的，在作出处分决定的当年，参加年度考核，不能确定为优秀档次。

2）记过。期限为 12 个月。受到记过处分的当年，受到降低岗位等级处分的当年及第二年，参加年度考核，只写评语，不确定档次。

3）降低岗位等级。期限为 24 个月。事业单位工作人员受到降低岗位等级处分的，自处分决定生效之日起降低一个以上岗位和职员等级聘用，按照事业单位收入分配有关规定确定其工资待遇；对同时在管理和专业技术两类岗位任职的事业单位工作人员发生违规违纪违法行为的，给予降低岗位等级处分时，应当同时降低两类岗位的等级，并根据违规违纪违法的情形与岗位性质的关联度确定降低岗位类别的主次。

4）开除。事业单位工作人员受到开除处分的，自处分决定生效之日起，终止其与事业单位的人事关系。

《事业单位工作人员处分规定》对同时有两种以上需要给予处分的行为的情形做出了规定。事业单位工作人员同时有两种以上需要给予处分的行为的，应当分别确定其处分。应当给予的处分种类不同的，执行其中最重的处分；应当给予开除以外多个相同种类处分的，执行该处分，处分期应当按照一个处分期以上、多个处分期之和以下确定，但是最长不得超过 48 个月。事业单位工作人员在受处分期间受到新的处分的，其处分期为原处分期尚未执行的期限与新处分期限之和，但是最长不得超过 48 个月。

此外，根据《事业单位工作人员处分规定》，事业单位工作人员受到记过以上处分的，在受处分期间不得参加专业技术职称评审或者工勤技能人员职业技能等级认定。

（3）应受处分的违法违纪行为及其处分。

《事业单位工作人员处分规定》指出，事业单位有违法违纪行为，应当追究纪律责任的，依法对负有责任的领导人员和直接责任人员给予处分。违法违纪行为及其适用的处分如下：

1）违反政治纪律的行为。

《事业单位工作人员处分规定》第十六条规定："有下列行为之一的，给予记过处分；情节较重的，给予降低岗位等级处分；情节严重的，给予开除处分：（一）散布有损宪法权威、中国共产党领导和国家声誉的言论的；（二）参加旨在反对宪法、中国共产党领导和国家的集会、游行、示威等活动的；（三）拒不执行或者变相不执行中国共产党和国家的路线方针政策、重大决策部署的；（四）参加非法组织、非法活动的；（五）利用宗教活动破坏民族团结和社会稳定的；挑拨、破坏民族关系，或者参加民族分裂活动的；（六）在对外交往中损害国家荣誉和利益的；（七）携带含有依法禁止内容的书刊、音像制品、电子出版物进入境内的；（八）其他违反政治纪律的行为。有前款第二项、第四项、第五项行为之一的，对策划者、组织者和骨干分子，给予开除处分。公开发表反对宪法确立的国家指导思想，反对中国共产党领导，反对社会主义制度，反对改革开放的文章、演说、宣言、声明等的，给予开除处分。"

2）违反组织纪律的行为。

《事业单位工作人员处分规定》第十七条规定："有下列行为之一的，给予警告或者记过处分；情节较重的，给予降低岗位等级处分；情节严重的，给予开除处分：（一）采取不正当手段为本人或者他人谋取岗位；（二）在事业单位选拔任用、公开招聘、考核、培训、回避、奖励、申诉、职称评审等人事管理工作中有违反组织人事纪律行为的；（三）其他违反组织人事纪律的行为。篡改、伪造本人档案资料的，给予记过处分；情节严重的，给予降低岗位等级处分。违反规定出境或者办理因私出境证件的，给予记过处分；情节严重的，给予降低岗位等级处分。违反规定取得外国国籍或者获取境外永久居留资格、长期居留许可的，给予降低岗位等级以上处分。”

3）违反工作纪律的行为。

《事业单位工作人员处分规定》第十八条规定：“有下列行为之一的，给予警告或者记过处分；情节较重的，给予降低岗位等级处分；情节严重的，给予开除处分：（一）在执行国家重要任务、应对公共突发事件中，不服从指挥、调遣或者消极对抗的；（二）破坏正常工作秩序，给国家或者公共利益造成损失的；（三）违章指挥、违规操作，致使人民生命财产遭受损失的；（四）发生重大事故、灾害、事件，擅离职守或者不按规定报告、不采取措施处置或者处置不力的；（五）在项目评估评审、产品认证、设备检测检验等工作中徇私舞弊，或者违反规定造成不良影响的；（六）泄露国家秘密，或者泄露因工作掌握的内幕信息、个人隐私，造成不良后果的；（七）其他违反工作纪律失职渎职的行为。”

4）违反廉洁纪律的行为。

《事业单位工作人员处分规定》第十九条规定：“有下列行为之一的，给予警告或者记过处分；情节较重的，给予降低岗位等级处分；情节严重的，给予开除处分：（一）贪污、索贿、受贿、行贿、介绍贿赂、挪用公款的；（二）利用工作之便为本人或者他人谋取不正当利益的；（三）在公务活动或者工作中接受礼品、礼金、各种有价证券、支付凭证的；（四）利用知悉或者掌握的内幕信息谋取利益的；（五）用公款旅游或者变相用公款旅游的；（六）违反国家规定，从事、参与营利性活动或者兼任职务领取报酬的；（七）其他违反廉洁从业纪律的行为。”

5）违反财经纪律的行为。

《事业单位工作人员处分规定》第二十条规定：“有下列行为之一的，给予警告或者记过处分；情节较重的，给予降低岗位等级处分；情节严重的，给予开除处分：（一）违反国家财政收入上缴有关规定的；（二）违反规定使用、骗取财政资金或者违反规定使用、骗取、隐匿、转移、侵占、挪用社会保险基金的；（三）擅自设定收费项目或者擅自改变收费项目的范围、标准和对象的；（四）挥霍、浪费国家资财或者造成国有资产流失的；（五）违反国有资产管理规定，擅自占有、使用、处置国有资产的；（六）在招标投标和物资采购工作中违反有关规定，造成不良影响或者损失的；（七）其他违反财经纪律的行为。”

6）违反职业道德的行为。

《事业单位工作人员处分规定》第二十一条规定：“有下列行为之一的，给予警告或者记过处分；情节较重的，给予降低岗位等级处分；情节严重的，给予开除处分：（一）利用专业技术或者技能实施违规违纪违法行为的；（二）有抄袭、剽窃、侵吞他人学术成果，伪造、篡改数据文献，或者捏造事实等学术不端行为的；（三）利用职业身份进行利诱、威胁或者误导，损害他人合法权益的；（四）利用权威、地位或者掌控的资源，压制不同观点，限制学术自由，造成重大损失或者不良影响的；（五）在申报岗位、项目、荣誉等过程中弄虚作假的；（六）工作态度恶劣，造成不良社会影响的；（七）其他严重违反职业道德的行为。有前款第一项规定行为的，给予记过以上处分。”

7）违反公共公德的行为。

《事业单位工作人员处分规定》第二十二条规定：“有下列行为之一的，给予警告或者记过处分；情节较重的，给予降低岗位等级处分；情节严重的，给予开除处分：（一）违背社会公序良俗，在公共场所有不当行为，造成不良影响的；（二）制造、传播违法违禁物品及信息的；（三）参与赌博活动的；（四）有实施家庭暴力，虐待、遗弃家庭成员，或者拒不承担赡养、抚养、扶养义务等的；（五）其他严重违反公共秩序、社会公德的行为。吸食、注射毒品，组织赌博，组织、支持、参与卖淫、嫖娼、色情淫乱活动的，给予降低岗位等级以上处分。”

8）依法判处刑罚的行为。

《事业单位工作人员处分规定》第二十三条第一款规定：“事业单位工作人员犯罪，有下列情形之一的，给予开除处分：（一）因故意犯罪被判处管制、拘役或者有期徒刑以上刑罚（含宣告缓刑）的；（二）因过失犯罪被判处有期徒刑，刑期超过三年的；（三）因犯罪被单处或者并处剥夺政治权利的。”

（4）处分的权限。

《事业单位工作人员处分规定》第二十四条规定：“对事业单位工作人员的处分，按照干部人事管理权限，由事业单位或者事业单位主管部门决定。开除处分由事业单位主管部门决定，并报同级事业单位人事综合管理部门备案。对中央和地方直属事业单位工作人员的处分，按照干部人事管理权限，由本单位或者有关部门决定；其中，由本单位作出开除处分决定的，报同级事业单位人事综合管理部门备案。”

（5）处分的程序。

《事业单位工作人员处分规定》第二十五条规定：“对事业单位工作人员的处分，按照以下程序办理：（一）对事业单位工作人员违规违纪违法行为初步调查后，需要进一步查证的，应当按照干部人事管理权限，经事业单位负责人批准或者有关部门同意后立案；（二）对被调查的事业单位工作人员的违规违纪违法行为作进一步调查，收集、查证有关证据材料，并形成书面调查报告；（三）将调查认定的事实及拟给予处分的依据告知被调查的事业单位工作人员，听取其陈述和申辩，并对其所提出的事实、理由和证据进行复核，记录在案。被调查的事业单位工作人员提出的事实、理由和证据成立的，应予采信；（四）按照处分决定权限，作出对该事业单位工作人员给予处分、免予不予处分或者撤销案件的决定；（五）处分决定单位印发处分决定；（六）将处分决定以书面形式通知受处分事业单位工作人员本人和有关单位，并在一定范围内宣布；（七）将处分决定存入受处分事业单位工作人员的档案。”

（6）处分的决定。

《事业单位工作人员处分规定》对处分的内容和做出处分决定的期限做出了规定。

1）处分的内容。

《事业单位工作人员处分规定》第三十条规定：“处分决定应当包括下列内容：（一）受处分事业单位工作人员的姓名、工作单位、原所聘岗位（所任职务）名称及等级、职员等级等基本情况；（二）经查证的违规违纪违法事实；（三）处分的种类、受处分的期间和依据；（四）不服处分决定的申诉途径和期限；（五）处分决定单位的名称、印章和作出决定的日期。”

2）做出处分决定的期限。

《事业单位工作人员处分规定》第二十九条规定：“给予事业单位工作人员处分，应当自批准立案之日起六个月内作出决定；案情复杂或者遇有其他特殊情形的可以延长，但是办案期限最长不得超过十二个月。”

（7）处分的解除。

《事业单位工作人员处分规定》对处分的解除做出了规定。事业单位工作人员受开除以外的处分，在受处分期间有悔改表现，并且没有再出现违规违纪违法情形的，处分期满后自动解除处分。处分解除后，考核及晋升岗位和职员等级、职称、工资待遇按照国家有关规定执行，不再受原处分的影响。但是，受到降低岗位等级处分的，不恢复受处分前的岗位、职员等级、工资待遇；无岗位、职员等级可降而降低薪级工资的，处分解除后，不恢复受处分前的薪级工资。

（8）复核和申诉。

《事业单位工作人员处分规定》对复核和申诉做出了规定。受到处分的事业单位工作人员对处分决定不服的，可以自知道或者应当知道该处分决定之日起 30 日内向原处分决定单位申请复核。对复核结果不服的，可以自接到复核决定之日起 30 日内，按照《事业单位工作人员申诉规定》等有关规定向原处分决定单位的主管部门或者同级事业单位人事综合管理部门提出申诉。受到处分的中央和地方直属事业单位工作人员的申诉，按照干部人事管理权限，由同级事业单位人事综合管理部门受理。原处分决定单位应当自接到复核申请后的 30 日内作出复核决定。受理申诉的单位应当自受理之日起 60 日内作出处理决定；案情复杂的，可以适当延长，但是延长期限最多不超过 30 日。复核、申诉期间不停止处分的执行。事业单位工作人员不因提出复核、申诉而被加重处分。

3. 国有企业惩戒制度

我国国有企业惩戒制度的主要依据是《劳动法》和《劳动合同法》。除此之外，国家机关如国务院国资委等也会出台一些考核处分办法。

2009 年 7 月，中共中央办公厅、国务院办公厅印发了《国有企业领导人员廉洁从业若干规定》，该规定要求，国有企业领导人不得有滥用职权、损害国有资产权益的行为，不得有利用职权谋取私利以及损害本企业利益的行为，不得有侵害公共利益、企业利益的行为，不得有违反规定进行职务消费的行为，不得有其他不利于作风建设和公众形象的行为。违反所列行为规范的，视情节轻重，由有关机构按照管理权限分别给予警示谈话、调离岗位、降职、免职处理。应当追究纪律责任的，还要视情节轻重，依照国家有关法律法规给予相应的处分。对于其中的共产党员，视情节轻重，依照《中国共产党纪律处分条例》给予相应的党纪处分。涉嫌犯罪的，依法移送司法机关处理。

2017 年 2 月，中共中央办公厅、国务院办公厅印发了《领导干部报告个人有关事项规定》，对中央企业领导班子成员及中层管理人员，省（自治区、直辖市）、市（地、州、盟）管理的国有企业领导班子成员的惩戒做出了具体的规定。同时新出台了《领导干部个人有关事项报告查核结果处理办法》，明确了认定漏报、瞒报需要掌握的基本原则、具体情形和处理依据，规定了领导干部因不如实报告个人有关事项受到组织处理和纪律处分的影响期，为更加有效地强化查核结果运用提供了遵循。

2019年3月，国务院修订《企业国有资产监督管理暂行条例》，该条例规定，国有资产监督管理机构不按规定任免或者建议任免所出资企业的企业负责人，或者违法干预所出资企业的生产经营活动，侵犯其合法权益，造成企业国有资产损失或者其他严重后果的，对直接负责的主管人员和其他直接责任人员依法给予行政处分；构成犯罪的，依法追究刑事责任。所出资企业中的国有独资企业、国有独资公司未按照规定向国有资产监督管理机构报告财务状况、生产经营状况和国有资产保值增值状况的，予以警告；情节严重的，对直接负责的主管人员和其他直接责任人员依法给予纪律处分。国有及国有控股企业的企业负责人滥用职权、玩忽职守，造成企业国有资产损失的，应负赔偿责任，并对其依法给予纪律处分；构成犯罪的，依法追究刑事责任。对企业国有资产损失负有责任受到撤职以上纪律处分的国有及国有控股企业的企业负责人，5年内不得担任任何国有及国有控股企业的企业负责人；造成企业国有资产重大损失或者被判处刑罚的，终身不得担任任何国有及国有控股企业的企业负责人。

2019年3月，国务院国资委印发了《中央企业负责人经营业绩考核办法》，该办法规定，企业发生下列情形之一的，国资委根据具体情节给予降级或者扣分处理；违规经营投资造成国有资产损失或者其他严重不良后果，按照有关规定对相关责任人进行责任追究处理，情节严重的，给予纪律处分或者对企业负责人进行调整；涉嫌犯罪的，依法移送国家监察机关或司法机关查处：（1）违反《会计法》《企业会计准则》等有关法律法规规章，虚报、瞒报财务状况的；（2）企业法定代表人及相关负责人违反国家法律法规和规定，导致发生较大及以上生产安全责任事故和网络安全事故、重大及以上突发环境事件、重大质量责任事故、重大违纪和法律纠纷案件、境外恶性竞争、偏离核定主业盲目投资等造成重大不良影响或者国有资产损失的。连续两年年度经营业绩考核结果为D级或任期经营业绩考核结果为D级，且无重大客观原因的，对企业负责人予以调整。

12.3 奖惩实践

12.3.1 奖励状况及其变化

1. 党的十八大以来奖励表彰情况

截至2022年7月27日，共有“共和国勋章”获得者9位，“七一勋章”获得者29位，“八一勋章”获得者13位，“友谊勋章”获得者9位，国家荣誉称号获得者31位，以此表彰为党、国家和人民作出了功勋，具有崇高的精神风范，得到全党全社会尊重的杰出人士。截至2022年8月，党中央、国务院决定授予397名同志全国“人民满意的公务员”称号；授予198个集体全国“人民满意的公务员集体”称号。

在中央各项政策的指引下，各地方政府各机关单位也在积极开展各类表彰活动。例如，福建省开展“马上就办、攻坚克难、改革创新、敢于担责、无私奉献”五个维度的

“十佳典型”评选活动；江苏省泰州市开展“市级机关十佳青年岗位能手”评选活动，山东省公安厅举行厅机关首届“十佳青年民警”颁奖仪式，对“十佳青年民警”与“优秀青年民警”进行表彰。各地方积极创新激励机制，进一步激励广大干部新时代新担当新作为。

2. 奖励制度进一步完善

在较为完善的顶层架构与具体操作规范制度体系指导下，我国已经建立了相对完善的奖励制度体系。随着时代与社会的进步，为了充分调动公职人员的积极性与切合时代发展的需求，我国的奖励制度也在逐步完善、与时俱进，呈现新的趋势和特点。

（1）强调政治素质过硬。

2020 年修订的《公务员奖励规定》对奖励的定义进行了修订，新增了“政治素质过硬”的要求并置于首要位置。

（2）注重以德为先与群众公认。

2017 年 7 月，由中国共产党中央委员会制定的《中国共产党党内功勋荣誉表彰条例》和《国家功勋荣誉表彰条例》明确规定了“以德为先、注重实绩、群众公认”的表彰原则。同时，《公务员奖励规定》新增了“以德为先，突出功绩导向”与“发扬民主，注重群众公认”的奖励原则。

（3）奖励的实施更丰富。

1）奖励形式多样化。

《公务员奖励规定》中规定了“公务员奖励作为公务员考核和晋升职务职级的重要参考”“对在处理突发事件和承担专项重要工作中做出显著成绩、获得记三等功以上奖励的公务员，当年年度考核确定优秀等次时予以倾斜”“对获得记二等功以上奖励的公务员、公务员集体所属工作人员，可以由公务员主管部门或者所在机关组织开展休假疗养、学习培训、参观考察等活动”等多种奖励形式，相较于之前的“奖金”奖励，奖励形式更加多样化。

2）权限规定适度放开。

《公务员奖励规定》明确规定，“经省委同意，副省级城市党委和政府可以对本地区公务员、公务员集体给予记一等功奖励”“对下级单位实行垂直管理或者实行双重领导并以上级单位领导为主的机关，可以按照奖励权限，对本系统公务员、公务员集体给予奖励”。

3）及时奖励更灵活。

《公务员奖励规定》规定，“市（地）级以上机关可以按照奖励权限，对本系统公务员、公务员集体开展及时奖励”“开展及时奖励可以适当简化程序，必要时由审批机关直接确定奖励对象”。《中国共产党党内功勋荣誉表彰条例》中对荣誉称号的表彰规定也明确，要“开展及时性表彰，根据实际情况确定数量，可以适当简化工作程序”。

（4）注重奖励事迹的宣传。

《公务员奖励规定》规定，“采取多种形式，广泛宣传获得奖励的公务员、公务员集体先进事迹。重大典型事迹编入公务员培训教材，列入公务员培训内容”。《中国共产党党内功勋荣誉表彰条例》规定，“党组织应当运用党报党刊、广播电视和网络媒体，采取多种形式，广泛宣传报道党内功勋荣誉表彰获得者的先进事迹和精神风范”。

（5）向基层与一线倾斜。

奖励倾向基层与一线。《公务员奖励规定》第十五条规定："公务员奖励应当严格标准、控制数量，注重向基层和工作一线倾斜。"

12.3.2 惩戒状况及其调整

1. 党的十八大以来干部惩戒情况

自党的十八大以来，我国始终坚持党要管党、从严治党，以严明党的政治纪律为重点加强纪律建设，以保持党同人民群众的血肉联系为重点加强作风建设，以完善惩治和预防腐败体系为重点加强反腐倡廉建设，确保党始终成为坚强领导核心，始终保持先进性和纯洁性。我国各级纪检监察机关紧紧围绕贯彻落实党中央重大决策部署加强政治监督，坚定不移将党风廉政建设和反腐败斗争进行到底，在党风建设方面取得了显著成效。

2022 年，在十九届中央纪委六次全会上的工作报告中对党的十八大以来的惩戒数据做了统计，全国纪检监察机关共约谈领导班子成员、重点岗位人员 94.3 万人次，处分县处级以上"一把手"7 581 人。全国纪检监察机关立案 63.1 万件，处分 62.7 万人。留置行贿人员 5 006 人、处分 4 806 人、移送检察机关 2 822 人；查处享乐主义、奢靡之风问题 5.4 万个，批评教育帮助和处理 7.3 万人，其中给予党纪政务处分 5.3 万人；查处形式主义、官僚主义问题 5 万个，批评教育帮助和处理 7.7 万人，其中给予党纪政务处分 4.8 万人。接收信访举报 386.2 万件次，其中检举控告类 135 万件次。运用"四种形态"批评教育帮助和处理 212.5 万人次。全国纪检监察机关查处涉黑涉恶腐败和"保护伞"问题 9 931 个，给予党纪政务处分 9 569 人，移送检察机关 1 037 人。全国纪检监察机关查处巩固拓展脱贫攻坚成果同乡村振兴有效衔接方面腐败和作风问题 1.9 万个，批评教育帮助和处理 2.7 万人，其中给予党纪政务处分 1.7 万人。全国谈话函询纪检监察干部 9 562 人，采取组织措施 9 685 人，处分 2 985 人，移送检察机关 111 人。中央纪委国家监委立案审查调查中管干部 63 人。

2. 惩戒制度进一步完善

随着党风建设的深入，各项问题也逐渐暴露。例如，有些地方制度执行过度、动辄问责、层层加码的做法屡见不鲜；有些地方督查过度，检查过频过滥。不合理的监察工作严重打击公职人员的工作积极性，为了更好地开展党风建设，激励广大干部担当作为、不懈奋斗，我国的惩戒制度体系也在不断完善。

2018 年，中共中央办公厅印发《关于统筹规范督查检查考核工作的通知》，指出"严格控制总量，实行计划管理；加强组织领导，激励担当作为"，明确规定"要严格控制总量和频次，中央和国家机关各部门原则上每年搞 1 次综合性督查检查考核""各级党委和政府要坚决撤销形式主义、劳民伤财、虚头巴脑的督查检查考核事项，大幅度压缩数量，对县乡村和厂矿企业学校的督查检查考核事项要减少 50%以上""对各种告状信、检举信，经核实有问题的要依纪依法处理，没问题的要及时澄清、公开正名，对诬告陷害的要严肃追究责任，推动形成勇于担当作为、敢于抵制歪风邪气的良好政治生态"等具体做法。2019 年由中国共产党中央委员会制定的《中国共产党问责条例》明确指出，坚持“严管和厚爱结合、激励和约束并重”“惩前毖后、治病救人”的原则。同年，中共中央办公厅印发《关于解决形式主义突出问题为基层减负的通知》，明确指出要完善问责制度和激励关怀机制，着力解决干部不敢担当作为的问题。要坚持严管和厚爱结合，实事求是、依规依纪依法严肃问责、规范问责、精准问责、慎重问责，同时提出要“正确对待被问责的干部，对影响期满、表现好的干部，符合有关条件的，该使用的要使用”“制定纪检监察机关处理检举控告工作规则，保障党员权利，及时为干部澄清正名，严肃查处诬告陷害行为。改进谈话和函询工作方法，有效减轻干部不必要的心理负担”的具体做法，切实保护干部干事创业的积极性，为广大干部减轻心理负担。

地方政府也在完善党风建设过程中出台相应政策，例如，2018 年，四川省阜阳市出台《关于对受处分人员教育关怀工作暂行办法》；2020 年，四川省广元市剑阁县出台《受处分人员关爱工程实施方案》；2020 年，云南省玉溪市出台《玉溪市纪委市监委开展受处分人员回访教育工作办法（试行）》，并于 2022 年修订出台《受处理处分人员回访教育工作办法》；2022 年，湖北武汉市等地积极开展查处诬告陷害行为专项行动，对恶意举报等行为开展大起底、大排查、大整治，并为受到不实举报的党员干部澄清正名，以激励干部担当作为，维护信访秩序，维护良好政治生态和发展环境。

12.4　权益保障

12.4.1　权益保障概述

1. 权益保障的含义

公职人员权益保障是指国家依法采取适当措施保障公职人员的合法权利得以实现，并确保公职人员在其合法权益受到侵害后有恰当的途径和程序进行补救。公职人员权益保障的关键在于明确公职人员的权利和权益救济方式。

公职人员的权益保障有法可依，有章可循。公务员享有《公务员法》规定的如下权利：获得履行职责应当具有的工作条件；非因法定事由、非经法定程序，不被免职、降职、辞退或者处分；获得工资报酬，享受福利、保险待遇；参加培训；对机关工作和领导人员提出批评和建议；提出申诉和控告；申请辞职；法律规定的其他权利。事业单位工作人员在招聘、考核、报酬、解聘、辞聘、社会保险和福利等方面的合法权益也同样受到保护。同样，国有企业职工享有《劳动法》规定的各项权利，《劳动法》第三条规定：“劳动者享有平等就业和选择职业的权利、取得劳动报酬的权利、休息休假的权利、获得劳动安全卫生保护的权利、接受职业技能培训的权利、享受社会保险和福利的权利、提请劳动争议处理的权利以及法律规定的其他劳动权利。”

2. 权益保障的意义

（1）权益保障有助于改善劳动关系。保障公职人员的权益，有助于改善劳动关系，提高公职人员的工作满意度，进而有利于公共部门的长远发展，有利于和谐社会和全面小康社会的建设。

（2）权益保障有助于解决公职人员的后顾之忧，以激发他们工作的积极性。保障公职人员在职期间和离职后的权益，可以解决他们的后顾之忧，使其全身心地投入当下的工作中，进而提高公职人员的工作绩效和公共部门的组织绩效。

（3）权益保障有助于公职人员实现自身价值。公职人员只有在其合法权利得以保障，合法利益得以实现时，才能安心做好本职工作，在工作中积极进取，发挥自身优势和特长，实现自身价值，同时为社会做出贡献。

12.4.2 权益救济制度

1. 公务员的权益救济制度

公职人员的权益救济是指公职人员对人事处理等决定不服，或认为该决定侵犯了自身的合法权益，通过法定的途径和方式维护自身合法权益。公务员主要可以通过申请复核、申诉和控告三种途径维护自身合法权益。《公务员法》对公务员申请复核和申诉做出了原则规定，《公务员申诉规定》《中华人民共和国监察法》等做出了具体规定；公务员认为机关及其领导人员侵犯其合法权益的，可以依法向上级机关或者有关的专门机关提出控告，《公务员法》和《中华人民共和国监察法》等对公务员控告做出了规定。

聘任制公务员与所在机关之间发生争议，可以申请仲裁或提起诉讼，以维护自身合法权益。《公务员法》《劳动人事争议仲裁办案规则》《人事争议处理规定》对聘任制公务员申请仲裁和提起诉讼做出了规定。

（1）申请复核。

根据《公务员法》的规定，公务员对涉及本人的下列人事处理不服的，可以自知道该人事处理之日起30日内向原处理机关申请复核；对复核结果不服的，可以自接到复核决定之日起15日内，按照规定向同级公务员主管部门或者作出该人事处理的机关的上一级机关提出申诉；也可以不经复核，自知道该人事处理之日起30日内直接提出申诉：1）处分；2）辞退或者取消录用；3）降职；4）定期考核定为不称职；5）免职；6）申请辞职、提前退休未予批准；7）不按照规定确定或者扣减工资、福利、保险待遇；8）法律、法规规定可以申诉的其他情形。

复核应当由受到人事处理的公务员本人提出；如本人丧失行为能力或者死亡，可以由其近亲属代为提出。

原处理机关在接到复核申请书后，应当在30日内做出维持、撤销或者变更原人事处理的复核决定，并以书面形式通知申请人。在处理决定做出前，申请人可以提出撤回复核的申请，申请应当以书面形式提出。受理机关在接到申请人关于撤回复核的书面申请后，可以决定终结处理工作，并以书面形式告知申请人和被申诉机关。在复核决定做出前，申请复核的公务员不得提出申诉。

公务员对重新处理后作出的处理决定不服的，可以提出申诉或再申诉。

（2）申诉。

根据《公务员法》和《公务员申诉规定》的规定，公务员对复核结果不服的，可以自接到复核决定之日起15日内提出申诉；也可以不经复核，自知道人事处理之日起30

日内直接提出申诉。公务员对申诉处理决定不服的，应当自接到申诉处理决定之日起 30 日内提出再申诉。公务员提出申诉和再申诉，应当提交申诉书，同时提交原人事处理决定、复核决定或者申诉处理决定等材料的复印件。申诉书应当载明下列内容：1）申诉人的姓名、单位、职务、联系方式、住址及其他基本情况；2）被申诉机关的名称及作出的人事处理决定和复核的情况；3）申诉的事项、理由及要求；4）提出申诉的日期。

受理公务员申诉的机关应当组成公务员申诉公正委员会，负责受理和审理公务员的申诉案件。公务员申诉公正委员会一般由受理机关中相关工作机构的人员组成。必要时，可以吸收其他机关的有关人员参加。公务员申诉公正委员会的组成人数应当是单数，主任一般由主管公务员申诉工作的机关负责人或者负责处理公务员申诉的工作机构负责人担任。公务员申诉公正委员会委员和处理申诉的工作人员，根据有关规定需要回避的，本人应当申请回避；利害关系人也有权要求其回避。公务员申诉公正委员会委员和工作人员的回避，由受理机关负责人决定。回避决定做出前，相关人员应当暂停参与调查和审理。

受理机关应当对申请人提出的申诉、再申诉是否符合受理条件进行审查，在接到申诉书之日起 30 日内，做出受理或者不予受理的决定，并以书面形式通知申请人。不予受理的，应当说明理由。受理申诉和再申诉的机关应当自决定受理之日起 60 日内做出处理决定。案情复杂的，可以适当延长，但是延长时间不得超过 30 日。受理机关对涉及公务员申诉、再申诉事项，有权进行调查。调查应当由 2 名以上工作人员进行。接受调查的机关和个人应当如实提供情况。受理机关和公务员申诉公正委员会的工作人员，不按《公务员申诉规定》处理公务员申诉的，根据情节轻重，给予批评教育或者处分；构成犯罪的，依法追究刑事责任。

在处理决定做出前，申请人可以提出撤回申诉和再申诉的申请，申请应当以书面形式提出。受理机关在接到申请人关于撤回申诉和再申诉的书面申请后，可以决定终结处理工作，并以书面形式告知申请人和被申诉机关。

公务员在复核、申诉、再申诉中弄虚作假、捏造事实、诬陷他人的，根据情节轻重，给予批评教育或者处分；给他人造成名誉损害的，应当赔礼道歉、恢复名誉、消除影响；构成犯罪的，依法追究刑事责任。

（3）控告。

《公务员法》对公务员控告做出了原则规定。《公务员法》第九十八条规定：“公务员认为机关及其领导人员侵犯其合法权益的，可以依法向上级机关或者监察机关提出控告。受理控告的机关应当按照规定及时处理。”《公务员法》规定，公务员提出控告，不得捏造事实，诬告、陷害他人。

（4）聘任制公务员申请仲裁、提起诉讼。

《公务员法》《劳动人事争议仲裁办案规则》《人事争议处理规定》对聘任制公务员申请仲裁和提起诉讼做出了原则规定。

《公务员法》第一百零五条规定：“聘任制公务员与所在机关之间因履行聘任合同发生争议的，可以自争议发生之日起六十日内申请仲裁。省级以上公务员主管部门根据需要设立人事争议仲裁委员会，受理仲裁申请。人事争议仲裁委员会由公务员主管部门的代表、聘用机关的代表、聘任制公务员的代表以及法律专家组成。当事人对仲裁裁决不服的，可以自接到仲裁裁决书之日起十五日内向人民法院提起诉讼。仲裁裁决生效后，一方当事人不履行的，另一方当事人可以申请人民法院执行。”

实施公务员法的机关与聘任制公务员之间因履行聘任合同发生的争议，参照《人事争议处理规定》执行。争议的仲裁，参照《劳动人事争议仲裁办案规则》执行，《劳动人事争议仲裁办案规则》未做规定的人事争议仲裁涉及事项，依照《人事争议处理规定》有关规定执行。

2. 事业单位工作人员的权益救济制度

关于事业单位工作人员的权益救济制度较多，《人事争议处理规定》《事业单位人事管理条例》《事业单位工作人员处分规定》《事业单位工作人员考核规定》《劳动争议调解仲裁法》《劳动人事争议仲裁办案规则》等均对事业单位工作人员的权益保障做出了规定。

根据《人事争议处理规定》的规定，人事争议发生后，当事人可以协商解决；不愿协商或者协商不成的，可以向主管部门申请调解，其中军队聘用单位与文职人员的人事争议，可以向聘用单位的上一级单位申请调解；不愿调解或调解不成的，可以向人事争议仲裁委员会申请仲裁。当事人也可以直接向人事争议仲裁委员会申请仲裁。当事人对仲裁裁决不服的，可以向人民法院提起诉讼。其中，争议的仲裁，参照《公务员法》管理的机关（单位）与聘任工作人员之间因履行聘任合同发生的争议的仲裁，按照《劳动人事争议仲裁办案规则》执行，《劳动人事争议仲裁办案规则》未做规定的人事争议仲裁涉及事项，按照《人事争议处理规定》有关规定执行。

事业单位工作人员对涉及本人的考核结果、处分决定等不服的，可以申请复核、提出申诉，《事业单位人事管理条例》《事业单位工作人员处分规定》《事业单位工作人员考核规定》对此做出了规定。《事业单位人事管理条例》第三十八条规定：“事业单位工作人员对涉及本人的考核结果、处分决定等不服的，可以按照国家有关规定申请复核、提出申诉”。《事业单位工作人员考核规定》第三十六条规定：“事业单位工作人员对考核确定为基本合格或者不合格档次不服的，可以按照有关规定申请复核、提出申诉。”根据《事业单位工作人员处分规定》的规定，受到处分的事业单位工作人员对处分决定不服的，可以自知道或者应当知道该处分决定之日起 30 日内向原处分决定单位申请复核。对复核结果不服的，可以自接到复核决定之日起 30 日内，按照《事业单位工作人员申诉规定》等有关规定向原处分决定单位的主管部门或者同级事业单位人事综合管理部门提出申诉。受到处分的中央和地方直属事业单位工作人员的申诉，按照干部人事管理权限，由同级事业单位人事综合管理部门受理。原处分决定单位应当自接到复核申请后的 30 日内做出复核决定。受理申诉的单位应当自受理之日起 60 日内作出处理决定；案情复杂的，可以适当延长，但是延长期限最多不超过 30 日。复核、申诉期间不停止处分的执行。事业单位工作人员不因提出复核、申诉而被加重处分。

事业单位实行聘用制的工作人员与本单位发生劳动争议的，除了法律、行政法规或者国务院另有规定的，依照《劳动争议调解仲裁法》执行，事业单位实行聘用制的工作人员主要可以通过协商、调解、仲裁、诉讼四种途径保障其合法权益。《劳动争议调解仲裁法》规定，“发生劳动争议，劳动者可以与用人单位协商，也可以请工会或者第三方共同与用人单位协商，达成和解协议”，“发生劳动争议，当事人不愿协商、协商不成或者达成和解协议后不履行的，可以向调解组织申请调解；不愿调解、调解不成或者达成调解协议后不履行的，可以向劳动争议仲裁委员会申请仲裁；对仲裁裁决不服的，除本法另有规定的外，可以向人民法院提起诉讼”。

3. 国有企业职工的权益救济制度

国有企业职工权益救济的相关法律法规较为健全，《劳动法》《劳动合同法》《劳动争议调解仲裁法》《劳动保障监察条例》《企业劳动争议协商调解规定》《劳动人事争议仲裁办案规则》等均对国有企业职工的权益救济做出了规定。

国有企业职工主要可以通过协商、调解、仲裁、诉讼四种途径维护其合法权益。根据《劳动争议调解仲裁法》，用人单位违反国家规定，拖欠或者未足额支付劳动报酬，或者拖欠工伤医疗费、经济补偿或者赔偿金的，劳动者可以向劳动行政部门投诉，劳动行政部门应当依法处理。根据《劳动保障监察条例》，任何组织或个人对违反劳动保障法律的行为，有权向劳动保障行政部门举报。

本章小结

本章介绍了公职人员的奖励、惩戒及权益保障和救济。奖励是指公共部门依据相关法律法规、政策和制度，对做出优异成绩或突出贡献的公职人员或集体给予物质或精神鼓励。奖励可以促进公职人员或集体之间的竞争，进而提高工作效率。惩戒是指公共部门依据有关法律法规、政策和制度，对工作不力或违反纪律的公职人员进行行政处罚或行政制裁。惩戒可以约束、教育和引导公职人员，树立公共部门的威信，维护公共部门的公信力。党的十八大以来，我国建立功勋荣誉表彰制度，进一步完善了奖惩体系，奖惩实践成效显著。公职人员权益保障是指国家依法采取适当措施保障公职人员的合法权利得以实现，并确保公职人员在其合法权益受到侵害后有恰当的途径和程序进行补救。权益保障有助于改善劳动关系，解决公职人员的后顾之忧，以激发他们工作的积极性，并且有助于公职人员实现自身价值。公职人员的权益救济是指公职人员对人事处理等决定不服，或认为该决定侵犯了自身的合法权益，通过法定的途径和方式维护自身合法权益。我国公职人员的权益救济方式多种多样，公务员、事业单位工作人员和国有企业职工的权益救济渠道各不相同，都在一定程度上起到了权益保障和救济的作用。

关键术语

奖励　惩戒　功勋荣誉表彰制度　权益保障　权益救济

复习思考题

1. 简述奖励的含义、原则及意义。
2. 简述公务员奖励的条件和种类。

3. 简述事业单位奖励的条件和种类。
4. 简述功勋荣誉表彰的奖励类别。
5. 简述惩戒的含义、原则及意义。
6. 简述公务员处分的种类。
7. 简述事业单位工作人员处分的种类。
8. 简述权益保障的含义及意义。
9. 简述公务员权益救济的主要途径。
10. 简述事业单位工作人员权益救济的主要途径。

参考文献

习近平．习近平谈治国理政：第一卷．2 版．北京：外文出版社，2018.

习近平．习近平谈治国理政：第二卷．北京：外文出版社，2017.

习近平．习近平谈治国理政：第三卷．北京：外文出版社，2020.

习近平．习近平谈治国理政：第四卷．北京：外文出版社，2022.

本书编写组．党的二十大报告辅导读本．北京：人民出版社，2022.

本书编写组．中国共产党简史．北京：人民出版社，中共党史出版社，2021.

本书编写组．党的十九届五中全会《建议》学习辅导百问．北京：党建读物出版社，学习出版社，2020.

中共中央组织部全国组织干部学院．中国共产党组织工作历程．北京：党建读物出版社，2015.

彼得・圣吉．第五项修炼：学习型组织的艺术与实践．北京：中信出版社，2009.

戴夫・乌里奇，韦恩・布罗克班克．人力资源管理价值新主张．北京：商务印书馆，2008.

戴维・奥斯本，彼德・普拉斯特里克．摒弃官僚制：政府再造的五项策略．北京：中国人民大学出版社，2002.

加布里埃尔・阿尔蒙德，宾厄姆・鲍威尔．比较政治学：体系、过程和政策．上海：上海译文出版社，1987.

加里・德斯勒．人力资源管理：第 12 版．北京：中国人民大学出版社，2012.

莱尔・史班瑟，幸格・史班瑟．才能评鉴法．汕头：汕头大学出版社，2003.

雷蒙德・诺伊．雇员培训与开发：第 6 版．北京：中国人民大学出版社，2015.

雷蒙德・诺伊，约翰・霍伦贝克，巴星・格哈特．人力资源管理：赢得竞争优势：第 7 版．北京：中国人民大学出版社，2013.

理查德・达夫特．组织理论与设计：第 11 版．北京：清华大学出版社，2014.

罗伯特·卡普兰，戴维·诺顿．平衡计分卡：化战略为行动．广州：广东经济出版社，2004.

罗伯特·卡普兰，戴维·诺顿．平衡计分卡战略实践．北京：中国人民大学出版社，2008.

罗伯特·卡普兰，戴维·诺顿．战略地图：化无形资产为有形成果．广州：广东经济出版社，2005.

罗伯特·卡普兰，戴维·诺顿．战略中心型组织：平衡计分卡的致胜方略．北京：中国人民大学出版社，2008.

罗伯特·卡普兰，戴维·诺顿．组织协同：运用平衡计分卡创造企业合力．北京：商务印书馆，2007.

乔治·米尔科维奇，杰里·纽曼．薪酬管理：第9版．北京：中国人民大学出版社，2008.

斯蒂芬·罗宾斯，玛丽·库尔特．管理学：第11版．北京：中国人民大学出版社，2012.

斯蒂芬·罗宾斯，蒂莫西·贾奇．组织行为学：第14版．北京：中国人民大学出版社，2012.

西奥多·波伊斯特．公共部门绩效评估．北京：中国人民大学出版社，2016.

詹姆斯·威尔逊．美国官僚政治：政府机构的行为及其动因．北京：中国社会科学出版社，1995.

薄贵利．论优化政府组织结构．中国行政管理，2007（5）.

陈凤楼．中国共产党干部工作史纲（1921—2011）．北京：党建读物出版社，2012.

陈坚．改革开放以来我国政府机构改革历程述略．党的文献，2008（3）.

陈维政，余凯成，黄培伦．组织行为学高级教程．北京：高等教育出版社，2004.

陈曦，方振邦．领导干部竞争性选拔方式分类研究．中国行政管理，2017（1）.

董克用．人力资源管理概论．4版．北京：中国人民大学出版社，2015.

杜映梅．职业生涯管理．北京：中国发展出版社，2006.

方振邦，陈曦．干部竞争性选拔：发展历程、存在问题及解决对策．中国行政管理，2015（12）.

方振邦，陈曦，唐健．国外高级公务员绩效考核：比较与启示．云南社会科学，2015（6）.

方振邦，葛蕾蕾．政府绩效管理．北京：中国人民大学出版社，2012.

方振邦，韩宁．管理百年．北京：中国人民大学出版社，2016.

方振邦，韩宁．韩国高级公务员绩效考核体系及其对我国的借鉴意义．科学管理研究，2016（3）.

方振邦，侯纯辉，陈曦．美国联邦政府高级公务员绩效考核体系及借鉴．国家行政学院学报，2016（2）.

方振邦，罗海元．政府绩效管理创新：平衡计分卡中国化模式的构建．中国行政管理，2012（12）.

方振邦，冉景亮．英国高级公务员绩效管理实践及其对我国干部队伍建设的启示．探索，2015（6）．

方振邦，唐健．战略性绩效管理．5版．北京：中国人民大学出版社，2018.

方振邦，徐东华．公共部门人力资源管理．北京：中国人民大学出版社，2014.

方振邦，徐东华．管理思想百年脉络．3版．北京：中国人民大学出版社，2012.

方振邦，徐东华．管理思想史．北京：中国人民大学出版社，2011.

方振邦，徐东华．战略性人力资源管理．北京：中国人民大学出版社，2015.

冯俊．新中国60年干部教育培训工作的历程．红旗文稿，2009（18）．

郭卫民，刘为民．“三定”的功能与完善途径．中国行政管理，2011（11）．

何宪．公共部门人力资源开发与管理．北京：中国劳动社会保障出版社，2013.

贺晨，孙杰．公务员绩效工资制度：国际实践与中国应用．北京：经济管理出版社，2012.

胡改蓉．论公共企业的法律属性．中国法学，2017（3）．

胡卫，陈立中．基于绩效的公务员薪酬制度改革研究．中国行政管理，2008（2）．

胡卫．英国高级公务员薪酬管理制度改革的最新进展．外国经济与管理，2004（3）．

华才．面向新世纪的人才流动与人才市场建设工作．中国人才，1999（1）．

黄勋敬．赢在胜任力：基于胜任力的新型人力资源管理体系．北京：北京邮电大学出版社，2007.

解亚红．“协同政府”：新公共管理改革的新阶段．中国行政管理，2004（5）．

李传军．公共组织学．3版．北京：中国人民大学出版社，2015.

李春燕，黄金辉．加强后备干部队伍建设的思路．理论探索，2012（5）．

李德志．公共部门人力资源管理与开发．北京：科学出版社，2008.

李和中，东晓．日本公务员“再就职”制度的改革与启示：兼论拓宽公务员退出渠道的新视野．中国行政管理，2006（2）．

李和中．比较公务员制度．北京：中共中央党校出版社，2003.

李民．干部选拔任用制度的历史考察．重庆社会科学，2011（1）．

李燕萍，李锡元．人力资源管理．武汉：武汉大学出版社，2012.

刘碧强．美国公务员薪酬制度及其启示．哈尔滨工业大学学报（社会科学版），2011（1）．

刘昕．美国联邦政府的宽带薪资试验及其启示．公共管理学报，2004（2）．

刘昕．薪酬管理．4版．北京：中国人民大学出版社，2014.

刘银花．薪酬管理．大连：东北财经大学出版社，2007.

刘志华．党政后备干部选拔培养管理若干问题探析．领导科学，2012（3）．

麻宝斌．公共组织理论与管理．北京：科学出版社，2015.

欧明臣．自助餐式的员工福利：弹性福利制．中国人力资源开发，2003（7）．

彭剑锋．人力资源管理概论．2版．上海：复旦大学出版社，2011.

施雪华，王蔚．欧洲国家公务员工资及福利待遇概观．学习月刊，2005（1）．

时勘．基于胜任特征模型的人力资源开发．心理科学进展，2006（4）．

舒放，王克良．公务员制度教程．5 版．北京：中国人民大学出版社，2016.

孙柏瑛，祁凡骅．公共部门人力资源开发与管理．4 版．北京：中国人民大学出版社，2016.

孙德超．公务员制度导论．北京：中国人民大学出版社，2016.

王国文．公务员退出问题研究综述．广东行政学院学报，2009（6）.

王晓初．规范管理，完善制度，全面推进事业单位公开招聘工作：在全国事业单位公开招聘工作座谈会上的讲话．中国人才，2012（9）.

王璋．“三票制”选“官”：干部选拔任用制度创新的实践与思考．北京：中共中央党校出版社，2007.

吴培良，郑明身，王凤彬．组织理论与设计．北京：中国人民大学出版社，1998.

吴志华．美国公务员制度的改革与转型．上海：上海交通大学出版社，2006.

萧鸣政．关于更好实施人才强国战略的思考．中国人才，2008（1）.

肖海鹏．浅析我国公务员交流制度的建立与发展．人事天地，2012（8）.

许安标．中华人民共和国公务员法释义．北京：人民出版社，2005.

叶常林．公共企业涵义、特征和功能．中国行政管理，2005（10）.

俞可平．2009 中国政府创新蓝皮书：科学发展观与政府创新．北京：社会科学文献出版社，2009.

张爱卿，钱振波．人力资源管理：理论与实践．2 版．北京：清华大学出版社，2008.

张岩鸿．中外公务员晋升制度的比较思考．中共福建省委党校学报，2007（9）.

赵景华，李代民．政府战略管理的三角模型评述．中国行政管理，2009（6）.

赵景华，邢华．政府战略管理的 SWOT 模型：一个概念框架．中国行政管理，2010（5）.

赵曙明．人力资源战略与规划．3 版．北京：中国人民大学出版社，2012.

中共重庆市委党校课题组．党政领导干部选拔任用科学化研究．探索，2014（1）.

中共中央文献研究室．建国以来重要文献选编：第 18 册．北京：中央文献出版社，1998.

周福秀，王建军．日本公务员录用选拔与晋升机制研究．天府新论，2007（5）.

周文霞．职业生涯管理．上海：复旦大学出版社，2004.

朱柏铭．公共经济学理论与应用．2 版．北京：高等教育出版社，2013.

KETELAAR A，MANNING N，TURKISCH E. Performance-based arrangements for senior civil servants OECD and other country experiences. OECD Working Papers on Public Governance，OECD Publishing，2007（5）.

Australian Public Service Commission. Review of the senior executive service. Canberra：Australian Public Service Commission，2011.

CAP. Performance measurement：concepts and techniques. Washington D. C.：ASPA，2000.

HOLMES S H，PINERES S A G，KIEL L D. Reforming government agencies internationally：is there a role for the balanced scorecard? . International Journal of Public Administration，2006 (29).

KANTER R S，SUMMERS D V. The nonprofit sector：a research handbook. New Haven，Conn.：Yale University Press，1987.

KEARNEY，RICHARD C，EVAN BERMAN M. Public sector performance：management，motivation，and measurement. Oxford：Westview Press，1999.

BJORNBERG L. Training and development：best practices. Public Personnel Management，2002 (31).

MDORE M H. Creating public value：strategic management in government. Cambridge，Mass.：Harvard University Press，1997.

PERERA S，SCHOCH H P，SABARATNAM S. Adoption of the balanced scorecard in local government organizations：an exploratory study. Asia-Pacific Management Accounting Journal，2007 (1).

GORMAN P，MCDONALD B，HENRY M J，et al. Custom needs assessment for strategic HR training：the Los Angeles county experience. Public Personnel Management，2003 (32).

人大版公共管理类教材

公共管理类专业教材——学科基础课教材

书名	作者
现代管理学原理（第三版）（“十一五”国家级规划教材）	娄成武　魏淑艳
一般管理学原理（第四版）	张康之　周　军
管理学基础（第三版）	方振邦
政治学原理（第三版）	景跃进　张小劲
现代政治学原理（第四版）	石永义　刘玉萼　张　璋
公共管理学（第二版）	陈振明
公共管理学——一种不同于传统行政学的研究途径（第二版）	陈振明
公共管理学（第三版）（数字教材版）（“十二五”国家级规划教材）	蔡立辉　王乐夫
公共管理学（精编版）	王乐夫　蔡立辉
公共管理学（第三版）	张康之　郑家昊
公共管理概论（第二版）	朱立言　谢　明
公共政策导论（第六版）（数字教材版）	谢　明
公共政策概论（第二版）	谢　明
公共政策学——政策分析的理论、方法和技术（“十一五”国家级规划教材）	陈振明
公共政策学（第二版）	杨宏山
政策科学——公共政策分析导论（第二版）	陈振明
公共经济学（第三版）（“十二五”国家级规划教材）	高培勇
公共经济学教程	秦立建
政府经济学（第四版）（“十一五”国家级规划教材）	郭小聪
政府经济学（第四版）	潘明星　韩丽华

公共管理类专业教材——方法课教材

书名	作者
公共管理研究方法	何兰萍　张俊艳
行政学研究方法与应用案例	萧鸣政　等
管理定量分析：方法与技术（第三版）	刘兰剑

公共管理类专业教材——行政管理、公共事业管理专业教材

书名	作者
行政法学导论（第二版）	姜晓萍
公共部门人力资源管理（第四版）	孙柏瑛　祁凡骅
公共部门人力资源开发与管理（第五版）（“十二五”国家级规划教材）	孙柏瑛　祁凡骅
公共部门人力资源管理（第三版）	滕玉成　于　萍
公共部门人力资源管理概论（第二版）	方振邦
公共部门人力资源管理案例	周均旭
行政管理学（第五版）（数字教材版）	郭小聪
公共行政学（第五版）	彭和平
公共行政学（第二版）	张康之　张乾友
行政学导论（第三版）	齐明山

书名	作者
行政管理学导引与案例	陈季修
管理心理学（第三版）	范逢春
公共组织行为学（第三版）（“十一五”国家级规划教材）	孙　萍　张　平
公共组织学（第四版）	李传军
行政组织学（第二版）	张　昕　李　泉
公共组织理论	陆明远　冯　楠
公共事业管理概论（第三版）	朱仁显
公共组织财务管理（第三版）（“十一五”国家级规划教材）	王为民
国家公务员制度（第五版）（数字教材版）（“十二五”国家级规划教材）	舒　放　贾自欣
国家公务员制度概论（第二版）	刘碧强　郗永勤
公务员制度概论	李如海
公务员制度	温志强　王彦平　郝雅立
当代国家公务员制度：理论与实践	胡春艳
行政领导学（第三版）	朱立言　李国梁
领导学（第五版）	邱霈恩
领导学	孙　健
现代市政学（第五版）（数字教材版）	王佃利
市政管理学（第五版）（“十一五”国家级规划教材）	杨宏山
社区管理（第四版）	汪大海　魏　娜　郇建立
社区管理原理与案例	魏　娜
电子政务教程（第三版）（“十一五”国家级规划教材）	赵国俊
电子政府与电子政务（第二版）（“十一五”国家级规划教材）	张锐昕
行政伦理学教程（第四版）（“十二五”国家级规划教材）	张康之　李传军
公共危机管理概论（第二版）	王宏伟
公共危机管理	唐　钧
当代中国政府与政治（第二版）	景跃进　陈明明　肖　滨
当代中国政府与行政（第三版）	魏　娜　吴爱明
地方政府学概论（第二版）	方　雷
地方政府管理（第二版）	陈瑞莲　张紧跟
管理秘书实务（第三版）	赵锁龙
行政秘书学	唐　钧
公文写作与处理	赵国俊
机关管理的原理与方法（第三版）	赵国俊　陈幽泓
公共部门绩效管理（第二版）	方振邦
政府绩效管理（第二版）	方振邦　葛蕾蕾
政府绩效评估	蔡立辉
政府公共关系（第二版）（“十一五”国家级规划教材）	廖为建　张　宁
西方行政学理论概要（第二版）（“十一五”国家级规划教材）	丁　煌
公共行政学史（第二版）	何艳玲
西方公共管理名著导读	汪大海
文化管理学（第三版）（“十二五”国家级规划教材）	孙　萍
文化创意产业导论	魏鹏举
卫生事业管理（第二版）（“十一五”国家级规划教材）	李　鲁
现代公用事业管理	崔运武

公共管理类专业教材——劳动与社会保障专业教材

书名	作者
社会保障概论（第七版）	孙光德　董克用
社会保障学	戴卫东
劳动经济学（“十一五”国家级规划教材）	董克用　刘　昕
劳动法与社会保障法	黎建飞
社会保险学（第四版）	孙树菡　朱丽敏
社会保障基金管理	李春根
社会保障国际比较	仇雨临

公共管理类专业教材——土地资源管理专业教材

书名	作者
土地经济学（第八版）（“十一五”国家级规划教材）	毕宝德
土地法学（第二版）	严金明
土地资源学	张正峰　赵文武
土地资源管理学（第二版）	张正峰
国土空间规划学	张占录　张正峰
国土空间规划学导论	刘润秋　唐　鹏
不动产估价（第二版）（“十一五”国家级规划教材）	叶剑平　曲卫东
土地信息系统	曲卫东　韩　琼
地籍管理（第五版）（“十一五”国家级规划教材）	谭　峻　林增杰

公共管理类专业教材——城市管理专业教材

书名	作者
城市管理学（第四版）	杨宏山
城市管理学：公共视角	陆　军 等
城市经济学（第二版）	叶裕民　周　麟
城市总体规划原理	郐艳丽　田　莉
中国城市管理史概论	郑　国

公共管理类专业教材——应急管理专业教材

书名	作者
应急管理导论：原理与案例	李燕凌　朱正威 张海波　章文光
应急管理概论	王宏伟
应急管理理论与实践	唐　钧
突发事件风险管理	张小明
应急管理新论	王宏伟
新媒体时代的应急管理与危机公关	唐　钧
公共安全风险治理	唐　钧

公共管理硕士（MPA）教材——核心课教材

书名	作者
全国公共管理硕士（MPA）核心课程教学指导纲要	全国公共管理专业学位研究生教育指导委员会
社会主义建设理论与实践（第三版）	李景治　蒲国良
公共管理英语（修订版）	顾建光
学术规范和论文写作	胡宏伟
公共管理学（第三版）（全国优秀教材二等奖）	张成福　党秀云
公共管理学原理（修订版）	陈振明
公共管理导论	竺乾威　朱春奎　李瑞昌
公共政策分析	陈振明
公共政策分析导论	陈振明
公共政策分析概论（修订版）	谢　明
公共部门经济学（第三版）	高培勇　崔　军
公共经济学	唐任伍
行政法学（修订版）	皮纯协　张成福
行政法学概论（第三版）	胡锦光
非营利组织管理概论（修订版）	王　名
非营利组织管理	王　名　王　超
公共管理伦理学（修订版）	张康之
社会研究方法	陈振明
电子政务理论与方法（第五版）	金江军
公文写作概论	高永贵

公共管理硕士（MPA）教材——专业方向必修课、选修课教材

书名	作者
公务员制度教程（第六版）	舒　放　王克良
比较政府与政治（修订版）	卓　越
当代中国政府与政治（第三版）	吴爱明　朱国斌　林　震
公共部门人力资源管理及案例教程（第三版）	陈天祥
公共部门绩效评估（修订版）	卓　越
公共部门危机管理（第三版）	张小明
应急管理通论（第二版）	李雪峰
公共部门战略管理（修订版）	陈振明
MPA 学位论文写作指南	汪人海

图书在版编目（CIP）数据

公共部门人力资源管理概论 / 方振邦主编；金洙成，罗海元副主编. --2版. --北京：中国人民大学出版社，2025.1

新编21世纪公共管理系列教材

ISBN 978-7-300-32830-0

Ⅰ. ①公… Ⅱ. ①方…②金…③罗… Ⅲ. ①公共部门-人力资源管理-高等学校-教材 Ⅳ. ①D035.2

中国国家版本馆CIP数据核字（2024）第095271号

新编21世纪公共管理系列教材

公共部门人力资源管理概论（第二版）

主　编　方振邦

副主编　金洙成　罗海元

Gonggong Bumen Renli Ziyuan Guanli Gailun

出版发行	中国人民大学出版社		
社　　址	北京中关村大街31号	**邮政编码**	100080
电　　话	010－62511242（总编室）		010－62511770（质管部）
	010－82501766（邮购部）		010－62514148（门市部）
	010－62511173（发行公司）		010－62515275（盗版举报）
网　　址	http://www.crup.com.cn		
经　　销	新华书店		
印　　刷	北京七色印务有限公司	**版　　次**	2019年2月第1版
开　　本	787 mm×1092 mm　1/16		2025年1月第2版
印　　张	23.75 插页1	**印　　次**	2025年5月第2次印刷
字　　数	536 000	**定　　价**	65.00元

中国人民大学出版社　管理分社

教师教学服务说明

中国人民大学出版社管理分社以出版工商管理和公共管理类精品图书为宗旨。为更好地服务一线教师，我们着力建设了一批数字化、立体化的网络教学资源。教师可以通过以下方式获得免费下载教学资源的权限：

★ 在中国人民大学出版社网站 www.crup.com.cn 进行注册，注册后进入“会员中心”，在左侧点击“我的教师认证”，填写相关信息，提交后等待审核。我们将在一个工作日内为您开通相关资源的下载权限。

★ 如您急需教学资源或需要其他帮助，请加入教师 QQ 群或在工作时间与我们联络。

中国人民大学出版社　管理分社

教师 QQ 群：648333426（工商管理）　114970332（财会）　648117133（公共管理）
教师群仅限教师加入，入群请备注（学校＋姓名）

联系电话：010-62515735，62515987，62515782，82501048，62514760

电子邮箱：glcbfs@crup.com.cn

通讯地址：北京市海淀区中关村大街甲 59 号文化大厦 1501 室（100872）

管理书社　　人大社财会　　公共管理与政治学悦读坊